新 완전절친 TOEIC 스타트 LC+RC

新 완전절친
TOEIC 스타트 LC+RC

초판 1쇄 발행 2018년 2월 19일

지은이 : 천보라 · 황장연 · 윤기원 · 이의걸
기획 · 편집 : 유효정
마케팅 · 영업 : 정병건, 김용래
발행인 : 김용부
발행처 : 글로벌문화원

등록번호 : 제 2-407
등록일자 : 1987년 12월 15일
주소 : 서울시 종로구 삼일대로15길 19 글로벌빌딩
대표전화 : 02) 725-8282
팩스 : 02) 753-6969
홈페이지 : http://www.global21.co.kr

ISBN 978-89-8233-309-5 13740

본 도서는 야금야금 공부해 한 번에 고득점 토익 스타트 도서를 새로운 유형에 맞게 개정한 도서입니다.

Preface

본 교재의 저자들은 오랜 기간 동안 수많은 토익 수강생들을 접하고 교육하면서 많은 보람을 느낌과 동시에 새로운 도전을 경험하고 있습니다. 현장에서 시험을 준비하는 학생들에게 도움을 주고, 학생들이 저희의 강의로 인해 많은 힘을 얻었다는 이야기를 할 때 매우 행복합니다.

현장에서 강의하면서 수강생들이 가졌던 어려움을 해결해주고 싶은 간절한 마음과 강의를 통해 축적해온 토익에 대한 노하우를 담아 '新 완전절친 TOEIC 스타트 LC+RC'를 출간하게 되었습니다. 토익을 처음 시작하는 분들이 이 교재로 꾸준히 학습한다면, 영어의 기초를 확고히 하고 토익에 대한 기본 지식을 쌓을 수 있을 것입니다.

'新 완전절친 TOEIC 스타트 LC+RC'는 기존의 '완전절친 TOEIC 스타트 LC'와 '완전절친 TOEIC 스타트 RC'를 한 권으로 합친 교재입니다. LC와 RC 모두 신토익 신유형 출제 경향을 완벽하게 반영하였고, 초보자들도 쉽게 학습할 수 있도록 친절하게 책을 구성하였습니다. LC의 경우, 문제풀이전략과 빈출정답, 오답 유형, 파트별 핵심포인트와 리스닝 꿀팁, 빈출 단어와 딕테이션 연습을 제공합니다. RC의 경우, 단계별 학습이 가능하도록 문제를 구성하였고, 필수 어휘와 문제 유형에 따른 문제 비법 공략을 제시하고 있습니다. 또한, 스스로 학습을 주도할 수 있도록 학습캘린더도 제공하고 있습니다.

본 교재의 저자들은 시험을 위한 학습서일 뿐만 아니라 전반적인 영어 학습에 도움이 되는 책을 만들기 위한 애정과 노력들을 담았습니다. 하지만 책이 아무리 훌륭해도 결국 공부는 스스로 의지를 가지고 해야 합니다. 이 책은 스스로 공부할 수 있게 구성되었으므로 훌륭한 연장이 될 수 있습니다. "Practice makes perfect"라는 말처럼 누구나 계속 훈련하면 완벽해질 수 있습니다. 첫 출발의 시동을 걸었다면, 여러분은 결국 목표를 이룰 수 있을 것입니다.

이 책이 나오기까지 도움을 주신 모든 분들께 진심으로 감사드립니다.

LC Contents

Part 3 짧은 대화

Part 4 짧은 지문

RC Contents

Week 1

Week 2

Week 3

Week 4

이 책의 특징 LC

1 초보들도 쉽게 공부할 수 있는 토익 첫걸음서

토익을 처음 시작하는 초보자들도 쉽게 공부할 수 있도록 이 책을 구성하였습니다. 꼭 알아야 할 문법을 간단하고 이해하기 쉽게 설명하였으며, 토익에 자주 나오는 기본적인 단어와 표현을 수록하여 학습자들이 토익에 친숙해질 수 있도록 하였습니다. 또한 정답 및 해설에는 모든 지문의 스크립트와 해석, 해설, 어휘를 수록하여 학습자들이 혼자서도 학습할 수 있도록 하였습니다.

2 신토익 신유형 출제 경향 완벽 반영

2016년부터 새롭게 출제된 신토익 신유형 출제 경향을 반영하였습니다. 학습자들은 토익 리스닝에 새로 추가된 3인 대화, 5회 이상 주고받는 대화, 화자의 의도를 파악하는 문제, 시각자료를 보고 푸는 문제 유형을 이 책으로 학습할 수 있습니다. 토익 공부를 처음 시작하는 학생들에게 부담이 되지 않을 정도의 양과 난이도로 수록하였으니, 미리 겁먹지 말고 신유형을 파악해보기 바랍니다.

3 문제 풀이 전략과 빈출 정답, 오답 유형 제시

토익을 처음 시작하는 초보자라면, 토익에는 어떤 문제가 나오는지, 어떻게 문제를 풀어야 하는지, 어떤 것이 정답 및 오답으로 자주 등장하는지 궁금할 것입니다. 이 책에서는 문제 풀이 전략과 빈출 정답, 오답 유형을 제시하여 토익 초보자들이 토익에 대해 차근차근 알아갈 수 있도록 하였습니다. 최소 2번 이상 이 책을 정독하여 토익 문제 유형과 친숙해지기 바랍니다.

4 파트별 핵심포인트와 리스닝 꿀팁 제공

토익 리스닝 시험은 Part 1, 2, 3, 4로 구성되어 있습니다. 이 책에서는 각 파트의 학습을 시작하기 전, 파트별 핵심포인트를 제공하여 학습자들의 각 파트에 대한 이해도를 높이도록 하였습니다. 또한 교재의 중간중간에 리스닝 꿀팁을 수록하여 어떻게 하면 리스닝을 더 잘 할 수 있을지에 대한 방법을 제시하였습니다.

5 신토익 빈출단어 및 딕테이션 연습 수록

토익 리스닝 각 파트에서 자주 출제되는 신토익 빈출단어를 예문과 함께 수록하였습니다. 단어는 예문을 통해 이해하고 암기하는 것이 효과적이므로, 단어와 예문을 여러 번 듣고 익혀두기 바랍니다. 또한 리스닝 실력 향상에 도움이 되는 딕테이션 연습도 수록하였습니다. 음성을 여러 번 듣고 들리는 단어를 받아 적으며 리스닝 실력을 늘려가기 바랍니다.

6 체계적 학습을 위한 학습캘린더 제공

혼자서도 의지를 가지고 학습할 수 있도록, 4주, 6주, 8주로 구성된 학습캘린더를 제공합니다. 언어는 하루에 몰아서 몇 시간씩 비정기적으로 학습하는 것보다 하루에 1시간씩이라도 꾸준히 하는 것이 더 효과적입니다. 따라서 조금씩이라도 매일매일 학습하기를 권장하며, 제공된 학습캘린더를 적극 활용하기 바랍니다.

7 미국, 영국, 호주식 발음의 mp3

토익에는 미국, 영국, 호주식 발음 등 다양한 발음이 출제됩니다. 실제 시험에서 당황하지 않으려면 미리 미국, 영국, 호주식 발음에 익숙해지는 것이 좋습니다. 이 교재와 함께 제공되는 mp3에는 미국, 영국, 호주식 발음이 골고루 녹음되어 있습니다. 책상에 앉아 학습을 할 때는 물론이고, 자투리 시간을 활용하여 계속 mp3를 청취하는 것을 추천합니다. 리스닝 실력을 빠르게 향상시키는 가장 좋은 방법은 자주 듣는 것이기 때문입니다.

8 학습의 효과를 높여주는 동영상 강의

조금 더 즐겁고 효과적으로 학습하고 싶다면, 글로벌21(www.global21.co.kr)의 동영상 강의를 들으며 학습하세요. 실력 있는 선생님이 여러분의 토익 공부를 좀 더 재미있고 쉽게 만들어드릴 것입니다.

이 책의 특징 RC

1 초보들도 쉽게 공부할 수 있는 토익 첫걸음서

토익을 처음 시작하는 초보자들도 쉽게 공부할 수 있도록 이 책을 구성하였습니다. 꼭 알아야 할 문법을 예문과 함께 간단하고 이해하기 쉽게 설명하였으며, 특히 자주 출제되는 문법 개념 앞에는 ★ 표시를 해두었기 때문에 중요한 문법 개념은 더 확실하게 학습할 수 있습니다.

2 신토익 신유형 출제 경향 완벽 반영

2016년부터 새롭게 출제된 신토익 신유형 출제 경향을 반영하였습니다. 학습자들은 토익 리딩 Part 6에 새로 추가된 문장 삽입 문제, Part 7에 새로 추가된 의도 파악 문제, 문장 삽입 문제, 문자 메시지와 온라인 채팅 지문, 3중 지문 유형을 이 책으로 학습할 수 있습니다. 토익 공부를 처음 시작하는 학생들에게 부담이 되지 않을 정도의 양과 난이도로 수록하였으니, 미리 겁먹지 말고 신유형을 파악해보기 바랍니다.

3 단계별 학습이 가능하도록 한 문제 구성

문법을 학습한 뒤, 학습한 내용을 간단하게 확인해볼 수 있는 Check Up 문제, 실제 토익 문제를 풀어보기 전 긴장을 풀어줄 수 있는 연습문제, 실제 토익 시험에 출제된 것과 비슷하게 구성된 기출문제, 실력을 체크해볼 수 있는 실전문제를 차례대로 수록하여 학습자들이 단계별로 학습이 가능하도록 하였습니다.

4 토익 리딩 필수 어휘 수록

토익 리딩에서 고득점을 얻고자 한다면, 가장 기본이 되는 것이 어휘입니다. 이 책에는 그동안 토익에서 많이 출제된 어휘들을 선별, 각 단원이 끝날 때마다 예문과 함께 수록하여 학습자들이 중요한 어휘를 놓치지 않도록 하였습니다. Part 7의 경우 각 주제와 관련된 어휘들을 모아 정리해두었으니, 모두 암기하여 주제별 독해 문제를 조금 더 쉽게 풀어나가기 바랍니다.

5 문제 유형에 따른 문제 비법 공략 제시

Part 7은 특정한 문제 유형이 있습니다. 이 책에서는 각 문제 유형을 어떻게 풀어나가야 할지, 지문의 어느 부분에 단서가 주로 나오는지, 해당 단서가 나올 때 어떤 표현이 사용되는 지 등 문제 유형에 따른 문제 비법 공략을 제시하고 있습니다. 문제를 풀기 전, 문제 비법 공략을 꼼꼼하게 읽어보고 숙지한 뒤 문제를 풀어보기 바랍니다.

6 혼자서도 학습할 수 있는 상세한 해설과 해석 제공

이 책은 학습자가 혼자서도 학습할 수 있도록 상세한 해설과 해석을 제공하고 있습니다. 특히 Part 6와 7의 경우 문장의 끊어 읽기 해석을 수록하여 학습자가 지문을 조금 더 쉽게 파악할 수 있도록 하였습니다. 또한, 정답의 단서가 되는 문장은 음영으로 표시하여 정답이 왜 정답인지, 오답이 왜 오답인지를 쉽게 이해할 수 있도록 하였습니다.

7 체계적 학습을 위한 학습캘린더 제공

혼자서도 의지를 가지고 학습할 수 있도록, 4주, 8주로 구성된 학습캘린더를 제공합니다. 언어는 하루에 몰아서 몇 시간씩 비정기적으로 학습하는 것보다 하루에 1시간씩이라도 꾸준히 하는 것이 더 효과적입니다. 따라서 조금씩이라도 매일매일 학습하기를 권장하며, 제공된 학습캘린더를 적극 활용하기 바랍니다.

8 학습의 효과를 높여주는 동영상 강의

조금 더 즐겁고 효과적으로 학습하고 싶다면, 글로벌21(www.global21.co.kr)의 동영상 강의를 들으며 학습하세요. 실력 있는 선생님이 여러분의 토익 공부를 좀 더 재미있고 쉽게 만들어드릴 것입니다.

About TOEIC 토익 소개

1 토익이란?

TOEIC(Test of English for International Communication)은 영어가 모국어가 아닌 사람들을 대상으로 언어 본래의 기능인 커뮤니케이션 능력에 중점을 두고 일상생활, 또는 국제업무 등에 필요한 실용영어 능력을 평가하는 시험입니다. 1979년 미국 ETS(Educational Testing Service)에 의해 개발된 이래 전 세계 150개 국가 14,000개의 기관에서 승진 또는 해외파견 인원선발 등의 목적으로 널리 활용되고 있으며 우리나라에는 1982년 도입되었습니다. 현재 전 세계적으로 해마다 약 600만 명 이상이 응시하고 있습니다.

2 토익 시험의 구성

구성	Part	Part별 출제 내용		문항 수		제한 시간	배점
Listening Comprehension	1	사진 묘사		6	100	45분	495점
	2	질의 응답		25			
	3	짧은 대화		39			
	4	설명문		30			
Reading Comprehension	5	단문 공란 채우기(문법/어휘)		30	100	75분	495점
	6	장문 공란 채우기		16			
	7	독해	단일 지문	29			
			복수 지문	25			
Total	7개 파트			200문항		120분	990점

3 토익 시험 출제 분야

TOEIC 시험에서는 주로 일상 생활과 회사 업무 등에서 사용되는 어휘, 표현, 대화, 문장들을 다루며, 크게는 다음과 같은 분야와 관련된 문제들이 출제됩니다.

- **전문적인 비즈니스** | 계약, 협상, 마케팅, 세일즈, 비즈니스 계획, 회의
- **제조** | 공장 관리, 조립 라인, 품질 관리
- **금융과 예산** | 은행, 투자, 세금, 회계, 청구
- **개발** | 연구, 제품 개발
- **사무실** | 임원 회의, 위원 회의, 편지, 메모, 전화, 팩스, e-mail, 사무 장비와 가구
- **인사** | 구인, 채용, 퇴직, 급여, 승진, 취업 지원과 자기 소개
- **주택/기업 부동산** | 건축, 설계서, 구입과 임대, 전기와 가스 서비스
- **여행** | 기차, 비행기, 택시, 버스, 배, 유람선, 티켓, 일정, 역과 공항 안내, 자동차 렌트, 호텔, 예약, 연기와 취소

토익 시험 접수

한국토익위원회 사이트(www.toeic.co.kr)에서 시험 일정 및 접수 기간 등 세부 내용을 확인할 수 있습니다. 정기시험과 추가시험 일정을 확인하고, 원하는 시험 날짜를 선택해 접수하면 됩니다.

토익 시험장 지참 준비물

- **신분증** | 반드시 규정된 신분증(주민등록증, 운전면허증, 기간 만료 전의 여권, 공무원증 등)을 지참해야 합니다. 신분증이 없으면 시험을 볼 수 없습니다.
- **필기구** | 연필, 지우개 (볼펜이나 사인펜은 사용할 수 없음)
- **시계** | 아날로그 손목시계 (전자식 시계는 사용할 수 없음)

토익 시험 시간표

오전 시험	오후 시험	시험 진행
~9:20	~14:20	입실
9:30~9:45	14:30~14:45	답안지 작성 오리엔테이션
9:45~9:50	14:45~14:50	휴식
9:50~10:05	14:50~15:05	신분증 확인
9:50~10:05	15:05~15:10	문제지 배부 및 파본 확인
10:10~10:55	15:10~15:55	듣기 평가(LC)
10:55~12:10	15:55~17:10	독해 평가(RC)

토익 시험 성적 확인

시험일로부터 19일 후 오후 3시부터 인터넷과 ARS(060-800-0515)로 성적을 확인할 수 있습니다. TOEIC 성적표는 우편으로 수령하거나 온라인으로 발급받을 수 있습니다. 우편 수령 시 성적 발표 후 약 7~10일 정도가 소요되며, 온라인으로 발급받을 경우 자신의 토익 성적 유효 기간 내에 홈페이지에 접속하여 직접 출력할 수 있습니다. (TOEIC 성적은 해당 시험 시행일로부터 2년 간 유효)

LC 월별 학습캘린더

● 목표점수와 학습시작일, 완료일을 정한 뒤, 스스로 일정을 계획해서 학습해보세요.

목표 점수	점		
학습 시작일	년	월	일
학습 완료일	년	월	일

월	화	수	목	금	토	일

RC 월별 학습캘린더

● 목표점수와 학습시작일, 완료일을 정한 뒤, 스스로 일정을 계획해서 학습해보세요.

목표 점수	점		
학습 시작일	년	월	일
학습 완료일	년	월	일

월	화	수	목	금	토	일

완전절친
TOEIC 스타트 LC+RC

LC

Listening Comprehension

TOEIC Listening 1 리스닝 기초세우기 1

미국식 발음 vs 영국식 발음

분명히 알고 있는 단어인데도 리스닝에 애를 먹고 있나요? 어쩌면 당연합니다. 영어권 국가마다 발음이 다를 뿐 아니라 억양이나 톤도 다르기 때문입니다. 우리나라 학생들은 미국이나 캐나다식 발음에 더 익숙해서, 영국이나 호주식 발음이 생소하게 느껴질 수 있습니다. 호주 발음은 영국식에 가깝고, 영국 발음보다 출제 빈도가 조금 더 낮으므로, 일단 영국식 영어에 익숙해지는 편이 좋겠습니다.

자음[t]의 차이

영국에서는 /t/ /d/를 있는 그대로 발음합니다. 하지만 미국에서는 모음 사이의 /t/를 우리말의 [ㄷ]나 [ㄹ]로 발음합니다.

단어	미국식	영국식	뜻
later	[레이러]	[레이터]	~후에
matter	[매러]	[매터]	일, 문제
waiter	[웨이러]	[웨이타]	웨이터
computer	[컴퓨우러]	[컴퓨우터]	컴퓨터

자음[r]의 차이

영국에서는 음절의 끝에 /r/ 사운드를 발음하지 않습니다. 하지만 미국에서는 혀를 말아 올려 정확하게 발음합니다.

단어	미국식	영국식	뜻
cart	[카–ㄹ트]	[카–트]	카트
order	[올덜]	[오더]	주문; 주문하다
parking	[파–ㄹ킹]	[파–킹]	주차
curve	[커–ㄹ브]	[커–브]	곡선

▶ **빈출 표현**

① I'll call back later in the afternoon. 오후에 다시 전화 할게요.
② It doesn't matter what you say. 당신이 뭐라고 하든지 상관없어요.
③ The man is pushing a shopping cart. 남자가 쇼핑 카트를 밀고 있습니다.
④ Do we need to order more paper? 용지를 더 주문해야 될까요?

모음[a]의 차이

영국에서는 우리말의 [아~]처럼 발음하고, 미국에서는 [æ]로 발음합니다.

단어	미국식	영국식	뜻
ask	[애스ㅋ]	[아-스크]	물어보다
class	[클래쓰]	[클라아쓰]	수업, 학급
can't	[캔ㅌ]	[칸트]	~할 수 없다
answer	[앤써ㄹ]	[안써]	대답하다

모음[o]의 차이

영국에서는 우리말의 [오]에 가깝게 발음하고, 미국에서는 [아]에 가깝게 발음합니다.

단어	미국식	영국식	뜻
job	[잡]	[좁]	일, 직업
bottle	[바를]	[보틀]	병
stop	[스땁]	[스톱]	멈추다
borrow	[바로우]	[보로우]	빌리다

▶ **기출 유형**

① May I ask where you bought it? 그걸 어디서 샀는지 물어봐도 될까요?
② What time is your class over? 수업이 몇 시에 끝납니까?
③ Are you still looking for a job? 아직도 직업을 찾고 있나요?
④ Could you bring us a bottle of water? 물 한병 가져다 주시겠어요?

그 외에 다른 발음

단어	미국식	영국식	뜻
often	[오픈]	[오프튼]	자주
schedule	[스케줄]	[쉐줄]	일정
director	[디렉터]	[다이렉터]	이사
advertisement	[애드벌타이즈먼트]	[어드버-티스먼트]	광고

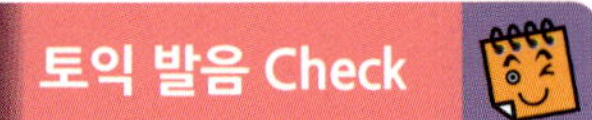

미국식, 영국식 발음으로 각 한번 씩 듣고, 빈칸을 채워보세요.

1 __________, could you bring me some water?

2 She's looking at the __________ monitor.

3 Employee __________ is behind the building.

4 The truck is going around a __________.

5 I __________ understand what he said.

6 That's a difficult question to __________.

7 Is there a bus __________ nearby?

8 Where did you __________ that book?

9 How __________ do you walk to school?

10 Let me check my seminar __________.

11 What do you think of the new __________?

12 We placed an __________ in the local paper.

● 토익 발음 Answer Key

1 **Waiter**, could you bring me some water?
웨이터, 물 좀 가져다 주시겠어요?

2 She's looking at the **computer** monitor.
그녀는 컴퓨터 모니터를 보고 있어요.

3 Employee **parking** is behind the building.
직원 주차장은 건물 뒤쪽에 있습니다.

4 The truck is going around a **curve**.
트럭이 커브 길을 돌고 있습니다.

5 I **can't** understand what he said.
나는 그가 말한 것을 이해하지 못하겠어요.

6 That's a difficult question to **answer**.
대답하기 곤란한 질문이네요.

7 Is there a bus **stop** nearby?
근처에 버스 정류장 있나요?

8 Where did you **borrow** that book?
어디서 그 책을 빌려왔나요?

9 How **often** do you walk to school?
학교에 얼마나 자주 걸어가나요?

10 Let me check my seminar **schedule**.
제 세미나 스케줄을 확인해 보겠습니다.

11 What do you think of the new **director**?
새로 온 이사는 어떤 거 같아요?

12 We placed an **advertisement** in the local paper.
우리는 지역 신문에 광고를 냈습니다.

TOEIC Listening 2 리스닝 기초세우기 2

유사한 발음의 단어

토익 Part 1과 Part 2에서는 발음이 유사한 단어를 이용해 오답을 유도합니다. 자주 출제되는 단어를 미리 익혀두면 나중에 정답을 수월하게 찾을 수 있습니다. 다음의 빈출 유사어를 반드시 익혀두세요.

자음 유사어

best [best] 최고의 – vest [vest] 조끼	load [loud] 싣다 – road [roud] 도로
curb [kə:rb] 연석 – curve [kə:rv] 곡선	ladder [lǽdər] 사다리 – letter [létər] 편지
copy [kάpi] 복사하다 – coffee [kɔ́:fi] 커피	light [lait] 빛, 등 – right [rait] 오른쪽의
boss [bɔ:s] 상사 – both [bouθ] 둘 다	lake [leik] 호수 – rake [reik] 갈퀴
file [fail] 철하다 – pile [pail] 쌓다	low [lou] 낮은 – row [rou] 노를 젓다; 줄
fair [fεər] 공정한 – pair [pεər] 한 쌍	ride [raid] 타다 – write [rait] 쓰다

▶ 유사한 발음으로 오답을 유도하는 문제

How did you learn to fix the copy machine? 복사기 수리하는 것을 어떻게 배웠나요?

(A) I need a cup of strong coffee. 나는 진한 커피 한잔이 필요해요. (오답)

(B) I read the manual. 저는 사용설명서를 읽었습니다. (정답)

2

모음 유사어

live [liv] 살다 – leave [li;v] 떠나다	sew [sou] 바느질하다 – saw [sɔ:] 톱질하다
list [list] 리스트 – least [li:st] 최소의	lunch [lʌntʃ] 점심 – launch [lɔ:ntʃ] 출시하다
lid [lid] 뚜껑 – lead [li:d] 이끌다	boat [bout] 보트 – bought [bɔ:t] 샀다
lend [lend] 빌려주다 – land [lænd] 땅	won't [wount] ~않을 것이다 – want [want] 원하다
fill [fil] 채우다 – feel [fi:l] 느끼다	call [kɔ:l] 전화하다 – cold [kould] 추운
sit [sit] 앉다 – seat [si:t] 앉히다	walk [wɔ:k] 걷다 – work [wə:rk] 일하다

▶ 유사한 발음으로 오답을 유도하는 문제

What time do you leave for Dubai? 몇 시에 두바이로 출발하나요?

(A) In about 30 minutes. 약 30분 후에요. (정답)

(B) She lives in a huge house. 그녀는 아주 큰 집에서 살아요. (오답)

3 동음이의어

two 둘 – too 역시, 또한	right 옳은 – write 쓰다
our 우리의 – hour 시간	sight 시력 – site 장소
fare 요금 – fair 박람회	brake 브레이크 – break 깨다
ate 먹었다 – eight 여덟	flour 밀가루 – flower 꽃
new 새로운 – knew 알았다	wait 기다리다 – weight 무게
meat 고기 – meet 만나다	whether ~인지 아닌지 – weather 날씨

▶ 동음이의어로 오답을 유도하는 문제
What's the weather like in New York? 뉴욕 날씨는 어때요?
(A) It's very cold. 매우 추워요. (정답)
(B) I wonder whether he is at home. 그가 집에 있을지 모르겠어요. (오답)

유사한 발음의 단어

go [gou] 가다 – ago [əgóu] ~전에	wait [weit] 기다리다 – weigh [wei] 무게를 재다
fax [fæks] 팩스 – fact [fækt] 사실	just [dʒʌst] 단지 – adjust [ədʒʌst] 조정하다
due [dju:] 예정된 – do [du] 하다	contact [kántækt] 연락하다 – contract [kántrækt] 계약서
price [prais] 가격 – prize [praiz] 상	move [mu:v] 옮기다 – remove [rimú:v] 치우다
rain [rein] 비 – train [trein] 기차	plan [plæn] 계획하다 – plant [plænt] 식물
long [lɔ:ŋ] 긴 – belong [bilɔ́:ŋ] 속하다	supplies [səpláiz] 물품 – surprise [sərpráiz] 놀라게 하다

▶ 유사한 발음으로 오답을 유도하는 문제
When did you fax the report to the office? 보고서를 언제 사무실로 보냈나요?
(A) It was sent at 11 o'clock. 11시에 보내졌어요. (정답)
(B) I can tell you the facts. 당신에게 그 사실을 말해줄게요. (오답)

빈출 다의어

plant [plænt] ① 식물 ② 공장 ③ 심다	board [bɔ:rd] ① 탑승하다 ② 게시판
park [pa:rk] ①공원 ② 주차하다	check [tʃek] ① 확인하다 ② 수표
book [buk] ① 책 ② 예약하다	present [préznt] ① 선물 ② 출석한

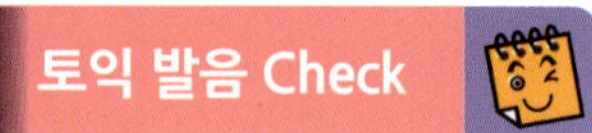

미국식, 영국식 발음으로 각 한번 씩 듣고, 빈칸을 채워보세요.

1 I can't ____________ the city without a job.

2 Please stamp the ____________ before-mailing.

3 Could you add her name to the ____________?

4 Do we have a ____________ date for the new product?

5 The man is resting on a ____________ of boxes.

6 I've been taking a ____________ here for over a month.

7 Where should I put these ____________?

8 How do you ____________ the video quality?

9 I'll ask the clerk to ____________ my parcel.

10 How do I know it ____________ happen again?

11 Don't forget to ____________ the banner when the party is over.

12 How important is this ____________ with the company?

● 토익 발음 Answer Key

1 I can't **leave** the city without a job.
직업 없이는 도시를 떠날 수 없어요.

2 Please stamp the **letter** before-mailing.
편지를 보내기 전에 우표를 붙이세요.

3 Could you add her name to the **list**?
그녀의 이름을 명단에 써 주시겠습니까?

4 Do we have a **launch** date for the new product?
신상품 출시 날짜가 잡혔나요?

5 The man is resting on a **pile** of boxes.
남자가 종이상자 무더기에 앉아 쉬고 있다.

6 I've been taking a **walk** here for over a month.
한 달 이상이나 이곳에서 산책을 해 왔어요.

7 Where should I put these **supplies**?
이 물건들을 어디에 둘까요?

8 How do you **adjust** the video quality?
비디오 화질을 어떻게 조정하나요?

9 I'll ask the clerk to **weigh** my parcel.
직원한테 소포의 무게를 재달라고 할 겁니다.

10 How do I know it **won't** happen again?
이런 일이 다시 일어나지 않을 거라는 걸 제가 어떻게 알죠?

11 Don't forget to **remove** the banner when the party is over.
파티가 끝나면 현수막 제거하는 것을 잊지 마세요.

12 How important is this **contract** with the company?
회사와의 계약이 얼마나 중요한가요?

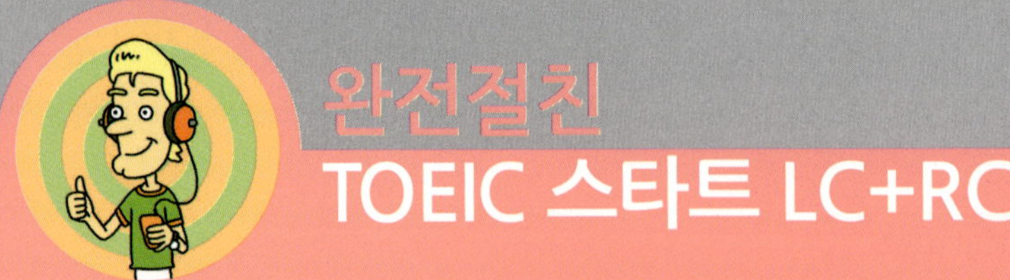
완전절친
TOEIC 스타트 LC+RC

Part 1

사진 묘사

Day 1 ● 한 사람 사진
Day 2 ● 여러 사람 사진
Day 3 ● 사물 · 풍경 사진
Day 4 ● 혼합 사진

Part 1 사진 묘사

Part 1은 주어진 사진을 보고 가장 잘 묘사한 보기를 고르는 유형입니다. 다른 파트에 비해 적은 문항수(총 6문제)가 출제되고 비교적 문장이 간단하기 때문에, 초보자들도 실수가 없다면 좋은 결과를 기대할 수 있는 파트입니다.

리스닝 TIP

Part 1 어휘는 상상 이상으로 특별하다!

Part 1에 등장하는 어휘는 일반적인 회화용이나 독해용 어휘와는 좀 다릅니다. 사진을 묘사하는 유형이기 때문에 대부분 사진 속에 등장하는 동작 및 사물과 관련된 단어입니다. 예를 들어 우리에게 익숙한 develop은 '(필름을) 현상하다'라는 뜻이고, admire는 '감상하다', saw는 '톱질하다'라는 뜻입니다. 따라서 평소에 익숙한 단어도 기존에 익숙한 뜻과는 다르게 쓰일 수 있으므로 주의해야겠습니다.

Key Point One 정답을 고르려는 태도를 버리자.

사진에 없는 내용을 묘사하는 보기는 X표시를 하고, 애매모호한 보기는 △표시를 하면서 오답을 하나씩 지워나가는 훈련이 필요합니다.

Key Point Two 객관적이고 사실적인 묘사만 정답이다.

사진과 관련된 주관적인 추측이나 예측의 보기는 오답입니다. 예를 들어, 여자가 레스토랑 테이블에 앉아 있는 모습을 보고, She is waiting for her meal.이라고 하면 오답입니다.

Example

Part 1

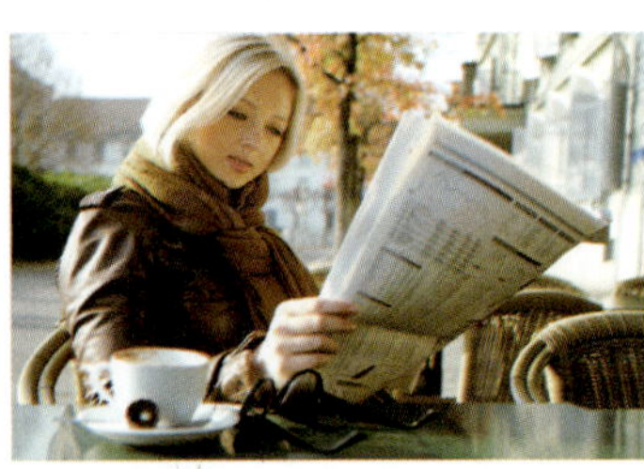

(A) She is looking at a newspaper. (정답)
여자는 신문을 보고 있다.

(B) She is waiting for her meal. (오답)
여자는 식사를 기다리고 있다.

▶ 객관적이지 않은 묘사는 정답이 될 수 없습니다.

Key Point Three 사진에 없는 대상이 나오면 바로 제거하자.

문장을 다 듣지 않고도 사진에 등장하지 않는 대상이 언급되면 바로 소거합니다. 사진의 상황과 연관성이 있거나 유추할 수 있는 단어가 들리더라도 현혹되지 않아야 합니다.

Example Part 1

(A) There is a picture on the wall. (정답)
벽에 그림 하나가 있다.

(B) A woman is sitting on a sofa. (오답)
여자는 소파에 앉아 있다.

▶여자는 사진에 없기 때문에 듣자마자 소거합니다.

Key Point Four 다른 각도의 시선에서 묘사한다.

사람이 중점적으로 부각된 사진이라고 해도 정답은 사물 주어로 나올 수 있습니다. 따라서 포커스가 되는 부분만 보지 말고 주위 배경이나 사물도 주의 깊게 관찰해야 합니다.

Example Part 1

(A) The man is standing near a bench. (오답)
남자가 벤치 옆에 서 있다.

(B) There is a briefcase on the ground. (정답)
땅바닥 위에 서류 가방이 있다.

▶남자가 부각된 인물 사진이지만 정답은 서류가방을 묘사하는 (B) 입니다.

Key Point Five 동사에서 대부분 정답이 결정된다.

주어보다는 동사와 마지막 명사에 집중해야 합니다. 인물 사진의 보기는 대부분 같은 주어로 시작하기 때문에 동사에서 답이 결정되는 경우가 많습니다. 동사를 잘 알기 위해서는 시제, 태와 같은 기초 문법도 중요합니다.

Example  Part 1

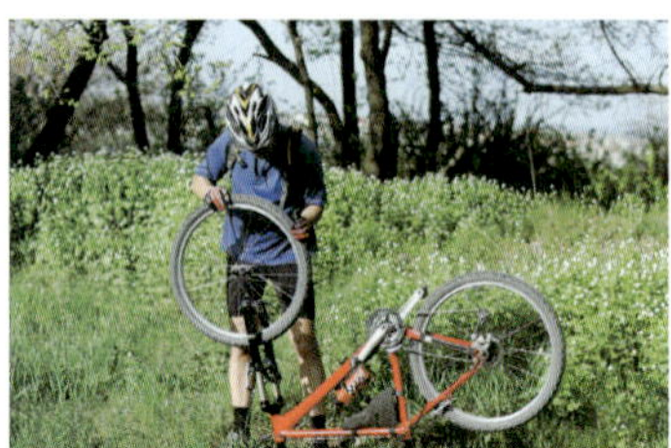

(A) The man is riding a bicycle. (오답)
남자가 자전거를 타고 있다.

(B) The man is repairing a bicycle. (정답)
남자가 자전거를 고치고 있다.

▶ 동사를 제외하고는 다 같은 표현입니다. 남자가 자전거를 타고(riding)있는 것이 아니기 때문에 (A)는 오답입니다.

Key Point Six 구체적인 묘사는 오답이다.

여러 사람이 다양한 동작을 해서 공통점이 없을 경우에는 포괄적인 묘사표현이 정답입니다. 만약에 한 사람은 기타를, 한 사람은 드럼을 연주하고 있을 경우에는 They are playing instruments.가 정답입니다.

Example  Part 1

(A) The man is playing a piano. (오답)
남자가 피아노를 치고 있다.

(B) They are playing instruments. (정답)
그들은 악기를 연주하고 있다.

▶ 피아노를 치고 있는 남자의 모습이 보이지 않기 때문에 오답입니다.

Key Point Seven 상태동사 vs 동작동사

사람의 상태를 묘사할 때 조심해야 할 부분은 동사 wear와 put on의 차이입니다. wear는 착용 상태를, put on은 동작을 나타냅니다. 스카프를 이미 매고 있는 여성을 묘사할 때 She is wearing a scarf.라고 해야지, She is putting on a scarf.라고 하면 오답입니다. 사진이라는 특성상 옷차림에서 동작을 묘사하기 어렵기 때문에, 지금까지 put on은 오답으로 출제되었습니다.

Example

Part 1

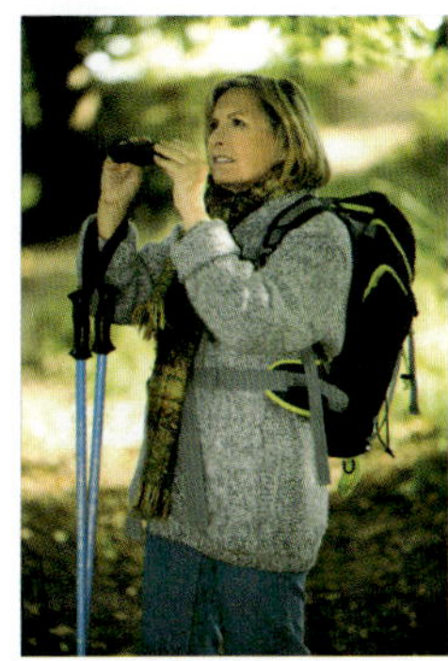

(A) She's wearing a scarf. (정답)
여자가 스카프를 매고 있다.

(B) She's putting on a scarf. (오답)
여자가 스카프를 매고 있다.

▶ 여자가 이미 스카프를 착용하고 있기 때문에 (B)는 오답입니다.

완전절친
TOEIC 스타트 LC+RC

Part 1

Day 1

한 사람 사진

- 기출 분석
- 토익 빈출 단어
- 기초 문법 다지기
- 기본 연습 문제
- 빈칸 채우고 정답 맞추기

Day 01

한 사람 사진

Part 1에 나오는 사진은 크게 두 종류로 인물 사진과 사물 · 풍경 사진으로 나뉩니다. 인물 사진은 가장 많이 출제되는 사진 유형으로, 인물의 동작과 상태를 파악하는 것이 중요합니다.

기출 분석

Part 1-1-1

한 사람 사진의 경우에는 인물의 행동, 상황, 옷차림 등을 설명하는 동사구문이 정답으로 자주 출제됩니다. 따라서 시험에 등장하는 한 사람 사진의 기본 표현을 확실하게 암기합시다.

[예제]

(A) She's standing in a restaurant.
(B) She's selecting fruits.
(C) She's holding a basket.
(D) She's paying for food.

(A) 그녀는 식당 안에 서 있다.
(B) 그녀는 과일을 고르고 있다.
(C) 그녀는 바구니를 들고 있다.
(D) 그녀는 음식 값을 지불하고 있다.

[해설] 1인 사진은 주어가 다 같으므로 동사 부분을 더 집중적으로 들어야 합니다.
(A) 여자가 서 있기는 하지만 장소가 식당(restaurant)이 아니므로 수식어 오답입니다.
(B) 여자가 과일(fruits)을 고르고 있으므로 정답입니다.
(C) 여자가 카트(cart)를 잡고 있지, 바구니(basket)를 들고 있는 게 아니므로 목적어 오답입니다.
(D) 여자가 돈을 지불(paying)하고 있지 않으므로 동사 오답입니다.

● Possible Answers

She's wearing pants. 여자가 바지를 입고 있다.
She's reaching for items. 여자가 물건 쪽으로 손을 뻗고 있다.
She's standing in a supermarket. 여자가 슈퍼마켓 안에 서 있다.
She's looking at produce. 여자가 농산물을 보고 있다.
She's holding a cart in her hand. 여자가 한 손에 카트를 잡고 있다.
She's examining products. 여자가 상품을 자세히 보고 있다.

Words

stand [stænd] 서 있다 | select [silékt] 고르다, 선택하다 | fruit [fruːt] 과일 | hold [hould] 잡다, 쥐다 | basket [bǽskit] 바구니 | pay [pei] 지불하다

토익 빈출 단어

Part 1-1-2

다음은 토익 시험에서 자주 나오는 표현입니다. 단어와 함께 문장 전체를 암기해서 실전에서 활용할 수 있도록 하세요.

article [ɑ́:rtikl] 품목	She's examining an article of clothing. 그녀는 옷 한 벌을 보고 있다.
nail [neil] 못	He's hammering a nail. 그는 못질을 하고 있다.
portrait [pɔ́:rtrit] 초상화	A woman is posing for a portrait. 여자가 초상화를 위해 포즈를 취하고 있다.
rack [ræk] 선반	She's reaching for something on a rack. 그녀는 선반 위의 무엇쪽으로 손을 뻗고 있다.
ruler [rú:lər] 자	He's holding a ruler with one hand. 그는 한 손에 자를 쥐고 있다.
strap [stræp] 끈	A woman has the strap of a bag in her hand. 여자가 한 손에 가방 끈을 잡고 있다.
wristwatch [rístwatʃ] 손목시계	The man is wearing a wristwatch. 남자가 손목시계를 차고 있다.
steering wheel 운전대	He's holding the steering wheel. 그는 운전대를 잡고 있다.
address [ədrés] 연설하다	A woman is addressing a group. 여자가 사람들에게 연설을 하고 있다.
dig [dig] 파다	A man is digging a hole. 남자가 구멍을 파고 있다.
face [feis] 향하다	He's facing a computer screen. 그는 컴퓨터 모니터를 향하고 있다.
lean [li:n] 기대다	A man is leaning on the counter top. 남자가 카운터에 기대고 있다.
position [pəzíʃən] 놓다	She's positioning a sheet of paper on the glass. 그녀는 (복사기) 유리 위에 종이를 얹고 있다.
pour [pɔ:r] 붓다	The woman is pouring liquid into a mug. 여자가 머그컵에 액체를 따르고 있다.
rest [rest] 쉬다	She's resting on a bench. 그녀는 벤치에서 쉬고 있다.
spray [sprei] 뿌리다	He's spraying water on the pavement. 그는 인도에 물을 뿌리고 있다.
transport [trænspɔ́:rt] 옮기다	He's transporting some items on a cart. 그는 카트에 있는 물건들을 옮기고 있다.
turn [tə:rn] 돌다	The women are turned toward the presenter. 여자들이 발표자를 향해 돌아있다.
walk [wɔ:k] 산책시키다	A woman is walking her dog along the shore. 여자가 해안을 따라 개를 산책시키고 있다.
wheel [hwi:l] 밀다	The man's wheeling a cart. 남자가 카트를 밀고 있다.

기초 문법 다지기

Part 1-1-3

● 현재진행형(be + –ing)

Part 1 6문제 중에 거의 4~5문제가 현재진행형입니다. 현재진행형은 사람의 동작이나 행위뿐 아니라 상태를 묘사할 때도 쓰인다는 점에 유의해야 합니다.

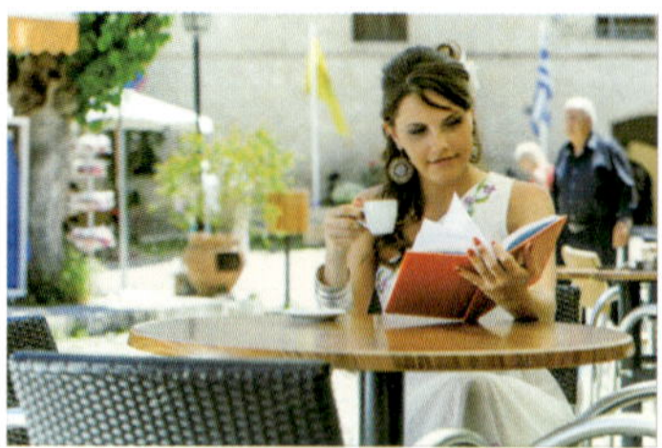

(A) A woman is holding a cup.
(B) A woman is wearing earrings.
(C) A woman is sitting on the table.
(D) A woman is reading outdoors.

(A) 여자는 컵을 잡고 있다.
(B) 여자는 귀걸이를 하고 있다.
(C) 여자는 테이블에 앉아 있다.
(D) 여자는 야외에서 책을 읽고 있다.

▶정답 : 모두가능

● 현재진행형 빈출 표현

be wearing 착용하고 있다	be boarding 탑승하고 있다	be lying 누워 있다
be reaching (손 · 팔을) 뻗고 있다	be holding 들고 있다	be carrying 나르고 있다
be standing 서 있다	be leaning 기대고 있다	be waiting 기다리고 있다
be cleaning 청소하고 있다		

● 현재진행형 받아 적기

1 A musician is ________________ indoors.
음악가가 실내에서 연주하고 있다.

2 A man is ____________ a hat.
남자가 모자를 쓰고 있다.

3 He is ____________ an instrument.
그가 악기를 연주하고 있다.

4 He is ____________ with a microphone.
그가 마이크로 노래를 부르고 있다.

▶정답 : performing / wearing / playing / singing

● 사람의 옷차림에 관련된 표현

wristwatch 손목시계	necklace 목걸이	vest 조끼
glasses 안경	earings 귀걸이	uniform 유니폼
gloves 장갑	bracelet 팔찌	backpack 배낭
bag 가방	tie 넥타이	safety helmet 안전모

기본 연습 문제 

다음 현재진행형 문장을 들으면서 빈칸에 알맞은 단어를 쓰세요. 받아쓰기를 한 후 해석과 함께 문장을 대조해보면서 외우세요. Part 1-1-4

1 One man is ______________ his glasses. 한 남자가 안경을 고쳐 쓰고 있다.

2 He is __________ against the wall. 그가 벽에 기대고 있다.

3 A man is __________ over his luggage. 한 남자가 그의 짐 위로 몸을 숙이고 있다.

4 People are __________ into the vehicle. 사람들이 차량에 타고 있다.

5 Customers are __________ along the displays. 고객들이 진열품들을 둘러보고 있다.

6 He is ______________ the front of his shirt. 그가 셔츠 앞 단추를 채우고 있다.

7 The man is __________ a jacket over his shoulder. 남자가 그의 어깨에 재킷을 걸치고 있다.

8 People are __________ in a group. 사람들이 무리지어 이야기를 하고 있다.

9 She is ______________ the dishes from the table. 그녀가 테이블에 있는 접시를 치우고 있다.

10 People are ______________ signs on the walls. 사람들이 벽에 표지판들을 걸고 있다.

11 The worker is __________ a safety helmet. 작업자가 안전모를 쓰고 있다.

12 The men are __________ crates onto the truck. 남자들이 트럭에 박스들을 싣고 있다.

13 The woman is __________ in the mirror. 여자가 거울을 들여다보고 있다.

14 Some bricks are __________ on the ground. 벽돌 몇 개가 바닥에 놓여 있다.

15 They are __________ purchases in a shop. 그들이 가게에서 쇼핑을 하고 있다.

빈칸 채우고 정답 맞추기 

들려주는 문장을 잘 듣고 빈칸을 채운 후, 정답을 골라보세요.
음성은 각 나라 발음으로 3번 들려드립니다. Part 1-1-5

1

(A) She's ______________ a product.
(B) She's ______________ a box.
(C) She's ______________ a cart.
(D) She's ______________ for a vegetable.

2

(A) A man is carrying some ______________.
(B) A man is ______________ a walkway.
(C) A man is ______________ a cabinet.
(D) A man is ______________ a street.

3

(A) He's ______________ something down.
(B) He's ______________ some items on the shelf.
(C) He's ______________ his jacket.
(D) He's ______________ some packages.

4 

(A) He is ________________ a shelf.
(B) He is ________________ a box.
(C) He is ________________ a cart.
(D) He is ________________ for an item.

5 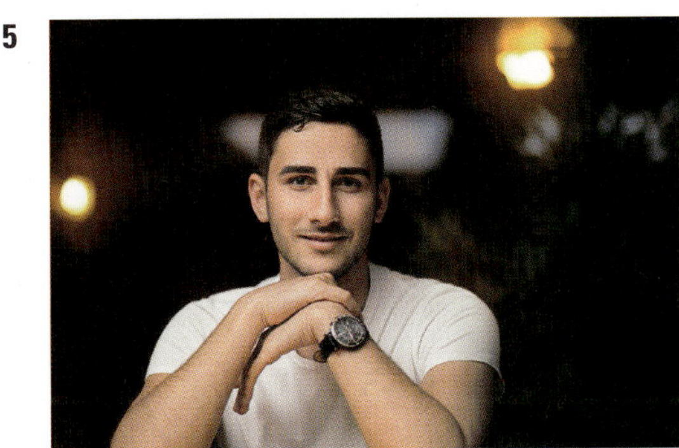

(A) He's ________________ a book.
(B) He's ________________ a pencil.
(C) He's ________________ a watch.
(D) He's ________________ up his sleeves.

6 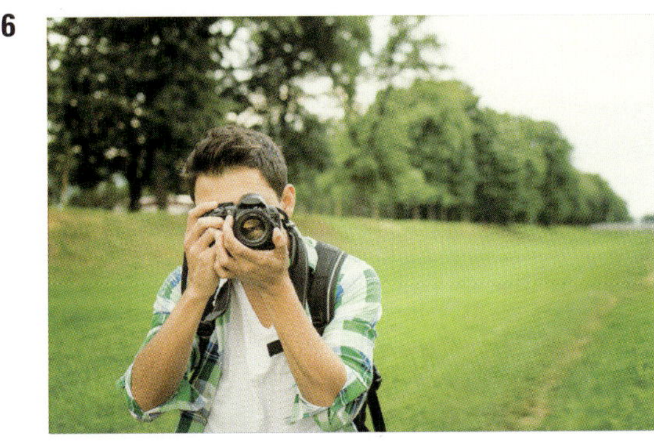

(A) A ________________ is being swept.
(B) Some people are ________________ against the statue.
(C) A man is ________________ traffic.
(D) A man is ________________ a camera.

Part 1
Part 2
Part 3
Part 4

완전절친
TOEIC 스타트 LC+RC

Part 1

Day 2

여러 사람 사진

- 기출 분석
- 토익 빈출 단어
- 기초 문법 다지기
- 기본 연습 문제
- 빈칸 채우고 정답 맞추기
- 실전 문제

Day 02 여러 사람 사진

여러 사람 사진은 한 사람 사진에 비해 주의해야 할 부분이 많습니다. 한 사람 사진의 경우 주어가 거의 같지만, 여러 사람 사진은 주어가 다를 수 있습니다.

기출 분석

Part 1-2-1

여러 사람의 공통된 동작이 무엇인지, 한 사람의 눈에 띄는 개별 동작이 무엇인지를 잘 살펴야 합니다. 남녀 성별 구분을 잘해서 주어와 동사의 매칭도 확인하세요.

[예제]

(A) A man is washing dishes.
(B) A man is serving some food.
(C) They are sitting at their desk.
(D) The woman is eating something.

(A) 남자가 설거지를 하고 있다.
(B) 남자가 음식을 서빙하고 있다.
(C) 그들은 그들의 책상에 앉아 있다.
(D) 여자는 무언가를 먹고 있다.

[해설] 여러 사람 사진은 주어가 다르기 때문에 주어와 동사의 매칭이 중요합니다.
(A) 남자가 설거지(washing dishes)하는 모습이 없기 때문에 동사 오답입니다.
(B) 남자가 음식을 서빙(serving)하고 있으므로 정답입니다.
(C) 사진에 없는 책상(desk)을 언급했으므로 수식어 오답입니다.
(D) 여자가 아직 무언가를 먹고(eating)있지 않으므로 동사 오답입니다.

● Possible Answers

One of the men is wearing a belt. 남자 중에 한 명이 벨트를 하고 있다.
Two of them are sitting in a restaurant. 두 명은 레스토랑 안에 앉아 있다.
There are two glasses on the table. 테이블 위에는 잔이 두 개 있다.

● 구체적 개념 vs 포괄적 개념

구체적 개념	포괄적 개념
crane 크레인 forklift 지게차	machinery 기계류
guitar 기타 violin 바이올린	instrument 악기
vegetable 야채 fruit 과일	produce 농산물
food 음식 jewelry 보석	item, product 물품

구체적 개념	포괄적 개념
bus 버스 car 차	vehicle 탈 것
shovel 삽 projector 영사기	equipment 장비
hammer 망치 saw 톱	tool 도구
repair 수리하다 fix 고치다	work on 작업하다

Words

wash dishes 설거지 하다 | serve [sə:rv] 서빙하다 | food [fu:d] 음식 | sit [sit] 앉다 | something [sʌ́mθiŋ] 어떤 것

토익 빈출 단어

Part 1-2-2

다음은 토익 시험에서 자주 나오는 표현입니다. 단어와 함께 문장 전체를 암기해서 실전에서 활용할 수 있도록 하세요.

bicyclist [báisiklist]
자전거 탄 사람
A bicyclist is riding through a tunnel.
자전거를 탄 사람이 터널을 지나가고 있다.

counter [káuntər]
카운터
Some people are being helped at a counter.
몇몇 사람들이 카운터에서 도움을 받고 있다.

curb [kə:rb] 연석
Diners are seated near the curb. 식사하는 사람들이 연석 근처에 앉아 있다.

fountain [fáuntən]
분수
Some people are sitting around the fountain.
몇몇 사람들이 분수 주변에 앉아 있다.

instrument [ínstrəmənt]
악기
Some men are playing instruments.
몇몇 남자들이 악기를 연주하고 있다.

spectator [spékteitər]
관객
The stands are filled with spectators.
관중석이 관중들로 가득 차 있다.

tool [tu:l]
연장
The workers are using a power tool on a piece of wood.
일꾼들이 나무토막에 전동 연장을 사용하고 있다.

pedestrian [pədéstriən]
보행자
Pedestrians are walking on a bridge.
보행자들이 다리 위를 걸어가고 있다.

attend [əténd] 참가하다
Some people are attending a concert. 몇몇 사람들이 콘서트에 참석하고 있다.

climb [klaim] 오르다
Two men have climbed onto a roof. 두 남자가 지붕 위에 올라가 있다.

exit [éksit] 나오다, 내리다
People are exiting through a door. 사람들이 문을 통해 나오고 있다.

gaze [geiz]
응시하다
Passengers are gazing at a city landscape.
승객들은 도시 풍경을 응시하고 있다.

handle [hǽndl] 다루다
Two women are handling a package. 두 여자가 소포를 다루고 있다.

march [ma:rʧ] 행진하다
Musicians are marching in rows. 음악가들이 줄을 지어 행진하고 있다.

rearrange [rì:əréindʒ]
재배치하다
Women are rearranging some furniture.
여자들이 가구를 재배치하고 있다.

sew [sou]
바느질하다
Two women are working on a sewing project.
두 여자가 바느질 작업을 하고 있다.

sort [sɔ:rt]
분류하다
Employees are sorting through documents in a filing cabinet.
직원들이 서류들을 파일 캐비닛에 분류하고 있다.

stroll [stroul]
걷다, 산책하다
Two people are strolling along the water's edge.
두 사람이 물가를 걷고 있다.

study [stʌ́di]
자세히 보다
A pair of customers are studying a sign.
한 쌍의 고객들이 표지판을 자세히 보고 있다.

view [vju:]
보다
They're viewing some artworks in a gallery.
그들은 갤러리에서 미술작품들을 보고 있다.

기초 문법 다지기

Part 1-2-3

● 수동형(be + p.p.)

수동형(be p.p.)은 어떤 동작을 당한 주어의 상태를 나타냅니다. 일반적으로 사물을 묘사할 때 쓰이지만, 동사에 따라 사람 묘사에도 쓰입니다.

(A) Cars are stopped at a traffic signal.
(B) Some cars are parked near a building.
(C) An apartment building is under construction.
(D) People are parking their vehicles on the road.

(A) 차들이 신호등 앞에 멈춰있다.
(B) 차량 몇 대가 건물 근처에 주차돼 있다.
(C) 아파트 빌딩이 공사 중이다.
(D) 사람들이 도로 위에 그들의 차량을 주차하고 있다.

▶ 정답 : (B)

● 수동형 빈출 표현

be set up 설치되어 있다	be piled up 쌓여 있다	be placed 놓여 있다
be displayed 진열되어 있다	be parked 주차되어 있다	be arranged 배열되어 있다
be covered 덮여 있다	be gathered 모여 있다	be located 위치해 있다
be installed 설치되어 있다		

● 수동형 받아 적기

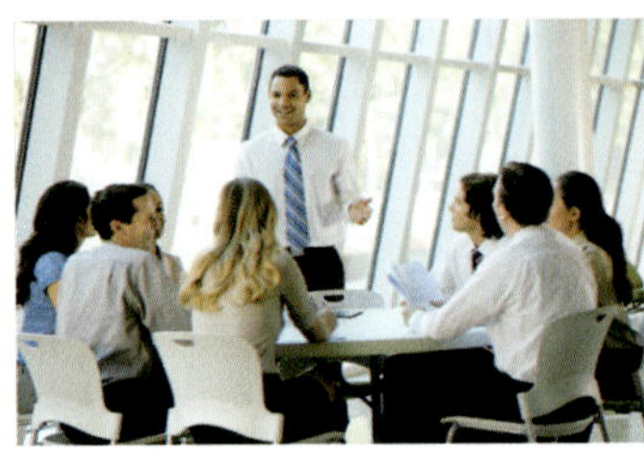

1 People are ____________ around a table.
사람들이 테이블 주위에 모여 있다.

2 People are ____________ in a circle.
사람들이 원형을 지어 앉아 있다.

▶ 정답 : gathered / seated

기본 연습 문제

다음 수동형 문장을 들으면서 빈칸에 알맞은 단어를 쓰세요. 받아쓰기를 한 후 해석과 함께 문장을 대조해보면서 외우세요. Part 1-2-4

1 Some ________________ are exhibited. 예술작품들이 전시되어 있다.

2 The containers are ___________ with water. 용기들이 물로 가득 차 있다.

3 The bike is ___________ with bags. 자전거에 가방들이 실려 있다.

4 Most of the seats are ___________. 대부분의 좌석이 차 있다.

5 The chairs are ________________ in a room. 의자들이 방 안에 배열되어 있다.

6 The kitchen is ___________. 부엌이 닫혀 있다.

7 The restaurant is ________________. 식당이 사람들로 가득 차 있다.

8 The lobby is ________________ with potted plants. 로비가 화분들로 장식되어 있다.

9 Clothes are ___________ for sale. 의류가 판매를 위해 진열되어 있다.

10 A truck is ___________ next to the water. 트럭이 물가 옆에 주차되어 있다.

11 Some books are ___________ up on the table. 책들이 테이블 위에 쌓여 있다.

12 The house is ________________ in the water. 집의 모습이 물에 비치고 있다.

13 Chairs are stacked next to a ___________. 의자들이 기둥 옆에 쌓여 있다.

14 Tables are ___________ with items. 테이블들이 상품들로 쌓여 있다.

15 A boat is ___________ to the dock. 보트가 부두에 정박되어 있다.

빈칸 채우고 정답 맞추기

들려주는 문장을 잘 듣고 빈칸을 채운 후, 정답을 골라보세요.
음성은 각 나라 발음으로 3번 들려드립니다. Part 1-2-5

1

(A) People are ________________ on a bench.
(B) A woman is ________________ a dog.
(C) ________________ are getting off a boat.
(D) A man is ________________ onto a railing.

2

(A) They are ________________ a tent.
(B) They are ________________ at a table.
(C) They are crossing the ________________.
(D) They are seated ________________.

3

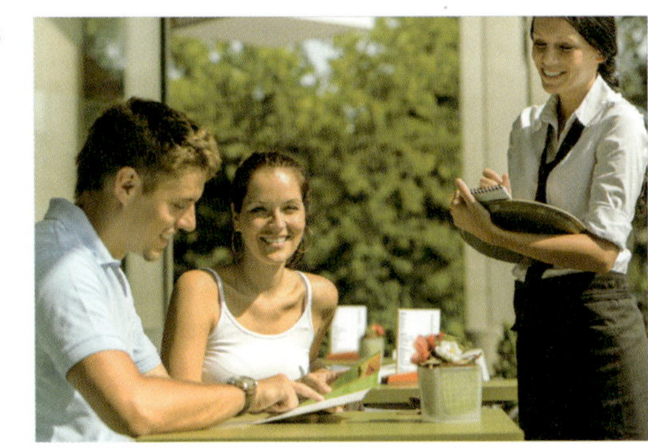

(A) The woman is ________________ on a note pad.
(B) The man is ________________ for a glass.
(C) The man is ________________ the restaurant.
(D) The woman is ________________ against the window.

4

(A) The men are pushing a ________________.

(B) The men are ________________ a tire.

(C) The men are ________________ a bicycle.

(D) The men are ________________ a car together.

5

(A) They are ________________ on shoes.

(B) They are ________________ in a park.

(C) They are reading ________________.

(D) They are ________________ near a bench.

6

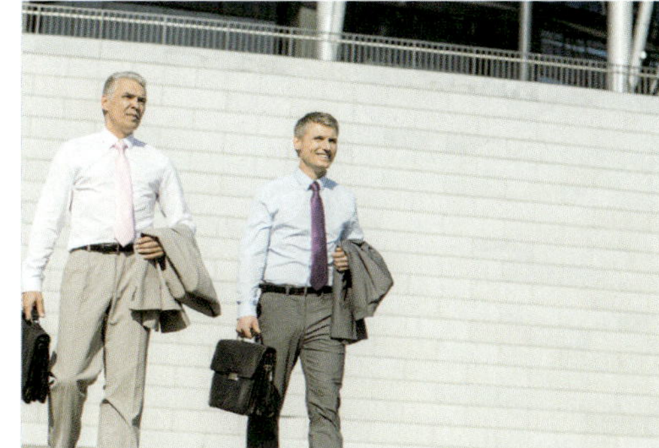

(A) They are ________________ each other.

(B) They are ________________ on a path.

(C) They are leaning against a ________________.

(D) They are carrying ________________.

Part 1
Part 2
Part 3
Part 4

실전문제

다음 녹음을 듣고 사진을 가장 적절히 묘사한 보기를 고르세요.

Part 1-2-6

1

(A) (B) (C) (D)

2

(A) (B) (C) (D)

3

(A) (B) (C) (D)

4 

(A) (B) (C) (D)

5 

(A) (B) (C) (D)

6 

(A) (B) (C) (D)

완전절친
TOEIC 스타트 LC+RC

Part 1

Day 3

사물 · 풍경 사진

- 기출 분석
- 토익 빈출 단어
- 기초 문법 다지기
- 기본 연습 문제
- 빈칸 채우고 정답 맞추기

Day 03

사물 · 풍경 사진

사물 · 풍경 사진은 인물 사진보다는 출제 빈도가 낮습니다. 하지만 인물 사진보다 난이도가 높으며, 생소한 장소가 등장할 때는 더욱 그렇습니다. 관련 어휘 및 시제를 미리 파악을 해 둘 필요가 있습니다.

기출 분석

Part 1-3-1

사람은 없고 사물 및 풍경만 있는 사진입니다. 전치사구를 이용한 상태표현과 위치표현을 잘 익혀두어야 합니다.

[예제]

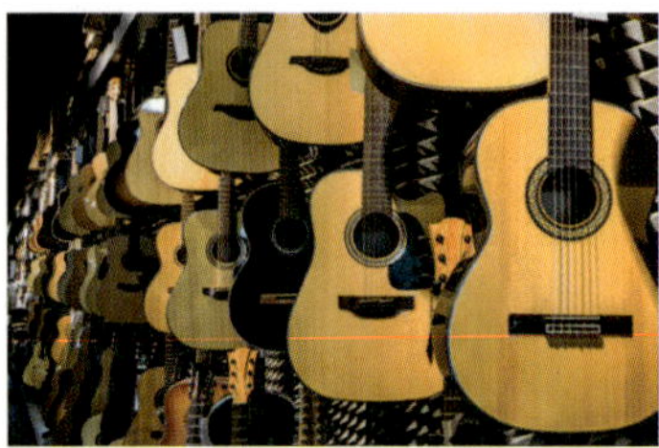

(A) A guitar is being polished.
(B) A concert is being held.
(C) Some benches are lined up in the hall.
(D) Some musical instruments are on display.

(A) 기타가 윤이 나게 닦이고 있다.
(B) 콘서트가 열리고 있다.
(C) 벤치들이 홀 안에 늘어서 있다.
(D) 악기들이 진열되어 있다.

[해설] 주어가 다 다르기 때문에 사물의 상태나 장소와의 관계를 살핍니다.
(A) 기타는 있지만 윤이 나게 닦이고 있는 상황은 아니므로 동사 오답입니다.
(B) 사진에 있는 악기를 보고 연상할 수 있는 오답이고, 콘서트는 열리고 있지 않습니다.
(C) 악기 가게에 벤치(bench)가 보이지 않으므로 사진에 없는 명사 오답입니다.
(D) 기타(guitar)가 진열되어 있는 악기 가게로 보이므로 정답입니다.

● 사물의 위치 · 장소를 묘사하는 전치사구

in the sink 싱크대 안에	by the water 물가에
under the table 테이블 아래에	on the wall 벽 위에
by the window 창문 옆에	on the road 길 위에
in the corner 구석에	in a lobby 복도에
on the shelf 선반 위에	behind the counter 카운터 뒤에

Words

polish [pɑ́liʃ] 닦다, 윤을 내다 | hold [hould] 열다, 개최하다 | line up 줄을 서다 | hall [hɔːl] 홀, 회관 | musical instrument 악기 | on display 진열된, 전시된

토익 빈출 단어

Part 1-3-2

다음은 토익 시험에서 자주 나오는 표현입니다. 단어와 함께 문장 전체를 암기해서 실전에서 활용할 수 있도록 하세요.

aircraft [έərkræft] 비행기	Some aircraft are parked in front of a terminal. 일부 비행기들이 터미널 앞에 주차되어 있다.
crate [kreit] 상자	Some of the crates are stacked on top of each other. 상자 몇 개가 차곡차곡 쌓여 있다.
edge [edʒ] 가장자리	A fence runs along the edge of the road. 길의 가장자리를 따라 울타리가 있다.
intersection [ìntərsékʃən] 교차로	A vehicle's at the intersection. 차량 한대가 교차로에 서 있다.
pathway [pǽθwèi] 좁은 길	The pathway is bordered by a wall. 좁은 길 쪽으로 담벼락이 있다.
pottery [pátəri] 도자기	A large piece of pottery is situated in the corner. 구석에 큰 도자기가 놓여 있다.
rack [ræk] 거치대	Bicycles are parked on a rack. 자전거들이 거치대에 세워져 있다.
vine [vain] 포도나무	Fruit is growing on a vine. 과일이 포도나무에서 자라고 있다.
attach [ətǽtʃ] 붙이다	A balcony is attached to every apartment. 아파트마다 발코니가 있다.
cast [kæst] 드리우다	The ladder is casting a shadow. 사다리가 그림자를 드리우고 있다.
line [lain] 늘어서다	Trees line both sides of the street. 나무들이 도로 양편에 늘어서 있다.
overlook [òuvərlúk] 내려다보다	The train station overlooks a parking area. 기차역이 주차장을 내려다본다. (= 기차역 밑에 주차장이 있다.)
sit [sit] 놓다	A clock is sitting on a shelf. 선반에 시계가 놓여 있다.
travel [trǽvəl] 이동하다, 가다	A train is traveling on the track. 기차가 철로 위를 달리고 있다.
lead to ~로 이어지다	The path leads to the building. 길이 건물까지 이어져 있다.
beside [bisáid] ~옆에	Seating space is available beside the man. 남자 옆에 앉을 자리가 있다.
deserted [dizə́:rtid] 사람이 없는	The intersection is deserted. 교차로에 사람이 한 명도 없다.
square [skwεər] 정사각형의	The table has a square base. 테이블 밑받침이 정사각형 모양이다.
be stocked with ~로 채워지다	Display shelves are stocked with products. 진열 선반들이 상품들로 채워져 있다.
on display 진열된	Many types of pots are on display near a window. 창문 근처에 여러 종류의 도자기가 진열되어 있다.

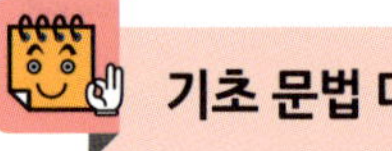

기초 문법 다지기

Part 1-3-3

● 현재진행 수동태(be + being + p.p.)

Part 1을 만점 받기 위해서 가장 중요한 문법입니다. 한국말로 번역했을 땐 어색한 표현이므로 유형을 미리 숙지합니다.

(A) Some grass is being cut.
(B) A railing is being repaired.
(C) Some bushes are being trimmed.
(D) Some chairs are arranged on the lawn.

(A) 잔디가 잘려 나가고 있다.
(B) 난간이 수리되고 있다.
(C) 관목이 손질되고 있다.
(D) 의자들이 잔디 위에 정렬되어 있다.

▶정답 : (D)

● 현재진행 수동태 빈출 표현

be being planted 심어지고 있다
be being stacked 쌓여지고 있다
be being towed 견인되고 있다
be being hung 걸려지고 있다
be being used 사용되고 있다
be being served 제공되고 있다
be being moved 옮겨지고 있다
be being repaired 수리되고 있다
be being painted 칠해지고 있다
be being washed 씻겨지고 있다

● 현재진행 수동태 알고 넘어가기

현재진행 수동태 기본 형태 : be + being + p.p. (진행 중인 동작을 강조할 때: '~되고 있다')

능동	The waiter is serving the food to the customers. 웨이터가 손님들에게 음식을 서빙하고 있다.
수동	The food is being served to the customers. 음식이 손님들에게 서빙되고 있다.

현재진행 수동태는 앞서 배운 현재진행형(be + -ing)의 목적어를 강조한 표현입니다. 예를 들어 여자가 전화기를 사용하고 있으면 능동으로는 'She is using a telephone'(그녀는 전화기를 사용하고 있다)이라고 하지만, 목적어인 전화기를 강조할 때는 'A telephone is being used'(전화기가 사용되어지고 있다)라고 합니다.

TIP 현재진행 수동태를 우리나라말로 해석할 때는 '누군가에 의해서'를 붙여서 해석하면 편리합니다.

기본 연습 문제 

다음 예제를 보고 현재진행형 문장을 현재진행 수동태로 바꾸어 보세요.

[예제]

현재진행형(be + -ing)	현재진행 수동태(be + being + p.p.)
Some men are playing instruments.	Instruments are being played.
They are rearranging some furniture.	Some furniture is being rearranged.

1 Machines are making tracks on the ground.

____

2 The woman is pouring liquid into a mug.

____

3 The workers are using a power tool on a piece of wood.

____

4 He's hammering a nail.

____

5 They're viewing some artwork in a gallery.

____

리스닝 TIP

사람이 등장하지 않아도 정답이 되는 현재진행 수동태 구문

진행 중인 동작을 강조하는 현재진행 수동태 구문은 일반적으로 사람이 등장하는 사진이 정답입니다.
하지만 상태를 강조한 표현으로 사람이 등장하지 않아도 정답이 될 수 있는 예가 있습니다.

Various types of bags are being displayed. 다양한 종류의 가방이 전시되고 있다.
display와 유사한 view, show 등의 동사도 사람의 등장에 관계없이 정답이 될 수 있습니다.

The car is being lifted into the air. 차가 공중으로 들어 올려지고 있다.
기계가 기계에 힘이나 압력을 가하는 경우도 사람의 등장에 관계없이 정답이 될 수 있습니다.

The grass is being watered. 잔디에 물이 뿌려지고 있다.
자동적으로 잔디에 물이 뿌려지는 경우도 사람의 등장에 관계없이 정답이 될 수 있습니다.

빈칸 채우고 정답 맞추기 

들려주는 문장을 잘 듣고 빈칸을 채운 후, 정답을 골라보세요.
음성은 각 나라 발음으로 3번 들려드립니다. Part 1-3-4

1

(A) Some tall buildings are ________________ near the shoreline.
(B) Some sailboats are tied to a ________________.
(C) The city ________________ is reflected in the water.
(D) Some trucks are parked ________________ the beach.

2

(A) All of the ________________ are open.
(B) Some ________________ are arranged on shelves.
(C) Boxes are ________________ in front of a cabinet.
(D) The door is ________________ to a window.

3

(A) ________________ have been set up on a beach.
(B) Some people are ________________ a hotel.
(C) A boat is being ________________ onto the shore.
(D) People are ________________ up to buy snacks.

4

(A) Some boxes are lined up on a ______________ belt.

(B) Some packages are being ______________ onto a cart.

(C) A man is changing a light bulb ______________.

(D) A woman is taking a box down ______________ a shelf.

5

(A) Carpets are being ______________.

(B) A room is ______________ with furniture.

(C) Food has been placed on the ______________ table.

(D) Furniture has been ______________ in crates.

6

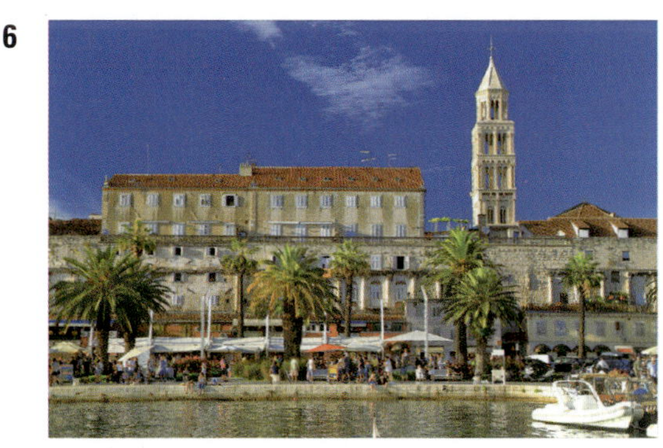

(A) A man is picking up a sign from the ______________.

(B) A pointed roof is ______________ in the distance.

(C) An outdoor market is ______________ despite the rain.

(D) A pedestrian is ______________ the rain off of his umbrella.

완전절친
TOEIC 스타트 LC+RC

Part 1

Day 4

혼합 사진

- 기출 분석
- 토익 빈출 단어
- 기초 문법 다지기
- 기본 연습 문제
- 빈칸 채우고 정답 맞추기
- 실전 문제

Day 04

혼합 사진

혼합 사진은 인물과 풍경이 함께 등장하는 사진입니다. 인물이 등장하기는 하지만 집중적으로 부각되지 않으며, 사진 속에서 알아보기 힘든 세부적인 부분이 주로 정답으로 출제됩니다.

기출 분석

Part 1-4-1

처음부터 정답을 고르려고 하면 더 어렵습니다. 보기를 하나씩 듣고 오답인 부분을 지워나가면서 정답을 확인해야 합니다.

[예제]

(A) A cyclist is viewing a city from a distance.
(B) The city skyline is obscured by clouds.
(C) Several people are leaning against the wall.
(D) A woman is getting on a bicycle.

(A) 자전거 타는 사람이 멀리서 도시를 보고 있다.
(B) 도시 스카이라인이 구름 때문에 가려졌다.
(C) 몇몇 사람들이 벽에 기대어 있다.
(D) 여자가 자전거에 타고 있다.

[해설] 혼합 사진은 난이도가 있으므로 사진에 없는 단어가 나오면 바로 오답 처리합니다.
(A) 자전거 타는 사람이 멀리서 도시를 바라보고 있으므로 정답입니다.
(B) 도시 스카이라인이 비교적 잘 보이기 때문에 가려진(obscured)이라는 표현에서 동사 오답입니다.
(C) 눈에 띄는 사람은 한 사람이고, 벽에 기댄 사람도 안 보이므로 사진에 없는 명사 오답입니다.
(D) 여자가 자전거를 타고(getting on)있지 않기 때문에 동사 오답입니다.

● 시험에 꼭 나오는 단어

상황	단어
사무실	document 서류 sort 분류하다 address 연설하다 bulletin board 게시판
공사장	weld 용접하다 transport 운반하다 demolish 철거하다 pave 포장하다 supplies 물품
식사/요리	chef 주방장 ingredient 식재료 patio 테라스 tray 쟁반 utensil 조리 기구
여가/취미	lawn 잔디 row 노를 젓다 spectator 관중 gym 체육관 auditorium 강당
교통	ramp 경사로 crosswalk 횡단보도 land 착륙하다 take off 이륙하다
공공장소	cash register 계산대 souvenir 기념품 sew 바느질하다 couch 소파 rug 깔개

Words

cyclist [sáiklist] 자전거 타는 사람 | view [vjuː] 보다 | from a distance 멀리서 | skyline [skáilàin] 스카이라인, 하늘과 맞닿은 윤곽선 | obscure [əbskjúər] 숨기다, 가리다 | lean against ~에 기대다 | get on 타다

토익 빈출 단어

Part 1-4-2

다음은 토익 시험에서 자주 나오는 표현입니다. 단어와 함께 문장 전체를 암기해서 실전에서 활용할 수 있도록 하세요.

carton [kɑ́:rtn] 상자	A carton's cover has been removed. 상자의 뚜껑이 제거 되어져 있다.
cliff [klif] 절벽	Some boats are passing between the cliffs. 배들이 절벽 사이로 지나가고 있다.
ladder [lǽdər] 사다리	A ladder has been propped against the house. 사다리가 집에 받쳐 놓여져 있다.
ledge [ledʒ] 선반	A plant has been put on a ledge. 화분 하나가 선반에 놓여 있다.
level [lévəl] 층	The cars are on multiple levels. 차들이 여러 층에 있다.
sculpture [skʌ́lptʃər] 조각상	A sculpture has been placed by the park. 조각상이 공원 옆에 놓여 있다.
shadow [ʃǽdou] 그림자	Some rocks are casting shadows on the beach. 바위들이 해변에 그림자를 드리우고 있다.
shelf [ʃelf] 선반	Containers have been set on shelves. 용기들이 선반들 위에 진열되어 있다.
stool [stu:l] 등받이 없는 의자	A stool has been placed beside the table. 등받이 없는 의자가 테이블 옆에 놓여있다.
track [træk] 자국	Tracks have been left on the sand. 모래 위에 자국들이 나 있다.
stream [stri:m] 계곡	A bridge is suspended over a stream. 다리가 계곡 위로 놓여 있다.
carry [kǽri] 나르다	A container is being carried by a man. 용기 하나가 남자에 의해 운반되어지고 있다.
decorate [dékərèit] 장식하다	A floral arrangement decorates each table. 꽃꽂이가 각 테이블을 장식하고 있다.
draw [drɔ:] 끌다	Some artworks have drawn the woman's attention. 몇몇 작품들이 여자의 주목을 끌었다.
gather [gǽðər] 모으다	Some leaves are being gathered into a pile. 나뭇잎들이 더미로 모아지고 있다.
measure [méʒər] 측정하다	A piece of wood is being measured. 나무 토막이 측정 되어지고 있다.
surround [səráund] 둘러싸다	A railing surrounds the top deck. 난간이 갑판을 둘러싸고 있다.
suspend [səspénd] 매달다	A boat is suspended in the air. 배 한 척이 공중에 매달려 있다.
throw [θrou] 버리다	A piece of paper is being thrown out. 종이 한 장이 버려지고 있다.
water [wɔ́:tər] 물을 주다	Plants are being watered in a garden. 정원의 식물에 물이 주어지고 있다.

기초 문법 다지기

Part 1-4-3

● 현재형

현재형은 주로 사물의 상태를 묘사할 때 쓰입니다. 주로 전치사구와 함께 쓰여 풍경, 배경사진에 등장하는 사물의 위치나 장소를 묘사합니다.

(A) The chairs face the same direction.
(B) The chairs are stacked up in a room.
(C) All of the seats are taken.
(D) There are some lamps on the table.

(A) 의자들이 같은 방향을 향하고 있다.
(B) 의자들이 방 안에 쌓여 있다.
(C) 모든 자리가 차 있다.
(D) 테이블 위에 램프 몇 개가 있다.

▶정답 : (A)

● 현재형 빈출 표현

divide 나누다	surround 둘러싸다	overlook 내려다보다
lead to 연결되다	decorate 장식하다	extend 뻗다
line 줄지어 있다	face 향하다	run (길 · 복도 등이) 나 있다
hang 걸리다	pass by 통과하다	support 지탱하다

● 현재완료(have + p.p.)

현재완료는 비록 과거처럼 해석되지만, 과거가 아니라 현재입니다. 이미 동작이 완료된 모습을 나타내며, 실제로는 거의 사물을 묘사하는 선택지로 출제됩니다.

(A) Some boxes have been stacked.
(B) Some cartons are being piled up.
(C) A vehicle is being lifted.
(D) People are working in a garage.

(A) 몇몇 상자들이 쌓여 있다.
(B) 몇몇 상자들이 쌓여지고 있다.
(C) 차량 한 대가 들어 올려지고 있다.
(D) 사람들이 창고에서 일하고 있다.

▶정답 : (A)

● 현재완료 / 현재완료 수동태 빈출 표현

have stopped 정차했다	have been closed 닫혀 있다	have opened 열었다
have been pushed 밀려 있다	have arranged 정렬되어 있다	have been parked 주차되어 있다
have filled 채워져 있다	have been organized 정리되어 있다	have set 세팅되어 있다
have been positioned 놓여 있다		

기본 연습 문제 

다음 기타 시제의 문장을 들으면서 빈칸에 알맞은 단어를 쓰세요. 받아쓰기를 한 후 해석과 함께 문장을 대조해보면서 외우세요. Part 1-4-4

1 A vehicle is being ____________. 차량 한 대가 견인되고 있다.

2 The kitchen __________________ are being washed. 부엌 조리 기구들이 씻겨지고 있다.

3 The windows are being ____________. 창문이 닦이고 있다.

4 Cars are being ____________ across a bridge. 차량들이 다리를 건너 운행되고 있다.

5 A railing is being __________________ in a garden. 정원에 난간이 설치되고 있다.

6 The trees are being planted along the ____________. 나무들이 해변을 따라 심어지고 있다.

7 The building is being __________________. 건물이 개조되고 있다.

8 The bicycle is being __________________. 자전거가 수리되고 있다.

9 The door has been ____________ wide open. 문이 활짝 열려 있다.

10 There is a ____________ on each side of the bed. 침대 양쪽에 램프가 있다.

11 A path leads to the __________________. 길이 분수로 이어진다.

12 Some buildings ____________ the train station. 몇몇 건물들에서는 기차역이 내려다보인다.

13 Waves are __________________ on the shore. 파도가 해변에 부딪치고 있다.

14 A group of boats is ____________ in the water. 보트 한 무리가 물 위에 떠 있다.

15 The traffic is moving in a ____________ direction. 자동차 통행이 한 방향으로 움직이고 있다.

빈칸 채우고 정답 맞추기 

들려주는 문장을 잘 듣고 빈칸을 채운 후, 정답을 골라보세요.
음성은 각 나라 발음으로 3번 들려드립니다. Part 1-4-5

1

(A) Some people are seated in a ________________.

(B) Some people are riding an ________________.

(C) Some people are standing on a ________________.

(D) Some people are walking down a ________________.

2

(A) Some people are working in a ________________.

(B) Some people are walking ________________ a truck.

(C) Some people are picking ________________ from trees.

(D) Some people are ________________ a house.

3

(A) Chairs are being ________________ in the corner.

(B) People are walking through the ________________.

(C) Some of the seats are ________________.

(D) ________________ is being displayed outdoors.

4

(A) A ship is ________________ under a bridge.

(B) A stone wall is being ________________.

(C) A woman is sitting near a ________________.

(D) A woman is taking off her ________________.

5

(A) Bicycles have been ________________ on a balcony.

(B) A ________________ is being cleaned near a window.

(C) Shoes have been lined up in a ________________.

(D) Some plants are being hung from a ________________.

6

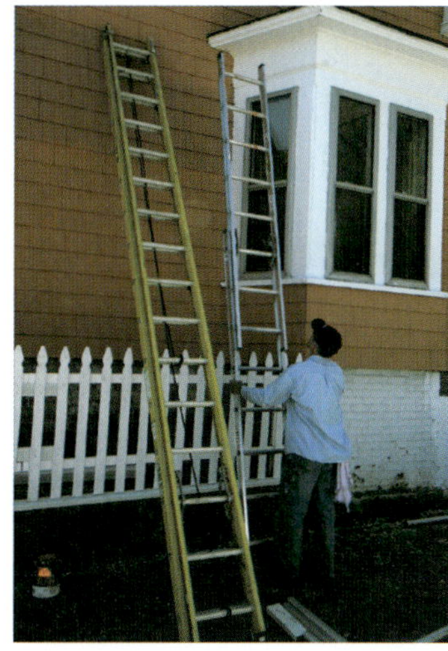

(A) He is ________________ up the windows of a house.

(B) One of the men is ________________ a balcony.

(C) Ladders are ________________ against the building.

(D) A bucket is being ________________ from a window.

Part 1 Part 2 Part 3 Part 4

실전문제

다음 녹음을 듣고 사진을 가장 적절히 묘사한 보기를 고르세요. Part 1-4-6

1

(A) (B) (C) (D)

2

(A) (B) (C) (D)

3

(A) (B) (C) (D)

4

(A) (B) (C) (D)

5

(A) (B) (C) (D)

6

(A) (B) (C) (D)

Part 1
Part 2
Part 3
Part 4

완전절친
TOEIC 스타트 LC+RC

Part 2

의문문과 답변

Part 2

의문문과 답변

의문사(Who, Where, When, Why, What, How)로 시작하는 의문문은 Part 2에서 대략 절반정도 차지합니다. 질문의 첫 단어인 의문사만 제대로 들더라도 정답을 비교적 쉽게 고를 수 있습니다. 따라서 각 의문문의 유형에 따라 전형적인 정답 유형을 암기하기 바랄게요.

리스닝 TIP

정답을 고르기보다 오답을 먼저 소거하세요.

토익문제 출제자들은 여러분들이 어떤 부분에서 잘 틀리는지를 알고, 그 부분을 집중적으로 공략하고 있습니다. 정답을 고르려고 하다보면 정확성이 떨어질 수 있기 때문에 오답 포인트를 알고 문제를 접해야 합니다. 가끔은 출제자의 입장에서 '어떤 식으로 문제를 출제하면 더 많이 틀릴까?'라는 식으로 접근해 보면 오답 및 정답에 대한 이해도가 높아질 겁니다.

Key Point One 문제의 의문사에 집중하자.

무조건 질문의 첫 단어인 의문사에 신경을 집중하세요. 다른 의문사에 대한 답변이나 Yes/No로 시작하는 문장은 오답입니다.

Example

1 When does the movie start? 영화는 언제 시작하나요?

(A) At 7 o'clock 7시
(첫 단어인 의문사 When에 신경 집중! 대부분 시간과 관련된 답변이 정답)

(B) No, I don't like sports.
아니요, 저는 스포츠를 좋아하지 않아요.
(의문사 의문문에 Yes/No 답변은 100% 오답)

(C) In the meeting room 회의실에서
(다른 의문사 Where에 대한 답변이므로 오답)

Key Point Two **대답에 질문과 유사하거나 동일한 발음, 관련있는 단어가 나오면 오답이다.**

질문에 나온 단어와 유사한 발음이 대답에 나오는 경우, 혹은 질문에 나온 단어가 보기에 반복되면 오답입니다. 문제에서 들었던 단어로 연상되는 단어가 나와도 오답입니다.

Example Part 2

2 Where did you buy the briefcase?
서류가방은 어디서 사셨어요?

(A) It was a brief meeting. 간단한 회의였어요.
(유사하거나 동일한 발음이 나오면 오답)

(B) At the department store. 백화점에서요.
(Where 의문문에 대한 답변이므로 정답)

(C) I left documents in the taxi. 저는 택시에 서류들을 놓고 내렸어요.
(질문의 briefcase로 연상되는 단어인 document를 이용한 오답)

Key Point Three **너(you)와 나(I)의 대화에서 3인칭 대명사(he, she)가 들리면 오답이다.**

너(you)와 나(I)의 대화에서 언급되지 않은 3인칭 대명사(he, she)가 언급되면 오답입니다. 주어가 일치하는지 항상 귀 기울여 들어주세요!

Example Part 2

3 Where are you traveling this summer?
이번 여름에 당신은 어디로 여행을 갈 건가요?

(A) They are traveling by plane.
그들은 비행기를 타고 여행을 합니다.
(질문의 travel과 동일한 단어인 travel이 반복되어 오답)

(B) Every winter. 겨울 마다요.
(질문의 summer와 연관된 단어 오답)

(C) I am going to Hong Kong. 저는 홍콩으로 갈 예정이에요.
(첫 단어인 의문사 Where에 대한 행선지가 나왔으므로 정답)

완전절친
TOEIC 스타트 LC+RC

Part 2

Day 1

Who / Where 의문문

- 토익 빈출 단어
- 토익 빈출 유형
- 빈칸 채우고 정답 맞추기
- QUIZ 풀어보기
- This is it!
- 실전문제

Day 01

Who 의문문

다음은 Who 의문문에 자주 나오는 어휘 표현입니다. 단어를 귀로 듣고 눈으로 읽으며 의미와 함께 외우고, 예문을 보면서 어떻게 사용되는지도 알아두세요.

토익 빈출 단어

Part 2-1-1

1. **guest speaker** 초청 연사
   Q. Who is the guest speaker at the conference? 그 회의의 초청 연사는 누구인가요?
   A. You should ask Betty. 베티에게 물어봐요.

2. **lab results** 실험 결과
   Q. Who has the lab results? 누가 실험 결과물을 갖고 있나요?
   A. They are on my desk. 그것들은 제 책상 위에 있어요.

3. **hand in** 제출하다
   Q. Who handed in this report to you? 누가 당신에게 이 보고서를 제출했나요?
   A. Ms. Anderson did. 앤더슨 씨가요.

4. **organize** [ɔ́:rgənàiz] (어떤 일을) 준비하다, 조직하다
   Q. Who organized the reception? 누가 환영회를 준비했나요?
   A. David from Marketing. 마케팅부서의 데이빗이죠.

5. **work on** 착수하다
   Q. Who's working on the marketing report? 누가 마케팅 보고서를 작성하고 있나요?
   A. Mr. Kent, the new assistant. 새 조수인 켄트 씨요.

6. **make a speech** 연설하다
   Q. Who is available to make a speech? 누가 연설할 시간이 있나요?
   A. That would be Karen. 캐런일 거예요.

● 필수적으로 알아야 할 직책명과 부서명

다음은 문제를 풀 때 알아두어야 할 직책명과 부서명입니다. 비슷한 것들끼리 헷갈리지 않게 확실히 외워두세요.

직책명	부서명
assistant 보조(조수)	accounting department 회계부(경리부)
manager 부장	advertising department 광고부
director 이사	human resources department 인사부
supervisor 감독관, 상사	(=personnel department)
secretary 비서	maintenance department 관리부
technician 기술자	marketing department 마케팅부
president 사장	sales department 영업부
CEO 최고경영자	shipping department 배송부

토익 빈출 유형

Part 2-1-2

Who 의문문은 일반적으로 사람 이름, 부서, 직책명이나 '나'를 지칭하는 말, 혹은 '잘 모르겠다'고 하는 간접적 답변이 정답입니다.

● 직접적 답변 유형

직접적 답변은 Who 의문사가 물어보는 대상에 대해 정확하게 대답하는 유형입니다. 사람 이름, 부서명, 직책명, 인칭대명사, 애매모호한 대상으로 응답할 수 있습니다.

Q. Who is your accountant? 당신의 회계사는 누구죠?	A. Mr. Garcia. 가르시아 씨입니다.
Q. Who has Annie's telephone number? 누가 애니의 전화번호를 가지고 있죠?	A. Ask her assistant. 그녀의 조수에게 물어보세요.
Q. Who won the award? 누가 상을 탔죠?	A. Someone from Marketing. 마케팅 부서의 어떤 사람입니다.
Q. Who's attending the meeting? 누가 회의에 참석하죠?	A. Anyone who's interested. 관심 있는 사람은 누구나요.
Q. Who's interviewing the candidate? 누가 지원자를 면접 보죠?	A. I'm planning to. 제가 할 계획입니다.

● 간접적 답변 유형

간접적 답변은 '모르겠다' 혹은 '다른 사람에게 물어보겠다' 등 우회적으로 답변하는 유형입니다. 이와 같은 답변은 의문사의 종류를 불문하고 정답이 될 확률이 높습니다.

Q. Who is in charge of the project? 누가 그 프로젝트의 책임을 맡고 있죠?	A. I have no idea. 잘 모르겠습니다.
Q. Who's going to be the new director? 누가 새로운 이사가 되나요?	A. It hasn't been decided. 아직 결정되지 않았습니다.
Q. Who's giving the speech tomorrow? 내일 누가 연설하나요?	A. I don't know. 잘 모르겠어요.
Q. Who did you meet at the party? 파티에서 누구를 만났나요?	A. I didn't go there. 거기에 가지 않았어요.
Q. Who approved the new building plans? 누가 새 건축 계획을 승인했나요?	A. I'll have to check. 저도 확인해봐야 해요.

Words

conference [kánfərəns] 회의 | reception [risépʃən] 환영회 | department [dipá:rtmənt] 부서 | accountant [əkáuntənt] 회계사 | assistant [əsístənt] 조수 | award [əwɔ́:rd] 상 | win an award 상을 타다 | interview [íntərvjù:] 면접을 보다 | candidate [kǽndidət] 지원자 | in charge of ~을 맡고 있는 | director [diréktər] 이사, 임원 | decide [disáid] 결정하다 | give a speech 연설하다

빈칸 채우고 정답 맞추기 

들려주는 문장을 잘 듣고 빈칸을 채운 후, 정답을 골라보세요.
음성은 각 나라 발음으로 2번 들려드립니다. Part 2-1-3

1 Who's the next ______________?

(A) The company __________ president.

(B) No, I __________ yesterday.

2 Who __________ this cake?

(A) James __________ know.

(B) I'll __________ them.

3 Who does this jacket __________ to?

(A) It looks like __________.

(B) The show __________ long.

4 Who's ______________ to go to the training?

(A) The __________ one is at 2.

(B) __________ who's interested.

(C) I __________ the train.

5 Who ______________ the new floor plans?

(A) On the __________ floor.

(B) The building ______________.

(C) I'll water the __________.

리스닝 TIP

눈으로 보고 리스닝을 하면 안됩니다!

문제를 풀고 나서 어렵더라도 정답을 먼저 확인하지 말고, 일단 3번 이상 들어보세요. 그리고 나서 단어 뜻에 신경 쓰지 말고 원어민 발음을 흉내내듯 따라 읽어보세요. 마지막으로 할 일이 단어 확인 및 오답 정리입니다. 순서를 잘 기억해주세요.

QUIZ 풀어보기

Part 2-1-4

1 Who decorated the office? (A) (B)

2 Who's going to speak at the meeting? (A) (B)

3 Who's responsible for the budget? (A) (B)

4 Who's the woman next to the door? (A) (B)

5 Who is the manager's new secretary? (A) (B)

Day 01

Where 의문문

다음은 Where 의문문에 자주 나오는 어휘 표현입니다. 단어를 귀로 듣고 눈으로 읽으며 의미와 함께 외우고, 예문을 보면서 어떻게 사용되는지도 알아두세요.

토익 빈출 단어

Part 2-1-5

1. **bulletin board** 게시판
   Q. Where is the bulletin board located? 게시판은 어디에 있죠?
   A. Next to the printer. 프린터 옆에요.
2. **invoice** [ínvɔis] 송장
   Q. Where is the invoice from Japan? 일본에서 온 송장은 어디에 있나요?
   A. In the file cabinet. 문서 보관함 안에요.
3. **job application** 입사 지원서
   Q. Where can I submit my job application? 제 입사 지원서를 어디에 제출해야 할까요?
   A. Right over there. 바로 저쪽이요.
4. **sign** [sain] 서명하다
   Q. Where do I sign my name? 제 이름을 어디에 서명하죠?
   A. On this line right here. 여기 이 줄 위에요.
5. **catch the bus** 버스를 타다
   Q. Where can I catch the next bus into the town? 시내로 가는 다음 버스는 어디에서 탈 수 있죠?
   A. Just across the street. 바로 길 건너편에서요.
6. **nearest** 가장 가까운
   Q. Where is the nearest post office? 가장 가까운 우체국은 어디죠?
   A. One block from here. 여기서부터 한 블록이요.

● 장소 및 위치, 출처 관련 표현

다음은 문제를 풀 때 알아두어야 할 장소 및 위치, 출처 관련 표현입니다. 비슷한 것들끼리 헷갈리지 않게 확실히 외워두세요.

물건 두는 장소	사람이 가는 장소	출처 및 방향
on the desk 책상에	at a gift shop 선물가게에	on the website 웹사이트에서
in the drawer 서랍에	across the street 길 건너편에	on the front page 1면에
in the cabinet 캐비닛에	in the lobby 로비에	to this address 이 주소로
in the closet 옷장에	in the hallway 복도에	to my office 내 사무실로
in one's pocket 주머니에	near the park 공원 근처에	from New York 뉴욕에서
	on the second floor 2층에	

토익 빈출 유형

Part 2-1-6

Where 의문문은 장소를 나타내는 전치사구, 사람을 이야기하거나 간접적 답변, 반문하는 유형 등이 정답으로 자주 출제됩니다. 고유명사인 장소 이름과 장소에 관련된 다양한 표현을 반드시 암기하세요.

리스닝 TIP

고유명사란?

사람, 사물, 장소 등의 고유한 이름을 말합니다.

● 전치사를 이용한 장소 표현으로 응답

Q. Where do you live?
어디에 살고 있죠?
A. On Oak street.
오크 가에요.

Q. Where did Margaret go on vacation?
마가렛은 어디로 휴가를 떠났죠?
A. To a beach resort.
해변 휴양지로요.

Q. Where is the art director?
미술 감독은 어디에 있죠?
A. At the gallery.
갤러리에요.

● 사람으로 응답하는 유형

Q. Where should I put these chairs?
이 의자들을 어디에 둬야 하죠?
A. You should ask the manager.
부장님에게 물어보세요.

Q. Where did Emma find the file?
엠마는 어디에서 그 파일을 찾았죠?
A. Carlos gave it to her.
카를로스가 그녀에게 주었어요.

● 간접적 유형의 답변

Q. Where can I get the paper?
서류를 어디에서 얻죠?
A. Check the cabinet.
캐비닛을 확인해 보세요.

Q. Where can I find Jill's phone number?
질의 전화번호를 어디에서 찾을 수 있죠?
A. Try the company directory.
회사 전화 번호부를 찾아보세요.

● 반문하는 유형의 답변

Q. Where did you put the brochure?
책자는 어디에 두었죠?
A. Isn't it on the desk?
책상 위에 있지 않나요?

Words

locate [lóukeit] 위치하다 | cabinet [kǽbinət] 캐비닛, 수납장 | submit [səbmít] 제출하다 | vacation [veikéiʃən] 휴가 | resort [rizɔ́:rt] 휴양지, 리조트 | manager [mǽnidʒər] 부장, 관리자 | directory [diréktəri; dairéktəri] (이름 · 주소 등의 관련 정보를 보통 알파벳순으로 나열한) 안내 책자 | brochure [brouʃúər] 책자

빈칸 채우고 정답 맞추기

들려주는 문장을 잘 듣고 빈칸을 채운 후, 정답을 골라보세요.
음성은 각 나라 발음으로 2번 들려드립니다. Part 2-1-7

1 Where is your __________?

(A) It's in my __________.

(B) At a quarter __________ four.

2 Where can I buy a new __________ for my bicycle?

(A) I'm feeling __________ today.

(B) There's a bike shop __________.

3 Where can I __________ my coat?

(A) I __________ have some.

(B) There's a __________ in the closet.

4 Where's the __________ restaurant?

(A) I'll __________ the map.

(B) All __________ of sandwiches.

(C) I __________ take a break.

5 Where can I __________ the train ticket?

(A) I usually use the ______________.

(B) With a __________ card.

(C) _______________ program.

QUIZ 풀어보기

Part 2-1-8

1	Where does Mr. Wilson work?	(A)	(B)
2	Where did Yumi go?	(A)	(B)
3	Where can I find a library?	(A)	(B)
4	Where will the conference be next year?	(A)	(B)
5	Where is the guest list?	(A)	(B)

This is it!

1 틀렸던 문제를 다시 틀리지 않는 방법

- 오답은 문장 전체를 통째로 암기하세요.
- 어려운 문장은 5번 이상 큰 소리로 읽어보세요.
- 관용적 표현이나 어려운 표현은 따로 정리해두세요.
- 놓친 문제에 집착하지 말고 집중력을 키웁시다.

2 파트2 고유명사 제대로 듣기

- 열심히 공부를 해도 잘 안 들리는 단어가 있어 당황했다면, 고유명사를 의심해 봐야합니다.

Who 의문문 – 사람 이름이 정답이 되는 경우가 많다고 앞서 공부를 했었죠. 하지만 우리가 친근하게 알고 있는 James나 Sara같은 이름 대신에 생소한 외국계 이름이 출제될 경우 당황하는 학생들이 있습니다. 예를 들어, Mr. Palmer, Dr. Miguel Fernandez, Ms. Gomez, Ms. Nakamura 등이 있습니다. 라틴계나 인도, 혹은 중국이나 일본식 이름도 출제되므로 만약 잘 안 들릴 경우에는 그냥 사람의 이름, 즉 고유명사라고 생각하고 의심해 보는 편이 빠릅니다.

Where 의문문 – 장소가 정답이 되는 경우가 많죠. 따라서 각종 거리 이름이나 숙박업소 이름들이 출제됩니다. 예를 들어, Langley Avenue, Ocean Boulevard, Jake's Garage, Smith Corporation, Pavillion Hotel 등이 있습니다. 사람 이름을 나타내는 고유명사는 구분하기가 어려울 수 있지만, 장소를 나타내는 고유명사는 뒷부분에 장소를 알려주는 단어들(Avenue, Boulevard, Hotel 등)이 따라오기 때문에 비교적 정답 찾기가 더 수월하겠습니다.

3 Where 발음이 When처럼 들리는 학생을 위한 처방전

- 미국식 발음에서 where는 비교적 잘 들리지만 영국 및 호주식 발음에서는 혼동 될 수 있습니다.

Where 의문문은 일단 듣기만 하면 정답 고르기가 어렵지 않은 의문사입니다. 미국식으로는 '웨어'라고 읽지만 영국 및 호주식 발음으로 '워'처럼 들리기 때문에 다 듣고 나서 "어, 뭐지?"라고 의문사를 놓쳤다고 생각할 수 있습니다. 만약 의문사를 놓쳤다고 생각했다면 확률상 Where 의문문일 가능성이 높습니다. 아무래도 When은 받침이 있는 'n'발음 때문에 좀 더 잘 들립니다. 하지만 이런 이론은 확률상이기 때문에 좀 더 정확하게 듣기 위해서는, 결국 반복된 청취연습이 가장 지름길이 아닐까요?

Day 01 실전문제

녹음된 내용을 듣고 질문에 알맞은 응답을 고르세요.

Part 2-1-9

1 Mark your answer. (A) (B) (C)

2 Mark your answer. (A) (B) (C)

3 Mark your answer. (A) (B) (C)

4 Mark your answer. (A) (B) (C)

5 Mark your answer. (A) (B) (C)

6 Mark your answer. (A) (B) (C)

7 Mark your answer. (A) (B) (C)

8 Mark your answer. (A) (B) (C)

9 Mark your answer. (A) (B) (C)

10 Mark your answer. (A) (B) (C)

11 Mark your answer. (A) (B) (C)

12 Mark your answer. (A) (B) (C)

완전절친
TOEIC 스타트 LC+RC

Part 2

Day 2

When / Why 의문문

- 토익 빈출 단어
- 토익 빈출 유형
- 빈칸 채우고 정답 맞추기
- QUIZ 풀어보기
- This is it!
- 실전문제

Day 02 When 의문문

다음은 When 의문문에 자주 나오는 어휘 표현입니다. 단어를 귀로 듣고 눈으로 읽으며 의미와 함께 외우고, 예문을 보면서 어떻게 사용되는지도 알아두세요.

토익 빈출 단어

Part 2-2-1

1. **board meeting** 이사회
   Q. When is the board meeting in Seattle? 시애틀에서 열리는 이사회는 언제죠?
   A. We don't know yet. 우리도 아직 모르겠어요.

2. **proposal** [prəpóuzəl] 제안서
   Q. When can you submit the proposal? 당신은 언제 그 제안서를 제출할 수 있죠?
   A. After lunch. 점심식사 이후에요.

3. **hire** [haiər] 고용하다
   Q. When will you hire new employees? 당신은 언제 새 직원들을 고용할 건가요?
   A. As soon as possible. 가능한 빨리요.

4. **inspect** [inspékt] 점검하다, 검사하다
   Q. When will the factory be inspected? 공장은 언제 점검되나요?
   A. On Wednesday afternoon. 수요일 오후에요.

5. **release** [rilíːs] 출시하다
   Q. When is the new product going to be released? 새 제품은 언제 출시되죠?
   A. Sometime next week. 다음 주 중에요.

6. **be held** 열리다
   Q. When will the event be held? 언제 그 행사가 열리죠?
   A. Next Saturday. 다음 토요일요.

● 필수적으로 알아야 할 시간 관련 부사, 전치사구

다음은 문제를 풀 때 알아두어야 할 시간 관련 부사, 전치사구입니다. 비슷한 것들끼리 헷갈리지 않게 확실히 외워두세요.

과거 · 현재	미래
yesterday 어제	soon 곧
last week 지난주에	tomorrow 내일
right now 바로 지금	later today 오늘 늦게
before lunch 점심 전에	after the meeting 회의 후에
two weeks ago 2주 전에	not until 5 o'clock 5시나 되어서야
late last night 어젯밤 늦게	the day after tomorrow 모레
the day before yesterday 그저께	by the end of the month 이번 달 말까지
on Saturdays 토요일마다	in a few minutes 잠시 후에

토익 빈출 유형

Part 2-2-2

When 의문문은 시간, 날짜, 요일을 주로 물어봅니다. 정확한 시점이 정답이 될 수도 있지만 대략적인 시점으로도 답할 수 있습니다.

● 전치사를 이용한 확실한 시간 표현 응답

Q. When are you leaving work today?
오늘 언제 퇴근하시죠?

A. In an hour.
한 시간 후에요.

Q. When is the company banquet?
회사 연회는 언제죠?

A. Two weeks from Friday.
2주 후 금요일이요.

Q. When is the sales report due?
영업 보고서 마감은 언제죠?

A. No later than 5:00 P.M.
늦어도 오후 5시까지요.

● 과거 또는 미래시제 응답 유형

Q. When did Ashley come back from Singapore?
애슐리는 언제 싱가포르에서 돌아왔죠?

A. About a week ago.
약 1주 전에요.

Q. When will we meet the new interns?
우리는 새 인턴들을 언제 만날거죠?

A. Next week.
다음 주에요.

Q. When will the staff install the software?
그 직원은 언제 소프트웨어를 설치할거죠?

A. I thought he did it already.
제 생각에는 벌써 설치한 것 같은데요.

● 간접적 유형의 답변

Q. When will the presentation begin?
발표는 언제 시작하죠?

A. Let me ask the secretary.
비서에게 물어볼게요.

● 그 외의 표현으로 응답하는 유형

Q. When are you going to our head office?
당신은 우리 본사로 언제 갈 거죠?

A. As soon as I can.
최대한 빨리요.

Words

employee [implɔ́ii:] 직원 | possible [pɑ́:səbl] 가능한 | factory [fǽktəri] 공장 | banquet [bǽŋkwit] (공식) 연회[만찬] | sales report 영업 보고서 | no later than~ 늦어도 ~까지는 | install [instɔ́:l] (장비 · 가구를) 설치하다 | presentation [prì:zentéiʃən] 발표 | secretary [sékrəteri] 비서 | head office 본사

Part 1
Part 2
Part 3
Part 4

빈칸 채우고 정답 맞추기

들려주는 문장을 잘 듣고 빈칸을 채운 후, 정답을 골라보세요.
음성은 각 나라 발음으로 2번 들려드립니다. Part 2-2-3

1 When is the ___________?

(A) ___________ Tuesday.

(B) Three ___________.

2 When do you ___________ your job?

(A) On ___________ 17.

(B) Please ___________ your computer.

3 When did your family ___________ to Canada?

(A) Two ___________.

(B) After I ________________ jobs.

4 When are you going to ___________?

(A) ___________ last month.

(B) To see my ________________.

(C) Not ___________ next year.

5 When will you finish the ________________ project?

(A) ________________ this summer.

(B) It's a ________________ model.

(C) Set up the ________________.

QUIZ 풀어보기

Part 2-2-4

1 When does the train leave? (A) (B)

2 When is she expected to call? (A) (B)

3 When's your next trip to Beijing? (A) (B)

4 When's the meeting supposed to begin? (A) (B)

5 When can we reschedule the interview? (A) (B)

Day 02

Why 의문문

다음은 Why 의문문에 자주 나오는 어휘 표현입니다. 단어를 귀로 듣고 눈으로 읽으며 의미와 함께 외우고, 예문을 보면서 어떻게 사용되는지도 알아두세요.

토익 빈출 단어

Part 2-2-5

① **traffic** [trǽfik] 교통, 교통량
Q. Why is the traffic so heavy here? 이곳은 왜 이리 차가 막히죠?
A. They're paving the road ahead. 앞쪽에 도로를 포장하고 있어요.

② **bill** [bil] 청구서를 보내다
Q. Why haven't we billed our new customers yet? 왜 아직도 새 고객들에게 청구서를 보내지 않았나요?
A. The invoices aren't complete. 송장이 완성되지 않았어요.

③ **reject** [ridʒékt] 거절하다
Q. Why did the client reject our proposal? 왜 그 고객은 우리의 제안을 거절했나요?
A. Another firm offered a lower price. 다른 회사가 더 저렴한 가격을 제시했어요.

④ **retire** [ritáiər] 퇴직 · 은퇴하다
Q. Why did Gary decide to retire this year? 왜 개리는 올해 은퇴하기로 결심했나요?
A. For personal reasons. 개인적인 이유들 때문에요.

⑤ **quit** [kwit] 그만두다
Q. Why is he going to quit his job? 그는 왜 일을 그만두나요?
A. I have no idea. 잘 모르겠어요.

⑥ **push back** 미루다
Q. Why was the board meeting pushed back? 왜 이사회가 늦춰졌죠?
A. The director is away. 이사님이 출장 중이어서요.

● 자주 출제되는 이유 · 목적 관련 표현

다음은 문제를 풀 때 알아두어야 할 이유 · 목적 관련 표현입니다. 비슷한 것들끼리 헷갈리지 않게 확실히 외워두세요.

전형적 변명	이유 · 목적
sick 아픈	for a meeting 회의에 참석하려고
flat tire 펑크난 타이어	to get a job 일자리를 얻으려고
accident 사고	to book a flight 비행편을 예약하려고
broken 고장난	It's a holiday. 휴일이라서요.
out of stock 품절된	I was busy all day. 하루 종일 바빴어요.
due to bad weather 악천후 때문에	She had an appointment. 그녀가 약속이 있었기 때문이에요.
because of the storm 폭풍우 때문에	So I can attend the conference. 그래서 제가 회의에 참석할 수 있도록요.

토익 빈출 유형

Part 2-2-6

이유나 목적을 물어보는 Why 의문문은 해석을 하면서 정답을 골라야하기 때문에 의문사 중에서 가장 까다롭습니다. 문제와 보기를 귀로 듣고 바로 해석하는 연습을 하도록 합시다.

● 이유 · 목적의 전치사와 접속사를 이용한 응답

Q. Why was Ryan so late?
라이언은 왜 이렇게 늦었죠?
A. Due to the heavy traffic.
교통이 혼잡해서요.

Q. Why was the board meeting changed?
이사회가 왜 변경되었죠?
A. Because the president was sick.
회장님이 아팠기 때문이에요.

Q. Why are you moving to Rome?
왜 로마로 이사 가나요?
A. For a new job.
새 일자리 때문에요.

● 이유 · 목적의 전치사와 접속사가 생략된 응답

Q. Why is the restaurant closed?
레스토랑은 왜 문을 닫았죠?
A. It's a holiday.
휴일이기 때문이죠.

Q. Why is the park so crowded?
공원이 왜 이리 혼잡하죠?
A. There's a free concert.
무료 콘서트가 있어요.

● to부정사로 응답하는 유형 (~하기 위해서)

Q. Why are you meeting with Karen?
캐런과 왜 만나죠?
A. To discuss the new plan.
새 계획을 의논하기 위해서요.

● 간접적 유형의 답변

Q. Why was the seminar postponed?
세미나는 왜 연기되었죠?
A. Oh, I didn't know it was.
오, 세미나가 연기된 줄 몰랐어요.

Words

pave [peiv] (벽돌 등으로) 포장하다 | customer [kʌ́stəmər] 고객 | complete [kəmplí:t] 완성된 | personal [pə́rsənl] 개인적인 | move to ~로 이사하다 | holiday [hɑ́lədèi] 휴일; 휴가 | postpone [poustpóun] 연기하다, 미루다

빈칸 채우고 정답 맞추기 

들려주는 문장을 잘 듣고 빈칸을 채운 후, 정답을 골라보세요.
음성은 각 나라 발음으로 2번 들려드립니다. Part 2-2-7

1 Why did Ms. Chu leave __________?

(A) She had an __________.
(B) __________ by five o'clock.

2 Why is Nicole __________ so late?

(A) She __________ the bus.
(B) At the __________.

3 Why is it so __________ in the library?

(A) Because it's too __________.
(B) The air conditioner's __________.

4 Why is there so much __________ this afternoon?

(A) I __________ think so.
(B) There's a __________ in town.
(C) Yes, it's __________.

5 Why is the __________ cabinet empty?

(A) The new __________'s files.
(B) We're __________ it.
(C) In the second office on the __________.

Part 1 Part 2 Part 3 Part 4

QUIZ 풀어보기

Part 2-2-8

1	Why did she go to Atlanta?	(A)	(B)
2	Why is the warehouse locked?	(A)	(B)
3	Why was your flight delayed?	(A)	(B)
4	Why was the store's opening changed?	(A)	(B)
5	Why were you late to the event?	(A)	(B)

This is it!

When, Why 의문사는 그 뒤의 동사까지 잘 들어야 정답을 찾을 수 있습니다. When 의문문의 경우 '시제'에 주의해서 듣고, Why 의문문은 보기를 듣고 바로 해석한 후 정답을 골라야 합니다. 다음은 When, Why 의문문 오답, 정답 패턴입니다.

1 When 의문문에서 '장소' 답변이 들리면 오답

앞서 공부했듯이 의문사 When과 Where는 발음상 혼동되므로, 이를 이용한 오답이 출제됩니다.

Q. When are the clients arriving? 고객들은 언제 도착하나요?

A. At the international airport. 국제공항에요 ▶ 의문사 Where에 대한 답변으로 오답

2 When 의문문에서 How long 의문문에 대한 답변이 들리면 오답

When은 시점에 대한 답변을 요구하지만 How long 의문문은 기간을 물어봅니다. 주로 숫자가 들어간다는 점에서 혼동되지만 이 둘은 엄연히 다릅니다.

Q. When is the meeting expected to end? 회의는 언제 끝날 것으로 예상되나요?

A. In two hours. 2시간 후에요. (정답)

For three hours. 3시간 동안요. (오답)

Part 2-3. How 의문문 p.104 참조

3 의문사 When의 정답으로 접속사 When이 출제될 경우

When 의문문에 시점을 나타내는 접속사 after, before, until, as soon as 등이 자주 출제됩니다. 그중에서 when('~할 때'라는 의미의 접속사)도 출제될 수 있다는 게 함정입니다.

Q. When did the package arrive? 소포가 언제 도착했나요?

A. When you were away. 당신이 부재중일 때요.

4 미래 시제로 물어보는 When 의문문의 정답이 과거시제가 될 경우

Q. When will the staff install the software? 그 직원은 언제 소프트웨어를 설치할 것인가요? (미래시제 질문)

A. I thought he did it already. 제 생각에는 그가 이미 설치한 것 같은데요. (과거시제 응답)

5 'not until + 시점'(~나 되어서야)은 When 의문문 정답이며 해석에 주의

Q. When are we going to start the training? 우리가 교육을 언제 시작할 건가요?

A. Not until 10 A.M. 10시나 되어서야 할 겁니다.

6 의문사 Why 뒤에 don't가 들리면 제안 · 요청의 의문문

Why만 듣고 의문사 의문문으로 착각해 Because가 들어간 답변을 고르지 않도록 유의하세요.

Q. Why don't we review the sale report? 우리가 영업 보고서를 검토하는 것이 어때요?

A. That sounds good. 그게 좋겠어요. (정답)

Because we have a sales meeting. 왜냐하면 우리가 영업회의를 가질 것이기 때문이에요. (오답)

실전문제

녹음된 내용을 듣고 질문에 알맞은 응답을 고르세요.

Part 2-2-9

1 Mark your answer. (A) (B) (C)

2 Mark your answer. (A) (B) (C)

3 Mark your answer. (A) (B) (C)

4 Mark your answer. (A) (B) (C)

5 Mark your answer. (A) (B) (C)

6 Mark your answer. (A) (B) (C)

7 Mark your answer. (A) (B) (C)

8 Mark your answer. (A) (B) (C)

9 Mark your answer. (A) (B) (C)

10 Mark your answer. (A) (B) (C)

11 Mark your answer. (A) (B) (C)

12 Mark your answer. (A) (B) (C)

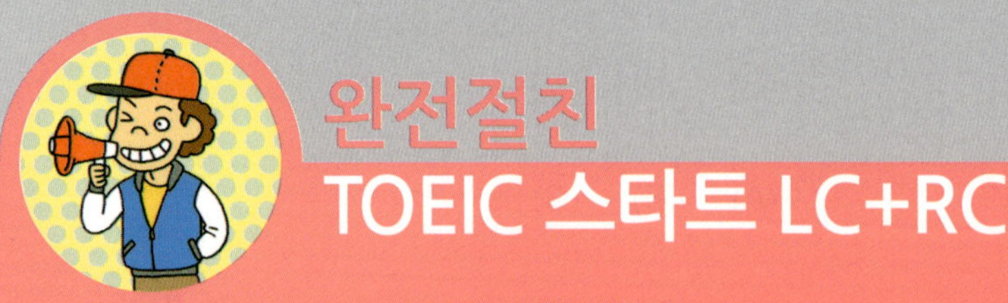
완전절친
TOEIC 스타트 LC+RC

Part 2

Day 3

What, Which / How 의문문

- 토익 빈출 단어
- 토익 빈출 유형
- 빈칸 채우고 정답 맞추기
- QUIZ 풀어보기
- This is it!
- 실전문제

Day 03

What, Which 의문문

다음은 What 의문문에 자주 나오는 어휘 표현입니다. 단어를 귀로 듣고 눈으로 읽으며 의미와 함께 외우고, 예문을 보면서 어떻게 사용되는지도 알아두세요.

토익 빈출 단어

Part 2-3-1

1. **payment** [péimənt] 지불
   Q. What form of payment do you prefer? 무엇으로 결제하시겠어요?
   A. I'll use a credit card. 신용카드를 사용하겠습니다.

2. **working hours** 영업시간
   Q. What are the working hours of the restaurant? 레스토랑의 영업시간은 어떻게 되죠?
   A. We are open from 10 A.M. to 9 P.M. 오전 10시부터 오후 9시까지입니다.

3. **intend to** ~할 작정이다
   Q. What does Tom intend to do after he retires? 탐은 은퇴 후에 무엇을 할 작정이죠?
   A. He wants to travel in Europe. 그는 유럽을 여행하고 싶어 해요.

4. **reserve** [rizə́ːrv] 예약하다
   Q. Which car should I reserve for you? 어떤 종류의 차를 예약해 드려야 하죠?
   A. One that's reasonably priced. 가격이 적당한 차요.

5. **lock the door** 문을 잠그다
   Q. Which key do I use to lock the door? 문을 잠그려면 어떤 열쇠를 사용해야 하죠?
   A. Try this one. 이 열쇠로 해 보세요.

6. **go well** 잘 어울리다
   Q. Which necktie looks better with my suit? 어떤 넥타이가 제 정장과 잘 어울려요?
   A. I think this goes well with your suit. 제 생각에는 이 넥타이가 당신 정장과 잘 어울려요.

● 다양한 용법의 What 관용표현 모음

다음은 문제를 풀 때 알아두어야 할 What 관용표현입니다. 비슷한 것들끼리 헷갈리지 않게 확실히 외워두세요.

What brings you here? 여기 무슨 일로 왔나요?
What is the seminar about? 무엇에 관한 세미나인가요?
What does he do for a living? 그의 직업은 무엇인가요?
What does she look like? 그녀는 어떻게 생겼나요? (외모)
What does your secretary like? 새 비서는 어떤가요? (성격)
What's your extension number? 당신의 내선번호는 무엇인가요?
What if there is an accident? 사고가 나면 어떻게 하죠?
What made you so late? 왜 이렇게 늦었어요?
What do you think of my plan? 제 계획 어때요?

토익 빈출 유형

Part 2-3-2

What 의문문은 다양한 해석이 가능하면서, 다른 의문사의 의미까지도 포함합니다. '무엇'이라고만 해석하면 정답을 찾기가 어렵기 때문에 관용적 용법들을 미리 암기해 둡시다.

● 비용 · 요금/방법을 묻는 유형

Q. What's the cost of shipping?
선박 요금은 얼마죠?

A. It depends on the weight.
무게에 따라 다릅니다.

Q. What's the best way to get to the airport?
공항으로 가는 가장 좋은 방법은 뭐죠?

A. Take a taxi.
택시를 타세요.

● 날씨/문제점을 묻는 유형

Q. What's the weather like tomorrow?
내일 날씨가 어떨까요?

A. I think you should bring your jacket.
저는 당신이 재킷을 가져오는 게 좋을 것 같아요.

Q. What happened to the meeting?
회의는 어떻게 된 거죠?

A. Oh, it was canceled.
오, 그것은 취소되었어요.

● 시간을 묻는 유형

Q. What's the deadline for this report?
이 보고서 마감 기한이 언제죠?

A. Next Friday.
다음 주 금요일이에요.

● 간접적 유형의 답변

Q. What's the name of the new museum?
새 박물관 이름은 뭐죠?

A. Actually, I'm not sure.
사실 저도 모릅니다.

● 의문 형용사로 쓰인 what 유형

Q. What kind of job are you looking for?
어떤 종류의 일을 찾고 있죠?

A. I'm interested in Marketing.
저는 마케팅에 관심이 있어요.

Q. What time do you leave for Bangkok?
방콕으로 몇시에 출발하죠?

A. My plane leaves at 10 A.M.
제 비행기는 오전 10시에 출발합니다.

Words

shipping [ʃípiŋ] 선박 | depend on ~에 달려 있다; ~에 의존하다 | deadline [dédlàin] 마감 시간, 기한

토익 빈출 유형

Part 2-3-3

Which 의문문은 특정한 다수의 사람이나 사물 중에서 하나를 고르라는 의문문입니다. 정해져 있는 범위 내에서 고르라는 문제기 때문에, 정답으로는 부정대명사인 the one이 포함된 답변이 주로 출제됩니다.

● the one이 들어간 답변

Q. Which scarf do you think I should buy?
어떤 스카프를 사야할까요?

A. The one with the black stripes.
검은색 줄무늬가 있는 스카프요.

Q. Which computer is for the new employee?
어떤 컴퓨터가 신입 사원을 위한 거죠?

A. The one on the shelf.
선반 위에 있는 컴퓨터요.

● 사람을 묻는 유형

Q. Which of you revised the contract?
당신들 중 누가 계약서를 수정했죠?

A. Julie did it.
줄리가 했어요.

● 선택의문문 유형

Q. Which restaurant should we eat dinner at?
어느 식당에서 저녁을 먹어야 할까요?

A. Either one is fine.
아무 곳이나 괜찮아요.

● 반문하는 유형의 답변

Q. Which hotel should I book for the clients?
고객들을 위해 어느 호텔을 예약해야 할까요?

A. How about the new one on 5th Avenue?
5번 가에 새로운 호텔은 어때요?

● 간접적 유형의 답변

Q. Which department does Eugene work for?
유진은 어느 부서에서 일하죠?

A. Actually, I'm not sure.
사실, 저도 모릅니다.

Words

stripe [straip] 줄무늬 | shelf [[ʃelf] 선반 | revise [riváiz] 수정하다 | either A or B A와 B 중 하나 | client [kláiənt] 고객

빈칸 채우고 정답 맞추기 

들려주는 문장을 잘 듣고 빈칸을 채운 후, 정답을 골라보세요.
음성은 각 나라 발음으로 2번 들려드립니다. Part 2-3-4

1 What was the __________ about?

(A) __________ benefits.
(B) We discussed the __________.

2 What's the __________ with this copy machine?

(A) We __________ her last week.
(B) It's __________.

3 What's the __________ for that red skirt?

(A) 25 dollars plus __________.
(B) A __________ size.

4 What __________ I do with these pamphlets?

(A) Put them in the __________.
(B) It was our __________ event.
(C) __________ very much.

5 Which office is the most __________ for our meeting?

(A) The one on the __________.
(B) He has gone __________ to the office.
(C) I'm __________ to meet you.

QUIZ 풀어보기

Part 2-3-5

1 What's the new assistant's name? (A) (B)
2 What do you need for your trip? (A) (B)
3 Which applicant will you hire? (A) (B)
4 What should we bring to the reception? (A) (B)
5 What did you think of the movie? (A) (B)

Day 03

How 의문문

다음은 How 의문문에 자주 나오는 어휘 표현입니다. 단어를 귀로 듣고 눈으로 읽으며 의미와 함께 외우고, 예문을 보면서 어떻게 사용되는지도 알아두세요.

토익 빈출 단어

Part 2-3-6

1 contract [kάntrækt] 계약서

Q. How am I supposed to send the contract? 계약서를 어떻게 보내야 할까요?

A. By express mail. 속달 우편으로요.

2 shipment [ʃípmənt] 선적

Q. How soon will the shipment arrive? 선적은 얼마나 빨리 도착할까요?

A. Tomorrow morning. 내일 아침이요.

3 subscription [səbskrípʃən] 정기구독

Q. How do I cancel my subscription? 정기구독을 어떻게 취소하나요?

A. Call the customer service number. 고객서비스 번호로 전화하세요.

4 expense report 지출 보고서

Q. How often do you submit the expense report? 지출 보고서를 얼마나 자주 제출하나요?

A. Every two weeks. 2주 마다요.

5 apply for ~에 지원하다

Q. How many people have applied for the position? 얼마나 많은 사람들이 그 자리에 지원했죠?

A. Only a couple so far. 지금까지 두 명 정도요.

6 these days 요즘

Q. How are the sales figures these days? 요즘 판매수치는 어때요?

A. They are better than I expected. 기대했던 것 보다 좋아요.

● 필수적으로 알아야 할 How 관련 표현

다음은 문제를 풀 때 알아두어야 할 How 관련 표현입니다. 비슷한 것들끼리 헷갈리지 않게 확실히 외워두세요.

방법 · 수단	상태 · 의견	빈도 · 숫자
on foot 걸어서	fine 괜찮은	almost 거의
in person 직접	better 더 좋은	around 대략
messenger 배달원	boring 지겨운	at least 최소한
fill out (양식을) 작성하다	useful 유용한	approximately 대략
by air 항공편으로	perfect 완벽한	every week 매주
by mail 우편으로	helpful 도움이 되는	on Sundays 일요일마다
by subway 지하철로	impressive 인상적인	quarterly 분기마다
pay in cash 현금으로 지불하다	interesting 흥미있는	once a month 한 달에 한 번
through the internet 인터넷으로	pretty well 대단히 잘	twice a year 일 년에 두 번

토익 빈출 유형

Part 2-3-7

How 의문문도 What 의문문과 마찬가지로 다양하게 활용됩니다. How만 듣고 해석을 하는 것이 어렵기 때문에 용법을 잘 익혀두어야 합니다. 특히 'How + 형용사/부사' 구문은 정답이 거의 정해진 패턴이므로 외워둡시다.

● 교통수단을 묻는 유형

Q. How are we going to the airport?
공항까지 어떻게 가죠?

A. By taxi.
택시로요.

Q. How do you commute to work?
어떻게 통근하시죠?

A. Usually by subway.
보통 지하철을 타요.

● 의견을 묻는 유형

Q. How was the sales meeting?
영업 회의는 어땠나요?

A. Very useful.
매우 유용했어요.

● 방법을 묻는 유형

Q. How can I contact him?
그에게 어떻게 연락하죠?

A. I'll give you his e-mail address.
내가 당신에게 그의 이메일 주소를 줄게요.

Q. How can I sign up for the class?
그 강좌에 어떻게 신청하죠?

A. You can register online.
당신은 온라인을 통해서 신청할 수 있어요.

● 수량을 묻는 유형

Q. How many tickets do you need?
표가 몇 장 필요하세요?

A. Just two, for my parents.
부모님 드릴 두 장이요.

● 가격을 묻는 유형

Q. How much does this shirt cost?
이 셔츠 가격 얼마죠?

A. 50 dollars.
50달러입니다.

● 빈도를 묻는 유형

Q. How often do you wash your car?
얼마나 자주 당신의 차를 세차하나요?

A. At least twice a week.
적어도 일주일에 두 번 정도요.

기간을 묻는 유형

Q. How long does it take to Tokyo?
도쿄까지 얼마나 걸리죠?

A. About two hours by plane.
비행기로 대략 두 시간요.

거리를 묻는 유형

Q. How far is it to the hotel?
호텔까지 거리가 얼마나 되나요?

A. About five miles.
약 5마일 정도요.

Words

contact [kάntækt] 연락하다 | at least 적어도[최소한]

빈칸 채우고 정답 맞추기 

들려주는 문장을 잘 듣고 빈칸을 채운 후, 정답을 골라보세요.
음성은 각 나라 발음으로 2번 들려드립니다. Part 2-3-8

1 How ______________ is the museum open?

(A) ______________ 7 P.M.

(B) I can't sleep ______________.

2 How ______________ can you be here?

(A) Yes, they ______________ here.

(B) I can be ______________ in 10 minutes.

3 How do I call the ____________________ desk?

(A) It's ______________ 24 hours.

(B) Just ______________ 0.

4 How long is the ______________ to Paris?

(A) A long time ______________.

(B) ______________ 11 hours.

(C) By ______________, I think.

5 How ______________ do you visit your family in LA?

(A) A ______________ of times a year.

(B) I have two ______________.

(C) No, It was a ____________________ trip.

QUIZ 풀어보기

Part 2-3-9

1	How do I start the microwave oven?	(A)	(B)
2	How did your interview go?	(A)	(B)
3	How would you like your coffee?	(A)	(B)
4	How was the French class?	(A)	(B)
5	How should we celebrate Gary's birthday?	(A)	(B)

Part 1 Part 2 Part 3 Part 4

This is it!

What / How 의문문은 가장 어렵다고 느껴지는 의문사 의문문입니다. 용법 및 쓰임새가 다양하며 의문사만 듣고 정답을 고를 확률이 적습니다. 따라서 관용적인 표현들은 통째로 암기하는 것이 좋습니다. 다음을 보고 What / How 의문문의 다양한 유형들을 파악해 보세요.

1 What's the 명사 ~ ? : 명사와 관련된 표현이 정답이다.

의문사 What은 뒤에 나온 명사에 따라 뜻이 정해지는 특징이 있습니다.

❶ What's the price, cost, charge, fee(가격명사) ~ ? = how much
Q. What's the price of the bag? 그 가방의 가격이 얼마죠?

❷ What's the place, location, site(장소명사) ~ ? = where
Q. What's the best place to get good furniture? 좋은 가구를 사기에 좋은 장소는 어디죠?

❸ What's the hours, due date, deadline(기간명사) ~ ? = when
Q. What's the deadline for the report? 보고서 마감기한은 언제죠?

❹ What's the way, number, address(기타명사) ~ ? = 방법(how), 전화번호, 주소를 묻는 질문
Q. What's the fastest way to get to downtown? 시내로 가는 가장 빠른 방법 뭐죠?

2 YES/NO 응답이 가능한 How 의문문이 있다.

의문사로 시작하는 의문문의 경우 Yes/No 응답이 불가능하지만, 관용적인 용법으로 제안 · 요청문처럼 해석될 경우 Yes/No 응답이 가능합니다.

Q. How about going for a walk? 산책하러 갈까요?
A. Yes, that would be great. 네, 좋아요. (Yes 응답이 가능하다)

3 How long 의문문에서 When 의문문에 대한 답변이 들리면 오답이다.

앞서 공부했듯이 How long 의문문과 When 의문문은 주로 숫자가 포함된 답변이 출제되므로 혼동되기 쉽습니다. When은 특정시점을, How long은 기간을 물어보므로 주의해야 합니다.

Q. How long have you been working here? 여기서 일하신지 얼마나 됐어요?
A. Almost three years. 거의 3년이요. (정답)
A few weeks ago. 몇 주 전에요. (오답 – 의문사 when에 대한 답변)

4 기타 How 의문사의 관용적 표현들

Q. How did your presentation go? 발표는 어떻게 되었죠?
▶ '가다'라고 해석하지 않게 주의
A. Pretty well. 꽤 잘했어요.
Q. How do you like your new desk? 새로운 책상은 마음에 드나요?
▶ '~는 마음에 드니?'라는 표현으로 상대방의 의견을 물어볼 때 쓰임
A. It looks really nice. 정말 좋아 보이네요.

실전문제

녹음된 내용을 듣고 질문에 알맞은 응답을 고르세요.

Part 2-3-10

1 Mark your answer. (A) (B) (C)

2 Mark your answer. (A) (B) (C)

3 Mark your answer. (A) (B) (C)

4 Mark your answer. (A) (B) (C)

5 Mark your answer. (A) (B) (C)

6 Mark your answer. (A) (B) (C)

7 Mark your answer. (A) (B) (C)

8 Mark your answer. (A) (B) (C)

9 Mark your answer. (A) (B) (C)

10 Mark your answer. (A) (B) (C)

11 Mark your answer. (A) (B) (C)

12 Mark your answer. (A) (B) (C)

완전절친
TOEIC 스타트 LC+RC

Part 2

Day 4

조동사 / 간접 의문문

- 토익 빈출 단어
- 토익 빈출 유형
- 빈칸 채우고 정답 맞추기
- QUIZ 풀어보기
- This is it!
- 실전문제

Day 04

조동사 의문문

다음은 조동사 의문문에 자주 나오는 어휘 표현입니다. 단어를 귀로 듣고 눈으로 읽으며 의미와 함께 외우고, 예문을 보면서 어떻게 사용되는지도 알아두세요.

리스닝 TIP

문장 전체를 다 듣기가 어렵다면 3~4 단어만 정확하게 들어보세요. Part 2에서는 3~4단어(주어, 동사, 목적어)만 제대로 들어도 문장의 의미 파악이 가능하기 때문이에요.

토익 빈출 단어

Part 2-4-1

1. **fill out** (서류 · 양식 등) 작성하다, 기입하다
   Q. Should I fill out this form for you?
   제가 당신을 위해서 이 양식을 작성해야 할까요?
   A. That will be a great help.
   그건 큰 도움이 될 겁니다.

2. **be able to + 동사원형** ~을 할 수 있다
   Q. Were you able to sleep on the plane?
   당신은 비행기에서 잠을 잘 수 있었나요?
   A. Only for a few hours.
   고작 몇 시간이요.

3. **assignment** [əsáinmənt] 업무, 과제
   Q. Have you completed the assignment? 당신은 업무를 끝냈나요?
   A. I'm almost done. 저는 거의 끝냈어요.

4. **telephone directory** 전화번호부
   Q. Don't you have a copy of the telephone directory? 당신은 전화번호부 한 권을 가지고 있지 않나요?
   A. Yes, but it's in my office. 예, 하지만 그것은 제 사무실에 있습니다.

5. **look forward to** ~를 기대하다, 고대하다
   Q. Aren't you coming to the yoga class tomorrow? 당신은 내일 요가 수업에 오지 않나요?
   A. I'm looking forward to it. 저는 수업을 기대하고 있습니다.

6. **sell well** 잘 팔리다
   Q. Did this product sell well in Mexico? 이 상품이 멕시코에서 잘 팔렸나요?
   A. Yes, and also in Asia. 예, 아시아에서도 잘 팔렸어요.

7. **put in for** 신청 · 요청하다
   Q. Have you put in for your vacation? 당신은 당신의 휴가를 신청했나요?
   A. Not yet. 아직요.

토익 빈출 유형

Part 2-4-2

Be 동사, 일반 동사(Do, Have), 조동사(Can, May, Will, Should 등)로 시작하는 의문문을 모두 말합니다. 대부분 Yes/No로 응답하거나 가끔 Yes/No가 생략되고 문제에 대한 부연설명이 나옵니다.

● Be 동사로 시작하는 의문문

Q. Was the fax machine off all night?
팩스 기계가 밤새 꺼져 있었나요?

A. Yes, I think it's broken.
예, 제 생각에는 그것은 고장난 것 같아요.

Q. Are you working on the new plan?
새 계획을 작업하고 있나요?

A. No, I'm busy.
아니요, 전 바쁩니다.

Q. Is Alan coming to the party?
알란은 파티에 오나요?

A. He's planning to attend.
그는 참석할 예정입니다.

● Do 동사, Have 동사로 시작하는 의문문

Q. Do you want to go to a concert tonight?
당신은 오늘 밤 콘서트에 가고 싶나요?

A. I'll be out of town.
저는 오늘 밤에 여기 없을 겁니다.

Q. Have you already booked a flight?
당신은 벌써 항공편을 예약했나요?

A. No, not yet.
아니요, 아직 못 했어요.

Q. Has Mr. Gomez hired an assistant?
고메즈 씨는 조수를 고용했나요?

A. She started work yesterday.
그녀는 어제 일을 시작했어요.

● 기타 조동사(Can, May, Will, Should 등)로 시작하는 의문문

조동사 Can (허락 여부를 물을 때) ~해도 될까요? (도움을 구할 때) ~해 주겠니?, May (정중한 질문 · 논평 등에서) ~해도 될까요?, Will (부탁을 할 때) ~해도 되겠니? 로 시작하는 의문문입니다.

Q. Can I help you, Sir?
제가 도와드릴까요?

A. Yes, I'm looking for a green shirt.
예, 저는 초록색 셔츠를 찾고 있어요.

Q. May I buy you a dinner?
제가 저녁 사 드릴까요?

A. I've already eaten, thanks.
벌써 먹었어요, 감사합니다.

Q. Will you please go over the report?
보고서 좀 검토해 줄래요?

A. I'd be happy to.
기꺼이 해 드리죠.

Words

tomorrow [təmɑ́:rrou] 내일 | product [prɑ́:dʌkt] 상품, 제품 | out of town 도시를 떠나서 | book [buk] (비행기 등의 좌석을) 예약하다 | assistant [əsístənt] 조수, 보조원 | look for ~을 찾다 | go over ~을 검토하다

빈칸 채우고 정답 맞추기

들려주는 문장을 잘 듣고 빈칸을 채운 후, 정답을 골라보세요.
음성은 각 나라 발음으로 2번 들려드립니다. Part 2-4-3

1 May I __________ your umbrella?

(A) I'll __________ you some money.

(B) Yes, of __________.

2 Did you go to the __________ workshop?

(A) No, I __________ it.

(B) At the __________ center.

3 Was that the __________ bus to 5th Avenue?

(A) __________ five kilometers.

(B) No, there's __________ one soon.

4 Do you think the copy machine can be ______________?

(A) There's coffee in the __________ room.

(B) __________ me a copy of the report.

(C) Yes, a technician will __________ it tomorrow.

5 Have you seen my green __________?

(A) No, I already __________ them.

(B) I'll __________ the red one.

(C) Check the top __________.

QUIZ 풀어보기

Part 2-4-4

1	Are you going to the dance festival?	(A)	(B)
2	Have you finished the marketing report?	(A)	(B)
3	Can you make a call to the taxi company?	(A)	(B)
4	Is the new Italian restaurant expensive?	(A)	(B)
5	Have you seen the manager lately?	(A)	(B)

Day 04

간접 의문문

다음은 간접 의문문에 자주 나오는 어휘 표현입니다. 단어를 귀로 듣고 눈으로 읽으며 의미와 함께 외우고, 예문을 보면서 어떻게 사용되는지도 알아두세요.

토익 빈출 단어

Part 2-4-5

1. **shortcut** [ʃɔ́:rtkʌ̀t] 지름길
   Q. Do you know a shortcut to the station?
   역으로 가는 지름길을 아세요?
   A. This is the only way.
   이것이 유일한 길입니다.

2. **be scheduled to** ~할 예정이다
   Q. Do you know when Alice is scheduled to come here?
   당신은 앨리스가 언제 여기로 오기로 되어 있는지 알고 있나요?
   A. At 3 P.M.
   오후 3시입니다.

3. **appointment** [əpɔ́intmənt] 약속
   Q. May I ask why you canceled the appointment? 당신이 왜 약속을 취소했는지 물어봐도 될까요?
   A. I had an urgent meeting. 긴급한 회의가 있었어요.

4. **carry** [kǽri] 취급하다
   Q. I wonder if you carry a digital camera. 당신이 디지털 카메라를 취급하는지 궁금합니다.
   A. You'll find it in the front. 앞 쪽에서 찾으실 수 있습니다.

5. **promote** [prəmóut] 승진하다, 촉진하다
   Q. Did you hear (that) Helen's been promoted? 당신은 헬렌이 승진했다는 소식 들었나요?
   A. Yes, she really deserves it. 예, 그녀는 정말 그럴만해요.

6. **stop by** ~에 들르다
   Q. Do you think Sam is stopping by the grocery store today?
   당신 생각에 샘은 오늘 식료품점에 들를 것 같나요?
   A. Yes, he'll be here at 2. 그는 2시에 여기로 올 거예요.

토익 빈출 유형

Part 2-4-6

간접 의문문에는 중간에 의문사가 들어가 있는 의문문이 있습니다. 이 유형의 경우 문장 중간에 나오는 의문사를 잘 들어야 합니다. 의문사와 관련된 대답이 정답이기 때문입니다.

● 의문사 간접 의문문(Do you know + 의문사 ~?)

Q. Do you know where the copy room is?
당신은 복사실이 어디 있는지 알고 있나요?
A. On the 5th floor.
5층에 있습니다.

Q. Do you know who took notes at the meeting?
당신은 누가 회의에서 필기했는지 알고 있나요?
A. I think Martin did.
제 생각엔 마틴이 했어요.

Q. Do you know how often the bus comes?
당신은 버스가 얼마나 자주 오는지 알고 있나요?
A. Every thirty minutes.
30분마다 옵니다.

● 기타 형태의 의문사 간접 의문문

Q. Did you find what's wrong with the copier?
당신은 복사기에 무슨 일이 있는지 알아냈나요?
A. It needed a new toner.
새 토너가 필요했어요.

Q. Can you tell me how to fix the printer?
당신은 나에게 프린터 고치는 방법을 말해줄 수 있나요?
A. I'm sorry I don't know.
죄송하지만 저도 몰라요.

● 의문사가 없는 간접 의문문

문장 중간에 의문사 없이 명사절 접속사 that이 들어가 있는 형태가 있습니다. 여기서 that은 생략되기도 합니다.

Q. Do you think I should call the director?
당신은 제가 이사님께 전화를 해야 한다고 생각하나요?
A. No, he's out of town.
아니요, 그는 출장 갔어요.

Q. Do you know if Susan is coming for a party?
당신은 수잔이 파티에 오는지 혹시 알고 있나요?
A. Let me ask her.
그녀에게 물어볼게요.

● 평서문 형태의 간접 의문문

Q. I wonder how long she has been in China.
저는 그녀가 중국에 얼마나 있었는지 궁금해요.
A. For three years, I guess.
3년이라고 한 것 같아요.

Q. I don't know how to operate this machine.
이 기계를 어떻게 작동하는지 모릅니다.
A. Let me show you.
제가 보여드릴게요.

Words

cancel [kǽnsəl] 취소하다 | urgent [ə́:rʤənt] 긴급한 | deserve [dizə́:rv] ~을 받을 만하다 | grocery store 식료품점 | take notes 필기하다 | toner [tóunər] (복사기 등의) 토너 | director [diréktər;dairéktər] 임원[이사] | wonder [wʌ́ndər] 궁금하다 | operate [ɑ́pərèit] (기계가 특정 방식으로) 작동하다

빈칸 채우고 정답 맞추기 

들려주는 문장을 잘 듣고 빈칸을 채운 후, 정답을 골라보세요.
음성은 각 나라 발음으로 2번 들려드립니다. Part 2-4-7

1 Do you know where the ___________ office is ?

(A) Yes, ___________ me.

(B) A meeting has been ___________.

2 Do you know when the report is ___________?

(A) Not ___________ next week.

(B) I'm not a ___________.

3 Do you know who Jenny is meeting ___________?

(A) A new ___________.

(B) The ________________ room.

4 Do you know why the ___________ is closed?

(A) I can ___________ the book.

(B) They've changed their ___________.

(C) Close to the bus ___________.

5 Do you think we should get a new ___________ for the next presentation?

(A) The manager is ________________ it.

(B) He wasn't ___________ at the meeting.

(C) The president ________________ the new project.

QUIZ 풀어보기

Part 2-4-8

1 Can you tell me where Terry is working? (A) (B)

2 Do you know how often the train comes? (A) (B)

3 Do you know why Mr. Miller is moving? (A) (B)

4 Do you know how many people are coming? (A) (B)

5 Do you know why the fax machine isn't working? (A) (B)

This is it!

부정어 not이 들어간 의문문은 토익에서 크게 두 가지로 나뉩니다. 첫째는 의문문 형태의 부정 의문문이 있고 둘째는 평서문 안에 부정어인 not이 들어간 형태입니다. 하지만 평서문으로 출제되는 경우는 별로 없고 평서문 뒤에 꼬리말이 붙은 부가 의문문 형태로 출제됩니다.

1 의문문 형태의 부정 의문문

다음 두 문장을 비교해보세요.

Q. Have we met before? 우리 전에 만난 적 있던가요?

Q. Haven't we met before? 우리 전에 만난 적 있지 않나요?

두 문장의 의미가 다른 것처럼 보이지만 응답은 같습니다. 만난 적 있다면 Yes, 만난 적이 없다면 No로 대답합니다. 부정어는 대답에 있어 전혀 영향을 주지 않습니다.

위 질문에 대한 응답은 이렇습니다.

A. Yes, at the workshop in Taipei. 예, 타이베이에서 있었던 워크숍에서요.

A. No, I don't think so. 아니요, 그런 것 같지 않습니다.

2 의문문 형태의 부정 의문문 Yes/No 응답 방법

❶ 부정어 not을 빼고 긍정어로 바꿔 해석한다. **ex.** Isn't → Is, Won't → Will

❷ 내용부분(문장에서 '동사 + 목적어' 부분)이 긍정이면 Yes, 부정이면 No로 답한다.

3 문제 풀어보기(Yes/No 중 한 곳에 동그라미하세요)

❶ Don't you have a doctor's appointment today? [Yes / No], I'd better go.

❷ Won't you be coming to dinner with us? [Yes / No], I can't.

❸ Shouldn't we take a coffee break? [Yes / No], that would be nice.

❹ Haven't you been to our factory before? [Yes / No], this is my first time.

❺ Didn't you receive training yesterday? [Yes / No], I wasn't there.

❻ Doesn't the package come today? [Yes / No], in the afternoon.

❼ Aren't you coming to the meeting tomorrow? [Yes / No], if possible.

❽ That is not today's paper, is it? [Yes / No], I bought it this morning.

❾ This isn't your own plan, is it? [Yes / No], it's Sara's plan.

❿ Tom hasn't finished the report, has he? [Yes / No], he's working on it.

Words

appointment [əpɔ́intmənt] 약속 | had better [bétər] (~하는 것이) 좋을 것이다 | coffee break (일을 잠깐 쉬며 커피를 마시는) 휴식 시간 | training [tréiniŋ] 교육, 훈련 | package [pǽkidʒ] 소포

Day 04 **실전문제**

녹음된 내용을 듣고 질문에 알맞은 응답을 고르세요.

Part 2-4-9

1 Mark your answer. (A) (B) (C)

2 Mark your answer. (A) (B) (C)

3 Mark your answer. (A) (B) (C)

4 Mark your answer. (A) (B) (C)

5 Mark your answer. (A) (B) (C)

6 Mark your answer. (A) (B) (C)

7 Mark your answer. (A) (B) (C)

8 Mark your answer. (A) (B) (C)

9 Mark your answer. (A) (B) (C)

10 Mark your answer. (A) (B) (C)

11 Mark your answer. (A) (B) (C)

12 Mark your answer. (A) (B) (C)

완전절친
TOEIC 스타트 LC+RC

Part 2

Day 5

선택 / 제안 · 요청 의문문

- 토익 빈출 단어
- 토익 빈출 유형
- 빈칸 채우고 정답 맞추기
- QUIZ 풀어보기
- This is it!
- 실전문제

Day 05 선택 의문문

다음은 선택 의문문에 자주 나오는 어휘 표현입니다. 단어를 귀로 듣고 눈으로 읽으며 의미와 함께 외우고, 예문을 보면서 어떻게 사용되는지도 알아두세요.

토익 빈출 단어

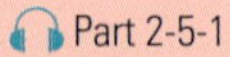
Part 2-5-1

① afford to ~할 여유가 있다, 형편이 되다

Q. Are you going to buy a car or rent one?
당신은 차를 살 건가요, 아니면 임대할 건가요?

A. Actually, I can't afford to buy a car.
사실, 차를 살만한 여유는 없어요.

② miss the deadline 마감일을 못 맞추다

Q. Have you submitted the report or did you miss the deadline?
당신은 보고서를 제출했나요, 아니면 마감일을 못 맞췄나요?

A. I turned it in this morning.
저는 오늘 아침에 제출했어요.

③ job fair 취업 박람회

Q. Will you be at the job fair or are you busy? 당신은 취업 박람회에 갈 건가요, 아니면 바쁜가요?

A. I really should be there. 저는 정말로 거기에 가야해요.

④ proofread [prú:fri:d] 교정을 보다

Q. Can you proofread the proposal now or later? 당신은 지금이나 나중에 제안서를 교정 봐주실 수 있나요?

A. Anytime is OK. 아무 때나 괜찮습니다.

⑤ prefer [prifə́:r] ~을 (더) 좋아하다, 선호하다

Q. Do you prefer a table inside or outside? 자리(테이블)는 안쪽이 좋으세요, 아니면 바깥쪽이 좋으세요?

A. Outside would be better. 바깥쪽이 더 좋아요.

⑥ the day after tomorrow 모레

Q. Is the package arriving today or tomorrow? 소포는 오늘 도착하나요, 아니면 내일 도착하나요?

A. It'll be here the day after tomorrow. 그것은 모레 도착할 겁니다.

토익 빈출 유형

Part 2-5-2

선택 의문문은 질문 속에 'A or B'의 구조가 들어간 의문문으로 다양한 답변이 가능합니다. 다양한 경우의 답변 중에서 A, B 답변이 우회적으로 표현된 경우와 '상관없다' 종류의 답변이 빈출 유형입니다.

● A와 B 중 하나를 선택

A or B 의문문에서 A와 B 중 하나를 선택하여 직접적으로 대답합니다.

Q. Are you ready to order now or a few minutes later?
당신은 지금 주문할 준비가 되셨나요, 아니면 몇 분 후에 하실 건가요?
A. Later is better for me. 저는 잠시 후에 하는 것이 좋겠습니다.

Q. Do you want me to call you or send you an e-mail?
제가 전화해드릴까요, 아니면 이메일을 보내드릴까요.
A. I prefer e-mail. 저는 이메일이 좋아요.

● A와 B 중 하나를 선택하고 다른 표현으로 바꿔 답하는 경우

A or B 의문문에서 하나를 선택해서 다른 표현으로 바꿔서 대답합니다.

Q. Is it better to drive or take the express bus to Florida?
플로리다까지 운전하는 것이 나은가요, 아니면 고속버스를 타는 것이 나은가요?
A. It's faster by car. 차가 더 빠릅니다.

Q. Can you give me a hand now or are you doing something?
지금 저를 도와주실 수 있나요, 아니면 할 일이 있으신가요?
A. I'm free until noon. 정오까지는 시간이 있습니다.

● A, B 모두 좋다 / A, B 모두 아니다

A or B 의문문에서 둘 다 좋다고 하거나, 둘 다 아니라고 하는 대답이 나오기도 합니다.

Q. Which scarf do you like better the red or the pink?
빨간색 혹은 분홍색 스카프 중에서 어느 것이 좋나요?.
A. They both look nice. 둘 다 좋아 보이네요

Q. Is this year's trade fair going to be in New York or Seattle?
올해 무역 박람회는 뉴욕에서 있나요, 아니면 시애틀에서 있나요?
A. Neither. It will be held in London. 둘 다 아닙니다. 런던에서 열릴 예정입니다.

Words

afford [əfɔ́:rd] ~할 여유가 되다 | express bus 고속버스 | give a hand 도와주다 | trade fair 무역[산업] 박람회 | neither [nái:ðər; ní:ðər] (둘 중) 어느 것도 ~아니다

● 상관없다 응답

Q. Would you prefer a window seat or an aisle?
창가 혹은 통로 쪽 좌석 중 어떤 것을 선호하세요?
A. It doesn't matter. 아무것이나 상관없어요.

Q. Can you revise the proposal now or later?
제안서를 지금 수정할 수 있나요, 아니면 나중에 수정할 수 있나요?
A. Anytime is OK with me. 아무 때나 괜찮아요.

● A, B가 아닌 제 3의 답변

Q. Are you going home or can you join us for dinner?
당신은 집에 가나요, 아니면 우리와 함께 저녁식사 할 수 있나요?
A. Oh, what time is the dinner? 아, 식사는 몇 시죠?

Q. Should we call Kate before or after we arrive in LA?
우리는 케이트에게 LA 도착 전에 전화해야 하나요, 아니면 후에 해야 하나요?
A. Let's call her now. 지금 그녀에게 전화해 봅시다.

● 간접적 · 회피성 응답

아직 결정하지 않았다, 잘 모르겠다 등과 같이 간접적, 회피성으로 응답하는 경우도 많습니다.

Q. Are you going to promote Mr. Smith or hire someone new?
스미스 씨를 승진 시킬 건가요, 아니면 새로운 사람을 고용할 건가요?
A. I haven't decided yet. 아직 결정하지 않았어요.

Q. Is the vice president here today or is he still in Greece?
부사장님이 이곳에 있나요, 아니면 아직도 그리스에 있나요?
A. I'm not sure. Why don't you ask his secretary?
잘 모르겠어요. 그의 비서에게 물어보는 게 어때요?

Words

aisle [ail] 통로 | revise [riváiz] 수정[개정]하다 | vice president 부사장

선택 의문문 빈출 답변

선택 의문문에서 질문의 보기(A or B)로 자주 나오는 구문입니다. 대화에 자주 등장하니 반드시 암기해 두세요.

유형	필수 암기 구문
A 또는 B	now or later 지금 아니면 나중에 today or tomorrow 오늘 아니면 내일 fax or e-mail 팩스 혹은 이메일 this year or next 올해 아니면 내년 a table inside or on the patio 실내 테이블 혹은 테라스 a window or an aisle seat 창가 쪽 혹은 통로 쪽

답변으로 어떤 것이든지 상관없다고 하거나, 둘 다 좋다/싫다, 혹은 기타 의견을 표현할 때 다음과 같이 나타냅니다.

유형	필수 암기 구문
상관없다	Either will be fine. 어느 쪽도 괜찮아요. It doesn't matter. 상관없어요. Whatever you want. 원하시는 대로요. It's up to you. 당신이 결정해요. I don't care. 상관없어요. I have no preference. 선호하는 게 없어요.
둘 다 좋다 둘 다 싫다	I like both of them. 둘 다 좋아요. I like all of them. 둘 다 좋아요. Neither, thanks. 둘 다 아니예요. I don't like, either. 둘 다 싫어요.
기타 답변	Do you have anything else? 다른 것은 없나요? It's not my decision. 제가 결정할 일이 아니예요. Let me check the schedule. 제가 일정을 확인해 볼게요.

Words

patio [pǽtiòu] 테라스, 베란다 | preference [préfrəns] 선호(도)

빈칸 채우고 정답 맞추기 

들려주는 문장을 잘 듣고 빈칸을 채운 후, 정답을 골라보세요.
음성은 각 나라 발음으로 2번 들려드립니다. Part 2-5-3

1 Would you ___________ walk or take a bus?

(A) I like that ___________.

(B) Which would you ___________?

2 Would you like some sugar or ___________ with your coffee?

(A) ___________, thanks.

(B) At the ___________ cafe.

3 Do you want the information ___________ to you by e-mail or by fax?

(A) ___________ will be fine.

(B) It hasn't ___________.

4 Should I send the document now or after the ___________?

(A) ___________ of the pages.

(B) I ___________ there is.

(C) ___________ until after.

5 Would you like to sit in the cafeteria or on the ___________?

(A) Let's stay ___________.

(B) A ___________, please.

(C) No, ___________ left.

QUIZ 풀어보기

Part 2-5-4

1 Do you prefer steak or spaghetti for dinner? (A) (B)

2 Would you like to see a movie or a play? (A) (B)

3 Should we buy some new chairs or keep the old ones? (A) (B)

4 Are you ready to leave now or do you want to stay a while? (A) (B)

5 Are you going to the theater tonight or do you have other plans? (A) (B)

Day 05

제안 · 요청 의문문

다음은 제안 · 요청 의문문에 자주 나오는 어휘 표현입니다. 단어를 귀로 듣고 눈으로 읽으며 의미와 함께 외우고, 예문을 보면서 어떻게 사용되는지도 알아두세요.

토익 빈출 단어

Part 2-5-5

1 calculator [kǽlkjulèitər] 계산기

Q. Can I borrow your calculator?
당신의 계산기를 빌려도 될까요?

A. Help yourself.
그렇게 하세요.

2 put through (전화로) 연결해주다

Q. Would you like me to put you through to Mr. Collins?
제가 당신을 콜린스 씨에게 전화 연결해 드릴까요?

A. Yes, I'd appreciate that.
예, 고마워요.

3 document [dάkjumənt] 문서

Q. Could you print out this document for me? 저를 위해 이 문서를 출력해 주시겠어요?

A. I'd be glad to. 기꺼이 그럴게요.

4 promotion [prəmóuʃən] 승진, 홍보

Q. Why don't you ask for a promotion? 승진을 요청하는 것은 어때요?

A. That's a good idea. 좋은 생각이에요.

5 apply for 지원하다, 신청하다

Q. Why don't you apply for the job in accounting? 회계부의 일자리에 지원해 보는 건 어때요?

A. That sounds good to me. 저는 좋아요.

6 give a ride 태워주다

Q. Would you mind giving me a ride to the hospital? 병원까지 좀 태워줄래요?

A. Sorry, my car is being repaired. 미안하지만, 제 차가 수리중입니다.

토익 빈출 유형

Part 2-5-6

Would/Could you(~하시겠어요?), How about ~ing/Why don't you(~하는 건 어떠세요?) 등으로 제안하거나 요청하는 의문문이 있습니다. Yes/No 응답이 가능하며 허락하거나 거절하는 표현이 대부분 정답입니다.

● 조동사가 들어간 제안, 권유 의문문

Q. Would you like to try the new Italian restaurant?
새로 생긴 이탈리아 식당에 가 볼래요?
A. That sounds good.
좋아요.

Q. Do you want me to hand out these brochures?
당신은 제가 이 소책자를 나눠주길 원하세요?
A. No, I'll do it.
아니요, 제가 할게요.

Q. Shouldn't we make reservations in advance?
우리가 미리 예약해야 하는 거 아닌가요?
A. I've already made one.
제가 벌써 했습니다.

● 의문사가 들어간 제안, 권유 의문문

의문사로 시작하는 제안, 권유 의문문은 의문사 의문문처럼 들리기 때문에 구분이 필요합니다.

Q. Why don't we talk about it over lunch?
점심 먹으면서 그것에 관해 얘기하는 건 어때요?
A. That's a good idea.
좋은 생각이에요.

Q. Why don't I carry your suitcase?
제가 여행 가방을 들어드릴까요?
A. I can manage, thanks.
혼자 할 수 있어요, 고마워요.

Q. How about taking a ten-minute break?
10분간 쉬는 게 어떨까요?
A. No, I have to finish this.
아니요, 저는 이것을 끝내야 해요.

● 부탁, 요청 의문문

Q. May I borrow that calculator from you?
제가 당신으로부터 계산기 좀 빌려도 될까요?
A. Sure, go ahead.
물론이죠, 그렇게 하세요.

Q. Will you join us for dinner this evening?
오늘 저녁에 우리와 식사 함께 할래요?
A. Sorry, I have other plans.
미안하지만, 다른 일이 있어요.

Q. Can you pick up the buyer at the airport?
당신은 공항에서 바이어를 모셔 올 수 있나요?
A. I can't. I'm in a meeting all day.
안됩니다. 하루 종일 미팅이 있어요.

Words

appreciate [əpríːʃieit] 감사하다 | accounting [əkáuntiŋ] 회계 | brochure [brouʃúər] (안내 · 광고용) 소책자; 브로슈어 | reservation [rèzərvéiʃən] 예약 | in advance 미리[앞서]; 사전에 | suitcase [súːtkèis] 여행 가방 | manage [mǽnidʒ] (어떻게든) ~하다[해내다] | pick up ~를 (차에) 태우러 가다

빈칸 채우고 정답 맞추기

들려주는 문장을 잘 듣고 빈칸을 채운 후, 정답을 골라보세요.
음성은 각 나라 발음으로 2번 들려드립니다. Part 2-5-7

1 Could you pass me the user's ___________?

(A) I ___________ him this morning.
(B) Sure, ___________ is it?

2 Would you like to ___________ our Tennis Club?

(A) ___________ at lunch time.
(B) I'd be ________________ to.

3 Can anyone take these ___________ to the lab?

(A) It's a ___________ question.
(B) I can do it in a ___________.

4 Would you ___________ opening the door?

(A) On the 4th ___________.
(B) No, ___________ at all.
(C) It's only ___________ in the evening.

5 Why don't we ask the manager for his ___________?

(A) It's in ___________.
(B) A lot of good ___________.
(C) Is he ________________ today?

QUIZ 풀어보기

Part 2-5-8

1 Could you introduce us? (A) (B)
2 Why don't you stop by before noon? (A) (B)
3 Could you help me find a shirt in my size? (A) (B)
4 Why don't we meet at the cafe after work? (A) (B)
5 Would you like to see our latest catalog? (A) (B)

This is it!

회화체로 쓰이는 문형은 단어 하나하나 이해하려 하면 더 어렵습니다. 아예 문장을 통째로 암기하며 여러 번 따라 읽어보는 게 좋습니다. 다음은 반드시 암기해야 하는 제안 · 요청 의문문입니다.

1 Would you mind if 주어 + 동사~? / Do you mind ~ing? (꺼리는지 물어볼 때)

mind는 '꺼리다, 신경쓰다'의 의미로 'Do you mind opening the door?(문 여는 거 꺼리시나요?)'라고 물을 때 꺼려지면 Yes, 꺼려지지 않는다면 No라고 답해야 맞습니다. 하지만 실생활에서는 수락하는 경우 거의 'sure'라고 대답합니다. 문법적으로만 따진다면 혼동되므로 아예 답변을 암기하는 것이 좋겠습니다.

Would(do) you mind ~ing? 질문에 수락하는 답변	
No, not at all. 아니요, 전혀요. Sure, I'd be happy to. 물론, 기꺼이요. = glad, delighted, pleased	Sure, no problem. 물론, 문제없어요.

2 May(Can) I borrow(use)~?

May(Can) I borrow(use)~?	질문에 허가하는 답변
Can I borrow your ruler? 당신의 자 좀 빌려도 될까요? May I use your computer? 당신의 컴퓨터 좀 써도 될까요?	Go ahead. 그렇게 하세요. By all means. 그렇게 하세요. Be my guest. 그렇게 하세요. Help yourself. 마음껏 가져다 쓰세요.

3 Yes/No를 대신하는 긍정과 부정의 표현

Yes 유형 답변	No 유형 답변
Why not? 물론이죠. Absolutely 물론이죠. Not bad. 괜찮아요. I'd like that. 저는 좋아요. I think so. 그런 것 같아요. Of course. 물론이죠. That's what I heard. 제가 들은 바로 그래요.	I don't think so. 그렇게 생각하지 않아요. No, thanks. 아니요, 감사해요. Not that I know of. 제가 알기로는 아닌 것 같아요. I'd rather not. 하지 않는 게 낫겠어요. I'm sorry I can't. 죄송하지만 안 되겠어요. I have other plans. 다른 일이 있어요. Let me think about it. 생각해 볼게요.

Day 05 **실전문제**

녹음된 내용을 듣고 질문에 알맞은 응답을 고르세요. Part 2-5-9

1 Mark your answer. (A) (B) (C)

2 Mark your answer. (A) (B) (C)

3 Mark your answer. (A) (B) (C)

4 Mark your answer. (A) (B) (C)

5 Mark your answer. (A) (B) (C)

6 Mark your answer. (A) (B) (C)

7 Mark your answer. (A) (B) (C)

8 Mark your answer. (A) (B) (C)

9 Mark your answer. (A) (B) (C)

10 Mark your answer. (A) (B) (C)

11 Mark your answer. (A) (B) (C)

12 Mark your answer. (A) (B) (C)

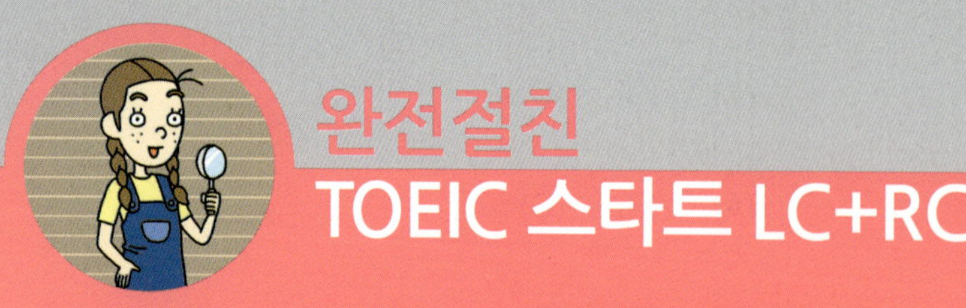
완전절친
TOEIC 스타트 LC+RC

Part 2

Day 6

평서문 / 부가 의문문

- 토익 빈출 단어
- 토익 빈출 유형
- 빈칸 채우고 정답 맞추기
- QUIZ 풀어보기
- 실전문제

Day 06 평서문

다음은 평서문에 자주 나오는 어휘 표현입니다. 단어를 귀로 듣고 눈으로 읽으며 의미와 함께 외우고, 예문을 보면서 어떻게 사용되는지도 알아두세요.

토익 빈출 단어

Part 2-6-1

① **take off** 떠나다

Q. It's the perfect weather for a picnic.
피크닉 가기에 좋은 날씨네요.

A. You're right. Let's take off right now.
맞아요. 지금 떠납시다.

② **crowded** [kráudid] 붐비는, 복잡한

Q. I can't believe how crowded this store is.
이 가게가 이렇게 붐비다니 믿을 수 없군요.

A. That's because they're having a sale.
가게가 세일을 하고 있기 때문이에요.

③ **destination** [dèstənéiʃən] 도착지, 목적지

Q. I'm calling to change my destination from LA to New York.
LA에서 뉴욕으로 제 도착지를 변경하려고 전화 드립니다.

A. What is your reservation number? 예약 번호가 어떻게 되죠?

④ **report** [ripɔ́:rt] 보고서

Q. I'd like you to finalize the report by tonight.
나는 당신이 오늘 밤까지 그 보고서를 완성해 주었으면 합니다.

A. OK. I'll do my best. 좋아요. 최선을 다할게요.

⑤ **board meeting** 이사회 (회의)

Q. Let's serve refreshments at the board meeting. 이사회에서 다과를 제공합시다.

A. Where should we get them? 어디에서 사야 하죠?

⑥ **deserve** ~을 받을 만하다

Q. I think you deserve the promotion this time.
나는 이번에 당신이 승진할 만하다고 생각해요.

A. That's kind of you to say so. 그렇게 말해줘서 고마워요.

⑦ **out of ink** 잉크가 떨어진

Q. This printer seems to be out of ink. 이 프린터는 잉크가 다 떨어진 것 같아요.

A. Use the one in my office. 제 사무실에 있는 걸 쓰세요.

토익 빈출 유형

Part 2-6-2

물어보는 형태의 의문문이 아니라, 평서문에 대한 반응을 골라야 하는 유형입니다. 답변을 예측하기가 어렵기 때문에 난이도가 높은 편이며 진짜 실력을 길러야만 해결할 수 있습니다.

● 사실을 전달하는 평서문

Q. The air conditioner in my office is broken again. 제 사무실에 에어컨이 또 고장 났습니다.
A. OK. We'll call the repair person. 알겠어요. 우리가 수리공에게 전화할게요.

Q. We'll have some buyers from Russia this evening. 오늘 저녁에 러시아에서 바이어들이 옵니다.
A. Then we should prepare for meeting them. 그러면 그들을 맞이할 준비를 해야겠네요.

● Yes/No 답변

Q. That grocery store is always very crowded with customers. 저 식료품점은 항상 손님들로 붐비네요.
A. Yes, but the prices are good. 예, 하지만 가격대가 좋아요.

Q. I think we already passed the gas station. 우리는 이미 주유소를 지나친 것 같아요.
A. No, it's still a few blocks up ahead. 아니요, 아직 몇 블록 더 남았어요.

● Yes/No 생략 답변

Q. Jeff was promoted to vice president last month. 제프는 지난 달에 부사장으로 승진했어요.
A. He deserves it. 그는 그럴 자격이 있죠.

Q. We'd better review the letter thoroughly before we send it.
우리는 편지를 보내기 전에 철저히 검토하는 게 좋을 것 같아요.
A. I don't think there's enough time. 저는 충분한 시간이 있을 거라고 생각하지 않아요.

Words

have a sale 세일하다 | finalize [fáinəlàiz] 완성하다 | serve [sə:rv] 제공하다 | refreshment [rifréʃmənt] 다과 | air conditioner 에어컨 | grocery store 식료품점 | gas station 주유소 | vice president 부사장 | review [rivjú:] 검토하다 | thoroughly [θə́:rouli] 철저히; 완전히 | enough [inʌ́f] 충분한

• 의견을 제시하는 답변

Q. The last lecture was very helpful. 마지막 강연은 정말 유익했어요.
A. The next one should be even better. 다음 강연은 더 좋을 겁니다.

Q. I think we should hire more employees to meet the deadline.
저는 마감일을 맞추려면 직원을 더 고용해야 한다고 생각해요.
A. Yes, 10 people will be enough. 예, 10명 정도면 충분하겠네요.

• 해결 방안을 제시하는 답변

Q. I can't press the button on my new digital camera. 새로 산 디지털 카메라의 버튼을 누를 수가 없어요.
A. Let me take a look. 어디 좀 봅시다.

Q. I'd like to see the list for the room charges. 객실료 리스트를 보고 싶습니다.
A. I'll make a copy for you. 제가 한 부 복사해 드릴게요.

• 제안 · 요청의 평서문

Q. Let's order new desks and chairs for the conference room. 회의실에 둘 새 책상과 의자를 주문합시다.
A. We can't afford it. 그럴 형편이 안 됩니다.

• 되묻는 형식의 답변

Q. Excuse me, I'm looking for a blouse in my size. 제 사이즈에 맞는 블라우스를 찾고 있습니다.
A. Do you have a special brand in mind? 마음에 드는 브랜드가 있나요?

Words

lecture [léktʃər] 강의, 강연 | deadline [dédlàin] 기한, 마감 시간 | room charge 방값, 숙박료 | conference room 회의실 | afford [əfɔ́:rd] (~을 할) 여유가 되다 | have A in mind A를 마음에 두다

빈칸 채우고 정답 맞추기

들려주는 문장을 잘 듣고 빈칸을 채운 후, 정답을 골라보세요.
음성은 각 나라 발음으로 2번 들려드립니다. Part 2-6-3

1 I know a ________________ to the museum.

(A) Great. Do you want to ___________ a way?
(B) I ___________ a haircut.

2 The ________________ will be here any minute.

(A) I ___________ they were coming.
(B) Make an ________________.

3 I think I'm going to ___________ this coat to the store.

(A) ___________ you like it?
(B) You can't use a ___________ card.

4 Don't forget to place an ad in the ___________ newspaper.

(A) I've ________________ them.
(B) At the news ___________.
(C) Don't worry, I ___________.

5 I don't seem to be able to find my ___________.

(A) Have you ___________ in the drawer?
(B) We haven't ___________ that before.
(C) I ________________ the size of the floor.

QUIZ 풀어보기

Part 2-6-4

1	The new shopping mall is on 5th Avenue.	(A)	(B)
2	It looks like the receptionist is still busy.	(A)	(B)
3	Mr. Brown'll come in late today.	(A)	(B)
4	I think the construction workers left.	(A)	(B)
5	Let's share a taxi to the airport.	(A)	(B)

Day 06

부가 의문문

다음은 부가 의문문에 자주 나오는 어휘 표현입니다. 단어를 귀로 듣고 눈으로 읽으며 의미와 함께 외우고, 예문을 보면서 어떻게 사용되는지도 알아두세요.

토익 빈출 단어

Part 2-6-5

1 **market research** 시장 조사

Q. Judy hasn't finished the market research, has she?
주디는 시장조사를 끝마치지 않았죠, 그렇죠?

A. No, she's still working on it.
예, 여전히 작업 중입니다.

2 **reach an agreement** 합의에 이르다

Q. They've already reached an agreement, haven't they?
그들은 이미 합의에 도달했죠? 그렇죠?

A. They're still negotiating.
아직도 협상중입니다.

3 **profit** [práfit] 이익, 수익

Q. Our profits increased this month, didn't they? 이번 달 우리 수익이 증가했죠, 그렇죠?

A. Yes, I believe so. 예, 그렇다고 생각해요.

4 **bonus** [bóunəs] 보너스, 상여금

Q. The company will give us a bonus this year, right?
회사는 올해 우리에게 보너스를 지급할거죠, 그렇죠?

A. Not that I know of. 제가 아는 한 그렇지 않아요.

5 **work overtime** 초과 근무하다

Q. You worked overtime last week, didn't you? 당신은 지난주에 초과 근무를 했죠, 그렇죠?

A. Every day, actually. 사실, 매일 했어요.

6 **submit** [səbmít] 제출하다(= turn in)

Q. You turned in your expense report, didn't you? 당신은 비용 보고서를 제출했지요, 그렇죠?

A. I submitted it this morning. 오늘 아침에 제출했어요.

토익 빈출 유형

Part 2-6-6

부가 의문문은 평서문 뒤에 상대방의 동의를 구하거나 사실을 확인하기 위해 짧은 의문문이 붙은 형태입니다. Yes/No로 대답할 수 있지만 Yes/No 없이 바로 부연 설명으로 답변하는 형태를 주의해야 합니다. 뒤에 나오는 부가의문문은 없다고 생각하고 앞에 나오는 평서문을 듣고 푸는 것이 가장 효과적입니다.

● Be동사 · 조동사 부가 의문문

Q. The food is better than before, isn't it?
음식이 전보다 좋습니다, 그렇죠?
A. Yes, it's delicious.
예, 맛있네요.

Q. The meeting should be over by 5, shouldn't it?
회의가 5시까지는 끝나겠죠, 그렇죠?
A. No, I think it ends at 6.
아니요, 6시에 끝납니다.

● 일반 동사 부가 의문문

Q. You confirmed the hotel reservations, didn't you?
당신이 호텔 예약을 확인했죠, 그렇죠?
A. Yes, I just called them.
예, 제가 막 전화했어요.

Q. Olivia made an excellent presentation, didn't she?
올리비아는 뛰어난 발표를 했죠, 그렇죠?
A. Actually, it was long.
사실은 길었어요.

● Yes/No 생략 답변

Q. You work at this hotel, don't you?
당신은 이 호텔에 근무하죠, 그렇죠?
A. I'm in the Finance Department.
저는 경리부에서 일해요.

Q. You went to the seminar last week, didn't you?
당신은 지난주에 세미나에 갔었죠, 그렇죠?
A. I was on vacation.
저는 휴가 중이었습니다.

● 특수 형태의 부가 의문문

Q. You know how to get to city hall, right? 당신은 시청에 가는 방법을 알죠, 그렇죠?
A. No, I have to ask for directions. 아니요, 길을 물어봐야 합니다.

Q. We need to buy a new computer, don't you think?
우리는 새 컴퓨터를 사야합니다, 그렇게 생각하지 않나요?
A. Let me check.
확인해 볼게요.

Words

negotiate [nigóuʃièit] 협상하다 | confirm [kənfə́:rm] 확인하다 | presentation [prì:zentéiʃən] 발표; 프레젠테이션 | finance department 경리부 | on vacation 휴가 중 | direction [dirékʃən; dairékʃən] 길; 방향

빈칸 채우고 정답 맞추기 

들려주는 문장을 잘 듣고 빈칸을 채운 후, 정답을 골라보세요.
음성은 각 나라 발음으로 2번 들려드립니다. Part 2-6-7

1 The movie was very __________, wasn't it?

(A) He moved in next __________.

(B) I really __________ it.

2 Stacy's __________ this year, isn't she?

(A) I was __________ from hard work.

(B) No, she's planning to __________.

3 You ______________ Dr. Kenneth, didn't you?

(A) It's a __________ contract.

(B) I __________ to his assistant.

4 You're going to attend the __________ show in Brazil, right?

(A) No, I changed my _______________.

(B) It's not so __________.

(C) How many booths were at the __________?

5 You don't mind if we __________ the picnic, do you?

(A) Actually, that's __________ for me, too.

(B) I haven't __________ yet.

(C) He has already __________ it.

QUIZ 풀어보기

Part 2-6-8

1	This material is water-proof, isn't it?	(A)	(B)
2	You turned down the proposal, didn't you?	(A)	(B)
3	Our supervisor has an assistant now, hasn't he?	(A)	(B)
4	The clearance sale lasts until Friday, doesn't it?	(A)	(B)
5	It's supposed to be colder tomorrow, isn't it?	(A)	(B)

실전문제

녹음된 내용을 듣고 질문에 알맞은 응답을 고르세요.

Part 2-6-9

1 Mark your answer. (A) (B) (C)

2 Mark your answer. (A) (B) (C)

3 Mark your answer. (A) (B) (C)

4 Mark your answer. (A) (B) (C)

5 Mark your answer. (A) (B) (C)

6 Mark your answer. (A) (B) (C)

7 Mark your answer. (A) (B) (C)

8 Mark your answer. (A) (B) (C)

9 Mark your answer. (A) (B) (C)

10 Mark your answer. (A) (B) (C)

11 Mark your answer. (A) (B) (C)

12 Mark your answer. (A) (B) (C)

발음혼동어휘 1

질문에 언급된 단어와 유사한 발음의 단어가 오답으로 자주 출제되므로 아래의 빈출 유사발음 어휘를 기억해 둡시다.

road 도로, 길 **load** 싣다	much traffic on the **road** 도로 위의 많은 교통량 **load** the baggage into a plane 비행기에 짐을 싣다
pass 지나가다, 통과하다 **path** 작은 길, 통로	wait for the train to **pass** 기차가 지나가기를 기다리다 walk along the **path** 길을 따라 걷다
price 값, 가격 **prize** 상, 포상, 경품	house **prices** in this area 이 지역의 집값 award various **prizes** 다양한 상을 수여하다
file 파일, 서류철 **pile** (쌓아올린) 더미	create a new **file** 새 파일을 만들다 a **pile** of magazines 잡지 더미
write 쓰다 **ride** 타다	**write** a book 책을 쓰다 **ride** a bicycle 자전거를 타다
grass 잔디, 풀밭 **glass** 유리잔, 유리	a girl lying on the **grass** 잔디에 누워있는 소녀 drink a **glass** of milk 우유 한 잔을 마시다
close 닫다 **clothes** 옷, 의복	**close** the car door 차 문을 닫다 put on clean **clothes** 깨끗한 옷을 입다
letter 편지 **ladder** 사다리	send a **letter** to his parents 그의 부모님께 편지를 보내다 climb the **ladder** 사다리를 오르다
walk 걷다 **work** 일하다	**walk** to the park 공원까지 걷다 **work** part-time 시간제로 일하다
read 읽다 **lead** 이끌다, 지휘하다	**read** the local paper 지역 신문을 읽다 **lead** a discussion 토론을 이끌다
live 살다, 살아있다 **leave** 떠나다, 출발하다	**live** in the country 시골에 살다 **leave** for Tokyo 도쿄를 향해 떠나다
want 원하다, 바라다 **won't** ~하지 않을 것이다(will not 축약형)	**want** to see a movie 영화를 보고 싶어하다 I **won't** visit them. 난 그들을 방문하지 않을 것이다

 2

accept 받아들이다, 수락하다 **except** ~을 제외하고	**accept** her offer 그녀의 제안을 받아들이다 invite everyone **except** him 그를 제외하고 모두 초대하다
dress 옷, 의복 **address** 연설하다	casual **dress** 평상복 **address** the audience 청중에게 연설하다
rain 비가 오다 **train** 교육하다, 훈련하다	It's **raining.** 비가 내리고 있다. He's **training** new staff. 그는 신입사원을 교육하고 있다.
design 설계도, 디자인 **resign** 사직하다, 사임하다	the **design** for the new bridge 새 다리를 위한 설계도 **resign** next week 다음 주에 사직하다
contact 연락하다 **contract** 계약(서)	**contact** the customer 고객에게 연락하다 sign the important **contract** 중요한 계약서에 서명하다
plan 계획 **plant** 공장; 식물	a **plan** to finish the work 일을 마치려는 계획 visit the **plant** 공장을 방문하다
view 전망, 경치; 시각 **review** 검토하다	enjoy the clear **view** 탁 트인 전망을 즐기다 **review** the report 보고서를 검토하다
move 이사하다, 이동하다 **remove** 제거하다, 치우다	**move** to a new office 새 사무실로 이사하다 **remove** the old tiles 오래된 타일을 제거하다
important 중요한, 중대한 **import** 수입하다, 들여오다	**important** documents 중요한 서류들 fruits **imported** from Spain 스페인에서 수입된 과일들
store 가게, 상점 **storage** 보관, 창고	at the shoe **store** 신발 가게에서 the **storage** of the files 파일 보관
correct 정확한, 옳은 **collect** 수집하다, 모으다	give the **correct** answer 정확한 답변을 주다 **collect** stamps 우표를 수집하다
late 늦은, 지각한 **rate** 요금, 비율	He was **late** for school. 그는 학교에 늦었다. overseas shipping **rates** 해외 배송 요금
lunch 점심 식사 **launch** 출시하다, 시작하다	have a light **lunch** 간단한 점심 식사를 하다 **launch** a new product 신제품을 출시하다

완전절친
TOEIC 스타트 LC+RC

Part 3

짧은 대화

Part 3 짧은 대화

Part 3는 남녀 간의 짧은 대화를 듣고 이에 해당되는 3문제를 푸는 형식입니다. 32번부터 70번까지 총 39문항, 13세트가 출제됩니다. 문제 유형은 주로 남자와 여자 2인이 등장하는 상황극인데, 신토익에서는 3인이 등장하는 상황극도 출제됩니다. 문제와 문제 사이에 주어지는 대략 8초 정도의 간격 안에 문제를 풀어야 합니다.

리스닝 TIP

대화 상황을 빠르고 정확하게 파악해야 합니다. 문제를 먼저 눈으로 빨리 읽고 어떤 내용이 나올지 예상해 봅니다. 문제가 나오면 귀로 대화를 들으면서 눈으로 문제를 풀도록 합니다. 정답의 실마리를 귀로 들은 후 눈으로 문제를 풀 때 적용하는 것이 중요합니다. 문제의 유형과 정답이 숨겨져 있는 방법이 정해져 있으므로 문제를 푸는 연습을 많이 하기 바랍니다.

Key Point One 문제와 보기를 듣기 전에 분석하자.

문제를 미리 읽고 분석하여 보기에 있는 내용만 선별적으로 들어야 합니다. 문제와 보기를 미리 읽어본다면 앞으로 나올 내용을 미리 예상할 수도 있어요.

Key Point Two 남/녀 성별에 주의해서 듣자.

[남-여]로 구성된 대화일 경우에는 문제에 힌트가 있으므로 미리 파악을 해야 합니다. 예를 들어 "What does the man say about~?" (남자는 ~에 대해 어떻게 이야기하는가?)이라고 하면, 이 문제의 정답은 남자의 말에 있을 확률이 80%이상 높습니다. 그렇지 않고 같은 성별의 화자 [남-남] 또는 [여-여]일 경우, 두 사람 목소리의 구분이 힘들 수 있기 때문에 집중력이 필요합니다. 같은 성별이 반드시 등장하는 3인 대화 [남2-여1] 혹은 [여2-남1]의 경우도 난이도가 더 어렵다고 보기는 힘들기 때문에 자신감 있게 들어주세요.

Key Point Three 반전을 나타내는 표현 뒤는 반드시 집중해서 듣자.

대화의 흐름이 바뀌는 반전 어휘 뒷부분에서 정답이 나올 확률이 높습니다. 다음과 같은 표현이 들리면 뒤에 이어지는 내용을 더욱 잘 들어주세요.

but 하지만 however 그러나 actually 사실은 well 글쎄 I'm sorry(afraid) but 죄송합니다만~

Key Point Four Paraphrasing 표현을 암기하자.

대화에 나온 내용이 정답 보기에서는 거의 동의어나 유사어로 바뀌어 표현되므로, 반드시 빈출 동의어 표현을 미리 암기해 두세요.

submit 제출하다 → turn in 제출하다
annual 연례의 → once a year 1년에 한번
sold out 매진된 → out of stock 품절된
call 전화하다 → contact 연락하다

＊ 노려듣기(초첨청취) 훈련: 들으면서 동시에 정답을 선택하자.

대화가 끝나고 기억해서 푸는 문제가 아님을 명심하세요. 정답과 관련된 표현을 골라서 듣는 '노려듣기' 훈련을 해야 합니다. 질문을 기억하면서 대화를 듣는 동시에 답까지 표시할 수 있어야 합니다.

Example

 Part 3

1 When is the meeting supposed to be held?
회의는 언제 열리기로 되어 있는가?

(A) This Wednesday afternoon 이번 주 수요일 오후

(B) This Thursday morning 이번 주 목요일 아침

(C) Next Thursday 다음 주 목요일

(D) Next weekend 다음 주말

2 What does the man say about the job fair?
남자는 취업 박람회에 대해 뭐라고 말하는가?

(A) It can't be missed. 놓쳐서는 안 된다.

(B) It should be delayed. 연기되어야 한다.

(C) It is helpful. 도움이 된다.

(D) It needs an assistant. 조수를 필요로 한다.

Questions 1-2 refer to the following conversation. [미국–영국]

M: Ann, I'm wondering if you could attend the job fair this Thursday morning. I need you to help us in the company's booth. W: Thursday? You asked me to go to the sales meeting that morning. Did you forget? M: Oh, yes. Thanks for reminding me. I'll check whether I can postpone the meeting until next week because this fair is important.	M: 앤, 저는 이번 목요일 오전에 당신이 취업 박람회에 참석 할 수 있는지 궁금하군요. 당신이 회사 부스에서 우리를 좀 도와줬으면 하는데요. W: 목요일이요? 당신이 그날 오전에 영업 회의에 가라고 요청했잖아요. 잊었나요? M: 오, 잊었어요. 알려줘서 고마워요. 이 박람회가 중요하기 때문에 회의를 다음 주까지 연기할 수 있는지 확인할게요.

[해설] **1** 세부사항 관련문제 – 회의 요일을 묻는 단답형 문제입니다. 남자가 목요일에 있을 취업박람회 참석 여부를 여자에게 물었고 여자가 목요일 아침에 영업회의가 있다고 했으므로 정답은 (B)입니다.

2 세부사항 관련문제 – 질문을 통해 남자의 말에 힌트가 있음을 알 수 있습니다. 남자는 마지막 말에서 박람회가 중요하다(this fair is important)고 강조하고 있기 때문에 정답은 (A)입니다. important(중요한)가 can't be missed(놓쳐서는 안 된다)로 패러프레이징 되었습니다.

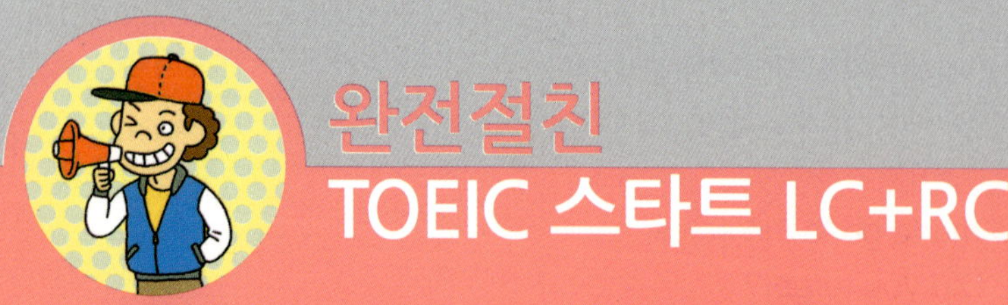
완전절친
TOEIC 스타트 LC+RC

Part 3
Day 1

회사 상황 I

- 토익 빈출 단어
- 기초전략 1
- 기본 연습 문제
- 빈칸 채우고 정답 맞추기
- 예제, 실전문제 풀어보기

Day 01 회사 상황 I

토익 빈출 단어

다음은 Part 3 문제에 자주 나오는 단어와 예문으로, 주제에 따라 비슷한 단어와 예문끼리 분류해 놓았습니다. 비슷한 단어들을 외우다 보면 상황이 연상되고, Part 3 듣기가 더 쉬워집니다. 회사 상황에 관한 단어를 보면서 예문과 같이 열심히 외워두도록 합시다.

● 일상 업무

Part 3-1-1

다음은 일상 업무에 관한 단어와 예문입니다. 비슷한 주제의 단어와 예문을 외우면서 일어날 수 있는 상황을 연상해 보고, 실전에서 Part 3 문제를 풀 때 적용해 보세요.

director [diréktər] 이사	She was promoted to director. 그녀는 이사로 승진했다.
document [dάkjumənt] 문서	What kind of document is required? 어떤 종류의 문서가 필요한가요?
draft [dræft] 초안	I need to edit the draft by Friday. 저는 금요일까지 초안을 편집해야 해요.
handout [hændaut] 유인물	You can distribute handouts to the students. 당신은 학생들에게 유인물을 나눠줄 수 있습니다.
material [mətíəriəl] 자료	A teacher is handing out class material. 교사가 수업자료를 나누어 주고 있다.
proposal [prəpóuzəl] 제안서	Did you go over my proposal? 제 제안서는 검토해 보셨나요?
report [ripɔ́:rt] 보고서	When will you finish your report? 당신의 보고서를 언제 끝낼 거죠?
seminar [sémənὰ:r] 세미나	What's the subject of this seminar? 이번 세미나의 주제가 뭡니까?
check [ʧek] 확인하다, 점검하다	Let me check my schedule. 제 스케줄을 확인해 보겠습니다.
discuss [diskʌ́s] 논의하다	Can we discuss a few things? 우리가 몇 가지 의논할 수 있을까요?
extend [iksténd] 연장하다 **deadline** [dedlain] 마감 기한	Can you extend the deadline for another week? 당신은 마감을 한 주 더 연장해 주실 수 있나요?
finish [fíniʃ] 끝내다	He will finish the report immediately. 그는 보고서를 즉시 끝낼 것입니다.
review [rivjú:] 검토하다	I'd like to review the sales figures. 저는 판매 실적을 검토하고 싶습니다.
sign up for ~에 등록하다	How do I sign up for it? 제가 어떻게 등록하죠?

● 회의 · 발표

Part 3-1-2

다음은 회의와 발표에 관한 단어와 예문입니다. 비슷한 주제의 단어와 예문을 외우면서 일어날 수 있는 상황을 연상해 보고, 실전에서 Part 3 문제를 풀 때 적용해 보세요.

agenda [ədʒéndə] 안건, 주제	What's on the agenda? 안건이 뭐예요?
copy [kápi] 사본	I will send you a copy of the report. 제가 당신에게 보고서 사본을 보내드릴게요.
participant [pa:rtísəpənt] 참가자	What will all participants receive? 참가자 전원은 무엇을 받을 것인가요?
attend [əténd] 참석하다 **workshop** [wə:rkʃap] 워크숍	He was asked to attend the workshop. 그는 워크숍에 참석해 달라는 요청을 받았다.
hold [hould] 열리다, 개최되다 **conference** [kánfərəns] 회의	The man is holding a conference. 남자가 회의를 열고 있다.
postpone [poustpóun] 연기하다	The project has been postponed until Friday. 프로젝트가 금요일로 연기 되었어요.
come up with 생각해내다	He came up with a good idea! 그가 좋은 생각을 해냈어요!
register for ~에 등록하다	Didn't you register for that workshop? 당신은 그 워크숍에 등록하지 않았나요?
set up 설치하다, 준비하다	Technicians will set up new equipment. 기술자들이 새 기기를 설치할 것이다.
take notes 필기하다	Did you take notes in the class? 당신은 수업 시간에 필기했나요?
annual [ǽnjuəl] 연례의	Where will the annual meeting be held? 연례 회의가 어디서 열리나요?
quarterly [kwɔ́:rtərli] 분기별의	How's the quarterly report coming along? 분기 보고서는 어떻게 되어 가고 있어요?
by [bai] ~까지	It should be fixed by tomorrow. 그것은 내일까지는 고쳐져야 합니다.

● 지원 · 채용 · 승진

Part 3-1-3

다음은 지원과 채용, 승진에 관한 단어와 예문입니다. 비슷한 주제의 단어와 예문을 외우면서 일어날 수 있는 상황을 연상해 보고, 실전에서 Part 3 문제를 풀 때 적용해 보세요.

applicant [ǽplikənt] 지원자	What do you think of this applicant? 당신은 이 지원자 어떻게 생각해요?
career [kəríər] 경력, 직업	Are you satisfied with your career? 당신의 경력에 만족하십니까?
coworker [kóuwə̀:rkər] 동료	He is speaking to a coworker. 그는 동료에게 말하고 있어요.
degree [digrí:] 학위	I have a degree in marketing. 저는 마케팅 분야의 학위가 있어요.
employee [implɔ́ii:] 직원, 고용인	The new employee will make a speech. 새로 온 직원이 연설할 거예요.
opening [óupəniŋ] 공석	The man will find out about job openings. 그 남자는 직장의 공석이 있나 알아볼 거예요.
résumé [rizú:m] 이력서	Is it OK if I e-mail my résumé? 제 이력서를 이메일로 보내도 괜찮을까요?
salary [sǽləri] 월급, 봉급	Are you getting your regular salary? 정기적으로 월급을 받고 있습니까?
supervisor [sú:pərvàizər] 상사	Why don't you ask your supervisor? 당신의 상사에게 물어보는 게 어때요?
worker [wə́:rkər] 근로자	She is a very skilled worker. 그녀는 매우 숙련된 근로자예요.
human resources department 인사부	She works in the human resources department. 그녀는 인사부에서 근무해요.
new staff 신입사원	The manager is training new staff. 매니저가 신입사원을 훈련시키고 있어요.
hire [haiər] 채용하다	She needs to hire extra help. 그녀는 추가로 도와줄 사람을 채용해야 해요.
retire [ritáiər] 퇴직하다	Why did you decide to retire this year? 당신은 왜 올해 퇴직하기로 결심하셨죠?
submit [səbmít] 제출하다	I'm planning to submit a report. 저는 보고서를 제출할 계획이에요.

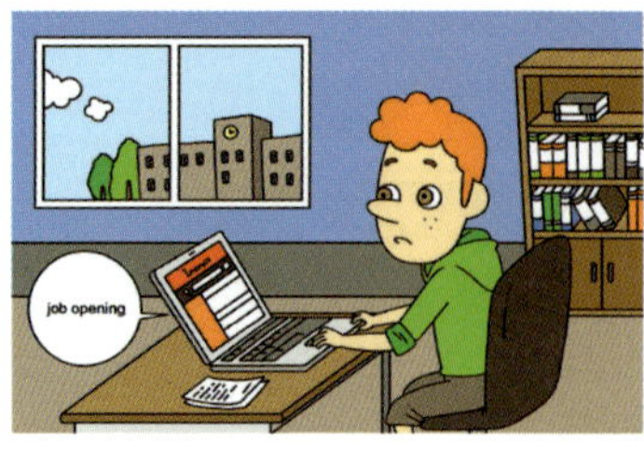

● 일정 · 약속

Part 3-1-4

다음은 일정과 약속에 관한 단어와 예문입니다. 비슷한 주제의 단어와 예문을 외우면서 일어날 수 있는 상황을 연상해 보고, 실전에서 Part 3 문제를 풀 때 적용해 보세요.

appointment [əpɔ́intmənt] 예약, 약속	I'll arrange an appointment for you. 제가 당신 대신에 예약을 해드릴게요.
calendar [kǽləndər] 달력	Let me check my calendar. 제 달력을 확인해 보겠습니다.
receptionist [risépʃənist] 접수원	A hotel receptionist called me a taxi. 호텔 접수원이 저를 위해 택시를 불러줬어요.
reservation [rèzərvéiʃən] 예약	I want to confirm my reservation. 제 예약을 확인하고 싶은데요.
arrange [əréindʒ] (일정을) 잡다, 조정하다	Maybe we can arrange a time. 아마 우린 시간을 조정할 수 있을거예요.
cancel [kǽnsəl] 취소하다	A product order was canceled. 제품 주문이 취소되었습니다.
confirm [kənfə́:rm] 확인하다	I'd like to confirm my reservation for Thursday. 목요일 제 예약을 확인하고 싶어요.
organize [ɔ́:rgənàiz] 정리하다, 준비하다	Have you finished organizing the meeting room? 당신은 회의실 정리를 다 했나요?
reschedule [rì:skédʒu:l] (일정을) 재조정하다	Why did you reschedule the staff meeting? 당신은 왜 직원 회의를 재조정했나요?
go over 검토하다	We're supposed to go over the sales figures. 우리는 판매 수치를 검토하기로 되어 있어요.
make it (시간에) 맞추다	I don't think I can make it. 제가 일을 시간에 맞춰 해낼 거라 생각하지 않아요.
push back (회의 등의 시간 · 날짜를 뒤로) 미루다	My flight is pushed back a couple of hours. 제 비행이 몇 시간 미뤄졌어요.
ahead [əhéd] 앞서	He finished the work ahead of schedule. 그는 예정보다 앞서 일을 끝냈어요.
weekly [wí:kli] 매주의	What was the weekly meeting about? 주간 회의가 무엇에 관한 것이었나요?
due on ~가 마감인	The report is due on May 20. 보고서 마감일은 5월 20일입니다.

기초전략 1 Paraphrasing 유형 알고 넘어가기

Paraphrasing이란 의미는 같지만 형태는 다르게, '다른 말로 바꾸어 표현하다'라는 뜻입니다. 대화에 나온 내용이 정답 보기에서는 거의 동의어나 유사어로 바뀌어 표현되므로, 반드시 빈출 동의어 표현을 미리 암기해 두세요.

● Paraphrasing 유형1 : 단어 → 단어

다음 기본 단어를 의미는 같지만 다른 형태의 단어로 바꾸어 표현할 수 있습니다.

단어 → 단어	문장
taxi → cab 택시	Do you want me to call a **taxi**(cab)? 당신은 제가 택시를 불러주기를 원하세요?
movie → film 영화	The **movie**(film) will start in half an hour. 영화는 30분 안에 시작해요.
buy → purchase 구매하다	I can't afford to **buy**(purchase) a house. 저는 집을 살 여유가 없어요.
fix → repair 고치다	Can you **fix**(repair) my car by Wednesday? 수요일까지 제 차를 고쳐줄 수 있나요?
delay → postpone 연기하다	The flight is **delayed**(postponed) due to bad weather. 그 비행은 날씨가 좋지 않아서 연착돼요.

대화에 나오는 단어가 문제의 선택지에서는 다른 단어로 바뀌어서(paraphrasing 되어서) 나오는 경우가 많습니다. 다음 문제를 풀어보면서 어떤 단어가 paraphrasing 되었는지 찾아보세요.

Part 3-1-5

1 Why is the woman there?

(A) To take a train
(B) To go for a walk
(C) To make a new friend
(D) To return some merchandise

여자가 그 장소에 있는 이유는 무엇인가?
(A) 기차를 타려고
(B) 산책을 하려고
(C) 새 친구를 사귀려고
(D) 상품을 반납하려고

[영국-미국]

W: Excuse me, do you know where the Customer Service Department is? I'd like to return some items.
M: Sorry I'm new here, too. We can find it together if you like.
W: It's very kind of you to say so.

W: 실례합니다. 고객 서비스 부서가 어디죠? 몇몇 물건들을 반납하고 싶은데요.
M: 죄송하지만 저도 여기 처음입니다. 괜찮으시다면 함께 찾아보죠.
W: 그렇게 말해주시니 참 친절하네요.

[해설] 정답은 (D), 대화에서 여자가 말한 items(물건, 상품)이 정답보기에서 merchandise(상품)로 paraphrasing 되었습니다.

Words

Customer Service 고객 서비스 | department [dipά:rtmənt] 부서

● Paraphrasing 유형2 : 단어 → 구

다음 기본 단어를 의미는 같지만 다른 형태의 구로 바꾸어 표현할 수 있습니다.

단어 → 구	문장
save → back up 저장하다	Where did you **save**(back up) the file? 당신은 그 파일을 어디다 저장했죠?
review → go over 검토하다	I'd like to **review**(go over) the sales figures. 판매 수치를 검토하고 싶습니다.
submit → turn in 제출하다	How should I **submit**(turn in) my report, by e-mail? 제 보고서를 어떻게 제출해야 하나요, 이메일로 할까요?
find → look up 찾다	**Find**(look up) their number in the telephone directory. 전화번호부에서 그들의 번호를 찾아보세요.
visit → drop by 들르다	Would it be possible to **visit**(drop by) our office here? 여기 저희 사무실 들르실 수 있으세요?
register → sign up 등록하다, 신청하다	Is it too late to **register**(sign up) for the class? 그 수업에 등록하려는데 너무 늦었나요?
distribute → hand out 나누어 주다	Do you want me to **distribute**(hand out) the brochures? 제가 브로슈어를 나누어 줄까요?

대화에 나오는 단어가 문제의 선택지에서는 구로 바뀌어서(paraphrasing 되어서) 나오는 경우가 많습니다. 다음 문제를 풀어보면서 어떤 단어가 paraphrasing 되었는지 찾아보세요.

Part 3-1-5

2 What does the man recommend that Carla do?

(A) Write a report
(B) Hold a meeting
(C) Take part in a contest
(D) Apply for a scholarship

남자는 칼라에게 무엇을 하라고 추천하는가?
(A) 보고서 쓰기
(B) 회의 열기
(C) 대회 참가하기
(D) 장학금 신청하기

[호주–미국]

M: Have you seen today's paper, Carla? There's an ad for a speech contest.
W: I saw that. It's being held next Sunday, right?
M: Yes, I definitely think you should enter it. This contest holds a scholarship for the winner.

M: 오늘 신문 봤나요, 칼라? 말하기 대회 광고가 났어요.
W: 봤어요. 다음 주 일요일에 열리는 거 맞죠?
M: 예, 저는 당신은 확실히 참가해야 한다고 생각해요. 이 대회에서는 우승자에게 장학금이 마련되어 있어요.

[해설] 정답은 (C), 대화에서 남자가 말한 enter(참가하다)가 보기에서 take part in(참가하다)으로 paraphrasing 되었습니다.

Words

speech contest 말하기 대회 | definitely [défənitli] 확실히

기본 연습 문제  다음을 듣고 질문에 알맞은 답을 고르시오.

Part 3-1-6

1 What is the woman preparing?
(A) The report (B) The meeting

2 What are they talking about?
(A) A new employee (B) A new plan

3 Why did the man call the woman?
(A) To design a website (B) To apply for a position

4 Why will the woman go to Hong Kong?
(A) To travel (B) To work

5 What does the man want to know?
(A) The location (B) The number of attendees

6 Why is the woman concerned?
(A) She forgot to receive the proposal. (B) She missed the deadline.

7 Why is the company looking for a new employee?
(A) An employee is retiring. (B) They are opening another branch.

8 Why has the flight been delayed?
(A) Due to the bad weather (B) Due to the heavy traffic

9 When does the woman suggest leaving?
(A) At 2:00 (B) At 2:30

10 Where is the conversation taking place?
(A) At the office (B) At the furniture store

빈칸 채우고 정답 맞추기 

들려주는 문장을 잘 듣고 빈칸을 채운 후, 정답을 골라보세요.
음성은 각 나라 발음으로 2번 들려드립니다. Part 3-1-7

1 When will Annie give her presentation?

(A) On Thursday (B) On Friday

M: Annie, when are you coming back from your ____________ to London?
W: I'll be back here in LA by Thursday evening. I have to ____________ ________ at the sales meeting on Friday morning.

2 What does the woman ask the man to do?

(A) Ship the products (B) Organize the file boxes

W: James, would you please ____________ that arrived today?
M: Sure. Do you want me to bring them to your office, or should I keep them here ____________?
W: Bring them up to my office, please.

3 What is the problem?

(A) A device is not working. (B) A part is missing.

M: Nancy, have you ________ the new printer?
W: I can't connect it to the computer because there was ________ in the box.
M: Why don't you use the USB cable from the portable hard drive?

4 What does the woman request?

(A) Time off from work (B) Payment for travel

W: Mr. Miller, would it be OK ____________ today?
M: Actually, the president will be here all day today to ____________ at the meeting. He would prefer to see everyone.
W: Sure, I didn't know that today was the day he was visiting.

Part 1 Part 2 Part 3 Part 4

예제 풀어보기

Part 3-1-8

1 Why was the man surprised?

(A) The sales staff were not in the office.
(B) A client didn't come to the conference.
(C) The meeting was canceled.
(D) He missed a train.

남자가 놀란 이유는 무엇인가?
(A) 영업부 직원이 사무실에 없었다.
(B) 고객이 회의에 오지 않았다.
(C) 회의가 취소되었다.
(D) 그가 기차를 놓쳤다.

2 Why did they leave early?

(A) To welcome a new employee
(B) To celebrate an anniversary
(C) To have a farewell party
(D) To attend the workshop

영업부 직원들은 왜 일찍 퇴근했는가?
(A) 새로 온 직원을 환영하려고
(B) 기념일을 축하하려고
(C) 송별회를 하려고
(D) 워크숍에 참석하려고

3 What does the woman say about the restaurant?

(A) It opened recently.
(B) It is nearby.
(C) It is expensive.
(D) It serves Indian food.

여자가 레스토랑에 관해 언급한 내용은 무엇인가?
(A) 최근에 오픈했다.
(B) 근처에 있다.
(C) 비싸다.
(D) 인도 음식을 판매한다.

Questions 1-3 refer to the following conversation. [미국–미국]

M: There was no one in the sales department Friday afternoon. I went there at 4 and the department was empty.
W: Oh, we had left early to celebrate the new head of the department. Friday was his first day. We wanted to welcome him to the department.
M: That was a great idea. Where did you take him?
W: To the Indian restaurant on Elm street. They have excellent food and prices are reasonable.

M: 금요일 오후 영업부에 아무도 없더라고요. 4시에 갔었는데 부서가 비어있던데요.
W: 아, 신임 부장님을 축하하기 위해서 다들 일찍 퇴근했어요. 금요일이 그의 첫 부임 날이었거든요. 모든 직원들이 그를 환영해주고 싶어 했어요.
M: 좋은 생각이었네요. 어디로 갔었나요?
W: 엘름 가에 있는 인도 음식점에요. 거기 음식은 훌륭하고 가격도 적당해요.

[정답] (A), (A), (D)

[해설] **1** 세부사항 관련 문제 – 남자가 놀란 이유를 묻는 질문이므로, 남자의 말에 힌트가 있습니다. 남자가 금요일 오후 4시에 영업 부서가 비어있었다(There was no one in the sales department Friday afternoon.)고 놀라움을 표시한 것으로 보아 정답은 (A)입니다.

2 세부사항 관련 문제 – 직원들이 일찍 퇴근한 이유를 물어보는 문제입니다. 여자의 첫 대사에서 신임 부장을 축하하는 행사가 있었다(we had left early to celebrate the new head of the department. Friday was his first day. We wanted to welcome him to the department.)고 언급하는 것으로 보아 정답은 (A)입니다.

3 세부사항 관련 문제 – 레스토랑에 대해 언급한 내용을 묻는 문제입니다. 언급한 내용을 묻는 문제는 사실 여부를 일일이 확인해야 하므로 시간을 요하는 문제에 속합니다. 따라서 관련된 부분을 순발력 있게 듣고 정답을 골라내야 합니다. 여자의 마지막 대사에서 환영 파티를 인도 음식점(Indian restaurant)에서 했다는 사실을 알 수 있으므로, 정답은 (D)입니다.

Words

sales department 영업부 | celebrate [séləbrèit] 축하하다 | reasonable [ríːzənəbl] (가격이) 적당한

실전문제

녹음된 내용을 듣고 질문에 알맞은 응답을 고르세요.

Part 3-1-9

1 Who is Andrew Jones?

(A) A reporter
(B) A president
(C) An applicant
(D) A writer

2 Why is the woman surprised?

(A) A room was reserved.
(B) An office was closed.
(C) A meeting was delayed.
(D) A guest has already arrived.

3 What is the receptionist asked to do?

(A) Set up a meeting
(B) Find a meeting room
(C) Speak to a manager
(D) Call a company

4 What did the man have to do this week?

(A) Join a gym
(B) Attend a meeting
(C) Go on a business trip
(D) Work extra hours

5 Where will the man go this weekend?

(A) To a fitness center
(B) To a bicycle shop
(C) To a park
(D) To a theater

6 What does the woman suggest the man do?

(A) Go shopping
(B) Work from home
(C) See a concert
(D) Organize a picnic

7 Why is the woman concerned?

(A) She has to train some employees.
(B) The meeting was put off.
(C) There's not enough office room.
(D) There was an accident upstairs.

8 What does the man suggest?

(A) Relocate some employees
(B) Talk to a manager
(C) Change a menu
(D) Go to the accounting department

9 Who are Sara and Clark?

(A) Accounting staff
(B) New employees
(C) Sales people
(D) Designers

10 What are the speakers mainly discussing?

(A) A job opening
(B) A sales report
(C) A business trip
(D) An employee evaluation

新 **11** Why does the man say, "there isn't a company policy about this"?

(A) To contact a manager
(B) To give a presentation
(C) To offer an explanation
(D) To change a policy

12 Why is the manager unavailable?

(A) He is interviewing new employees.
(B) He is meeting some clients.
(C) He is reviewing a document.
(D) He is announcing at a conference.

완전절친
TOEIC 스타트 LC+RC

Part 3
Day 2

회사 상황 II

- 토익 빈출 단어
- 기초전략 2
- 기본 연습 문제
- 빈칸 채우고 정답 맞추기
- 예제, 실전문제 풀어보기

Day 02 회사 상황 II

토익 빈출 단어

다음은 Part 3 문제에 자주 나오는 단어와 예문으로, 주제에 따라 비슷한 단어와 예문끼리 분류해 놓았습니다. 비슷한 단어들을 외우다 보면 상황이 연상되고, Part 3 듣기가 더 쉬워집니다. 회사 상황에 관한 단어를 보면서 예문과 같이 열심히 외워두도록 합시다.

● 홍보 · 마케팅

Part 3-2-1

다음은 홍보와 마케팅에 관한 단어와 예문입니다. 비슷한 주제의 단어와 예문을 외우면서 일어날 수 있는 상황을 연상해 보고, 실전에서 Part 3 문제를 풀 때 적용해 보세요.

단어	예문
commercial [kəmə́:rʃəl] 광고	We'll be back after a commercial break. 광고 후에 뵙겠습니다.
demand [dimǽnd] 수요	The supply cannot meet the demand. 공급이 수요를 따라가지 못해요.
merchandise [mə́:rtʃəndàiz] 상품	All the merchandise is on sale. 모든 상품이 할인판매 중에 있습니다.
packaging [pǽkidʒiŋ] 포장	There's a problem with the packaging of the product. 제품의 포장에 문제가 있어요.
production [prədʌ́kʃən] 생산	Now production is going smoothly. 이제 생산은 원활히 진행 중입니다.
proposal [prəpóuzəl] 제안	Did our client accept our proposal? 고객이 우리의 제안을 받아들였나요?
research [risə́:rtʃ] 조사	We are planning to conduct research. 우리는 조사를 진행할 예정입니다.
strategy [strǽtədʒi] 전략	We must develop a strategy. 우리는 전략을 수립해야 해요.
approve [əprú:v] 승인하다	I am happy to approve the plan. 그 계획을 승인하게 되어 기쁩니다.
improve [imprú:v] 개선하다	They can improve the economy by working. 그들은 일을 함으로써 경제를 개선할 수 있다.
invest [invést] 투자하다	I have no money to invest. 저는 투자할 돈이 없어요.
launch [lɔ:ntʃ] 출시하다	The launch date will be tomorrow. 출시 날짜는 내일입니다.
reduce [ridjú:s] 줄이다	Hours of operation were reduced. 영업시간이 줄어들었어요.
update [ʌ́pdeɪt] 갱신하다	Would you please update the schedule? 일정을 갱신해 주시겠습니까?
suggest [səgdʒést] 제안하다	I suggest you take another route. 저는 당신이 다른 길을 이용할 것을 제안합니다.

● 계약 · 거래

Part 3-2-2

다음은 계약과 거래에 관한 단어와 예문입니다. 비슷한 주제의 단어와 예문을 외우면서 일어날 수 있는 상황을 연상해 보고, 실전에서 Part 3 문제를 풀 때 적용해 보세요.

budget [bʌ́dʒit] 예산	The price is a bit out of my budget. 그 금액이 제 예산액을 초과하네요.
client [kláiənt] 고객	She just got a call from a client. 그녀는 막 고객으로부터 전화를 받았어요.
contract [kɑ́ntrækt] 계약서	A new contract was signed. 새로운 계약이 체결됐어요.
cost [kɔ:st] 비용	How much does it cost to park here? 여기 주차비용이 얼마죠?
deal [di:l] 거래	I don't think it's a fair deal. 저는 그것이 공정한 거래라고 생각하지 않아요.
estimate [éstəmèit] 견적	I'm calling for a free estimate. 무료 견적 때문에 전화 드립니다.
invoice [ínvɔis] 송장	The invoice is in the filing cabinet. 송장은 파일 캐비닛 안에 있어요.
shipment [ʃípmənt] 선적	A shipment will be delayed. 배송이 지연될 거예요.
supplier [səpláiər] 공급업체	Our company uses several printing suppliers. 우리 회사는 여러 인쇄 공급업체를 이용합니다.
charge [tʃa:rdʒ] (요금을) 청구하다	It charges additional fees. 그것은 추가요금을 청구합니다.
expire [ikspáiər] (기한이) 만기가 되다	My visa will expire this month. 제 비자는 이번 달에 만료돼요.
offer [ɔ́:fər] 제공하다, 제안하다	We offer a wide variety of delicious foods. 우리는 다양한 맛있는 음식을 제공합니다.
renew [rinjú:] 갱신하다	Can I renew the due date? 지불 기한을 갱신할 수 있을까요?
send [send] 보내다	I'll send you a copy of the report. 당신에게 보고서 사본을 보내줄게요.
valid [vǽlid] 유효한	Present a valid identification card. 유효한 신분증을 제시하세요.

● 사무기기 · 시설

Part 3-2-3

다음은 사무기기와 시설에 관한 단어와 예문입니다. 비슷한 주제의 단어와 예문을 외우면서 일어날 수 있는 상황을 연상해 보고, 실전에서 Part 3 문제를 풀 때 적용해 보세요.

cabinet [kǽbənit] 캐비닛	Who's in charge of the cabinet? 캐비닛을 관리하는 사람이 누구죠?
copier [kάpiər] 복사기	You can use the copier downstairs. 당신은 아래층의 복사기를 이용할 수 있습니다.
equipment [ikwípmənt] 장비, 기구	Some equipment should have been replaced. 몇 가지 장비가 교체되었어야 해요.
laptop [lǽptɑ:p] 노트북 컴퓨터	Why don't we purchase laptops for all the employees? 모든 직원들을 위해 노트북을 구매하는 것이 어떨까요?
maintenance [méintənəns] 유지, 보수	There will be maintenance work done on the bridge. 다리 위에 보수공사가 있을 예정입니다.
projector [prədʒéktər] 프로젝터	The projector is not working. 프로젝터가 작동하지 않아요.
technician [tekníʃən] 기술자	We have our own technicians. 우리는 자체 기술자가 있어요.
fax machine 팩스 기기	Why did you pull the fax machine's plug out? 당신은 왜 이 팩스 기기의 플러그를 뽑았나요?
office supplies 사무용품	We're short on many office supplies right now. 지금 많은 사무용품이 부족합니다.
install [instɔ́:l] 설치하다	Some Windows are being installed. 윈도우 프로그램들이 설치되고 있다.
replace [ripléis] 교체하다	When are they replacing the air-filter? 그들은 언제 공기 여과기를 교체하죠?
work [wə:rk] 작동하다	How does it work? 그것은 어떻게 작동하죠?
broken [bróukən] 고장난(= out of order)	Could you fix the broken computer? 고장 난 컴퓨터 좀 고쳐 주시겠어요?
damaged [dǽmidʒd] 손상된	My luggage was damaged in transit. 제 짐은 운송 중에 손상되었어요.

● 주문 · 배송

Part 3-2-4

다음은 주문과 배송에 관한 단어와 예문입니다. 비슷한 주제의 단어와 예문을 외우면서 일어날 수 있는 상황을 연상해 보고, 실전에서 Part 3 문제를 풀 때 적용해 보세요.

bill [bil] 청구서	Send me a revised bill. 제게 수정된 청구서를 보내주세요.
instruction [instrʌ́kʃən] 설명서	Everything was done according to instructions. 모든 일이 설명서에 따라 행해졌어요.
packaging [pǽkidʒiŋ] 포장	The packaging and delivering can be done in five days. 포장과 배송은 5일이면 됩니다.
rate [reit] 요금, 가격	At what time do the special rates apply? 특별 요금은 언제 적용됩니까?
shipping [ʃípiŋ] 배송	Who's in charge of shipping? 배송 담당자는 누구인가요?
order status 주문 상태	Please confirm my order status and inform me of the invoice number. 제 주문 상태를 확인하고 송장번호를 알려주세요.
deliver [dilívər] 배달하다	Can you deliver it to my home? 이것을 저희 집까지 배달해 줄 수 있나요?
describe [diskráib] 설명하다, 묘사하다	There is no other way to describe the situation. 그 상황을 설명할 방법이 달리 없습니다.
order [ɔ́:rdər] 주문하다	I'd like to order before I go. 가기 전에 주문을 했으면 합니다.
receive [risí:v] 받다	Delivery takes a month after we receive your order. 배송은 우리가 당신의 주문을 받은 후 한 달이 걸립니다.
send [send] 보내다	I'd like to send this parcel by special delivery. 이 소포를 속달로 보내고 싶은데요.
ship [ʃip] 수송[운송]하다	How soon can you ship the order? 주문품을 얼마나 빨리 운송할 수 있나요?
check on ~을 확인하다	I'd like to check on the call I placed before. 신청한 전화가 안 와서 확인하려고 전화 드렸습니다.
overseas [ouvərsi:z] 해외로	Every year, I spend over 6 months overseas. 매년, 저는 6개월 이상을 해외에서 지내요.
on time 제 시간에	The train arrived right on time. 기차는 정확히 제 시간에 도착했어요.

기초전략 2 주제 · 목적을 묻는 문제

Part 3의 문제 3개 중에서 보통 가장 먼저 나오는 문제 유형입니다. 대화의 첫 문장을 듣고 가장 일반화된 표현을 고르면 됩니다. 문제에 purpose, topic, talking, discussing 등이 나오면 주제를 묻는 문제입니다.

● 주제 · 목적을 묻는 문제

다음은 주제와 목적을 묻는 문제의 유형들입니다. 비슷한 질문들 여러 개를 같이 암기해 놓으면 쉽게 문제를 풀 수 있습니다.

What is the conversation **about**? 대화는 무엇에 관한 것인가?
What are the speakers **discussing**? 화자들은 무엇에 관해 논의하는가?
What are the speakers **talking about**? 화자들은 무엇에 관해 이야기하는가?
What is the main **topic** of the conversation? 대화의 주된 화제는 무엇인가?
What is the **purpose** of the call? 전화를 건 목적은 무엇인가?

● 문제 해결 방법

주제 · 목적을 묻는 문제의 단서는 대화 첫 부분에 나오므로 대화가 시작될 때 잘 들어야 합니다. 그러나 대화 첫 문장을 제대로 듣지 못했다면 중간 중간에 나오는 소재를 듣고 주제를 유추하도록 하세요.

Part 3-2-5

1 What are the speakers discussing?
(A) A vacation
(B) A pay raise
(C) Job hunting
(D) A presentation

화자들은 무엇에 대해 논의하는가?
(A) 휴가
(B) 월급 인상
(C) 구직
(D) 발표

[미국-영국]

M: How did the job interview go? Do you think you can get a job there?
W: The interview went pretty well. They offered me a full time position, but the salary is a little lower than I expected.
M: When do you have to start working if you take the job?
W: In two weeks. I'll consider their suggestion for a day or two before making a decision.

M: 구직 면접은 어떻게 됐나요? 거기 취업 될 것 같나요?
W: 면접은 좋았어요. 그들은 저에게 정규직을 제안했어요. 하지만 제가 생각한 것보다 월급이 적어요.
M: 만약 거기서 일을 한다면 언제부터 시작하나요?
W: 2주 후부터요. 결정을 내리기 전에 그들의 제안을 하루 이틀 더 고려해 봐야겠어요.

[해설] 주제 · 목적을 묻는 문제
대화의 주제 및 목적은 주로 대화의 첫 문장에서 찾아야 합니다. 이 대화에서 초반에 남자가 여자에게 구직 면접(job interview)에 대해서 묻고 있고, 이후에도 구직에 관련되는 내용이 이어지므로 정답은 (C)입니다.

Words
salary [sǽləri] 월급 | consider [kənsídər] 고려하다 | suggestion [səgdʒéstʃən] 제안

Part 3-2-5

2 What are the speakers mainly discussing?

(A) Having lunch
(B) Returning a lost item
(C) Buying jewelry
(D) Visiting an office

화자들은 주로 무엇에 관해 논의하는가?
(A) 점심 먹기
(B) 분실물 되돌려 주기
(C) 보석 구입하기
(D) 사무실 방문하기

[호주–미국]

M: Ms. Lopez. I'm calling from Larry's coffee shop. I just found a box here with your name on it. Is it yours?
W: Oh yes. I thought I had left it at the jewelry shop when I went shopping during lunch.
M: Well, it's here. Your office must be nearby then. Perhaps one of my waiters can run it over to you.

M: 로페즈 씨, 저는 래리의 커피숍에서 전화드려요. 저는 여기서 당신의 이름이 적힌 상자를 발견했어요. 혹시 당신 것인가요?
W: 아 예, 저는 그것을 점심시간에 쇼핑하러 갔을 때 보석 가게에 두고 온 줄 알았어요.
M: 어쨌든, 여기 있습니다. 당신 사무실이 이 근처겠지요. 아마 저희 직원 중 한 명이 전해드릴 수 있을 것 같습니다.

[해설] 주제 · 목적을 묻는 문제

대화의 주제 및 목적은 주로 화자의 첫 문장에서 찾아야 합니다. 대화에서 남자가 여자에게 잃어버린 상자가 본인 것인지 묻고, 이후에도 분실물에 관련되는 내용이 이어지므로 정답은 (B)입니다. 첫 문장을 놓쳤을 경우 I had left it(그것을 두고 오다) 혹은 One of my waiters can run it over to you.(저희 직원 중 한 명이 전해드릴 수 있을 것 같습니다.)라는 문장을 들으면 주제를 유추할 수 있습니다.

Words

jewelry [dʒúːəlri] 보석 | nearby [nìərbái] 근처의 | run over to ~에 잠시 들르다

기본 연습 문제

다음을 듣고 질문에 알맞은 답을 고르시오.

Part 3-2-6

● 눈으로 보고 푸는 문제

Hi, Betty. Aren't you excited about the department field trip this weekend?

1 What are the speakers discussing?

(A) A picnic (B) A department store

Did you hear that the company's hiring more people for the personnel department?

2 What are the speakers discussing?

(A) Applying for a job (B) Hiring new workers

Blake, have you received the note with the agenda for Thursday's meeting?

3 What are the speakers discussing?

(A) Meeting topics (B) An upcoming plan

Hi, Rachel. Would it be possible to get a ride in to work with you this morning?

4 What are the speakers discussing?

(A) A way to get to work (B) A new schedule

● 귀로 듣고 푸는 문제

5 Why is the man calling?

(A) To reserve a table (B) To ask about a missing item

6 What are the speakers discussing?

(A) The details of a workshop (B) The catering service

7 What are the speakers discussing?

(A) A coworker's new job (B) A vacation plan

8 Why is the woman calling?

(A) To attend a concert (B) To make a booking

빈칸 채우고 정답 맞추기 

들려주는 문장을 잘 듣고 빈칸을 채운 후, 정답을 골라보세요.
음성은 각 나라 발음으로 2번 들려드립니다. Part 3-2-7

1 What are the speakers discussing?

(A) Employee training (B) Product development

M: I just heard that we have to attend ________________ this Friday.
W: I don't think I can go. Our team's project is ________ next week, and I was planning on doing that.

2 What does the woman want the man to do?

(A) Staff training (B) Attendance at the interview

W: Ryan, this is Kate from HR. I was wondering if you can help me ________ ________________ this week.
M: It depends on ________________ it is. I've got several appointments with clients.
W: It's on Tuesday. It'll be in the morning.

3 Who are the workers waiting for?

(A) A repair person (B) A client

M: Is the fax machine still not working?
W: I'm afraid not. The ________________________ said they would send someone this afternoon.
M: That's too late. I have to send an important ________________ by 10.

4 What type of equipment is being discussed?

(A) A laptop (B) A photocopier

W: Luke, do you have a minute? I'm trying to use the copy machine, but it ________________.
M: It's in the standby mode. You just have to push this button to ________ ________ again.
W: Thanks a lot.

Part 1 Part 2 Part 3 Part 4

예제 풀어보기

Part 3-2-8

1 Why is the woman calling?
(A) To check on an order
(B) To cancel a shipment
(C) To get a refund
(D) To ask about office hours

여자는 왜 전화하는가?
(A) 주문을 확인하려고
(B) 배송을 취소하려고
(C) 환불을 받으려고
(D) 영업시간을 물어보려고

2 What products are the speakers discussing?
(A) Furniture
(B) Office supplies
(C) Appliances
(D) Cosmetics

화자들은 어떤 제품에 대해 의논하는가?
(A) 가구
(B) 사무용품
(C) 가전제품
(D) 화장품

3 What does the man offer to do?
(A) Order the item
(B) Call another department
(C) Contact an applicant
(D) Confirm the price

남자는 무엇을 제안하는가?
(A) 물건을 주문하는 것
(B) 다른 부서에 전화하는 것
(C) 지원자에게 연락하는 것
(D) 가격을 확인하는 것

Questions 1-3 refer to the following conversation. [미국–미국]

W: Hello, Gavin. This is Catherine from the Customer Service Department. I'm calling to confirm the status of the supplies I ordered.
M: Hi, Catherine. We already sent out the papers and the file folders you ordered yesterday.
W: Wonderful. Can I get them by tomorrow?
M: I think so, but I'll call the shipping department to make sure.

W: 안녕하세요, 개빈. 고객 서비스부서의 캐서린입니다. 제가 주문한 사무용품들의 상황을 확인하려 전화드립니다.
M: 안녕하세요, 캐서린. 우리는 어제 당신이 주문한 종이와 파일 폴더를 이미 배송했습니다.
W: 잘 됐군요. 제가 그것들을 내일까지 받아 볼 수 있을까요?
M: 그럴 것 같아요. 그래도 확실히 할 겸 배송부서에 전화해 볼게요.

[정답] (A), (B), (B)

[해설] 1 전화한 목적을 묻는 문제 – 전화한 목적을 묻는 문제는 I'm calling to/about~ 뒷부분에 정답이 있습니다. 여자가 주문한 사무용품의 상태를 확인하고 싶다(I'm calling to confirm the status of the supplies I ordered.)고 말하고 있으므로 정답은 (A)이며, 대화의 confirm(~을 확인하다)이 정답의 check on(~를 확인하다)으로 패러프레이징 되었습니다.

2 세부사항 관련 문제 – 화자들이 이야기하는 제품에 대한 문제입니다. 남자의 대사에서 종이와 파일 폴더를 배송했다(We already sent out the papers and the file folders)는 것으로 보아 정답은 (B) office supplies(사무용품)입니다.

3 제안사항을 묻는 문제 – 제안사항을 묻는 문제는 주로 대화의 후반부에 힌트가 있습니다. 남자의 제안사항을 물어보므로 남자의 마지막 말을 잘 들어야 합니다. 남자는 마지막 대사에서 배송부에 전화해 보겠다(I'll call the shipping department to make sure)고 하므로, 정답은 (B)입니다. 대화의 shipping department(배송부서)가 정답의 another department(다른 부서)로 패러프레이징 되었습니다.

Words

check on ~를 확인하다 | shipment [ʃípmənt] 배송 | office hours 영업시간

실전문제

녹음된 내용을 듣고 질문에 알맞은 응답을 고르세요.

Part 3-2-9

1 What does the man need help with?

(A) A copier
(B) Internet connection
(C) A meeting
(D) A fax machine

2 When will the woman most likely return?

(A) At 1:00 P.M.
(B) At 1:30 P.M.
(C) At 2:00 P.M.
(D) At 2:30 P.M.

3 What will the woman probably do next?

(A) Postpone the meeting
(B) Read the manual
(C) Ask for help
(D) Contact another department

---

4 What is the woman's problem?

(A) She was late for a meeting.
(B) She forgot her cell phone.
(C) Her name is missing from a list.
(D) She cannot stay in a hotel.

5 What does the man ask to see?

(A) A photo ID card
(B) A passport
(C) A registration confirmation
(D) A résumé

6 What is being offered to the woman?

(A) Free shipping
(B) A table and chairs
(C) A restaurant gift card
(D) A coupon for a hotel stay

7 What do the speakers like about the restaurant?

(A) The variety of menu items
(B) The price of food
(C) The location
(D) The good service

8 What are the speakers considering?

(A) Ordering a dessert
(B) Changing a meeting time
(C) Inviting a coworker
(D) Having a meeting catered

9 What does the man say he will do?

(A) Talk to a manager
(B) Make a reservation
(C) Call a restaurant
(D) Have a dinner party

---

10 What problem are the speakers discussing?

(A) Some pictures are not clear.
(B) A camera is not working.
(C) The server is unavailable.
(D) Some data are incomplete.

新 **11** What does the man mean when he says, "I think Stacey is an expert in that field."?

(A) He is too busy to solve the problem.
(B) He wants Stacey to attend a meeting.
(C) He thinks Stacey made a mistake.
(D) He wants Stacey to answer a question.

12 What does the man say he finds?

(A) Photo specialists
(B) A meeting schedule
(C) A list of products
(D) The latest advertisement

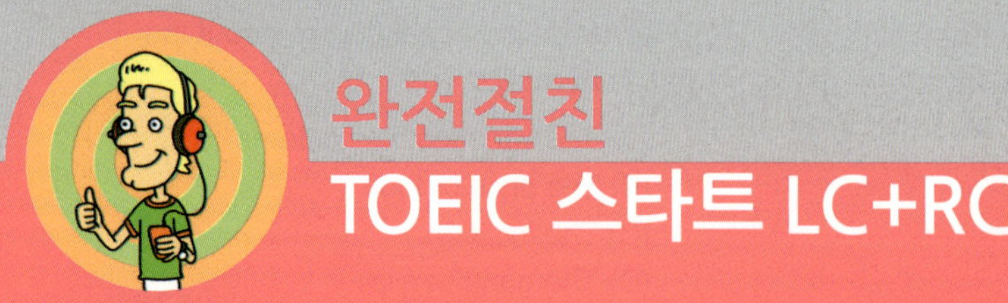
완전절친
TOEIC 스타트 LC+RC

Part 3
Day 3

일상생활 I

- 토익 빈출 단어
- 기초전략 3
- 기본 연습 문제
- 빈칸 채우고 정답 맞추기
- 예제, 실전문제 풀어보기

Day 03

일상생활 I

토익 빈출 단어

다음은 Part 3 문제에 자주 나오는 단어와 예문으로, 주제에 따라 비슷한 단어와 예문끼리 분류해 놓았습니다. 비슷한 단어들을 외우다 보면 상황이 연상되고, Part 3 듣기가 더 쉬워집니다. 일상생활에 관한 단어를 보면서 예문과 같이 열심히 외워두도록 합시다.

● 제품 · 재고

Part 3-3-1

다음은 제품과 재고에 관한 단어와 예문입니다. 비슷한 주제의 단어와 예문을 외우면서 일어날 수 있는 상황을 연상해 보고, 실전에서 Part 3 문제를 풀 때 적용해 보세요.

단어	예문
bargain [bá:rgən] 저렴한 물건	This sofa was a real bargain. 이 소파는 정말 저렴했어요.
branch [bræntʃ] 지사	Our branch office will be relocated. 우리 지사가 이전될 겁니다.
catalog [kǽtəlɔ̀:g] 카탈로그	Where did you place the catalog? 카탈로그를 어디에 두셨나요?
goods [gudz] 상품	The goods are on display. 상품들이 진열되어 있어요.
inventory [ínvəntɔ̀:ri] 재고	He is taking inventory in a warehouse. 그는 창고에서 재고 조사를 하고 있어요.
sample [sǽmpl] 견본, 샘플	Please send me the free sample. 저에게 무료 견본을 보내 주십시오.
supplier [səpláiər] 공급업체	I'll get in touch with the supplier. 제가 공급업체에 연락해 볼게요.
warehouse [werhaus] 창고	Just leave it in the warehouse. 그것을 그냥 창고에 두세요.
release [rilí:s] 출시하다	New products will be released. 신제품이 출시될 거예요.
look for ~를 찾다	Isn't that the building we are looking for? 그 건물이 우리가 찾는 곳 아닌가요?
brand-new [brǽndnjú:] 신상품의	That's a brand-new suitcase. 그건 정말 신상 여행 가방이군요.
for sale 판매 중인	Are these clothes for sale? 이 옷들 판매 중인가요?
in stock 재고가 있는	I'll check if the item is in stock. 제품이 재고가 있는지 확인해 볼게요.
on display 진열된	I like the red muffler on display. 저는 진열되어 있는 빨간 머플러가 좋네요.
out of stock 품절인	That book is currently out of stock. 그 책은 현재 품절된 상태예요.

● 환불 · 교환 · 지불

Part 3-3-2

다음은 환불과 교환, 지불에 관한 단어와 예문입니다. 비슷한 주제의 단어와 예문을 외우면서 일어날 수 있는 상황을 연상해 보고, 실전에서 Part 3 문제를 풀 때 적용해 보세요.

cashier [kæʃíər] 계산원	Please pay the cashier over there. 저쪽 계산원에게 계산하십시오.
clerk [klə:rk] 점원	Have you hired a clerk yet? 당신은 점원을 채용했나요?
receipt [risí:t] 영수증	I'm missing the receipts for your hotel. 호텔 영수증을 분실했습니다.
stockroom [stɑ:kru:m] 창고	What's the phone number for the stockroom? 창고 전화번호가 어떻게 되죠?
warranty [wɔ́:rənti] 보증서	The warranty had expired. 보증 기간이 만료되었어요.
exchange [ikstʃéindʒ] 교환하다	Would you like to exchange the camera for a new one? 카메라를 새 제품으로 교환해드릴까요?
guarantee [gærəntí:] 보증하다	The watch is still under guarantee. 이 시계는 아직 보증 기간이 끝나지 않았어요.
locate [lóukeit] (위치를) 찾다	I can't locate the empty space in the parking lot. 저는 주차장에서 빈 공간을 찾을 수 없어요.
pay [pei] 지불하다	A customer is paying for purchases. 손님이 물건 값을 지불하고 있어요.
repair [ripέər] 수리하다	The house's roof is being repaired. 그 집의 지붕이 수리되고 있어요.
return [ritə́:rn] 돌아오다, 돌려주다	I'd like to return this shirt and I want cash. 이 셔츠를 반납하고 현금을 돌려받고 싶어요.
defective [diféktiv] 결함이 있는	Which of the items were defective? 어떤 물건들에 결함이 있었나요?
durable [djúərəbl] 내구성 있는	This raincoat is made of a very durable material. 이 비옷은 매우 내구성 있는 재료로 만들어졌어요.
at the moment 현재	We're out of stock at the moment. 현재 품절되었습니다.
out of order 고장난	Is your phone out of order or something? 전화기가 고장이라도 났나요?

● 장소

Part 3-3-3

다음은 장소에 관한 단어와 예문입니다. 비슷한 주제의 단어와 예문을 외우면서 일어날 수 있는 상황을 연상해 보고, 실전에서 Part 3 문제를 풀 때 적용해 보세요.

airport [érpɔ:rt] 공항	May I see your passport and your ticket? 여권과 항공권을 보여주시겠어요?
bank [bæŋk] 은행	I'd like to open a checking account at your bank. 당신의 은행에서 당좌계좌를 개설하고 싶습니다.
bookstore [búkstɔ́:r] 서점	Excuse me, I want to buy the new novel by Neil Adams. 실례합니다, 닐 아담스의 새 소설을 사고 싶은데요.
hotel [houtél] 호텔	We have ocean-view available, but it is more expensive. 해변이 보이는 방이 있지만, 그것은 더 비쌉니다.
library [láibrèri] 도서관	I'm here to return these books I checked out two weeks ago. 2주 전에 대출한 책 두 권을 반납하려고 왔습니다.
museum [mju:zí:əm] 박물관	I'm really interested in your photo exhibition. 저는 당신의 사진 전시회에 정말 관심이 있어요.
office [ɔ́:fis] 사무실	Why don't we have dinner together after work? 퇴근 후에 함께 저녁 먹는 건 어떨까요?
pharmacy [fɑ́:rməsi] 약국	Could you have my prescription filled? 처방약을 조제해 주시겠어요?
plant [plænt] 공장	We had to repair one of our production lines. 우리는 생산라인 중 한 곳을 수리해야 했어요.
restaurant [réstərənt] 식당	Would you like to start off with something to drink? 마실 것을 먼저 가져다 드릴까요?
clothing store 옷 가게	Do you have a special brand in mind? 선호하는 브랜드가 있나요?
dry cleaner 세탁소	I just noticed this stain on my jacket. 방금 제 재킷에 얼룩이 묻어 있는 걸 발견했습니다.
post office 우체국	I'd like to mail this package to New York. 이 소포를 뉴욕으로 보내고 싶습니다.
real estate agency 부동산	We have several properties for rent at the moment. 현재 임대로 나온 부동산이 몇 개 있습니다.
travel agency 여행사	I want to book two airline tickets to Moscow for tomorrow. 내일 모스크바로 가는 항공권 2장을 예약하고 싶습니다.

● 직업

Part 3-3-4

다음은 직업에 관한 단어와 예문입니다. 비슷한 주제의 단어와 예문을 외우면서 일어날 수 있는 상황을 연상해 보고, 실전에서 Part 3 문제를 풀 때 적용해 보세요.

accountant [əkáuntənt] 회계사	I'm trying to process your expense report. 저는 당신의 비용 보고서를 처리해 드리려 노력하고 있습니다.
doctor [dáktər] 의사	You'd better not smoke or drink coffee while taking medicine. 약을 복용하는 동안, 흡연하지 말고 커피도 마시지 않는 편이 좋아요.
musician [mju:zíʃən] 음악가	He is one of the members of the New York Jazz band. 그는 뉴욕 재즈 밴드의 멤버 중 한명이다.
operator [ápərèitər] 전화 교환원	I'll put you through to his secretary. 그의 비서에게 전화를 돌려드리겠습니다.
photographer [fətágrəfər] 사진작가	Thank you for all your comments on my pictures. 제 사진들에 대한 당신의 의견에 감사드립니다.
receptionist [risépʃənist] 접수원	Mr. Yamaguchi is here for his 10 o'clock meeting. 야마구치 씨가 10시 회의를 위해 여기 오셨습니다.
reporter [ripɔ́:rtər] 기자	How is the article about the fashion trend coming along? 패션 트렌드에 관한 기사는 잘 진행되고 있나요?
salesperson [séilzpə̀:rsn] 판매원	We don't give refunds on sale items. 저희는 세일 제품에 대해서는 환불을 해 드리지 않습니다.
server [sə́:rvər] (식당) 종업원	I'd like to tell you about this evening's specials. 오늘 저녁 특별 메뉴를 말씀드리겠습니다.
writer [ráitər] 작가	What made you write this book? 이 책을 쓰게 된 동기는 무엇입니까?
job applicant 구직자	She has lots of experience in the field of sales. 그녀는 영업 분야에 많은 경험을 가지고 있어요.
new employee 신입사원	Ryan Kim is going to start a full-time position with us. 라이언 킴이 우리와 같이 정규직으로 일하게 됩니다.
parking attendant 주차요원	What's the charge for parking here? 여긴 주차 요금이 얼마입니까?
real estate agent 부동산 중개인	This apartment has one bedroom and a great view. 이 아파트는 침실이 한 개 있고 전망이 멋집니다.
tour guide 여행 가이드	The next point on the tour is the beautiful waterfall. 다음 여행 장소는 아름다운 폭포입니다.

기초전략 3 장소 · 직업을 묻는 문제

Part 3의 문제 3개 중에서 보통 가장 먼저 나오는 문제 유형입니다. 화자의 첫 대사나 두 번째 대사에 힌트가 있으며, 관련 명사를 잘 들으면 정답을 유추해 낼 수 있습니다. 따라서 장소 및 직업과 관련된 빈출 단어는 암기해 두는 게 좋습니다.

● 장소 · 직업을 묻는 문제

① 대화 장소 물어보기

Where are the speakers? 화자는 어디에 있는가?

Where is this conversation taking place? 대화는 어디에서 일어나고 있는가?

② 근무지 물어보기

Where does the man work? 남자는 어디서 일하는가?

What type of company does the man work for? 남자는 어떤 종류의 회사에서 일하는가?

③ 직업 물어보기

What is the man's job? 남자의 직업은 무엇인가?

Who most likely is the woman? 여자는 누구일 것 같은가?

● 문제 해결 방법

대화 장소/직업 문제는 대체로 대화문 속 장소나 직업관련 키워드를 들으면 쉽게 정답을 알 수 있으니, 관련 어휘를 미리 외워두세요. 예를 들어, "뉴욕으로 이 소포를 보내고 싶어요." 라고 했다면, 대화 장소는 '우체국'입니다.

Part 3-3-5

1 Where most likely does this conversation take place?

(A) At an airport
(B) At an office
(C) At a bus stop
(D) At a hotel

이 대화는 어디에서 이루어지는 것 같은가?
(A) 공항
(B) 사무실
(C) 버스 정류장
(D) 호텔

[미국–영국]

M: Excuse me, is this where I get the shuttle bus to the airport?

W: Yes, this is the right place. The bus is supposed to be here at 8, but it's always late.

M: Oh, no. I can't be late today. This is my first day of work at the airport hotel.

W: Well, if you are worried about the time, you probably should take a taxi instead.

M: 실례합니다, 이곳이 공항으로 가는 셔틀버스를 타는 곳인가요?

W: 예, 여기가 맞습니다. 버스는 8시에 도착하기로 되어있는데, 항상 늦어요.

M: 아, 안돼. 저는 오늘 늦으면 안 돼요. 공항 호텔에서 일하는 첫 근무일이거든요.

W: 음, 시간이 걱정된다면, 대신에 택시를 타는 게 좋을 것 같네요.

[해설] 대화가 이루어지는 장소를 묻는 문제
남자의 첫 번째 대사에서 이곳이 셔틀버스 타는 곳인지 묻는 것으로 보아 대화 장소는 버스 정류장(bus stop)임을 알 수 있습니다.

Part 3-3-5

2 Who most likely is the woman?

(A) A player
(B) A sales representative
(C) A writer
(D) A designer

여자는 누구인 것 같은가?
(A) 운동선수
(B) 영업 사원
(C) 작가
(D) 디자이너

[미국-미국]

W: I heard that the new line of running shoes has just hit the store. We'll be able to start selling them to our clients. M: That's great. I met with some clients earlier this week and they've already expressed interests in the new items. W: You know, this will be the perfect time for us to try some of those techniques we learned at our last sales workshop.	W: 새로운 운동화 제품이 막 시장에 나왔다고 들었어요. 이제 우리는 그것들을 고객들에게 판매할 수 있어요. M: 잘 됐네요. 제가 이번 주 초에 고객 몇 분을 만났는데 그들은 벌써 새 상품에 관심을 표현했어요. W: 알다시피, 이번이 우리가 지난 판매 워크숍에서 배운 기법을 사용해볼 절호의 기회일 거예요.

[해설] 여자의 직업을 묻는 문제
여자의 첫 번째 대사에서 우리는 고객들에게 판매할 수 있다(We'll be able to start selling to our clients.)고 했으므로, 정답은 영업사원(sale representative)입니다.

Words
shuttle bus 셔틀버스 | be supposed to ~하기로 되어 있다 | new line 새 제품 | running shoes 운동화 | hit the store 출시하다, 판매하다 | express [ikspréṣ] 표현하다 | sales workshop 판매 워크숍

기본 연습 문제  다음을 듣고 질문에 알맞은 답을 고르시오.

Part 3-3-6

1 Where is Ms. Nelson?

(A) In a meeting (B) At a restaurant

2 Where is the conversation probably taking place?

(A) On a street (B) In an office building

3 Where does the man probably work?

(A) At a furniture store (B) At a shipping company

4 Where are the speakers?

(A) In an airport (B) In a bus terminal

5 Where most likely are the speakers?

(A) At a travel agency (B) At an airport

6 Who most likely is the man talking to?

(A) A hotel receptionist (B) An airline employee

7 Who most likely are the speakers?

(A) Reporters (B) Architects

8 Who most likely is the man?

(A) A computer technician (B) A repairperson

9 Who is Kimberly Jones?

(A) A sales representative (B) Advertising staff

10 Who is Megan Turner?

(A) An actress (B) A reporter

TIP **Who is the man probably talking to?** 남자는 누구와 이야기 하고 있는가?

질문에 남자가 언급되었지만 반대로 여자의 직업을 묻는 질문입니다. 따라서 남자의 말에서 남자의 직업이 나오더라도 오답임을 명심하세요.

빈칸 채우고 정답 맞추기 

들려주는 문장을 잘 듣고 빈칸을 채운 후, 정답을 골라보세요.
음성은 각 나라 발음으로 2번 들려드립니다. Part 3-3-7

1 What is the woman's problem?

(A) She can't access her computer. (B) She can't remember her password.

W: I can't ____________ to my computer. I tried several times, but it didn't work.
Do you know what the problem is?
M: Oh, didn't you know that the company changed ________________________
______________? You need to see Ms. Perez to receive your new password.

2 What are the speakers talking about?

(A) A sporting event (B) A dinner appointment

M: Hey, Ella. How was the baseball game last night?
W: I couldn't go. I had to work late last night on the ______________________.
But I've got tickets for tonight. Would you like to go?
M: I'd love to go, but I have ____.

3 Why does the woman apologize?

(A) The price is higher than expected. (B) An item is unavailable.

M: Hello, I'm looking for *Gourmet Dinner* by Kelly Rodriguez, the recipe book
she just published this year. Do you have it ______________________?
W: Sorry, we are sold out at the moment. I know our downtown branch has it
though. Do you want me to go ahead and ____________________________?
M: Yes, please.

4 Why are the speakers proud of their colleague?

(A) He was promoted to manager.
(B) He was successful in getting the contract.

W: Did you hear the news that Mr. Evans just won the ______________________
with the Australian company?
M: This is great news. He's been working really hard on that deal. I think he
______________________ for that.
W: I know. I'm so happy, too.

Part 1 Part 2 Part 3 Part 4

예제 풀어보기

Part 3-3-8

1 Where are the speakers going?

(A) To a museum
(B) To the city hall
(C) To a train station
(D) To a shopping center

화자들은 어디에 가고 있는가?
(A) 박물관에
(B) 시청에
(C) 기차역에
(D) 쇼핑센터에

2 What will begin in 15 minutes?

(A) A talk
(B) A soccer match
(C) A performance
(D) A parade

15분 후에는 무엇이 시작할 것인가?
(A) 강연
(B) 축구 시합
(C) 공연
(D) 퍼레이드

3 Why does the woman suggest that they walk?

(A) Taxis are expensive.
(B) They both like to walk.
(C) A road is closed to traffic.
(D) They are near their destination.

여자는 그들이 왜 걸어야 한다고 제안하는가?
(A) 택시비가 비싸서
(B) 둘 다 걷는 것을 좋아해서
(C) 도로가 교통으로 막혀서
(D) 목적지가 근처에 있어서

Questions 1-3 refer to the following conversation. **[호주-영국]**

M: Excuse me. Do you know where the city hall is? I've been trying to find it but the directions I was given at the tourist information center seem to be wrong.

W: Actually, I'm heading there myself. I work at the city hall's Health & Welfare Bureau. We can walk over together.

M: Will it be quicker to take a taxi or a bus? I'm going to a lecture that's supposed to start in 15 minutes and I don't want to be late for it.

W: Don't worry. The city hall is nearby. It will only take us 10 minutes to get there on foot.

M: 실례합니다. 혹시 시청이 어디 있는지 아세요? 계속 찾고 있는데 관광 안내소에서 준 위치가 잘못된 것 같아요.

W: 사실 저도 그쪽으로 가고 있습니다. 저는 시청의 보건복지국에서 일합니다. 함께 걸어가죠.

M: 택시나 버스를 타면 더 빠를까요? 15분 후에 시작하는 강의에 가려고 하는데 늦고 싶지 않아요.

W: 걱정 마세요. 시청은 근처입니다. 걸어서 10분 정도 걸립니다.

[정답] (B), (A), (D)

[해설] **1** 목적지를 묻는 문제 – 남자가 여자에게 시청으로 가는 길을 묻고(Do you know where the city hall is?) 있고 여자도 시청으로 가는 중이다(I'm heading there myself.)고 대답했으므로, 화자들이 가는 장소는 시청(city hall)이라고 할 수 있습니다.

2 세부사항 관련 문제 – 남자가 15분 후에 있을 강의에 간다(I'm going to a lecture that's supposed to start in 15 minutes)고 언급했으므로, 정답은 (A) 강연(a talk)이며, 지문의 lecture가 talk로 패러프레이징 되었습니다.

3 제안 · 요청관련 문제 – 여자는 시청이 근처에 있다(The city hall is nearby.)고 말하면서, 걸어가자고 제안하고 있습니다. 따라서 정답은 (D)입니다. 지문의 on foot(걸어서)이 3번 문제의 walk로 표현되었습니다.

Words

direction [dirékʃən] 위치, 방향 | tourist information 관광 안내소 | city hall 시청 | Health & Welfare Bureau 보건복지국 | bureau [bjúərou] 부서 | lecture [léktʃər] 강의 | on foot 걸어서 | destination [dèstənéiʃən] 목적지

녹음된 내용을 듣고 질문에 알맞은 응답을 고르세요. Part 3-3-9

1 Where are the speakers?
(A) At a hotel
(B) At a restaurant
(C) In an office building
(D) In an airport

2 What does the woman suggest the man do?
(A) Visit a cafe
(B) Send an invitation
(C) Have food delivered
(D) Go to a market

3 What does the woman say she will get for the man?
(A) A menu
(B) A map
(C) A brochure
(D) A coupon

---

4 Where most likely does the woman work?
(A) At a department store
(B) At a moving company
(C) At a newspaper office
(D) At a bank

5 Why is the man calling?
(A) To stop a subscription
(B) To make a payment
(C) To ask about an order
(D) To report a problem

6 What does the woman request?
(A) An account number
(B) A telephone number
(C) A correct address
(D) A payment amount

7 What most likely is the man's job?
(A) Model
(B) Sales clerk
(C) Repairman
(D) Photographer

8 What is the woman's problem?
(A) She couldn't find the same model.
(B) She lost her receipt.
(C) Her cell phone was broken.
(D) She bought a defective product.

9 What will the man probably do?
(A) Bring an item
(B) Repair the camera
(C) Give a discount
(D) Get a refund

Receipt	
Jackets	$50
Knitwear	$40
Pants	$30
Skirts	$25

10 Where did the woman learn about a discount?
(A) On a website
(B) In a magazine
(C) On a leaflet
(D) From her colleague

新 11 Look at the graphic. Which amount should be changed?
(A) $50
(B) $40
(C) $30
(D) $25

12 What does the man say he will do next?
(A) Launch a product
(B) Provide the receipt
(C) Call a supervisor
(D) Exchange an item

완전절친
TOEIC 스타트 LC+RC

Part 3

Day 4

일상생활 II

- 토익 빈출 단어
- 기초전략 4
- 기본 연습 문제
- 빈칸 채우고 정답 맞추기
- 예제, 실전문제 풀어보기

Day 04

일상생활 II

토익 빈출 단어

다음은 Part 3 문제에 자주 나오는 단어와 예문으로, 주제에 따라 비슷한 단어와 예문끼리 분류해 놓았습니다. 비슷한 단어들을 외우다 보면 상황이 연상되고, Part 3 듣기가 더 쉬워집니다. 여행에 관한 단어를 보면서 예문과 같이 열심히 외워두도록 합시다.

● 여행

Part 3-4-1

다음은 여행에 관한 단어와 예문입니다. 비슷한 주제의 단어와 예문을 외우면서 일어날 수 있는 상황을 연상해 보고, 실전에서 Part 3 문제를 풀 때 적용해 보세요.

단어	예문
accommodation [əkɑ̀mədéiʃən] 숙박시설	He is searching online for accommodations. 그는 온라인으로 숙박시설을 찾고 있어요.
aircraft [ɛ́ərkræ̀ft] 항공기	The aircraft seats 200 passengers. 그 항공기는 200명의 승객을 태울 수 있어요.
arrival [əráivəl] 도착	All visitors must sign in on arrival. 모든 방문객은 도착 즉시 서명해야 합니다.
departure [dipɑ́ːrtʃər] 출발	Could you postpone your departure for 10 minutes? 출발을 10분간 미룰 수 있으신가요?
destination [dèstənéiʃən] 목적지	A short walk will get you to your destination. 조금만 걸으면 목적지가 나올 거예요.
flight [flait] 비행(기)	I'm leaving on the New York flight. 저는 뉴욕 행 비행기로 떠납니다.
itinerary [aitínərèri] 여행 일정표	I'll fax the itinerary confirmation number. 여행 일정표 확인번호를 팩스로 보낼게요.
sightseeing [sáitsìːiŋ] 관광	She went on a sightseeing trip to Paris. 그녀는 파리로 관광 여행을 갔어요.
trip [trip] 여행	How was your trip to Canada? 캐나다 여행은 어땠나요?
board [bɔːrd] 탑승하다	People are boarding through the gate. 사람들이 문을 통해 탑승하고 있습니다.
confirm [kənfə́ːrm] 확인하다	It hasn't been confirmed yet. 아직 확인되지 않았어요.
travel [trǽvəl] 여행하다	What are your dates of travel, sir? 여행 날짜가 언제인가요?
stay [stei] 묵다, 체류하다	He suggested a hotel to stay at. 그가 묵을만한 호텔을 추천해 줬어요.
complimentary [kɑ̀mpləméntəri] 무료의	The airline is still providing complimentary soft drinks. 그 항공사는 여전히 무료 청량음료를 제공해요.
crowded [kráudid] 붐비는	This store is always crowded with customers. 이 가게는 항상 손님들로 붐벼요.

● 레스토랑

Part 3-4-2

다음은 레스토랑에 관한 단어와 예문입니다. 비슷한 주제의 단어와 예문을 외우면서 일어날 수 있는 상황을 연상해 보고, 실전에서 Part 3 문제를 풀 때 적용해 보세요.

appetizer [ǽpitàizər] 전채 요리	I'd like to start with an appetizer. 우선 전채 요리부터 시작하고 싶어요.
caterer [kéitərər] 출장 뷔페	We called in caterers for the wedding reception. 결혼식 피로연에 출장 뷔페를 불렀어요.
chef [ʃef] 요리사	Tony is a professionally-trained chef. 토니는 전문 교육을 받은 요리사예요.
diner [dáinər] 손님, 식사하는 사람	There are few diners in the restaurant tonight. 오늘 저녁엔 식당에 손님이 별로 없네요.
flavor [fléivər] 맛, 풍미	This cheese has a soft, mild flavor. 이 치즈는 부드럽고 담백한 맛을 가지고 있어요.
ingredient [ingríːdiənt] 원료, 재료	Cacao is the main ingredient of chocolate. 카카오 열매는 초콜릿의 주 원료입니다.
meal [miːl] 식사	I hope you enjoyed your meal. 식사 맛있게 드셨기를 바랍니다.
menu [ménjuː] 메뉴 **dessert** [dizə́ːrt] 디저트	Would you like to see a dessert menu? 디저트 메뉴를 보시겠습니까?
party [pάːrti] 일행, 동행	There are only three in our party. 우리 일행은 세 명 뿐입니다.
seat [siːt] 자리, 좌석	She hurried back to her seat. 그녀는 서둘러 자리로 돌아왔어요.
main dish 주 요리	It should be served as a main dish. 그것을 주 요리로 내놓아야 해요.
serve [səːrv] (음식을) 제공하다	What time do you serve dinner? 저녁 식사는 언제 제공하나요?
set [set] (식탁을) 차리다	Will you help me set the table? 식탁을 차리는 것 좀 도와줄래요?
take an order 주문받다	A waiter is taking an order. 웨이터가 주문을 받고 있어요.

● 공항 · 교통

Part 3-4-3

다음은 공항과 교통에 관한 단어와 예문입니다. 비슷한 주제의 단어와 예문을 외우면서 일어날 수 있는 상황을 연상해 보고, 실전에서 Part 3 문제를 풀 때 적용해 보세요.

baggage [bǽgidʒ] 수하물	Can I claim my baggage here? 여기가 수하물 찾는 곳입니까?
cabin [kǽbin] (배 · 항공기의) 객실, 선실	My luggage is never more than cabin-sized. 제 수하물은 절대 기내용 사이즈를 넘지 않아요.
carousel [kærəsél] 컨베이어 벨트	Passengers are getting their luggage from the carousel. 승객들이 컨베이어 벨트에서 그들의 수하물을 찾고 있어요.
passport [pǽspɔ:rt] 여권	Do you have the ticket and the passport? 표와 여권을 갖고 계시죠?
platform [plǽtfɔ:rm] 승강장	Take the train from platform number two. 2번 승강장에서 전철을 타세요.
station [stéiʃən] 역	The building over there is the station. 저기 있는 저 건물이 역입니다.
stop [stap] 정류장	The bus stop is just over there. 버스 정류장은 저쪽에 있습니다.
boarding gate 탑승구	All passengers should proceed to the boarding gate. 모든 승객은 탑승구로 가세요.
boarding pass 탑승권	May I see your passport and boarding pass? 여권과 탑승권을 보여주시겠어요?
direct flight 직항편	We are interested in direct flights to Norway. 우리는 노르웨이 직항편에 관심이 있습니다.
local time 현지 시간	We reach Jakarta at 2 o'clock local time. 우리는 자카르타에 현지 시간으로 2시에 도착합니다.
round trip 왕복편	Is that one way or round trip, sir? 편도입니까 아니면 왕복입니까?
steering wheel 핸들	There's something wrong with the steering wheel. 핸들에 뭔가 문제가 있어요.
transfer [trænsfə́:r] 갈아타다	Where do I need to transfer? 어디에서 갈아타야 합니까?
via [váiə] ~를 경유하여	The flight goes via Rio de Janeiro. 그 비행편은 리우데자네이루를 경유합니다.

● 구매 · 쇼핑

Part 3-4-4

다음은 구매와 쇼핑에 관한 단어와 예문입니다. 비슷한 주제의 단어와 예문을 외우면서 일어날 수 있는 상황을 연상해 보고, 실전에서 Part 3 문제를 풀 때 적용해 보세요.

change [tʃeindʒ] 거스름돈	Here are your receipt and change. 여기 영수증과 거스름돈입니다.
customer [kʌ́stəmər] 고객	How about taking a customer survey? 고객 설문 조사를 해보는 것이 어떨까요?
price [prais] 가격	Can you bring the price down a bit? 가격 할인을 좀 해주실 수 있나요?
quality [kwάləti] 품질	We sell high quality handmade products. 우리는 고품질의 수공예품을 판매합니다.
souvenir [sù:vəníər] 기념품	Will I keep it as a souvenir? 제가 그것을 기념품으로 가져도 될까요?
charge [tʃa:rdʒ] 요금	How much is the service charge? 서비스 요금은 얼마입니까?
compare [kəmpέər] 비교하다	He is comparing two prices of shoes. 그는 신발 두 켤레의 가격을 비교하고 있어요.
discount [dískaunt] 할인	Is there a discount with this coupon? 이 쿠폰을 이용하면 할인을 받을 수 있어요?
purchase [pə́:rtʃəs] 구매	Keep your receipt as proof of purchase. 구매의 증거로 영수증을 보관하세요.
wrap [ræp] 포장하다	She stayed up all night wrapping gifts. 그녀는 밤을 새워 선물들을 포장했어요.
go shopping 쇼핑가다	I'm thinking about going shopping for groceries. 식료품을 사러 쇼핑갈까 생각하고 있어요.
place an order 주문하다	What product did you place an order on? 당신은 어떤 제품을 주문하셨나요?
expensive [ikspénsiv] 비싼	Live performances are expensive in many ways. 라이브 공연들은 여러모로 비싸요.
reasonable [rí:zənəbl] (가격이) 적당한	Your prices are very reasonable. 가격이 아주 저렴하네요.
retail [rí:teil] 소매의	What's the suggested retail price? 권장 소매가격이 얼마입니까?

기초전략 4 세부사항 관련 문제

세부사항 관련 문제는 언급된 세부 정보를 묻는 문제입니다. 문제의 의문사에 맞는 정답을 찾아내는 유형으로, 질문을 미리 읽고 키워드를 기억해 두어야 합니다.

● 시간 · 날짜 · 숫자를 묻는 문제

① 시간/날짜 물어보기

When will the speakers meet? 화자들은 언제 만날 것인가?
What time will the man leave? 남자는 언제 떠날 것인가?
When is the meeting supposed to end? 회의는 언제 끝나기로 되어있는가?

② 특정 숫자를 물어보기

How long will the man need to wait? 남자는 얼마동안 기다려야 하는가?
How many applicants will be interviewed? 얼마나 많은 지원자들이 인터뷰될 것인가?

● 문제 해결 방법

주로 대화의 후반부를 들으면 단서가 있고, 장소나 직업 관련 키워드를 파악하면 문제가 쉽게 풀립니다. 키워드는 주로 고유명사나 사물이름, 숫자나 특정 시점 등이라고 할 수 있습니다. 만약, "How long will the man stay in Seoul?"이라는 질문이 있다면 결정적인 단서는 고유명사인 'Seoul'이며, 남자가 머무를 기간은 'Seoul'이라는 구체적 장소 앞뒤에 언급될 것이라 추측할 수 있습니다.

TIP 숫자가 언급되는 문제에도 패러프레이징(Paraphrasing)을 이용하여 출제가 됩니다.

30 minutes = half an hour 30분
weekly 매주의 = every week 매주
yearly = annual 연례의
a quarter 4분의 1 = 25% 25%
2 decades = twenty years 20년
every two weeks = every other week 2주마다
quarterly 4분의 1의 = every three months 3개월마다
the day after tomorrow 모레 = in two days 이틀 후

● 이유 · 원인을 묻는 문제

① 이유 물어보기

Why will John miss the class? 존은 왜 수업을 듣지 못 할 것인가?
Why did the man choose the restaurant? 남자는 왜 그 식당을 선택했나?
Why does the man ask the woman for help? 남자는 왜 여자에게 도움을 요청하는가?

② 원인 물어보기

What caused the delay? 무엇이 지연을 야기했는가?
Why is the conference postponed? 회의는 왜 연기되는가?

● 문제 해결 방법

① 주로 대화의 중반부를 들으면 단서가 있습니다.
② 남자, 여자 혹은 제3자 중 누구의 이유 및 원인인지 질문에서 미리 파악합니다.
③ 이유 및 원인을 정확하게 파악하려면 평소 많은 문제를 접해보며 배경지식을 기르는 게 좋습니다.

● 문제점 · 걱정거리를 묻는 문제

① 문제점 물어보기

What problem is mentioned? 어떤 문제점이 언급되는가?
What is the problem with the car? 차에 어떤 문제가 있는가?
What problem did the man encounter at last year's event? 남자는 작년 행사에서 어떤 문제를 겪었는가?

② 걱정거리 물어보기

What is the woman **concerned about**? 여자는 무엇에 관해 걱정하는가?
What is the man having **trouble with**? 남자는 어떤 어려움을 겪고 있는가?

● 문제 해결 방법

① 주로 대화의 초반부에 문제점이 암시되거나 중반에 언급되는 경우가 많습니다.
② 주요 빈출 문제점으로는 '기계 고장' '약속 불이행' '마감기한 지연' 등이 있습니다.
③ 부정어 not이 들어간 표현이 있는 문장에서 문제점에 대한 힌트가 있습니다.

The scanner is **not** available. 스캐너를 사용할 수 없다.
The meeting does**n't** start until Friday. 그 회의는 금요일까지는 시작하지 않는다.
There are **not** enough computers. 충분한 컴퓨터가 없다.
She can**not** find a post office. 그녀는 우체국을 찾을 수 없다.

TIP 문제점 및 걱정거리를 묻는 질문은 역접 및 반전 표현이 들리는 곳 뒷부분을 집중해서 들어주세요.
역접을 나타내는 단어: but, however, actually, in fact, unfortunately 등

Part 3-4-5

1 What should the man do to use the website?
(A) Sign the contract
(B) Enter a password
(C) Call the service center
(D) Get a membership

남자가 웹사이트를 이용하려면 무엇을 해야 하는가?
(A) 계약서에 서명하기
(B) 비밀번호 입력하기
(C) 서비스 센터에 전화하기
(D) 회원 가입하기

[미국–영국]

M: Hello. I have an account with your bank, and I'd like to have a copy of my bank statement. Would it be possible to request a statement over the phone?
W: Unfortunately, you can't. You can only get it on the bank's website. To use the website, you will need to register as a member.
M: That won't be necessary. Can you please give me the website address?

M: 안녕하세요. 제가 여기 은행의 계좌가 있는데, 은행의 입출금 내역서가 필요합니다. 전화로 입출금 내역서를 요청하는 것이 가능한가요?
W: 안타깝게도, 안 됩니다. 은행의 웹사이트를 통해서만 가능합니다. 웹사이트를 이용하려면 회원으로 등록하셔야 합니다.
M: 괜찮습니다. 웹사이트 주소 좀 알려주실래요?

[해설] 세부사항을 묻는 문제
여자의 말에서 웹사이트를 이용하려면 회원으로 등록해야 한다고 했으므로(To use the website, you will need to register as a member.) 정답은 (D)입니다.

Words
account [əkáunt] 계좌 | statement [stéitmənt] 입출금 내역서 | unfortunately [ʌnfɔ́:rtʃənətli] 안타깝게도, 불행하게도 | register [rédʒistər] 등록하다

Part 1 Part 2 Part 3 Part 4

기본 연습 문제 다음을 듣고 질문에 알맞은 답을 고르시오.

Part 3-4-6

1 When will the sales meeting be held?

(A) At noon (B) At 2:00 P.M.

2 When will they probably have dinner?

(A) Tonight (B) Tomorrow

3 How did the man learn about the job?

(A) From a website (B) From a newspaper

4 When will the speakers most likely meet?

(A) At 6:00 P.M. (B) At 6:30 P.M.

5 What is the man interested in purchasing?

(A) A coat (B) A sweater

6 Why is the man disappointed?

(A) There are no seats left. (B) The tickets are expensive.

7 What is the man concerned about?

(A) Meeting the deadline (B) Posting an ad

8 Why does the man congratulate the woman?

(A) She has received a promotion. (B) She has started her own business.

9 What does the man want to know about the event?

(A) Who will be invited (B) Where it will be held

10 What information does the man request?

(A) The budget of an event (B) The size of a group

빈칸 채우고 정답 맞추기 

들려주는 문장을 잘 듣고 빈칸을 채운 후, 정답을 골라보세요.
음성은 각 나라 발음으로 2번 들려드립니다. Part 3-4-7

1 Where is this conversation taking place?

(A) On a plane (B) On a cruise

W: Good morning, sir. Would you like to have some breakfast now?
M: No thanks. Just some juice, please. ____________ before the landing?
W: About two and a half hours. We should be ________________________ by 10:30.

2 What is the conversation mainly about?

(A) A factory (B) Travel plans

M: Ms. Carter, I need to change my itinerary for my business trip to Istanbul. I was planning to ________________________ after my meeting, but the supervisor wants me to stay an extra day to visit the plant that has been ____________________________________.
W: Sure, that shouldn't be a problem. I'll change the flight and hotel reservations.

3 What does the woman want to do at the museum?

(A) Buy a guidebook (B) Sign up for a class

W: Excuse me. I saw the flyer posted in the window of your museum ____________________________________. I wonder if I could register for the ancient history class on Monday evening.
M: Sorry, that class is already full. The classroom is not big enough to ________________________ all the people.

4 When will they probably see each other again?

(A) Thursday (B) Friday

M: Are we going to have dinner together sometime this week?
W: Let me see. I'll be ________________________ Monday to Wednesday. But I'm free Thursday or Friday evening.
M: I can't ________________________ Friday. Thursday sounds good.

예제 풀어보기

Part 3-4-8

1 What kind of business does the man work for?
(A) A real estate office
(B) A painting company
(C) A moving company
(D) A shopping mall

남자는 어떤 업체에서 일하는가?
(A) 부동산
(B) 페인트칠 회사
(C) 이사업체
(D) 쇼핑몰

2 What does the man offer to do?
(A) A cost estimate
(B) A free sample
(C) A brochure
(D) A special price

남자는 무엇을 해주겠다고 하는가?
(A) 견적서
(B) 무료 샘플
(C) 브로슈어
(D) 특별가

3 When does the man propose the meeting?
(A) This afternoon
(B) This evening
(C) Tomorrow morning
(D) Tomorrow afternoon

남자는 언제 만나기로 제안하는가?
(A) 오늘 오후
(B) 오늘 저녁
(C) 내일 아침
(D) 내일 오후

Questions 1-3 refer to the following conversation. [영국–미국]

W: Good morning. I'm calling because I'm decorating my office. I'd like the waiting area painted sometime this month. Are you available?
M: Yes, we can be of assistance. I'll need to examine the waiting area in person and give you an estimate.
W: That would be great. I'd really like this project started as soon as possible. When can you stop by?
M: I have some time tomorrow after lunch. Does that work for you?

W: 안녕하세요. 제 사무실을 꾸미려고 연락드렸습니다. 이번 달 내에 대기실을 페인트칠 하고 싶은데요. 가능한가요?
M: 예, 도와드릴 수 있습니다. 직접 대기실을 살펴보고 견적을 알려 드리죠.
W: 잘 됐네요. 이 프로젝트를 가능한 빨리 하고 싶은데요. 언제 들러 줄 수 있나요?
M: 내일 점심 이후에 시간이 괜찮습니다. 그 시간이 괜찮으신가요?

[정답] (B), (A), (D)

[해설] 1 일하는 장소를 묻는 문제 – 여자가 사무실을 꾸미고 싶다고 하면서, 대기실 페인트칠을 의뢰하고 있으니 남자가 일하는 회사는 페인트를 칠하는 회사라는 것을 알 수 있습니다. 정답은 (B)입니다.

2 세부사항 관련 문제 – 남자는 대기실을 직접 살펴본 다음 견적서를 주겠다(I'll need to examine the waiting area in person and give you an estimate.)고 했으므로 정답은 (A)입니다.

3 제안 · 요청관련 문제 – 남자는 내일 점심 이후가 괜찮다(I have sometime tomorrow after lunch.)고 했으므로 정답은 (D)입니다.

Words

decorate [dékərèit] 꾸미다, 장식하다 | available [əvéiləbl] 가능한; 이용할 수 있는 | of assistance 도움이 되는 | examine [igzǽmin] 살피다; 조사하다 | in person 직접 | as soon as possible 가능한 빨리 | real estate 부동산

녹음된 내용을 듣고 질문에 알맞은 응답을 고르세요.

Part 3-4-9

1 What are the speakers mainly discussing?
(A) Paying for an item
(B) Arranging a delivery
(C) Having furniture repaired
(D) Hiring a designer

2 What day will the man be available?
(A) Monday
(B) Tuesday
(C) Wednesday
(D) Thursday

3 According to the woman, what requires an extra fee?
(A) Express shipping
(B) Additional order
(C) Interior design
(D) Removal of an old table

---

4 Where most likely are the speakers?
(A) In a store
(B) In a park
(C) At a fitness center
(D) At a hospital

5 Why did the man decide to start running?
(A) To enjoy outdoor activities
(B) To reduce stress
(C) To prepare for a race
(D) To follow his doctor's orders

6 What does the woman offer to get for the man?
(A) A pamphlet
(B) A guest pass
(C) A map
(D) A class schedule

7 What did the woman do last weekend?
(A) She had a meal with a coworker.
(B) She reserved a room.
(C) She traveled to Bangkok.
(D) She read an article about a restaurant.

8 What does the woman say about the restaurant?
(A) It's too far from her building.
(B) It's quite expensive.
(C) The place was crowded.
(D) It doesn't taste good.

9 What are they likely to do?
(A) Go to the park
(B) Go to the Grand Hotel
(C) Eat at a sandwich restaurant
(D) Have some food delivered

SUN SET HOTEL	
Floor 1	Lobby
Floor 2	Business Center
Floor 3	Meeting Rooms
Floor 4	Gym & Pool
Floor 5-10	Guest Rooms

10 What most likely is the woman's job?
(A) A technician
(B) A guest speaker
(C) A travel agent
(D) A receptionist

11 What does the man say he needs to do?
(A) Make some copies
(B) Go to a pool
(C) Change a schedule
(D) Hold a conference

新 **12** Look at the graphic. Which floor will the man go to next?
(A) Floor 1
(B) Floor 2
(C) Floor 3
(D) Floor 4

완전절친
TOEIC 스타트 LC+RC

Part 3

Day 5

전화 메시지

- 토익 빈출 단어
- 기초전략 5
- 기본 연습 문제
- 빈칸 채우고 정답 맞추기
- 예제, 실전문제 풀어보기

Day 05 전화 메시지

토익 빈출 단어

다음은 Part 3 문제에 자주 나오는 단어와 예문으로, 주제에 따라 비슷한 단어와 예문끼리 분류해 놓았습니다. 비슷한 단어들을 외우다 보면 상황이 연상되고, Part 3 듣기가 더 쉬워집니다. 전화 메시지에 관한 단어를 보면서 예문과 같이 열심히 외워두도록 합시다.

● 전화 상황

Part 3-5-1

다음은 전화 상황에 관한 단어와 예문입니다. 비슷한 주제의 단어와 예문을 외우면서 일어날 수 있는 상황을 연상해 보고, 실전에서 Part 3 문제를 풀 때 적용해 보세요.

단어	예문
advertisement [ædvərtáizmənt] 광고	I'm calling about your advertisement. 당신의 광고를 보고 전화 드립니다.
inquiry [inkwáiəri] 문의	Thank you for helping us with our inquiry. 우리의 문의에 도움을 주셔서 감사합니다.
hot line 직통 전화	The hot line will be staffed by volunteers. 직통 전화는 자원봉사자들에 의해 운영될 것입니다.
toll-free number 수신자 부담 전화 번호	Just call our toll-free number. 저희의 수신자 부담 전화번호로 전화를 하시면 됩니다.
contact [kɑ́ntækt] 연락하다	Let me know where to contact you. 연락처 좀 알려 주세요.
reach [riːtʃ] 연락이 닿다	How can I reach you? 어떻게 하면 당신과 연락이 닿나요?
transfer [trænsfə́ːr] (전화를) 돌려주다	Hold on while I transfer your call. 당신의 전화를 돌려드리는 동안 끊지 마세요.
call back 다시 전화하다 (= return a call)	Can you call back in about 10 minutes? 10분 후에 다시 전화해 주시겠습니까?
leave a message 메시지를 남기다	You can leave a message on our answering machine. 자동 응답기에 메시지를 남기셔도 됩니다.
speak to ~와 통화/이야기하다	May I please speak to the person in charge? 담당자와 통화할 수 있을까요?
stay on the line 끊지 않고 기다리다	Stay on the line and an operator will assist you. 전화를 끊지 않고 기다리시면 교환원이 도와 드립니다.
remind A of B A에게 B를 상기시키다	I'm calling to remind you of your doctor's appointment. 당신께 의사와의 약속을 상기시켜 드리려고 전화 드립니다.
take a message 메시지를 전해주다	Then, could you take a message, please? 그럼, 메시지 좀 전해 주시겠어요?
available [əvéiləbl] 시간이 있는	He's not available to come to join us. 그는 우리와 함께할 시간이 없습니다.

● 부동산 임대

Part 3-5-2

다음은 부동산 임대에 관한 단어와 예문입니다. 비슷한 주제의 단어와 예문을 외우면서 일어날 수 있는 상황을 연상해 보고, 실전에서 Part 3 문제를 풀 때 적용해 보세요.

deposit [dipázit] 보증금	Can I get the deposit back? 제가 보증금을 돌려받을 수 있습니까?
district [dístrikt] 지역	He stayed at a hotel in the financial district. 그는 금융 지역의 호텔에 머물렀어요.
landlord [lǽndlɔ:rd] 집주인	The landlord has put the rent up again. 집주인이 집세를 다시 올렸어요.
location [loukéiʃən] 위치	We set up a tent in a good location. 우리는 좋은 위치에 텐트를 쳤어요.
property [prápərti] 부동산	She has property on Main Street. 그녀는 메인 가에 자기 부동산을 가지고 있어요.
realtor [rí:əltər] 부동산 중개인	How could you sell your house without a realtor? 부동산 중개인 없이 어떻게 집을 팔았나요?
rent [rent] 빌리다; 임대료	Do you rent storage space as well? 보관 공간도 빌려 주시나요?
residence [rézədəns] 거주지	Molly has her residence in San Antonio. 몰리는 샌 안토니오에 그녀의 거주지를 가지고 있어요.
tenant [ténənt] 세입자	This is Tom Smith, the tenant in apartment 24. 24호 아파트에 살고 있는 세입자 탐 스미스입니다.
real estate 부동산	I will invest all my money in real estates. 제 전 재산을 부동산에 투자할 겁니다.
include [inklú:d] 포함하다	Is this including the tax and service charge? 세금과 봉사료를 포함하고 있나요?
lease [li:s] 임대하다	I signed the lease for a year. 저는 일 년 동안 임대한다고 서명했어요.
move in 이사하다	When do you think we can move in? 우리가 언제 이사할 수 있다고 생각해요?
nearby [nìərbái] 근처의	I'll go get some at a nearby pharmacy. 가까운 약국에 가서 좀 사올게요.
conveniently [kənví:njəntli] 편리하게	Mike's office is conveniently located. 마이크의 사무실은 편리하게 위치해 있어요.

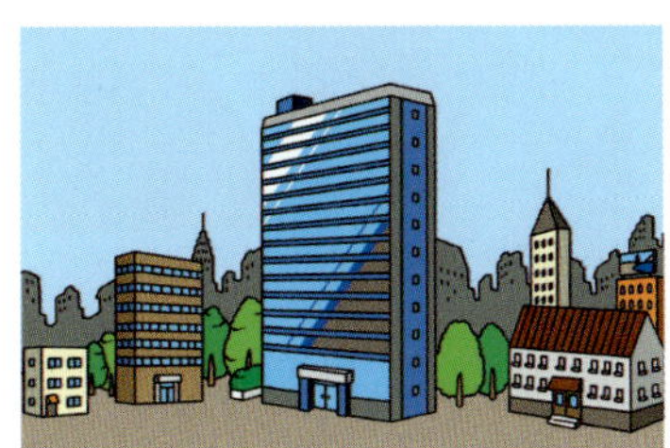

● 병원 진료

Part 3-5-3

다음은 병원 진료에 관한 단어와 예문입니다. 비슷한 주제의 단어와 예문을 외우면서 일어날 수 있는 상황을 연상해 보고, 실전에서 Part 3 문제를 풀 때 적용해 보세요.

checkup 건강 검진	Schedule regular checkups with your doctor. 당신 의사와 정기 건강 검진 일정을 잡으세요.
dentist [déntist] 치과의사	How many teeth did the dentist take out? 치과 의사가 이를 몇 개 뽑았나요?
fever [fíːvər] 열	He is suffering from a low fever. 그는 미열로 고생하고 있어요.
flu [fluː] 독감	I had a bad cold and flu. 저는 감기 몸살에 걸렸어요.
headache [hedeɪk] 두통	I can't stand this headache. 두통을 참을 수가 없군요.
medicine [médəsin] 약	Do you have any medicine for a cold? 감기약 있나요?
pain [pein] 고통스럽게 하다	My tooth doesn't pain me now. 이제는 이가 저를 고통스럽게 하지 않아요.
patient [péiʃənt] 환자	Dr. Simpson is seeing a patient now. 심슨 박사는 지금 환자를 진찰하고 있어요.
pharmacy [fάːrməsi] 약국	Is there a pharmacy near here? 이 근처에 약국이 있나요?
pill [pil] 알약	Take three pills daily after meals. 매일 식후 세 알씩 복용하세요.
prescription [priskrípʃən] 처방, 처방전	That's a non-prescription medication. 그건 처방이 필요 없는 의약품입니다.
symptom [símptəm] 증상	He doesn't have a fever or other symptoms. 그는 열이나 다른 증상은 없어요.
toothache [túːθeik] 치통	When did your toothache start? 언제부터 치통이 시작됐죠?
examine [igzǽmin] 검사하다	The doctor examined his wounds. 의사가 그의 상처를 검사했어요.
ill [il] 아픈	She's ill in bed with a cold. 그녀는 감기로 아파서 누워있어요.

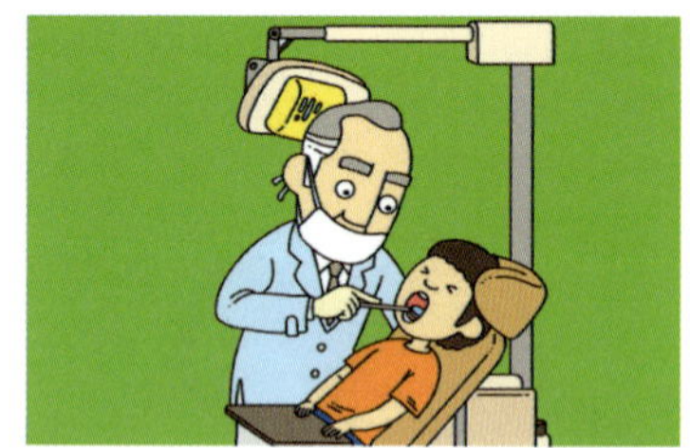

● 은행 · 우체국

Part 3-5-4

다음은 은행과 우체국에 관한 단어와 예문입니다. 비슷한 주제의 단어와 예문을 외우면서 일어날 수 있는 상황을 연상해 보고, 실전에서 Part 3 문제를 풀 때 적용해 보세요.

balance [bǽləns] 잔고	I still have a balance at my bank. 은행에 아직 잔고가 있어요.
check [ʧek] 수표	I'd like to cash this check. 이 수표를 현금으로 바꾸고 싶습니다.
identification [aidèntifəkéiʃən] 신분증	Please bring your photo identification. 사진이 부착된 신분증을 지참해 주세요.
interest [íntərəst] 이자	How much is the monthly interest? 한 달 이자는 얼마나 됩니까?
parcel [pɑ́:rsəl] 소포	She sent the parcel by express mail. 그녀는 빠른우편으로 소포를 보냈어요.
rate [reit] 요금, 가격	Is there a special rate for mailing books? 책을 보내는데 특별요금이 있나요?
stamp [stæmp] 우표	You can buy the stamps at any post office. 당신은 어느 우체국에서든 그 우표를 살 수 있습니다.
bank account 은행 계좌	I need to close my bank account today. 오늘 제 은행 계좌를 해지하려 합니다.
deposit [dipɑ́zit] 예금하다	Did you deposit my check yesterday? 어제 제 수표를 예금했어요?
loan [loun] 대출	A loan application was rejected. 대출 신청이 거절되었습니다.
mail [meil] 우편으로 부치다	I've mailed you the financial report. 재무보고서를 우편으로 부쳤어요.
transfer [trænsfə́:r] 송금하다	How soon would you like it to be transferred? 언제까지 송금해 드릴까요?
weigh [wei] 무게를 달다	That depends on how much it weighs. 무게에 따라 다릅니다.
withdraw [wiðdrɔ́:] 인출하다	I'll withdraw some money from the bank. 은행에서 돈을 좀 인출해 올게요.
fragile [frǽʤəl] 파손되기 쉬운	Glass is fragile, so you should be careful. 유리는 깨지기 쉬우니, 다룰 때 조심해야 해요.

Part 1 Part 2 Part 3 Part 4

기초전략 5 미래의 계획/제안 · 요청사항을 묻는 문제

Part 3의 문제 3개 중에서 보통 가장 나중에 나오는 문제 유형입니다. 대화가 끝나고 이어질 행동과 미래의 할 일, 제안 · 요청사항을 묻습니다. 질문이 미래형(will, be going to, next)인 경우가 많고, 대화의 후반부에 답이 등장합니다.

● 미래의 계획을 묻는 문제

① 미래의 일 물어보기

What will the woman do **next**? 여자는 다음에 무엇을 할 것인가?

What is the man **preparing to do**? 남자는 무엇을 준비하고 있는가?

What will the speakers do **this afternoon**? 화자들은 오늘 오후에 무엇을 할 것인가?

② 발생할 일 물어보기

What will take place **tomorrow**? 내일 무슨 일이 일어날 것인가?

What is scheduled to happen **next week**? 다음 주에 무슨 일이 예정되어 있는가?

What does the woman **expect to** happen? 여자는 무엇이 일어날 것이라고 예상하는가?

● 문제 해결 방법

미래의 일을 묻는 문제는 키워드가 함께 등장해 구체적으로 물어봅니다. 시간의 부사구가 키워드로 나오는 경우, 그 키워드 앞뒤 문장을 잘 듣고 문제를 푸세요. 예를 들어, "What will happen next month?"라고 물으면 시간부사인 'next month'가 키워드이며, 이 키워드가 포함된 문장에 정답이 있습니다. 쉬운 정답은 "We're releasing a new product next month."(우리는 다음 달에 신제품을 출시합니다)처럼 출제되는 편입니다.

Part 3-5-5

1 What will the man probably do next?

(A) Attend an orientation

(B) Contact the applicant

(C) Talk to a colleague

(D) Register for an event

남자는 아마도 다음에 무엇을 할 것인가?

(A) 오리엔테이션에 참가하기

(B) 지원자에게 연락하기

(C) 동료에게 이야기하기

(D) 행사 신청하기

[미국-미국]

M: Are you busy, Sienna? I've been designing a new company logo and I was wondering if you could take a look at it.

W: I'm so sorry Clark. I'm leaving for Argentina tomorrow morning, and I have some errands to run before the trip.

M: Ah, I forgot you're going to the Argentina Computer Expo. It's not a problem at all. I'll ask Sam to look at it.

M: 바쁜가요, 시에나? 저는 새로운 회사 로고를 디자인 했는데 당신이 봐줄 수 있는지 궁금하네요.

W: 미안해요, 클라크. 저는 내일 아침에 아르헨티나로 떠나는데, 그 전에 해야 할 심부름이 좀 있어요.

M: 아, 당신이 아르헨티나 컴퓨터 박람회에 간다는 사실을 잊고 있었네요. 전혀 문제없습니다. 샘에게 봐 달라고 부탁할게요.

[해설] 미래에 할 일을 묻는 문제

남자는 여자에게 새로운 회사 로고를 검토해 달라고 부탁을 하고 있고, 여자는 출장 관련 일 때문에 안 된다고 합니다. 결국 남자는 여자가 아닌 샘에게 봐 달라고 부탁하겠다(I'll ask Sam to look at it.)고 말하는 것으로 보아, 샘은 회사 동료로 추측할 수 있고 정답은 (C)입니다.

● 제안 · 요청사항을 묻는 문제

① 제안 · 권유를 묻는 질문

What does the man/woman **propose**? 남자/여자는 무엇을 제안하는가?

What does the woman **offer to do**? 여자는 무엇을 해주겠다고 제안하는가?

What does the man **recommend the woman to do**? 남자는 여자에게 무엇을 하라고 권유하는가?

② 요청 · 요구사항을 묻는 질문

What does the man **ask** for? 남자는 무엇을 요청하는가?

What does the woman **request**? 여자는 무엇을 요청하는가?

What does the man **inquire about**? 남자는 무엇에 관해 묻는가?

● 문제 해결 방법

제안 · 요청 의문문에서는 문제를 미리 읽고 누가 누구에게 제안, 요청하는지를 파악하세요. 여자가 남자에게 요청하는지, 남자가 여자에게 요청하는지를 문제에서 잘 파악해야 실수를 줄일 수 있습니다.

Part 3-5-5

2 What does the man ask the woman to do?

(A) Call back later

(B) Pay in advance

(C) Bring an insurance card

(D) Fill out an application

남자는 여자에게 무엇을 하라고 요청하는가?

(A) 나중에 전화하라고

(B) 돈을 먼저 지불하라고

(C) 보험증을 가져오라고

(D) 신청서를 작성하라고

[호주-영국]

M: Hello, I'm calling from Dr. Miller's clinic. I just wanted to remind you that you have an appointment on Monday at 2 P.M..

W: Oh, I'm afraid something's come up and I have to leave for New York. Could we do it on Wednesday afternoon?

M: Let's see. Yes, we can see you on Wednesday at 3 o'clock and you'll need to bring your insurance card with you.

M: 안녕하세요. 밀러 병원에서 전화 드립니다. 월요일 오후 2시에 예약하신 걸 알려드리려고요.

W: 아, 죄송하지만 갑자기 일이 생겨 뉴욕에 가야합니다. 수요일 오후로 바꿔도 될까요?

M: 볼게요. 예, 수요일 오후 3시에 오시면 되고 오실 때 보험증 가지고 오세요.

[해설] 제안 · 요청관련 문제

남자가 여자에게 요청하는 부분을 물어보기 때문에, 남자의 말에 힌트가 있습니다. 남자는 수요일 예약시간에 올 때 보험증을 가지고 오라(you'll need to bring your insurance card with you)고 하고 있으므로 정답은 (C)입니다.

Words

company logo 회사 로고 | leave for ~로 떠나다 | errand [érənd] 심부름 | expo [ékspou] 국제박람회 | not ~ at all 전혀 ~이 아닌 | remind [rimáind] 상기시키다 | appointment [əpɔ́intmənt] 약속 | something's come up 갑자기 일이 생기다 | insurance card 보험증

기본 연습 문제  다음을 듣고 질문에 알맞은 답을 고르시오.

Part 3-5-6

1 Who is Jeremy Russel?
(A) A magazine reporter (B) A receptionist

2 Why is the man calling?
(A) To request a refund (B) To ask about a product

3 What problem does the woman mention?
(A) The seats are fully booked. (B) A ticket is missing.

4 What does the man want to do?
(A) Place an order (B) Exchange a purchase

5 What does the woman want to know about?
(A) Building a parking lot (B) Having a place to park

6 Why does the man call the woman?
(A) To ask for some advice (B) To schedule a meeting

7 Why is the woman calling?
(A) To change an appointment (B) To cancel a reservation

8 Why is the woman pleased?
(A) An office is conveniently located. (B) A job position is opening soon.

9 What does the man offer to do?
(A) Call his supervisor (B) Take a message

10 How can the man receive a discount?
(A) By paying in advance (B) By placing a large order

빈칸 채우고 정답 맞추기 

들려주는 문장을 잘 듣고 빈칸을 채운 후, 정답을 골라보세요.
음성은 각 나라 발음으로 2번 들려드립니다. Part 3-5-7

1 Why is the woman calling?

(A) To place an advertisement (B) To apply for a position

W: Hello, I'm calling about the advertisement in the paper for a marketing position.
M: Wonderful. Can you fax or e-mail me ______________________ by the end of this week?
W: I will fax it to you right away.

2 What is the purpose of the telephone call?

(A) To cancel an order (B) To check on a delivery

M: Hi, I'd like to check on a package that was supposed to be delivered today.
W: OK. It should be ______________ now. Maybe the delivery car is caught in traffic. Why don't you call our ______________? The number is 555-0404.
M: Thanks. I'll do that right away.

3 What is the purpose of the man's call?

(A) To cancel an appointment (B) To make a reservation

W: Thank you for calling Moshi Moshi restaurant. How may I help you?
M: Good morning. My name is Andy Brooks. I'm ______________________ for 10 people tomorrow night and I'd like to know if there is a free table at around 7:30.
W: Let me see. I'm sorry but it doesn't look like we have anything open at that time ______________.

4 What is the woman's call about?

(A) To make an appointment (B) To put her house up for sale

W: Hello, I'd like to put my house on the market. May I speak to Mr. Griffin? He is the __________ I talked to when I bought the home last time.
M: Unfortunately, Mr. Griffin doesn't work here anymore. He ______________ to another branch last month.
W: Oh, I didn't know that. In that case, could you give me the number for his new office?

예제 풀어보기

Part 3-5-8

1 What is the woman calling about?
(A) A town fair
(B) A job position
(C) A delivery service
(D) A magazine subscription

여자는 무엇 때문에 전화하는가?
(A) 지역 축제
(B) 일자리
(C) 배송 서비스
(D) 잡지 구독

2 What does the man ask about?
(A) A free gift
(B) The event hall
(C) The interview date
(D) The price of a service

남자는 무엇에 대해 묻는가?
(A) 무료 사은품
(B) 행사장
(C) 면접 날짜
(D) 서비스 가격

3 What does the man say he will do next week?
(A) Go on a trip
(B) Finish the project
(C) Start a business
(D) Get an estimate

남자는 다음 주에 무엇을 할 거라고 말하는가?
(A) 여행 가기
(B) 프로젝트 끝내기
(C) 사업 시작하기
(D) 견적서 받기

Questions 1-3 refer to the following conversation. [영국–미국]

W: Hello, I'm calling from *Entertainment Weekly Magazine*. We are offering a month of a trial subscription for people in this town. Would you like to use this special offer by subscribing to the magazine today?
M: Hmm. It would be nice to have a magazine delivered each week. How much would it cost after the trial period?
W: After the trial, you'll be billed $28 a month and if you sign up today we can start your delivery as soon as tomorrow.
M: Well, I'd like to but not right now. I'm going on a vacation next week and I don't want to start receiving the magazine until I get back.

W: 안녕하세요. 저는 *엔터테인먼트 주간 잡지*에서 전화드립니다. 저희는 한 달 동안 이 동네 분들께 무료 잡지 구독 기회를 제공하려 합니다. 오늘 잡지 구독을 신청하고 이 특가 판매를 이용하실 의향이 있나요?
M: 음. 매주 잡지를 받아 본다는 것은 좋네요. 무료기간이 끝나면 얼마죠?
W: 무료기간 후에, 한 달에 28달러이고 오늘 신청하시면 당장 내일부로 배송이 시작됩니다.
M: 글쎄요, 그러고 싶지만 당장은 안 됩니다. 제가 다음 주에 휴가를 가는데 제가 돌아오기 전까지는 잡지 받아보는 것을 시작하고 싶지 않아요.

[정답] (D), (D), (A)

[해설] 1 전화한 목적을 묻는 문제 – 여자는 잡지사에서 전화를 한다고 밝히면서, 무료로 잡지를 구독할 수 있는 기회(We are offering a month of a trial subscription for people in this town.)에 대해서 언급하고 있습니다. 따라서 정답은 (D)입니다.

2 세부사항 관련 문제 – 남자는 무료구독 기간이 끝난 후에 가격을 묻고(How much would it cost after the trial period?)있으므로 남자가 물어보는 것은 (D) 서비스 가격입니다.

3 미래의 할 일을 묻는 문제 – 키워드는 다음 주(next week)입니다. 남자는 다음 주에 휴가를 간다(I'm going on a vacation next week)고 했으므로, 정답은 (A)이고 지문의 vacation이 trip으로 패러프레이징 되었습니다.

Words

trial [tráiəl] 시도; 실험 | subscription [səbskrípʃən] 구독 | special offer 특가 판매 | period [píːəriəd] 기간 | bill [bil] 계산서로 청구하다 | go on a vacation 휴가를 가다

실전문제

녹음된 내용을 듣고 질문에 알맞은 응답을 고르세요.

Part 3-5-9

1 Why is the woman calling the man?

(A) To arrange an interview
(B) To request a résumé
(C) To offer him a job
(D) To place an order

2 What does the woman want the man to do?

(A) Join a picnic
(B) Complete some forms
(C) Give a presentation
(D) Make a speech

3 What is the man going to do tomorrow?

(A) Attend a meeting
(B) Submit a report
(C) Read a document
(D) Meet a coworker

---

4 Why is the man calling?

(A) To set up an interview
(B) To reserve a ticket
(C) To recruit staff for an event
(D) To change the schedule

5 What time would the woman prefer?

(A) Thursday morning
(B) Thursday afternoon
(C) Friday morning
(D) Friday afternoon

6 What will the man have to do?

(A) Try to find another volunteer
(B) Cancel a doctor's appointment
(C) Reschedule a meeting
(D) Post a job advertisement

7 What type of position has been advertised?

(A) Photographer
(B) Fashion model
(C) Graphic designer
(D) Sales staff

8 Where did the woman work most recently?

(A) In Paris
(B) In Tokyo
(C) In Madrid
(D) In London

9 What does the man ask the woman to do?

(A) Submit a portfolio
(B) Fill out an application
(C) Send a résumé
(D) Schedule an interview

---

10 Where does the man work?

(A) At an airport
(B) At a convention center
(C) At a museum
(D) At a shopping mall

11 Why is the man contacting the woman?

(A) A store has been closed.
(B) A briefcase was found.
(C) A shipment has arrived.
(D) A meeting has been delayed.

12 What does the man say he will do?

(A) Make a reservation
(B) Write the address
(C) Update the system
(D) Send an item

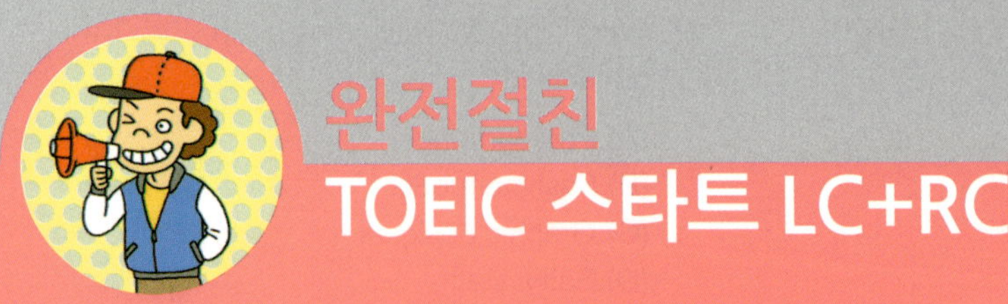
완전절친
TOEIC 스타트 LC+RC

Part 4

짧은 지문

Day 1 ● 방송/보도
Day 2 ● 공지
Day 3 ● 광고
Day 4 ● 연설
Day 5 ● 전화 메시지

Part 4 짧은 지문

Part 4는 Part 3와는 다르게 대화가 아니라 한 사람이 일방적으로 내용을 읽어주는 유형입니다. 71번부터 100번까지 총 30문항, 10세트가 출제됩니다. 질문의 내용과 푸는 방식은 Part 3와 유사하기 때문에 이미 Part 3의 요령을 파악했다면 좀 더 수월합니다. 하지만 지문의 길이가 Part 3보다 훨씬 길다보니 청취시 집중력이 더 요구됩니다.

리스닝 TIP

Part 4는 귀로 지문을 듣고 눈으로 문제를 푸는 파트로 청취력과 독해력을 동시에 요구합니다. 청취의 양이 많을 뿐만 아니라, 한 명의 성우가 지문을 읽기 때문에 어느 부분에서 정답의 힌트가 나올지 예측하기 힘듭니다. 따라서 문제의 키워드를 미리 확인하고 지문을 들으면서, 관련된 부분을 골라내는 훈련을 해야 합니다. 주제별 문제 유형과 어휘를 익혀 미리 나올 지문의 내용을 추측하면서 풀도록 하세요.

Key Point One 3개의 문제를 미리 빠르게 분석하자.

방송을 청취하기 전에 미리 문제를 읽고 분석합니다. 각 의문사에 따라 어떤 정보를 묻는 것인지, 어떤 키워드를 들어야 할 것인지를 파악합니다.

1. What is the purpose of the talk?	purpose → 주제
2. What concern does the speaker express?	concern → 걱정거리
3. Why has the project been delayed?	why, project → 프로젝트와 관련된 이유

Key Point Two **지문 유형에 따른 답이 나오는 포인트를 알아두자.**

유형별로 지문이 진행되는 구성을 미리 익혀두어야 합니다. 예를 들어, 안내방송이라면 특정 장소에 있는 사람에게 공지를 하기 때문에 장소와 해당 대상이 초반부에 언급이 됩니다. 이런 전개 방식을 미리 익혀두자는 것입니다. 지문을 듣기 전에 문제에서 'refer to the following _______'으로 지문 유형이 어떤지 미리 힌트를 줍니다. 빈칸에는 지문 유형인 라디오 방송(Radio Broadcast), 일기예보(Weather report), 교통방송(Traffic report), 안내방송(Announcement), 공지(Notice), 관광(Tour), 광고(Advertisement), 연설(Speech), 강연(Talk), 소개(Introduction), 전화 메시지(Telephone message), 녹음 메시지(Recorded message), 뉴스(News), 주의사항(Instruction)이 들어갑니다.

Part 4 전개 방식	
첫 번째 문제	기본 정보를 묻는 문제로 지문 초반부에 언급되거나 전체내용을 통해 알 수 있습니다. 주제 및 목적, 화자 및 청자의 직업, 장소를 묻는 문제 패턴이 많습니다.
두 번째 문제	세부사항을 묻는 문제로 구체적인 정보를 물어봅니다. 미리 문제를 읽고 관련된 키워드를 찾아 '노려 듣기'를 해야 합니다.
세 번째 문제	미래에 일어날 일 및 제안 · 요청에 관한 문제입니다. 화자가 제안하는 내용이나 청중에게 요청되는 사항을 물어봅니다.

Key Point Three **정답을 체크할 때는 세부사항 관련 문제를 우선으로 하자.**

지문을 들으면서 정답을 고를 때는 단기 기억력이 요구됩니다. 보기가 단답형으로 출제된 문제나 세부사항 관련 질문의 답을 일반적인 질문유형(주제, 장소, 화자 등)보다 먼저 체크하는 편이 좋습니다. 일반적인 질문 유형은 지문 전체를 통해 유추할 수 있고, 오래 기억할 수 있기에 세부사항 관련 문제를 우선순위에 두세요.

Key Point Four 독해력이 중요: 지문 스크립트를 꼼꼼하게 복습하자.

Part 4는 주어진 시간에 요점을 빠르게 파악하는 능력이 중요합니다. 독해 지문을 통하여 장문의 정보를 전달받을 수 있는 능력을 키워야 합니다. 다른 파트와는 달리 Part 4는 장문의 독해력이 필요합니다. 복습할 때는 Part 4 지문 스크립트를 꼼꼼하게 분석합니다. 나올 수 있는 상황과 내용이 제한적이어서 몇 가지 예문의 종류만 알면 정답을 맞추기 쉽습니다.

Example

Part 4

1 What did Reiko receive?
레이코는 무엇을 받았는가?

(A) A gift certificate 상품권
(B) Some flowers 꽃
(C) A thank-you card 감사 카드
(D) A birthday cake 생일 케이크

2 What will happen Saturday evening?
토요일 저녁에 무슨 일이 있을 것인가?

(A) A hotel will be renovated.
호텔이 수리될 것이다.
(B) A group will attend the banquet.
그룹이 연회에 참석할 것이다.
(C) A farewell party will be held.
송별회가 있을 것이다.
(D) A birthday celebration will take place.
생일 축하파티가 열릴 것이다.

Words

flower basket 꽃바구니 | by the way 그건 그렇고 | confirm [kənfə́ːrm] 확인하다 | pick up ~가지고 가다/오다 | on one's way ~로 가는 도중에 | look forward to ~ing ~를 기대하다

Questions 1-2 refer to the following telephone message. [미국]

Hello Elliot, it's Reiko. Thank you for the flower basket you sent me. It's beautiful. By the way, my birthday party is Saturday evening at 6 at Venus hotel restaurant. I just called and confirmed the reservation. Ted will pick up my cake on his way there. Hope to see you Saturday evening at 6. I'm looking forward to meeting you.	안녕하세요, 엘리엇. 저는 레이코예요. 꽃바구니 보내준 거 감사해요. 꽃이 아름답네요. 그건 그렇고, 제 생일 파티는 토요일 저녁 6시 비너스 호텔 레스토랑에서 할 거예요. 방금 전화해서 확인도 했어요. 테드가 오는 길에 생일 케이크를 가져 올 거예요. 그럼 토요일 저녁 6시에 보기를 바라요. 당신과 만나는 것을 기대하고 있어요.

[해설] **1** 세부사항 관련 문제 – 지문 초반부에 상대방이 보내준 꽃 바구니(flower basket)를 언급했으므로 정답은 (B)입니다.

2 앞으로 일어날 일을 묻는 문제 – 토요일 저녁(Saturday evening)이 키워드입니다. 토요일 저녁에 생일 파티를 연다(my birthday party is Saturday evening at 6 at Venus hotel restaurant)고 했으므로 정답은 (D)입니다. birthday party가 birthday celebration으로 패러프레이징 되었습니다.

완전절친
TOEIC 스타트 LC+RC

Part 4
Day 1

방송/보도

- 토익 빈출 단어
- 기초전략 1
- 기본 연습 문제
- 빈칸 채우고 정답 맞추기
- 예제, 실전문제 풀어보기

Day 01

방송/보도

토익 빈출 단어

다음은 Part 4 문제에 자주 나오는 단어와 예문으로, 주제에 따라 비슷한 단어와 예문끼리 분류해 놓았습니다. 비슷한 단어들을 외우다 보면 상황이 연상되고, Part 4 듣기가 더 쉬워집니다. 방송과 보도에 관한 단어를 보면서 예문과 같이 열심히 외워두도록 합시다.

● 교통방송

Part 4-1-1

다음은 교통방송에 관한 단어와 예문입니다. 비슷한 주제의 단어와 예문을 외우면서 일어날 수 있는 상황을 연상해 보고, 실전에서 Part 4 문제를 풀 때 적용해 보세요.

단어	예문
commuter [kəmjúːtər] 통근자	Commuters are boarding the bus into the city. 통근자들이 시내로 가는 버스를 타고 있어요.
congestion [kəndʒéstʃən] 혼잡	I was late because of traffic congestion. 교통이 혼잡해서 지각했습니다.
delay [diléi] 지연, 정체	Shipping would be free because there was a delay. 배송이 지연되었으니 배송비를 무료로 해 드리겠습니다.
highway [háiwèi] 고속도로	There is a bridge above the highway. 고속도로 위로 다리 하나가 있습니다.
lane [lein] 차선	The train is moving into another lane. 기차가 다른 차선으로 움직이고 있습니다.
motorist [móutərist] 운전자	Motorists will receive information about traffic situations. 운전자들은 교통상황에 대한 정보를 받을 것입니다.
route [ruːt] 길, 노선	Drivers are advised to seek alternative routes. 운전자들은 다른 길을 찾도록 권고 받는다.
station [stéiʃən] 방송국	This radio station plays mainly classical music. 이 라디오 방송국은 클래식 음악을 주로 틀어 줍니다.
update [ʌpdeɪt] 최신정보	The next traffic update is due at 7:30 A.M. 다음 교통 정보는 오전 7시 30분입니다.
rush hour 혼잡 시간대	The traffic is really bad during rush hour. 출퇴근 혼잡 시간대 동안은 교통이 정말 혼잡합니다.
avoid [əvɔ́id] 피하다	I would suggest avoiding Madison Avenue and 25th street. 저는 매디슨 가와 25번 가를 피하라고 권장합니다.
detour [díːtuər] 우회하다	Let's detour around the downtown traffic. 교통이 혼잡한 시내를 돌아 우회합시다.
head [hed] ~로 향하다	The ship was headed for the harbor. 배는 항구를 향해서 가고 있었습니다.
travel [trǽvəl] 이동하다	Traveling by subway is fast and convenient. 지하철로 이동하는 것은 빠르고 편리합니다.
back up 정체시키다	If traffic is backed up, we'll be late. 교통이 정체되면, 우리는 늦을 거예요.

● 라디오방송

Part 4-1-2

다음은 라디오방송에 관한 단어와 예문입니다. 비슷한 주제의 단어와 예문을 외우면서 일어날 수 있는 상황을 연상해 보고, 실전에서 Part 4 문제를 풀 때 적용해 보세요.

단어	예문
author [ɔ́:θər] 작가	The man was an author for several best-selling books. 그 남성은 여러 권의 베스트셀러를 쓴 작가였습니다.
award [əwɔ́:rd] 상	A speaker is being given an award. 연사가 상을 받고 있습니다.
comment [kάment] 의견	I totally agree with your comment. 저는 전적으로 당신의 의견에 동의합니다.
commercial [kəmə́:rʃəl] 광고(방송)	Do you want to hear a radio commercial? 라디오 광고를 듣고 싶은가요?
host [houst] 진행자	The show host introduced the actors. 쇼 진행자가 배우들을 소개했습니다.
luncheon [lʌ́ntʃən] 오찬	Recently a luncheon was held at Dragon hotel. 최근에 드래곤 호텔에서 오찬이 있었습니다.
professor [prəfésər] 교수	The professor will be back presently. 교수님은 곧 돌아올 것입니다.
show [ʃou] 프로그램	The talk show is two hours long. 그 토크 프로그램은 두 시간짜리입니다.
suggestion [səgdʒéstʃən] 제안	It seems like a reasonable suggestion. 합리적인 제안 같네요.
celebrate [séləbrèit] 축하하다	We are ready to celebrate New Year's Eve! 우리는 12월 31일을 축하할 준비가 되었어요!
introduce [ìntrədjú:s] 소개하다	Let me introduce our president, Mr. Collins. 저희 회사의 회장님이신 콜린스 씨를 소개합니다.
present [préznt] 소개하다	I'd like to present some information about our program. 저는 저희 프로그램에 관한 정보를 소개해 드리고자 합니다.
reduce [ridjú:s] 줄이다	We should reduce the production costs. 우리는 생산비를 줄여야 합니다.
latest [léitist] 최신의	Today, we'll be showing you one of our latest items. 오늘 저희는 저희의 최신 제품 중 하나를 보여 드리겠습니다.
smoothly [smú:ðli] 원활하게	The traffic is flowing smoothly right now. 현재 차량의 흐름은 원활합니다.

● 일기예보

Part 4-1-3

다음은 일기예보에 관한 단어와 예문입니다. 비슷한 주제의 단어와 예문을 외우면서 일어날 수 있는 상황을 연상해 보고, 실전에서 Part 4 문제를 풀 때 적용해 보세요.

chance [ʧæns] 가능성	The chance of rain for tonight is 50%. 오늘 밤 비 올 가능성은 50%입니다.
humidity [hjuːmídəti] 습도	No one really likes humidity. 습기를 정말 좋아하는 사람은 없어요.
shower [ʃáuər] 소나기	We were caught in a shower. 우리는 소나기를 만났다.
temperature [témpərəʧər] 기온, 온도	Sunday's temperature will decrease by 15 degrees in the evening. 일요일 저녁에는 기온이 15도 까지 내려갈 것입니다.
weather report 일기예보	The weather report says it will snow. 일기예보에서 눈이 내릴 것이라고 합니다.
bad weather 악천후	The bad weather ruined our trip. 악천후가 우리 여행을 망쳐 놓았습니다.
drop [drap] (온도 등이) 떨어지다	All of a sudden, the temperature dropped sharply. 갑자기, 기온이 뚝 떨어졌습니다.
last [læst] 지속하다	The sale will last until Saturday. 세일은 토요일까지 지속합니다.
be expected to ~할 것으로 예상되다	When is the weather expected to change? 언제 날씨가 변할 것으로 예상되나요?
clear [kliər] 맑은, 갠	We've been fortunate to have clear skies for two weeks. 운 좋게도 2주 내내 맑은 하늘이었습니다.
foggy [fɔ́ːgi] 안개 낀	It's foggy today. Be careful driving. 오늘 안개가 꼈어요. 운전 조심하세요.
stormy [stɔ́ːrmi] 폭풍우의	It was a dark and stormy night. 어둡고 폭풍우치는 밤이었습니다.
sunny [sʌ́ni] 화창한	How long was the weather sunny? 날씨가 얼마동안 화창했나요?
windy [wíndi] 바람 부는	It's going to be rainy and windy tomorrow. 내일은 비가 오고 바람도 불 것입니다.
up to ~까지	The temperature went up to 35 degrees Celsius. 온도가 섭씨 35도까지 올라갔습니다.

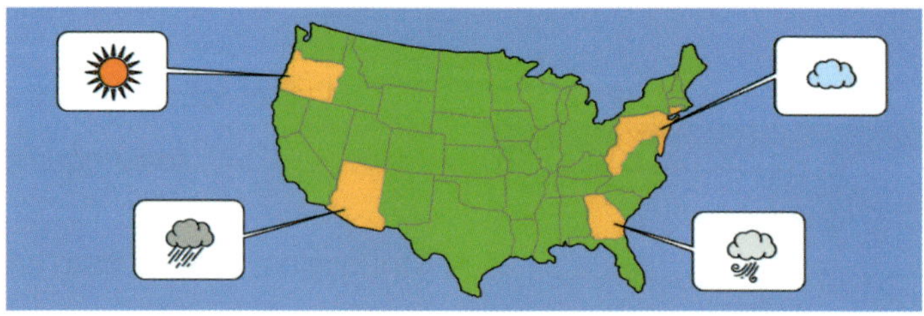

● 지역 · 비즈니스 뉴스

Part 4-1-4

다음은 지역 · 비즈니스 뉴스에 관한 단어와 예문입니다. 비슷한 주제의 단어와 예문을 외우면서 일어날 수 있는 상황을 연상해 보고, 실전에서 Part 4 문제를 풀 때 적용해 보세요.

approval [əprúːvəl] 승인	Does this suggestion meet with your approval? 이 제안은 당신 마음에 듭니까?
demand [dimǽnd] 수요	This product is in great demand. 이 제품은 수요가 대단히 많습니다.
expert [ékspəːrt] 전문가	She is an expert in her own field. 그녀는 그녀의 분야에서 전문가입니다.
official [əfíʃəl] 공무원	Salaries for city officials have been decreased. 시공무원의 월급이 줄었습니다.
local news 지역 소식	Local news is vital for a community. 지역 소식은 지역사회를 위해 필수적입니다.
increase [inkríːs] 인상, 증가	The price increase is expected to be 10 dollars. 가격 인상폭은 10달러가 될 것으로 예상됩니다.
announce [ənáuns] 발표하다	He is about to announce the winner. 그가 수상자를 발표하기 직전입니다.
anticipate [æntísəpèit] 예상하다	We anticipate that sales will rise next year. 내년에는 매출이 오를 것으로 예상합니다.
appoint [əpɔ́int] 임명하다	He was appointed by the president. 그는 회장님에 의해 임명되었습니다.
conduct [kɑ́ndʌkt] 실시하다	This competition will be conducted as a tournament. 이번 대회는 토너먼트로 실시됩니다.
decrease [dikríːs] 감소하다	The population is projected to decrease. 인구가 감소할 것으로 예상됩니다.
develop [divéləp] 개발하다, 향상시키다	You can also develop your imagination. 여러분은 여러분의 상상력을 향상시킬 수도 있습니다.
negotiate [nigóuʃièit] 협상하다	Where did you learn to negotiate like that? 그렇게 협상하는 방법을 어디서 배웠나요?
open [óupən] 열려 있는	The ski resort is open at night. 스키장이 야간 개장을 하고 있습니다.
efficient [ifíʃənt] 효율적인	I was looking for the most efficient device. 더욱 효율적인 기기를 찾고 있었습니다.

기초전략 1 Paraphrasing 유형 알고 넘어가기

Part 3에서 단어와 단어가 paraphrasing 되고, 단어가 구로 paraphrasing 되는 것을 보았습니다. Part 4에서는 구가 단어로, 구가 구로 paraphrasing 되는 예를 함께 알아봅시다.

● Paraphrasing 유형3 : 구 → 단어

다음 기본구를 의미는 같지만 다른 단어로 바꾸어 표현할 수 있습니다.

구 → 단어	문장
fill out → complete 작성 · 기입하다	You should **fill out**(complete) an application form. 당신은 지원서를 작성하셔야 합니다.
every day → daily 매일	Over 30 million people use the application **every day**(daily). 3천만 명이 넘는 사람들이 매일 어플리케이션을 사용합니다.
call off → cancel 취소하다	I couldn't take the class because it had been **called off**(canceled). 그 과목은 폐강되어 수강할 수 없었습니다.
grocery store → supermarket 식료품점	Look for the **grocery store**(supermarket) around the corner. 모퉁이에 있는 식료품점을 찾으세요.

지문에 나오는 구가 문제의 선택지에서는 다른 단어로 paraphrasing이 되어서 나오는 경우가 많습니다. 다음 문제를 풀어보면서 어떤 구가 paraphrasing 되었는지도 찾아보세요. Part 4-1-5

1 How long was the weather sunny?

(A) For a day
(B) For a week
(C) For fourteen days
(D) For a month

얼마동안 날씨가 맑았는가?
(A) 하루
(B) 일주일
(C) 14일
(D) 한 달

[영국]

Good morning. I'm Amy Stone at BBS radio. We've had absolutely beautiful weather here in LA California. We've been fortunate to have warm temperatures and clear skies for two weeks. But on Monday, temperatures will start to drop and there is a thirty percent chance of snow.

안녕하세요, BBS 라디오의 에이미 스톤입니다. 이곳 캘리포니아 로스앤젤레스에는 환상적인 날씨가 계속되고 있습니다. 운 좋게도 2주 내내 따뜻한 기온과 맑은 하늘이었습니다. 하지만 월요일에는, 온도가 떨어지기 시작해 눈이 올 가능성이 30퍼센트입니다.

[해설] 세부사항 관련문제 – 문제에서 맑은(sunny) 날씨가 얼마나 지속되었는지 물어보기 때문에, 관련 있는 기간표현에 주목합니다. 지문에서 2주 내내 맑은 하늘이었다(We've been fortunate to have warm temperatures and clear skies for two weeks.)고 언급했고, clear skies가 질문의 sunny로 paraphrasing 되었습니다. 정답은 (C)입니다.

Words

absolutely [ǽbsəlu:tli] 완전히, 전적으로 | be fortunate to 운이 좋게도 ~하다 | temperature [témpərətʃər] 기온, 온도 | drop [drap] 내려가다, 떨어지다 | chance [tʃæns] 가능성, 확률

● Paraphrasing 유형4 : 구 → 구

다음 기본구를 의미는 같지만 다른 구로 바꾸어 표현할 수 있습니다.

구 → 구	문장
enroll in → register for ~에 등록하다	If you **enroll in**(register for) this course, you can receive a certificate. 이 과정에 등록하시면 수료증을 받을 수 있습니다.
out of stock → sold out 품절된	The book you want is **out of stock**(sold out) at the moment. 당신이 원하는 책은 현재 품절입니다.
personnel department → human resources department 인사부	We have a vacancy in the **personnel department**(human resources department). 인사부에 공석이 하나 있습니다.
respond to → reply to 대답하다, 응답하다	That is why I don't **respond to**(reply to) your comments. 이것이 당신의 의견에 응답하지 않는 이유입니다.
free of charge → at no cost 무료로	Entrance is **free of charge**(at no cost) throughout this year. 입장은 올해 동안 계속 무료입니다.

지문에 나오는 구가 선택지에서는 다른 구로 paraphrasing 되어서 나오는 경우가 많습니다. 다음 문제를 풀어보면서 어떤 구가 paraphrasing 되었는지도 찾아보세요. Part 4-1-5

2 What needs to be repaired?
(A) A cooling system
(B) A fax machine
(C) A desk and chairs
(D) A copy machine

무엇이 수리되어야 하는가?
(A) 냉각 시스템
(B) 팩스기
(C) 책상과 의자들
(D) 복사기

[호주]

Hello, Ms. Garcia. This is Terry from the maintenance department. I received your e-mail about the air conditioner not functioning well in your office. Several other people on the 5th floor called me today with the same complaint. I think there's a problem with the on-off switch. I'm sorry about the inconvenience.

안녕하세요, 가르시아 씨. 저는 시설관리 부서의 테리라고 합니다. 사무실 에어컨이 잘 작동하지 않는다는 이메일을 받았습니다. 5층에 있는 다른 분들도 같은 불만을 제기하셨습니다. 제 생각에는 전원을 켜고 끄는 스위치에 문제가 있는 것 같습니다. 불편을 끼쳐드려 죄송합니다.

[해설] 세부사항을 묻는 문제 – 지문의 전반부에서 잘 작동하지 않는 에어컨에 대해서 이메일을 받았다(the air conditioner not functioning well in your office)고 하고 있으므로 (A)가 정답입니다. 지문에서는 에어컨인데 선택지에서 cooling system(냉각 시스템)으로 paraphrasing 되었습니다.

Words

maintenance [méintənəns] (시설 등의) 유지 · 보수 | not functioning well 작동이 잘 되지 않는 | several [sévərəl] 몇몇의 | inconvenience [ìnkənví:njəns] 불편

기본 연습 문제 

다음을 듣고 질문에 알맞은 답을 고르시오.

Part 4-1-6

1 What did Kelly request?

(A) Transportation from work (B) Help with the report

2 What will listeners do when they arrive at Great Lake?

(A) Take photographs (B) Enjoy a meal

3 What is the announcement mainly about?

(A) A product release (B) A store opening

4 Why was Mr. Hunt unable to get the product he wanted?

(A) It was broken. (B) It was not available.

5 According to the speaker, what has changed?

(A) The departure gate (B) The departure time

6 Why is the public library closed?

(A) It's a holiday. (B) It's under construction.

7 What is being advertised?

(A) A music performance (B) A food festival

8 Who is the caller?

(A) A travel agent (B) A tour guide

9 What is the reason for the message?

(A) To answer an inquiry (B) To purchase a chair

10 What is the speech about?

(A) Parking rules (B) Work schedules

빈칸 채우고 정답 맞추기 

들려주는 문장을 잘 듣고 빈칸을 채운 후, 정답을 골라보세요.
음성은 각 나라 발음으로 2번 들려드립니다. Part 4-1-7

1 Who is Amy Cruz?

(A) An actress (B) A singer

This is KFM radio. The song you just listened to was *Sleepless nights* by Amy Cruz. She is one of the most popular female R&B singers in America. And ______________________ titled *Don't cry* through several websites. If you want to know more about her, ______________________ at this time.

2 What kind of business does the report discuss?

(A) A radio station (B) A power company

In local news, Stanley power company has asked all residents in this town to ______________________. Recent hot weather led to an increase in ______________________ because the customers kept the air conditioners on for a long time. Therefore, the company is asking residents to ______________________.

3 What is the city council trying to do?

(A) Increase tourism (B) Redecorate a city hall

Good morning. I'm Victoria Russo reporting for Manchester City News. This evening, ______________________ its annual meeting. On the agenda of the meeting is a discussion about ______________________ to Manchester City. Mayor Kyle Newman will be talking about how to develop our tourism industry.

4 Where can listeners expect delays?

(A) On the 220 Freeway (B) Near the airport

Good morning. This is Tristan Young with your eight o'clock traffic report. Many roads are ______________________ for Thursday morning. Even the roads surrounding the airport and downtown are empty, but ______________________ on the 220 Freeway. One lane of the road is closed for construction.

예제 풀어보기

Part 4-1-8

1 What type of event is being announced?
(A) A rock festival
(B) A fundraiser
(C) A building project
(D) A music concert

어떤 종류의 행사가 발표되고 있는가?
(A) 락 페스티벌
(B) 기금 모금 행사
(C) 건설 계획
(D) 음악 콘서트

2 According to the city, what has changed?
(A) The date
(B) The ticket price
(C) The location
(D) The member

시에 따르면 무엇이 변경되었는가?
(A) 날짜
(B) 티켓 가격
(C) 장소
(D) 멤버

3 Why did Galaxy make a change?
(A) Due to a traffic Jam
(B) Due to the size of the place
(C) Due to their safety
(D) Due to weather conditions

갤럭시는 왜 변경을 하게 되었는가?
(A) 교통 정체 때문에
(B) 장소의 크기 때문에
(C) 그들의 안전 때문에
(D) 날씨 상황 때문에

Questions 1-3 refer to the following announcement. [미국]

Up next, it's the local news report on 95.2 FM. Fans of rock bands will be happy to hear that the rock group Galaxy's coming here to Chester for their concert. However, the city announced that they've decided to change the location due to a possibility of rain this evening. It will be held in Wimbledon Concert Hall instead of Chester football stadium. So drivers are reminded that the streets around the stadium will be closed due to the crowds of people.

다음은 95.2 FM 지역 뉴스 보도입니다. 락 밴드 팬이라면 락 그룹 갤럭시가 그들의 콘서트 때문에 여기 체스터를 방문한다는 사실에 기뻐할 것입니다. 하지만, 시 당국은 그들이 오늘 저녁 비가 올 가능성 때문에 장소를 바꾸기로 했다고 발표했습니다. 콘서트는 체스터 축구 경기장이 아닌 윔블던 콘서트 홀에서 열릴 예정입니다. 그러니 운전자들은 경기장 주변 차도가 많은 관중들로 인해 폐쇄될 거라는 점을 잊지 마시기 바랍니다.

[정답] (D), (C), (D)

[해설] 1 주제 및 목적을 묻는 문제 – 지문에서 락 밴드가 콘서트를 열 것이라고 언급(the rock group Galaxy's coming here to Chester for their concert)했으므로 정답은 (D)입니다.

2 세부사항 관련 문제 – 원래 축구 경기장에서 열릴 예정이었던 콘서트가 윔블던 콘서트홀로 변경되었다(It will be held in Wimbledon Concert Hall instead of Chester football stadium.)고 했기 때문에 정답은 (C)입니다.

3 이유를 묻는 문제 – 락 그룹 갤럭시(Galaxy)가 저녁 콘서트에서 비올 가능성 때문에 장소를 변경했다(they've decided to change the location due to a possibility of rain this evening)고 설명하는 부분에서 정답을 유추할 수 있습니다. a possibility of rain이 weather conditions로 패러프레이징 되었습니다.

Words

local news 지역뉴스 | announce [ənáuns] 발표하다 | due to ~때문에 | possibility [pɑ̀səbíləti] 가능성 | be held 개최되다 | stadium [stéidiəm] 경기장 | remind [rimáind] 상기시키다 | crowd [kraud] 사람들, 군중 | crowds of people 수많은 사람들

녹음된 내용을 듣고 질문에 알맞은 응답을 고르세요.

Part 4-1-9

1 What does the company produce?

(A) Electronic goods
(B) Furniture
(C) Auto parts
(D) Sports items

2 What does the company plan to do in August?

(A) Perform a new IT project
(B) Create a new company logo
(C) Begin operations in a new factory
(D) Close down their plant

3 What does the mayor think will take place in Amsterdam?

(A) Traffic jams will happen often.
(B) More jobs will be created.
(C) The new items will be launched.
(D) A new subway line will be built.

---

4 Who is Michael Bruno?

(A) A real-estate agent
(B) A cook
(C) A bookstore clerk
(D) A restaurant owner

5 What kind of menus can readers make using this book?

(A) Various salads
(B) Pizza and pasta
(C) Some dessert
(D) Fried foods

6 Where can this book be purchased?

(A) Online
(B) A restaurant
(C) A gift shop
(D) A bookstore

7 What is the broadcast about?

(A) A new book
(B) A concert tour
(C) A new performance
(D) An awards ceremony

8 What has Maria Diaz recently done?

(A) She won an award.
(B) She took the main role.
(C) She published her first book.
(D) She bought a ticket.

9 What will listeners hear next?

(A) A commercial
(B) Business news
(C) An interview
(D) The weather report

Park Admission Fees

Adults - Age 20 or older	Students - Age 14 -19	Children - Age 13 or younger
Individuals - $20 Groups - $10	Individuals - Free Groups - Free	Individuals - Free Groups - Free

10 What will happen in Snake Lake on Friday?

(A) A benefit concert
(B) A fundraiser
(C) Fireworks
(D) A competition

新 **11** Look at the graphic. How much is the entrance fee for high school students?

(A) 1 dollar
(B) 2 dollars
(C) 10 dollars
(D) No charge

12 What will be offered on Friday afternoon?

(A) Free city tour
(B) Free parking
(C) Free meal
(D) Free coupon

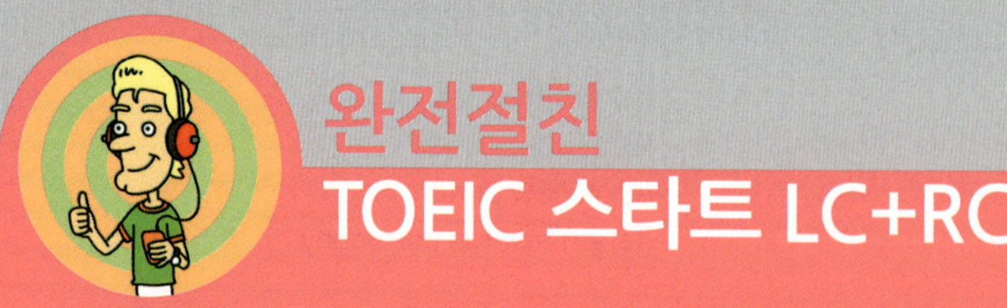
완전절친
TOEIC 스타트 LC+RC

Part 4
Day 2

공지

- 토익 빈출 단어
- 기초전략 2
- 기본 연습 문제
- 빈칸 채우고 정답 맞추기
- 예제, 실전문제 풀어보기

Day 02

공지

토익 빈출 단어

다음은 Part 4 문제에 자주 나오는 단어와 예문으로, 주제에 따라 비슷한 단어와 예문끼리 분류해 놓았습니다. 비슷한 단어들을 외우다 보면 상황이 연상되고, Part 4 듣기가 더 쉬워집니다. 공지에 관한 단어를 보면서 예문과 같이 열심히 외워두도록 합시다.

● 사내 공지

Part 4-2-1

다음은 사내 공지에 관한 단어와 예문입니다. 비슷한 주제의 단어와 예문을 외우면서 일어날 수 있는 상황을 연상해 보고, 실전에서 Part 4 문제를 풀 때 적용해 보세요.

단어	예문
colleague [káliːg] 동료	My colleague will be showing a video. 제 동료가 비디오를 보여드리겠습니다.
cooperation [kouàpəréiʃən] 협력, 협조	I'm looking forward to our continuing cooperation. 우리의 지속적인 협력을 기대합니다.
policy [páləsi] 정책	The policy was accepted by the government. 그 정책은 정부로부터 승인되었습니다.
security [sikjúərəti] 보안	What happened to the security system? 보안 장치에 무슨 일이 생긴 건가요?
shift [ʃift] 교대근무	Would you mind working the night shift? 야간조로 근무하는 것을 꺼려하나요?
supplier [səpláiər] 공급업체	The company is looking for a different supplier. 회사는 다른 공급업체를 찾고 있습니다.
attend [əténd] 참석하다	I think I'll have to attend the meeting now. 저는 지금 회의에 참석해야 할 것 같은데요.
expand [ikspǽnd] 확장하다	I'd like to expand our market overseas. 해외로 시장을 확장하고 싶어요.
explain [ikspléin] 설명하다	How do I explain what happened? 무슨 일이 생겼는지 어떻게 설명해야 할까요?
hold [hould] 개최하다	We are holding a leadership workshop this evening. 우리는 오늘 저녁 지도자 워크숍을 개최할 것입니다.
inform [infɔ́ːrm] 알리다	Please inform us of any changes of address. 주소가 조금이라도 변경될 경우에는 저희에게 알려 주십시오.
inspect [inspékt] 점검하다	This building has not been inspected. 이 건물은 점검되지 않았어요.
note [nout] 유념하다	Please note the change of venue for this event. 이번 행사의 장소 변경에 유념해 주십시오.
notify [nóutəfài] 통지하다	I've already notified all the staff. 저는 이미 모든 직원들에게 통지했습니다.
require [rikwáiər] 요청하다	Consumers require clear and specific information. 소비자들은 명확하고 구체적인 정보를 요청합니다.

● 교통 안내 공지

Part 4-2-2

다음은 교통 안내 공지에 관한 단어와 예문입니다. 비슷한 주제의 단어와 예문을 외우면서 일어날 수 있는 상황을 연상해 보고, 실전에서 Part 4 문제를 풀 때 적용해 보세요.

airport [ɛərpɔːrt] 공항	I'm going to rent a car here at the airport. 저는 이곳 공항에서 차를 빌릴거예요.
cabin [kǽbin] 기내, 선실	He entered the captain's cabin. 그는 기장실로 들어갔습니다.
captain [kǽptən] 기장	Ladies and gentlemen, this is your captain speaking. 신사 숙녀 여러분, 저는 여러분을 모시고 가는 기장입니다.
exit [égzit] 출구	Please use the exit on the other side. 다른 쪽 출구를 이용해 주십시오.
luggage [lʌ́giʤ] 수하물	Would you like a hand with the luggage? 수하물을 좀 들어 드릴까요?
passenger [pǽsənʤər] 승객	Passengers are getting out of the airplane. 승객들이 비행기에서 내리고 있습니다.
stopover [stɑːpóuvər] 단기 체류	Thai Airways offers a number of stopover deals. 타이 항공사는 많은 단기 체류 상품을 제공합니다.
flight attendant 승무원	Passenger safety is the main job of flight attendants. 승객 안전은 비행기 승무원들의 주요한 일입니다.
round trip 왕복 여행	It's a round trip ticket in economy class. 이코노미석 왕복 여행 표입니다.
seat belt 안전벨트	Could you please fasten your seat belt? 안전벨트를 매주시겠습니까?
board [bɔːrd] 탑승하다	Passengers are waiting to board the plane. 승객들은 비행기에 타려고 기다리고 있습니다.
land [lænd] 착륙하다	The plane should be landing right on schedule. 비행기는 예정대로 착륙할 것입니다.
switch [swiʧ] 갈아타다	I have to switch flights in Singapore. 싱가포르에서 비행기를 갈아타야 해요.
take off 이륙하다	The airplane will take off in 10 minutes. 비행기는 10분 후에 이륙할 예정입니다.
via [váiə] ~을 경유하여	I'd like to fly to London, via Hong Kong. 홍콩을 경유하여 런던으로 가고 싶습니다.

● 공공장소 공지

Part 4-2-3

다음은 공공장소 공지에 관한 단어와 예문입니다. 비슷한 주제의 단어와 예문을 외우면서 일어날 수 있는 상황을 연상해 보고, 실전에서 Part 4 문제를 풀 때 적용해 보세요.

announcement [ənáunsmənt] 발표, 안내방송	Did you hear the announcement just a minute ago? 방금 전에 한 안내방송 들었나요?
auditorium [ɔ̀:ditɔ́:riəm] 강당	The staff meeting has been moved to the auditorium. 직원회의가 강당으로 장소가 바뀌었습니다.
exhibition [èksəbíʃən] 전시회	This special exhibition is held until the end of the year. 이 특별한 전시회는 연말까지 열립니다.
patron [péitrən] 고객, 후원자	They are regular patrons of this store. 그들은 이 가게의 단골손님이에요.
performance [pərfɔ́:rməns] 공연	The performance finally started half an hour late. 그 공연은 마침내 30분 늦게 시작했습니다.
register [rédʒistər] 계산대	Excuse me, where's the cash register? 실례지만, 계산대가 어디 있어요?
shopper [ʃápər] 쇼핑객	Shoppers made a rush for the exits. 쇼핑객들이 출구 쪽으로 황급히 몰려들었습니다.
service desk 서비스 창구	I'll leave it at the customer service desk. 그것을 고객 서비스 창구에 놓아두겠습니다.
describe [diskráib] 묘사하다	Try to describe exactly what happened. 무슨 일이 있었는지 자세히 묘사해 보세요.
distribute [distríbju:t] 나눠주다	The man distributed books to some people. 남자가 사람들에게 책을 나눠 줬어요.
permit [pərmít] 허가하다	Smoking is not permitted anywhere in the building. 흡연은 건물 내 어디에서도 허용되지 않습니다.
remind [rimáind] 상기시키다	What are listeners reminded to do? 청자들이 무엇을 하도록 상기되는가?
return [ritə́:rn] 반납하다	A tool has been returned to a storage area. 도구가 보관 장소로 반납되었습니다.
welcome [wélkəm] 환영하다	We would welcome any advice or suggestions with open arms. 저희는 어떤 충고나 제안이든지 두 팔 벌려 환영합니다.
proceed to ~로 나아가다	Passengers should proceed to Gate14 at the scheduled boarding time. 승객들은 예정된 탑승시간에 14번 탑승구로 가셔야 합니다.

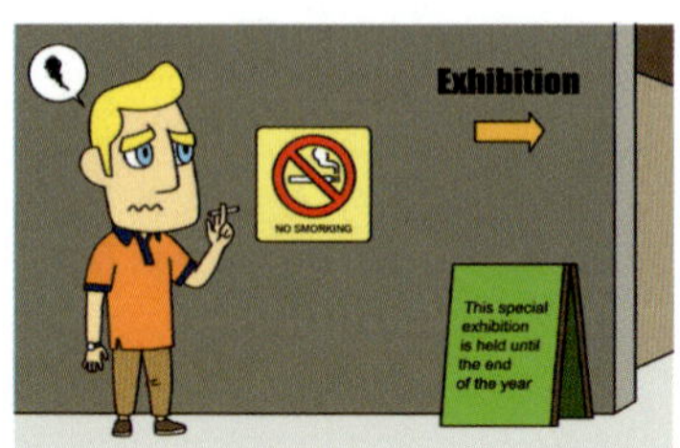

● 관광 · 견학 공지

Part 4-2-4

다음은 관광 · 견학 공지에 관한 단어와 예문입니다. 비슷한 주제의 단어와 예문을 외우면서 일어날 수 있는 상황을 연상해 보고, 실전에서 Part 4 문제를 풀 때 적용해 보세요.

artwork [a:rtwə:rk] 예술품	About 50 artists will show their artworks at the event. 약 50명의 예술가들이 그 행사에서 자신들의 작품을 선보일 예정입니다.
exhibit [igzíbit] 전시회	I'm the man responsible for this exhibit. 저는 이 전시회의 책임을 맡고 있는 사람입니다.
facility [fəsíləti] 시설	The parking facility is inconvenient there. 그곳은 주차 시설이 불편합니다.
itinerary [aitínərèri] 여행 일정표	Please check your itinerary before departure. 출발 전에 미리 여행 일정표를 확인하시기 바랍니다.
outing [áutiŋ] 야유회	It's a perfect day for an outing. 야유회 가기 딱 좋은 날씨네요.
plant [plænt] 공장	The plant was built for the production of cars. 그 공장은 자동차 생산을 위해 지어졌습니다.
site [sait] 장소, 현장	Can you give me some data on the construction site? 그 건설현장에 대한 자료를 저에게 주실 수 있나요?
souvenir [sù:vəníər] 기념품	The souvenir shop was crowded with tourists. 기념품 가게는 관광객들로 붐볐습니다.
admission fee 입장료	What is the admission fee to the museum? 박물관 입장료는 얼마죠?
gift shop 선물가게	There's a little gift shop around the corner. 저 모퉁이에 작은 선물가게가 있습니다.
tour guide 여행 가이드	The tour guide showed them to the bus. 여행 가이드가 버스로 그들을 안내했습니다.
prohibit [prouhíbit] 금지하다	Smoking is prohibited inside the building. 건물 내에서의 흡연은 금지되어 있습니다.
move on to ~로 이동하다	We just want to move on to the next show. 우리는 단지 다음 쇼를 보러 이동하고 싶어요.
impressive [imprésiv] 인상적인	What did you find the most impressive? 무엇이 가장 인상적이었나요?
on display 전시된	I'll send you the item that's on display. 전시하고 있는 물건을 보내드리겠습니다.

기초전략 2 주제 · 목적을 묻는 문제

Part 4의 문제 3개 중에서 보통 가장 먼저 나오는 문제 유형입니다. Part 3와 같이 주로 지문의 초반부에 언급됩니다. 일반적인 목적이나 이유는 담화의 전반부에 답이 있지만, 구체적인 이유는 담화의 중반부 이후에 답이 있을 수 있습니다.

● 주제 · 목적을 묻는 문제

다음은 주제와 목적을 묻는 문제들입니다. 비슷한 문제들 여러 개를 같이 암기해 놓으면 쉽게 문제를 풀 수 있습니다.

What is the talk mainly **about**? 이 이야기는 주로 무엇에 관한 것인가?
What are the speakers **discussing**? 화자들은 무엇을 논의하고 있는가?
What is the **purpose** of this speech? 이 연설의 목적은 무엇인가?
What is being **described**? 무엇이 설명되고 있는가?
What is being **advertised**? 어떤 것이 광고되고 있는가?
What is the **reason** for the announcement? 공지의 목적은 무엇인가?
Why is the man/woman **calling**? 남자/여자는 왜 전화하는가?

● 문제 해결 방법

지문의 첫 두 문장 내에서 80% 이상을 알 수 있고, 지문의 앞부분에서 언급된 단어나 내용이 패러프레이징되어 나올 수 있습니다. 주제 및 목적을 알 수 있는 빈출 표현을 미리 알아두세요. 다음은 담화 내용에 따른 주제 · 목적을 이야기하는 표현입니다.

방송	You're listening to ~. 여러분은 지금 ~를 듣고 있습니다. Coming up next ~. 다음에 이어지는 ~
공지/안내	May I have your attention? 집중해주시겠어요? I'd like to remind you ~. 여러분들에게 ~를 상기시켜 드립니다.
광고	Are you looking for ~? ~을 찾고 있나요? Do you have trouble ~? ~하는데 어려움이 있으신가요?
발표/연설	Let's get started with ~. ~하면서 시작합시다. As many of you already know ~. 많은 분들이 이미 아시다시피 ~
전화 메시지	I'm calling to[about, for, because] ~. ~ 때문에 전화 드립니다. This message is for ~. 이 메시지는 ~를 위한 것입니다.

● 주제 · 목적을 묻는 문제 예시

[문제] What is the purpose of the message? 메시지의 목적은 무엇인가?

[대화] Hello, this is Dr. William's office. I'm calling to remind you of your appointment scheduled for Monday.
안녕하세요. 윌리엄 박사님의 병원입니다. 월요일로 예정된 귀하의 예약을 알려드리기 위해 전화드립니다.

[정답] To confirm an appointment 예약을 확인하기 위해

Part 4-2-5

1 What is the purpose of the announcement?
(A) To launch a product
(B) To announce a retirement
(C) To discuss a new project
(D) To congratulate an employee

이 공지의 목적은 무엇인가?
(A) 제품을 출시하기 위해
(B) 퇴직을 발표하기 위해
(C) 새 프로젝트를 논의하기 위해
(D) 직원을 축하해 주기 위해

[미국]

Now I have a good news to share with everyone. I'd like to take a minute to congratulate Craig Martinez. Since he joined our team eight years ago, he's been a dedicated analyst and I'm happy to announce that he's just been promoted to the position of senior analyst. I should also mention that Craig will be at our Denver branch next week to help organize a new project.

저는 지금 여러분 모두와 나누고 싶은 새로운 소식이 있습니다. 저는 잠시 시간을 내어 크레이그 마르티네즈 씨를 축하하고 싶습니다. 그는 8년 전에 우리 팀에 합류한 이후로 계속해서 헌신적인 분석가였고, 이제 그가 수석 분석가로 승진했다는 사실을 저는 기쁜 마음으로 발표합니다. 저는 또한 그가 새 프로젝트 준비를 돕기 위해 다음 주에 덴버 지점으로 가신다는 점도 말씀드립니다.

[해설] 주제 · 목적을 묻는 문제
주제 및 목적을 묻는 질문은 주로 첫 두 문장 이내에 답이 있습니다. 앞부분을 자주 놓치는 학생들은 앞부분을 집중해서 듣는 연습을 반복적으로 해야 합니다. 이 지문에서 화자는 잠시 마르티네즈 씨를 축하해주자(I'd like to take a minute to congratulate Craig Martinez)고 언급했고 따라서 정답은 (D)입니다.

Words

share [ʃɛər] 공유하다, 나누다 | congratulate [kəngrǽtʃulèit] 축하하다 | dedicated [dédikèitid] 헌신적인 | analyst [ǽnəlist] 분석가 | be promoted to ~로 승진하다 | senior [síːnjər] 수석의

기본 연습 문제

다음을 듣고 질문에 알맞은 답을 고르시오. Part 4-2-6

● 눈으로 보고 푸는 문제

Before we start the meeting, I'd like to introduce Ricky Olson, our new marketing director.

1 What is the purpose of the speech?

(A) To launch a product (B) To introduce a new employee

Hello, my name is Troy and welcome everyone. We're going to start today's tour in the assembly line area.

2 What is the talk about?

(A) Heavy machinery (B) A tour of a factory

Attention shoppers. Our grocery store will be closing in twenty minutes. We will reopen tomorrow at our regular time of 9 A.M.

3 What is the main purpose of the announcement?

(A) To announce the closing of a store (B) To offer special discounts

This message is for Jennifer Adams. My name is Carl Summers. I'm calling to remind you of our annual conference next week.

4 What is the purpose of the message?

(A) To discuss a plan (B) To inform her of an upcoming meeting

● 귀로 듣고 푸는 문제

5 What is this announcement about?

(A) Preparing for an event (B) Opening a new store

6 What is the purpose of the festival?

(A) To raise funds for the park (B) To publicize foreign languages

7 What is the report mainly about?

(A) A weather update (B) A traffic report

8 What is being discussed?

(A) Organizing a meeting (B) Getting ready for renovations

빈칸 채우고 정답 맞추기 

들려주는 문장을 잘 듣고 빈칸을 채운 후, 정답을 골라보세요.
음성은 각 나라 발음으로 2번 들려드립니다. Part 4-2-7

Part 1 Part 2 Part 3 Part 4

1 What division does the speaker probably work in?

(A) Corporate security (B) Human resources

> Welcome to your first day at Bell Architectural firm. My name is Shane Fox, ______________________________. As you've heard, we expect our employees to take security seriously here at Bell Architectural firm. Today, you'll be given a password that is ______________________________ to our computer system.

2 According to the announcement, what caused the problem?

(A) A power failure (B) A natural disaster

> Attention passengers. Unfortunately, we're experiencing some delays for trains on the blue line ______________________________ next to the Brisbane Station. Local technicians are working to repair the problem, but we don't know ____________________ for the power to come back on.

3 What is this announcement about?

(A) French food (B) A new class

> The French Cultural Center is happy to announce that we have a new addition to our class schedule. Jean Petit who's a ______________________________ that's been here for over 5 years, will be teaching a beginner's French class every Wednesday. This fun, interesting class will be open to ____________________.

4 Who will visit the plant?

(A) Safety inspectors (B) Civil engineers

> Before we end this meeting, I'd like to remind everyone that the machinery ____________________ tomorrow. Safety inspectors are going to be checking to see that all the equipment is in ______________________________. Because of this, we will be closed between 6 A.M. and 11 A.M. tomorrow morning.

예제 풀어보기

Part 4-2-8

1 Which day does the park close?

(A) Monday
(B) Friday
(C) Saturday
(D) Sunday

공원은 무슨 요일에 문을 닫는가?
(A) 월요일
(B) 금요일
(C) 토요일
(D) 일요일

2 How much is the admission for adults?

(A) $10
(B) $7
(C) $5
(D) free

성인 입장료는 얼마인가?
(A) 10달러
(B) 7달러
(C) 5달러
(D) 무료

3 What should visitors do if they want more information?

(A) Buy a guidebook
(B) Make a call
(C) Check a website
(D) Send an e-mail

방문객들이 더 많은 정보를 원하면 무엇을 해야 하는가?
(A) 가이드북 구입하기
(B) 전화하기
(C) 웹사이트 확인하기
(D) 이메일 보내기

Questions 1-3 refer to the following announcement. [미국]

Welcome to our national park. We'd like to remind all visitors that the park is open from 9 A.M. to 8 P.M. Monday through Saturday and will be closed on Sunday. The park's admission fee is $10 for adults, $7 for teenagers and $5 for children under 10. Seniors can enter the park without a fee. Cash, checks and credit cards are acceptable forms of payment. For further information, call our hotline at 1-800-666-0037 or stop by our information booth next to the main entrance.

저희 국립 공원에 오신 여러분을 환영합니다. 이 공원은 월요일부터 토요일까지는 오전 9시부터 오후 8시까지 개장하며, 일요일은 문을 닫음을 모든 방문객들에게 알려 드립니다. 박물관의 입장료는 성인 10달러, 청소년은 7달러 그리고 10살 미만의 아동은 5달러입니다. 노인들은 무료 입장이 가능합니다. 현금, 수표, 신용카드로 지불하실 수 있습니다. 더 자세한 정보를 원하신다면, 저희 직통전화인 1-800-666-0037으로 전화하시든지 아니면 정문 옆 안내소에 들르시기 바랍니다.

[정답] (D), (A), (B)

[해설] 1 세부사항 관련 문제 – 지문에서 일요일에는 문을 닫는다(will be closed on Sunday)고 했으므로 정답은 (D) Sunday(일요일)입니다.

2 세부사항 관련 문제 – 지문에서 성인 입장료는 10달러다(The park's admission fee is $10 for adults)라고 했기 때문에 정답은 (A) 10달러입니다.

3 앞으로 할일을 묻는 문제 – 자세한 정보를 위해서는 직통전화로 전화하라(For further information, call our hotline at 1-800-666-0037)고 했으므로, 정답은 (B)입니다.

Words

national park 국립 공원 | remind [rimáind] 상기시키다, 알리다 | admission fee 입장료 | adult [ədʌ́lt] 성인 | teenager [tí:nèidʒər] 십대 | senior [sí:njər] 노인, 고령자 | acceptable [ækséptəbl] 받아들일 수 있는 | forms of payment 지불수단 · 형태 | hotline [hatlain] 직통전화 | stop by 들르다 | information booth 안내소 | main entrance 정문

실전문제

녹음된 내용을 듣고 질문에 알맞은 응답을 고르세요.

Part 4-2-9

1 Where is the announcement being made?
(A) At a hotel
(B) At an auditorium
(C) At an electronics shop
(D) At a bookstore

2 What is the announcement about?
(A) Planning a trip
(B) Sharing ideas
(C) Returning a lost item
(D) Updating computer programs

3 What kind of job does Mr. Goldberg have?
(A) A consultant
(B) A security manager
(C) A travel agent
(D) A store clerk

---

4 Where is this announcement most likely given?
(A) On a cruise
(B) On a plane
(C) On a train
(D) On a tour bus

5 What did the speaker specifically mention?
(A) A local time
(B) An emergency
(C) A popular beach
(D) A historical site

6 What does the speaker suggest the listeners do?
(A) Take pictures
(B) Get some sleep
(C) Turn off the phone
(D) Enjoy refreshments

Wayne Looney's Band
First concert of dreams tour
April, 10th Saturday, Liverpool

Sold Out
No Tickets Available At the door

7 Who is the speaker?
(A) A musician
(B) A fan
(C) A lead singer
(D) A box office worker

新 8 Look at the graphic. What made the speaker surprised?
(A) Sold out concert
(B) Sudden rain
(C) Presents from the fans
(D) A special event

9 How will proceeds from the concert be used?
(A) To support school programs
(B) To fix the concert hall
(C) To donate to the charity
(D) To buy musical instruments

---

10 What is the reason for the schedule change?
(A) Mechanical problems
(B) Bad weather conditions
(C) A sudden accident
(D) A power outage

11 What does the speaker ask the listeners to do?
(A) Book a hotel in Queenstown
(B) Get a refund
(C) Change a bus
(D) Wait for the next train

12 What will be offered for some passengers?
(A) A free ticket
(B) A guidebook
(C) A discount coupon
(D) A free beverage

완전절친
TOEIC 스타트 LC+RC

Part 4

Day 3

광고

- 토익 빈출 단어
- 기초전략 3
- 기본 연습 문제
- 빈칸 채우고 정답 맞추기
- 예제, 실전문제 풀어보기

Day 03

광고

토익 빈출 단어

다음은 Part 4 문제에 자주 나오는 단어와 예문으로, 주제에 따라 비슷한 단어와 예문끼리 분류해 놓았습니다. 비슷한 단어들을 외우다 보면 상황이 연상되고, Part 4 듣기가 더 쉬워집니다. 광고에 관한 단어를 보면서 예문과 같이 열심히 외워두도록 합시다.

● 광고

Part 4-3-1

다음은 광고에 관한 기본 단어와 예문입니다. 비슷한 주제의 단어와 예문을 외우면서 일어날 수 있는 상황을 연상해 보고, 실전에서 Part 4 문제를 풀 때 적용해 보세요.

environment [inváiərənmənt] 환경	This service will be a commitment to the environment. 이 서비스는 환경에 헌신이 될 것입니다.
meantime [míːntàim] 그 동안	In the meantime, come try our French food. 그 동안에 오셔서 저희 프랑스 음식을 맛보시기를 바랍니다.
pamphlet [pǽmflət] 소책자	The man is handing out pamphlets in the street. 남자가 거리에서 소책자를 나눠주고 있어요.
trouble [trʌbl] 곤란	Do you have trouble falling asleep? 잠드는데 어려움이 있나요?
accomodate [əkάmədèit] 수용하다	We can accommodate many group sizes. 여러 규모의 단체를 수용 할 수 있습니다.
guarantee [gærəntíː] 보장하다	We guarantee that our location will sell all items at the lowest price. 우리는 모든 물건을 최저가에 팔 것을 보장합니다.
offer [ɔ́ːfər] 제공하다	We're offering up to 50% off summer items. 우리는 여름상품에 50%까지의 할인을 제공합니다.
recommend [rèkəménd] 추천하다	What type of presents do you recommend? 어떤 종류의 선물을 추천하시나요?
repair [ripέər] 수리하다	We can't use the kitchen while the pipe is repaired. 파이프가 수리되는 동안 우리는 부엌을 이용할 수 없습니다.
request [rikwést] 요청하다	Give us a call and request a free brochure. 저희에게 전화해서 무료 팸플릿을 요청하세요.
be tired of 싫증나다	Are you tired of using old home appliances? 오래된 가전제품을 사용하는 것이 지겨우십니까?
be interested in ~에 관심이 있다	What is the woman interested in doing? 여자는 무엇을 하는 데 관심이 있나요?
limited [límitid] 한정된, 제한된	Free shipping is offered for a limited time. 무료 배송은 한정된 기간에만 제공됩니다.
on sale 할인 판매하는	Do you know when it will go on sale again? 언제 또 할인 판매를 하는지 아세요?

● 광고 혜택

Part 4-3-2

다음은 광고 혜택에 관한 단어와 예문입니다. 비슷한 주제의 단어와 예문을 외우면서 일어날 수 있는 상황을 연상해 보고, 실전에서 Part 4 문제를 풀 때 적용해 보세요.

purchase [pə́:rtʃəs] 구입	Are you going to make a purchase today? 오늘 구매를 할 건가요?
retail [rí:teil] 소매	She has an independent retail store. 그녀는 독립적인 소매업을 합니다.
voucher [váutʃər] 상품권	Here is a room key and morning voucher. 여기 방 열쇠와 아침식사 상품권이 있습니다.
warranty [wɔ́:rənti] 보증서	This computer is still under warranty. 이 컴퓨터는 아직 보증기간이 끝나지 않았습니다.
clearance sale 재고 처분 세일	The shop is having a clearance sale. 그 상점은 재고 처분 세일 중입니다.
free shipping 무료배송	Free shipping is included with all orders. 모든 주문품이 무료로 배송됩니다.
regular price 정가	You can purchase this item at our regular price. 이 물건을 정가로 살 수 있습니다.
special discount 특별할인	I'll give you a special discount of 40%. 40% 특별할인을 해 드리겠습니다.
expire [ikspáiər] 만기가 되다	The sale price will expire on July 14th. 세일 가격은 7월 14일에 끝납니다.
search [sə:rtʃ] 찾아보다	What are you searching for on the floor? 바닥에서 뭘 찾고 있나요?
affordable [əfɔ́:rdəbl] (가격이) 적당한	It is difficult to find an affordable hotel. 가격이 적당한 호텔을 찾는 것은 어렵습니다.
extra [ékstrə] 추가의	Residents can use the gym at no extra cost. 주민들은 추가 사용료 없이 헬스클럽을 이용할 수 있습니다.
good [gud] 유효한	The offer is good for the next five days only! 이 할인은 오직 5일간만 유효합니다!
wholesale [houlseil] 도매의	He buys wholesale and sells at retail. 그는 도매로 가져와서 소매로 팝니다.
for free 무료로	All orders over $200 will be shipped for free. 200달러 이상의 주문은 무료로 배송됩니다.

● 광고 대상

Part 4-3-3

다음은 광고 대상에 관한 단어와 예문입니다. 비슷한 주제의 단어와 예문을 외우면서 일어날 수 있는 상황을 연상해 보고, 실전에서 Part 4 문제를 풀 때 적용해 보세요.

airline [ɛərlain] 항공사	Most airlines offer lower prices during the off season. 대부분의 항공사는 비수기에 저가 항공권을 제공합니다.
appliance [əpláiəns] 가전제품	I'll be in the Home Appliance department. 저는 가전매장에 있을게요.
beverage [bévəridʒ] 음료수	All customers will get a free beverage with a sandwich order. 모든 고객들은 샌드위치를 주문하면 무료 음료를 받게 됩니다.
bookstore [búkstɔ́:r] 서점	I often buy some books at the bookstore. 저는 종종 그 서점에서 책을 삽니다.
catering [kéitəriŋ] 음식 공급	We're offering discounts off all catering orders. 모든 음식 공급 주문에 할인을 제공합니다.
cleaning [klí:niŋ] 청소	Cleaning your house often is also helpful. 여러분의 집을 자주 청소하는 것도 도움이 됩니다.
furniture [fə́:rnitʃər] 가구	Our furniture is made in our own factory. 우리 가구는 자체 공장에서 생산됩니다.
workshop [wə:rkʃap] 워크숍	The topic of today's workshop will be online marketing. 오늘 워크숍의 주제는 온라인 마케팅입니다.
athletic shoes 운동화	Choose appropriate athletic shoes for your sport. 당신의 운동에 적절한 운동화를 선택하시기 바랍니다.
department store 백화점	Have you been to the new department store yet? 새로 생긴 백화점에 가 봤어요?
flower shop 꽃가게	There is a flower shop around the corner. 모퉁이를 돌아가면 꽃가게가 있어요.
office supplies 사무용품	This store has all kinds of office supplies. 이 가게는 모든 종류의 사무용품을 구비하고 있습니다.
sporting goods 스포츠용품	Our company deals in sporting goods. 저희 회사는 스포츠 용품을 취급합니다.
travel agency 여행사	We're the world's largest online travel agency. 저희는 세계 최대의 온라인 여행사입니다.
rental [réntl] 임대의	Allow me to give you some rental information. 몇 가지 임대 정보를 말씀드리겠습니다.

● 서비스 · 업체 특징

Part 4-3-4

다음은 서비스 · 업체 특징에 관한 단어와 예문입니다. 비슷한 주제의 단어와 예문을 외우면서 일어날 수 있는 상황을 연상해 보고, 실전에서 Part 4 문제를 풀 때 적용해 보세요.

feature [fí:tʃər] 특징	What is a feature mentioned in the article? 기사에서 언급된 특징은 무엇입니까?
flavor [fléivər] 맛	Which flavor do you prefer, vanilla or chocolate? 어떤 맛을 선호하나요, 바닐라 아니면 초콜릿?
function [fʌ́ŋkʃən] 기능	What is the function of this button? 이 버튼의 기능이 뭐죠?
surrounding [səráundiŋ] 주위 환경	I think it's because of the surrounding environment. 저는 그것이 주위 환경 때문이라고 생각합니다.
subscribe [səbskráib] 구독하다	I subscribe to a monthly auto magazine. 저는 월간 자동차 잡지를 구독합니다.
convenient [kənví:njənt] 편리한	It's convenient having a supermarket nearby. 근처에 슈퍼마켓이 하나 있으면 편리합니다.
detailed [ditéild] 상세한	A detailed news report will follow shortly. 곧 상세한 뉴스 보도가 있겠습니다.
durable [djúərəbl] 내구성 있는	I need a camera case that's durable and sturdy. 내구성 있고 단단한 카메라 케이스가 필요합니다.
efficient [ifíʃənt] 효율적인	The service at the hotel is speedy and efficient. 그 호텔의 서비스는 빠르고 효율적입니다.
leading [lí:diŋ] 선도하는, 일류의	We are one of the leading companies in Brazil. 우리는 브라질의 일류 기업들 중 하나입니다.
light-weight 가벼운	Our latest line of light-weight luggage will make travel easy. 우리 가벼운 여행가방의 최신 제품라인이 여행을 쉽게 해드릴 겁니다.
organic [ɔ:rgǽnik] 유기농의	Most supermarkets sell a range of organic products. 대부분의 슈퍼마켓들이 다양한 유기농 제품들을 팝니다.
portable [pɔ́:rtəbl] 휴대용의	We like them because they're portable. 우리는 그것들이 휴대용이기 때문에 좋아합니다.
reasonable [rí:zənəbl] 합리적인	The price is quite reasonable, too. 가격 또한 매우 합리적입니다.
immediately [imí:diətli] 즉시	Immediately, the book received a lot of criticism. 그 책은 즉시 많은 비판을 받았습니다.

기초전략 3 장소 · 직업을 묻는 문제

장소 · 직업을 묻는 문제는 지문의 시작 부분에서 바로 나오므로 앞부분을 잘 들어야 합니다. 첫 두 문장 내에 단서가 있으며, 단서가 되는 단어를 잘 듣고 정답을 유추해 낼 수 있습니다. 따라서 자주 출제되는 어휘를 주제별로 외워두면 문제풀이가 더 쉬워집니다.

● 장소 · 직업을 묻는 문제

① 지문이 나오는 장소를 묻는 문제

Where is the announcement **taking place**? 이 안내 방송은 어디에서 나오는 것인가?
Where is this conversation **taking place**? 이 대화는 어디에서 일어나고 있는가?
Where are the speakers probably **talking**? 화자들은 어디에서 이야기하고 있는가?

② 현재 있는 장소 및 근무지를 묻는 문제

Where are the listeners? 청자들은 어디에 있는가?
Where does the speaker work? 화자가 근무하는 곳은 어디인가?
Where do the listeners most likely work? 청자들은 어디에서 일하는 것 같은가?

③ 화자의 신분 · 직업을 묻는 문제

Who most likely is the speaker? 화자는 누구일 것 같은가?
Who is addressing the audience? 누가 청중에게 말하고 있는가?
What field does the speaker work in? 화자는 어느 부서에서 일하는가?

④ 청자의 신분 · 직업을 묻는 문제

Who most likely are the listeners? 청자들은 누구일 것 같은가?
Who is the conference for? 회의는 누구를 대상으로 하는 것인가?
Who is the speaker addressing? 화자는 누구에게 이야기하고 있는가?

TIP **Who is the speaker addressing?** 화자는 누구에게 이야기하고 있는가?
질문에 화자(speaker)가 언급되었지만 반대로 청자(listener)의 직업을 묻는 질문입니다. address는 '~에게 말하다'는 뜻입니다. Part 4에서는 화자와 청자를 잘 구분해서 듣는 게 중요합니다.

● 문제 해결 방법

① 화자 · 청자와 관련된 장소 및 지문이 들리는 장소는 키워드를 통해 알 수 있습니다.

장소	키워드
airport 공항	baggage claim, departure, gate, airline, boarding pass, connecting flight
plant 공장	shift, assembly line, production, packaging machine, manufacturing facility
museum 박물관	exhibit, exhibition, painting, artwork, artist, gift shop, curator, craft

② 직업이나 신분은 사람이름 바로 다음에 나옵니다.

Welcome to our park. My name is **Natasha** and I'll be your **guide** today.
저희 공원에 오신 여러분 환영합니다. 제 이름은 나타샤이고 오늘 여러분들의 가이드가 될 것입니다.

This message is for Justin Berg. This is **George** from Tech **Electronics**.
이 메시지는 저스틴 버그를 위한 것입니다. 저는 테크 전자의 조지라고 합니다.

Good morning Mr. Jones. This is **Susan Minnelli** from the **accounting department**.
안녕하세요, 존스 씨. 저는 회계부서의 수잔 미넬리입니다.

③ 장소나 직업 관련 표현이 청자(listeners)를 알려주기도 합니다.

④ 여러 명의 사람이름이 언급될 때는 화자, 청자, 제3자를 주의해서 들어야 합니다.

⑤ 대화 중에 제시되는 내용이 동의어 표현(Paraphrasing)으로 바뀌어 나오므로 유의하세요.

Part 4-3-5

1 Who is Hank Tompkins?

(A) A journalist
(B) A radio host
(C) A city official
(D) A financial advisor

Hank Tompkins는 누구인가?
(A) 기자
(B) 라디오 진행자
(C) 시 공무원
(D) 재정 고문

[영국]

Now, here is the KBC radio Money Show. Today's guest is a well know financial consultant, Hank Tompkins, author of *Money Talk*. He's ready to give you great advice on how to overcome the current economic situation. So stay tuned!

지금 여러분은 KBC라디오의 머니 쇼를 듣고 계십니다. 오늘의 게스트는 유명한 재정 상담가이자 *머니 토크*의 저자인 행크 톰킨스입니다. 그는 현재 경제 상황을 극복하는 방법에 대해 여러분들에게 좋은 충고를 해줄 준비가 되었습니다. 그러니 채널 고정하세요!

[해설] 직업을 묻는 문제

제3자의 직업을 묻는 질문은 사람 이름이 언급되는 부분을 잘 들어야 합니다. 지문에서 행크 톰킨스는 유명한 재정 상담가(financial consultant)라고 했으므로 정답은 (D) A financial advisor(재정 고문)입니다. consultant가 advisor로 패러프레이징 되었습니다.

Words

guest [gest] 손님 | well known 잘 알려진, 유명한 | consultant [kənsʌ́ltənt] 상담가, 자문 위원 | author [ɔ́:θər] 작가 | overcome [óuvərkʌm] 극복하다 | current [kə́:rənt] 현재의 | economic situation 경제 상황 | stay tune 채널을 고정하다

기본 연습 문제  다음을 듣고 질문에 알맞은 답을 고르시오. Part 4-3-6

1 Where is the talk taking place?

(A) At a train station (B) At an orientation

2 Where does this speech most likely take place?

(A) At a job interview (B) At a presentation

3 Where is the class going to take place?

(A) At a stadium (B) At a gym

4 Where does the speech take place?

(A) At a museum (B) On a bus

5 Where is this talk taking place?

(A) At a food store (B) At a restaurant

6 Who is Connie Gates?

(A) A writer (B) A host

7 Who is the intended audience?

(A) Motorists (B) Reporters

8 Who is Josh Schneider?

(A) A city official (B) A designer

9 Who are the listeners?

(A) Volunteers (B) Sales staff

10 Who is the message for?

(A) A bank teller (B) A job applicant

빈칸 채우고 정답 맞추기

들려주는 문장을 잘 듣고 빈칸을 채운 후, 정답을 골라보세요.
음성은 각 나라 발음으로 2번 들려드립니다. Part 4-3-7

1 What business is being advertised?

(A) Meeting place (B) Stationery store

> Do you have an important business meeting soon? ______________________ ____________________. Riverpark Square center is for you. We have 10 large rooms and 20 small rooms ____ recent electronics. We provide beverages, pens and papers and even a copying service for free during business hours.

2 What is the result of upgrading the website?

(A) Online counseling (B) The convenience of shopping

> Are you looking for the furniture for your ____________________________ or your office? Larry's Furnishing has it all from tables and chairs to beds and office furniture. We've recently ____ so now you can place your order online and get free shipping on orders over $300.

3 What is the purpose of the store's sale?

(A) To promote a new item (B) To decrease inventory

> Are you thinking about buying a laptop computer? Paul's Electronics has great news for you. In order to reduce our current inventory, we've ______________________ by 80%. Our prices are so low that we cannot even talk about them on the website or on the air. __________________________ ___________________ to get the incredible deal.

4 What most likely is Jian Lin's occupation?

(A) A famous author (B) A cooking teacher

> Do you always say you should learn how to cook but just don't have the time? If you've never been taught, ____ ___________! This summer, we will be offering a Chinese cooking class by award winning chef Jian Lin. For more details about registration, visit www. selfcooking.com or call 599-3535. Hurry up as ____________________________ _________________.

예제 풀어보기

Part 4-3-8

1 What is being advertised?

(A) A sporting event
(B) A restaurant opening
(C) A news program
(D) A school picnic

무엇이 광고되고 있는가?
(A) 스포츠 행사
(B) 레스토랑 개업
(C) 새로운 프로그램
(D) 학교 소풍

2 Who is Donald Holbert?

(A) An athlete
(B) A mayor
(C) A reporter
(D) A president

도널드 홀버트는 누구인가?
(A) 운동선수
(B) 시장
(C) 기자
(D) 사장

3 Why are participants encouraged to visit a website?

(A) To register early
(B) To select a medal
(C) To purchase a ticket
(D) To get further information

참가자들은 왜 웹사이트를 방문하라고 권장 받는가?
(A) 일찍 등록하라고
(B) 메달을 선택하라고
(C) 티켓을 구매하라고
(D) 더 많은 정보를 얻으라고

Questions 1-3 refer to the following radio advertisement. [미국]

LA Times, the major newspaper company is pleased to announce that the 20th annual Miles For Lives marathon will take place on May 25th starting at 10 A.M. at Harrow university. This is a fun family friendly marathon and the 5-dollar entry fee goes to charity. Donald Holbert, the CEO of *LA Times* will be on hand to award prizes to the winners. Participants can register the day of the marathon, but if you sign up early at www.milesforlives.org, you'll receive a free subscription to *LA Times* for a month. What are you waiting for? The time is now.

주요 신문사인 *LA Times*는 5월 25일 오전 10시, 해로우 대학교에서 시작하는 20번째 연례 Miles For Lives 마라톤을 발표하게 되어 기쁩니다. 이 마라톤은 즐거운 가족 친목 행사로 5달러의 입장료는 자선단체에 기부됩니다. *LA Times*의 CEO인 도널드 홀버트는 우승자에게 상을 수여하기 위해 참가합니다. 참가자들은 마라톤 당일도 등록 가능하지만, www.milesforlives.org에서 일찍 등록하면 한 달 동안 *LA Times*를 무료 구독할 수 있습니다. 무엇을 망설이나요? 바로 지금입니다.

[정답] (A), (D), (A)

[해설] 1 주제 · 목적을 묻는 문제 – 마라톤(marathon)행사를 광고하고 있기 때문에, 스포츠 행사(sports event)라고 할 수 있습니다.

2 제3자의 직업을 묻는 문제 – 지문 중반에 도널드 홀버트가 CEO라는 정보가 나옵니다. CEO를 president로 패러프레이징한 (D)가 정답입니다.

3 제안 · 요청사항을 묻는 문제 – 지문 마지막 부분에 웹사이트를 언급하는 부분에서 알 수 있습니다. 일찍 신청하면 무료 구독권을 준다(if you sign up early at www.milesforlives.org, you'll receive a free subscription to *LA Times*)는 부분에서 정답을 알 수 있습니다. 지문의 sign up이 정답의 register로 패러프레이징 되었습니다.

Words

major newspaper company 주요 신문사 | take place 일어나다, 발생하다 | entry fee 참가비 | charity [tʃǽrəti] 자선단체 | CEO(=Chief Executive Officer) 최고경영자 | be on hand 참가하다 | award [əwɔ́:rd] 수여하다 | register [rédʒistər] 등록하다 | subscription [səbskrípʃən] 구독(권)

실전문제

녹음된 내용을 듣고 질문에 알맞은 응답을 고르세요.

Part 4-3-9

1 What is being advertised?
(A) A snack
(B) A drink
(C) Diet food
(D) An ice cream

2 What can customers find in the company website?
(A) A list of stores
(B) A simple map
(C) Seasonal events
(D) Customer survey results

3 What will happen next month?
(A) A new slogan will be developed.
(B) The company will launch new items.
(C) A new branch will be opened.
(D) A free concert will be held.

---

4 What is the advertisement about?
(A) An amusement park
(B) A museum
(C) A park
(D) A spa

5 What is new this season?
(A) New parking system
(B) More activities available
(C) Extra business hours
(D) Special group promotion

新 **6** Why does the speaker say "It doesn't matter how many days you stay in the park."?
(A) Parking fees are fixed per vehicle.
(B) A promotional event will be held.
(C) All visitors can get 50% discounts.
(D) The park will be closed before midnight.

7 What is this advertisement about?
(A) An air conditioner
(B) A homepage
(C) A beverage
(D) Recycling

8 What's the purpose of this campaign?
(A) To clean the streets
(B) To exchange great ideas
(C) To join a website
(D) To save energy

9 What will happen this Sunday afternoon?
(A) Someone will address the listeners.
(B) An internet service will be restored.
(C) People will gather at the square.
(D) A complimentary bag will be provided.

---

10 What is the restaurant celebrating?
(A) A new business opening
(B) Wine festival
(C) A national holiday
(D) Sales growth

11 What will be offered for the first week of business?
(A) An extra discount
(B) A coupon for cake
(C) Side dishes
(D) A frypan

12 When is the last day for this special event?
(A) This Friday
(B) This Saturday
(C) Next Friday
(D) Next Sunday

완전절친
TOEIC 스타트 LC+RC

Part 4
Day 4

연설

- 토익 빈출 단어
- 기초전략 4
- 기본 연습 문제
- 빈칸 채우고 정답 맞추기
- 예제, 실전문제 풀어보기

Day 04

연설

토익 빈출 단어

다음은 Part 4 문제에 자주 나오는 단어와 예문으로, 주제에 따라 비슷한 단어와 예문끼리 분류해 놓았습니다. 비슷한 단어들을 외우다 보면 상황이 연상되고, Part 4 듣기가 더 쉬워집니다. 연설에 관한 단어를 보면서 예문과 같이 열심히 외워두도록 합시다.

● 발표 · 회의

Part 4-4-1

다음은 발표와 회의에 관한 단어와 예문입니다. 비슷한 주제의 단어와 예문을 외우면서 일어날 수 있는 상황을 연상해 보고, 실전에서 Part 4 문제를 풀 때 적용해 보세요.

단어	예문
agenda [ədʒéndə] 안건	The meeting's agenda is as follows. 오늘 회의의 안건은 다음과 같습니다.
board [bɔːrd] 이사회	The board of directors turned down the proposal. 이사회에서 그 제안을 부결시켰어요.
budget [bʌ́dʒit] 예산	I'm on a limited budget, you know. 아시다시피, 제 예산이 빠듯합니다.
goal [goul] 목표	I set my goal on owning one restaurant. 저는 레스토랑을 소유하는 것을 목표로 정했어요.
objective [əbdʒéktiv] 목표, 목적	Maybe he has a different objective. 아마도 그는 다른 목표를 가지고 있는 것 같습니다.
policy [pάləsi] 정책	The vice president announced a new policy. 부사장님은 새 정책을 발표했습니다.
profit [prάfit] 이익	It is likely to show a very great profit. 그것은 상당한 이익이 남을 것 같아요.
project [prάdʒekt] 프로젝트	It's time to wrap up the project. 이 프로젝트를 마무리 지을 때가 됐군요.
proposal [prəpóuzəl] 제안(서)	Therefore, I entirely support your proposal. 그러므로, 전 당신의 제안을 전적으로 지지합니다.
purpose [pə́ːrpəs] 목적	What is the purpose of this passage? 이 글의 목적은 무엇인가?
quarter [kwɔ́ːrtər] 분기	The sales projection for the next quarter was presented. 다음 분기 판매 추정치가 발표 되었습니다.
seminar [sémənὰːr] 세미나	I have to attend a seminar tomorrow morning. 내일 아침 세미나에 참가해야 합니다.
survey [sərvéi] 조사	His company did a similar survey last year. 그의 회사는 작년에 비슷한 조사를 했습니다.
training [tréiniŋ] 교육, 훈련	He received training as a pilot. 그는 비행사가 되는 훈련을 받았습니다.
regional [ríːdʒənl] 지역의	How often do your regional offices contact you? 지사에서는 얼마나 자주 연락이 옵니까?

● 연설 · 강연

Part 4-4-2

다음은 연설과 강연에 관한 단어와 예문입니다. 비슷한 주제의 단어와 예문을 외우면서 일어날 수 있는 상황을 연상해 보고, 실전에서 Part 4 문제를 풀 때 적용해 보세요.

challenge [tʃǽlindʒ] 도전	He never stopped practicing for the challenge. 그는 도전을 위한 연습을 절대 멈추지 않았습니다.
consultant [kənsʌ́ltənt] 컨설턴트	She's working with us as a consultant. 그녀는 컨설턴트로서 우리와 함께 일하고 있습니다.
donation [dounéiʃən] 기부	I wanted to create a new donation culture. 저는 새로운 기부 문화를 만들고 싶었습니다.
reception [risépʃən] 환영회	How should I dress for the reception? 환영회에 무엇을 입어야하죠?
specialist [spéʃəlist] 전문가	I know that you are a specialist on the matter. 당신이 이 문제의 전문가라는 것을 알고 있습니다.
guest speaker 초청 연사	They invited guest speakers to hold a seminar. 그들은 초청 연사들을 초빙하여 세미나를 열었어요.
keynote speaker 기조 연설자	Ms. Han will be the keynote speaker at the seminar. 한 씨는 그 세미나의 기조 연설자예요.
host [houst] 개최하다	How many places will host the event? 행사는 몇 군데에서 개최하나요?
present [préznt] 발표하다	He presented the new research on that region. 그는 그 지역에 대한 새로운 연구를 발표했습니다.
supervise [sú:pərvàiz] 감독하다	He supervises all aspects of the company. 그는 회사의 모든 면을 감독합니다.
talk about 이야기하다	She is talking about the meeting's agenda. 그녀는 오늘 회의의 의제에 대해 이야기하고 있습니다.
take part in 참석하다	All employees will take part in the reception. 전 직원이 환영회에 참석할 것입니다.
effective [iféktiv] 효과적인	That's an interesting and effective strategy. 그것은 흥미롭고 효과적인 전략입니다.
financial [finǽnʃəl] 재정적인	She advises businesses on financial matters. 그녀는 재정 문제가 있는 기업에 조언합니다.

● 인물 소개

Part 4-4-3

다음은 인물 소개에 관한 단어와 예문입니다. 비슷한 주제의 단어와 예문을 외우면서 일어날 수 있는 상황을 연상해 보고, 실전에서 Part 4 문제를 풀 때 적용해 보세요.

branch [bræntʃ] 지사	Our branch office manager will handle it. 우리 지사장이 그 문제를 해결하실 겁니다.
dedication [dèdikéiʃən] 헌신	We should appreciate her great dedication. 우리는 그녀의 훌륭한 헌신에 감사해야 합니다.
head [hed] 책임자, 장(長)	She will be leaving her position as head of education center. 그녀는 곧 교육 센터장 직을 떠나게 될 것입니다.
sponsor [spάnsər] 후원자	Will you sponsor me for a charity walk I'm doing? 제가 참가하는 자선 걷기 대회에서 제 후원자가 되어 주시겠어요?
gift certificate 상품권	We're giving him a 300 dollar gift certificate to Clara's Cafe. 우리는 그에게 클라라 카페에서 쓸 수 있는 300달러 상품권을 증정합니다.
manage [mǽnidʒ] 경영하다	She has managed our branch for the past 5 years. 그녀는 우리 지사를 지난 5년 동안 경영했습니다.
recognize [rékəgnàiz] 인정하다	He refused to recognize my signature. 그는 나의 서명을 인정하려고 하지 않았습니다.
average [ǽvəridʒ] 평균의	The average tourist is now younger than in the past. 지금 평균 관광객 나이가 예전보다 어립니다.
educational [èdʒukéiʃənl] 교육적인	We hope the event was both educational and enjoyable. 우리는 행사가 교육적이고 재미있었기를 바랍니다.
past [pæst] 지난	He has been abroad for the past few years. 그는 지난 몇 년 동안 해외에 있었어요.
qualified [kwάləfàid] 자격이 있는	He is well qualified as a teacher. 그는 교사로서 충분한 자격을 갖추고 있습니다.
recently [rí:sntli] 최근에	That has not just happened recently. 그건 최근에 발생한 일이 아닙니다.
slight [slait] 약간의	There's been a slight change to our schedule. 우리 계획에 약간의 변경사항이 있습니다.
talented [tǽləntid] 재능이 있는	People wanted to know who this talented artist was. 사람들은 이 재능있는 예술가가 누군였는지 알고 싶어 했습니다.

● 시상 · 은퇴식

Part 4-4-4

다음은 시상과 은퇴식에 관한 단어와 예문입니다. 비슷한 주제의 단어와 예문을 외우면서 일어날 수 있는 상황을 연상해 보고, 실전에서 Part 4 문제를 풀 때 적용해 보세요.

applause [əplɔ́:z] 박수	Let's give him a big round of applause. 그에게 뜨거운 박수를 보냅시다.
award [əwɔ́:rd] 상	We'll present an award for the employee of the year. 올해의 사원 상을 시상할 것입니다.
career [kəríər] 경력, 직업	He started his career as a journalist. 그는 기자로서의 경력을 시작했습니다.
ceremony [sérəmòuni] 기념행사	A welcome ceremony would be better. 환영파티가 좋겠네요.
field [fi:ld] 분야	She is well-known in the field of science. 그녀는 과학 분야에서 유명합니다.
position [pəzíʃən] 직책	I know the perfect person for the position. 저는 그 직책에 적임자를 알고 있습니다.
winner [wínər] 수상자	When is the winner going to be announced? 수상자는 언제 발표될 것인가요?
contribute [kəntríbju:t] 기여하다	Hard work contributed to her success. 열심히 일한 것이 그녀의 성공에 기여했습니다.
lead [li:d] 이끌다	He'll be able to lead this company into the future. 그는 앞으로 이 회사를 잘 이끌어 갈 것입니다.
retire [ritáiər] 은퇴하다	Isn't the sales director retiring this August? 영업이사님께서 이번 8월에 은퇴하시지 않나요?
as [əz] ~로서	Mr. Clay has worked as director of our customer service department. 클레이 씨는 고객서비스 부서의 관리자로 근무해 왔습니다.
in honor of ~을 기념하여	Welcome to this special celebration in honor of Dr. Gary Cooper. 개리 쿠퍼 박사님을 기념하기 위한 이 특별행사로의 참석을 환영합니다.
outstanding [autstǽndiŋ] 뛰어난	We have a number of outstanding sales people. 우리는 여러 명의 뛰어난 영업사원이 있습니다.
well-known 유명한, 잘 알려진	I've worked for a well-known advertising firm. 저는 유명한 광고회사에서 일했습니다.

기초전략 4 세부사항 관련 문제

세부사항 관련 문제는 키워드를 이용하여 구체적인 정보를 물어보는 유형입니다. 각 의문사에 어울리는 답변을 찾아야 하며, 단답형일 경우 한 번 놓치면 유추하기 어렵기 때문에 미리 예측을 하고 리스닝을 해야합니다.

● 시점 · 기간 · 방법을 묻는 문제

When will the museum close? 박물관은 언제 문을 닫는가?
What time does the bank close today? 은행은 오늘 몇 시에 문을 닫는가?
How long has the company been in business? 회사는 사업을 한지 얼마나 되었는가?
How can listeners get more information? 청자들은 어떻게 더 많은 정보를 얻을 것인가?

● 이유 · 문제점을 묻는 문제

What problem is mentioned? 어떤 문제점이 언급되는가?
Why should listeners call? 청자들은 왜 전화를 해야 하는가?
Why is the change being made? 변경된 이유는 무엇인가?
What caused the delay? 무엇이 지연을 초래했는가?

● 문제 해결 방법

① 주로 지문의 중 · 후반부에 단서가 집중되어 있습니다.

② 화자 및 청자를 잘 구분해야 들어야 하기 때문에 사람 이름을 잘 기억하세요.

③ 단어만 바뀌는 패러프레이징이 아니라 문장 전체가 패러프레이징 됩니다.

④ 보기가 단답형인 경우를 먼저 풀고, 서술형 보기인 경우에는 끝까지 주의 깊게 듣습니다.

다음은 지문에서 정답의 단서가 될 수 있는 표현입니다.

유형	단서 표현	
이유 · 원인	because of(= due to) ~ 때문에 unfortunately 유감스럽게도	so that ~할 수 있도록 thank you for ~해주셔서 감사합니다
문제점	trouble(= difficulty) ~ing ~하는데 어려움을 겪다 I found that ~ ~라는 사실을 알게 되었습니다	

Part 4-4-5

1 What is mentioned about the location of the restaurant?

(A) It has amazing views of the city.
(B) It is in the fashion district.
(C) It is near a parking garage.
(D) It is centrally located.

식당의 위치에 관해서 무엇이 언급되는가?
(A) 도시의 멋진 광경을 볼 수 있다.
(B) 패션가에 위치한다.
(C) 주차장 근처에 있다.
(D) 중심가에 위치한다.

[호주]

Come to Silver lining Cafe this weekend for a fantastic dining experience. Since we opened up about 20 years ago, we have become one of the main attractions here in Edinburgh. Join us this weekend for our 20th anniversary celebration featuring live musical performances by jazz bands. Right in the heart of downtown, we're easily accessible from all parts of the city, so come and enjoy a festive evening with your friends and family.

이번 주말에 황홀한 식사를 경험하고 싶다면 실버 라이닝 카페로 오세요. 우리는 20년 전에 오픈한 이후로, 여기 에든버러에서 주요 명소 중 하나가 되었습니다. 이번 주말 재즈 밴드가 축하해주는 라이브 음악 공연으로 20주년을 축하하고자 하니 참여하세요. 카페는 시내 중심가에 위치하여 도시 전역에 접근이 용이합니다. 오셔서 친구와 가족들과 함께 축제 분위기의 저녁을 즐겨보세요.

[해설] 세부사항 관련 문제

시내의 한 가운데에 위치하여(Right in the heart of downtown)라고 했으므로 정답은 (D)입니다. 지문의 in the heart of가 정답의 centrally로 패러프레이징 되었습니다.

Words

fantastic [fæntǽstik] 환상적인, 황홀한 | dining experience 식사 경험 | attraction [ətrǽkʃən] 관광명소 | anniversary celebration 기념일; 축하 | feature [fíːtʃər] 특징을 이루다 | in the heart of ~의 한 가운데에 | accessible [æksésəbl] 접근 가능한 | festive [féstiv] 축제의, 기념일의

기본 연습 문제 

다음을 듣고 질문에 알맞은 답을 고르시오. 

1 Why is the speaker calling?

(A) To explain that he will be late (B) To change a meeting place

2 What does the restaurant specialize in?

(A) Steak (B) Seafood

3 What will be distributed to the visitors?

(A) Tour schedules (B) Headphones

4 How should people apply for the job?

(A) By visiting the front desk (B) By visiting a website

5 What does the speaker say he has to do on Tuesday?

(A) Go to a dentist (B) Meet with a client

6 What has the speaker e-mailed to Mr. Wise?

(A) A list of hotels (B) An itinerary

7 What is Carol Danes known for?

(A) Editing popular movies (B) Writing best-selling novels

8 What problem does the speaker report?

(A) A computer will not turn on. (B) A printer is not working properly.

9 What will Linda Roberts do?

(A) A live performance (B) A signing event

10 Who will be available in the reception area after the break?

(A) Local business employees (B) Professional trainers

빈칸 채우고 정답 맞추기 

들려주는 문장을 잘 듣고 빈칸을 채운 후, 정답을 골라보세요.
음성은 각 나라 발음으로 2번 들려드립니다. Part 4-4-7

1 Where does the talk most likely take place?

(A) At a museum (B) At a factory

> Welcome to Sapporo Food Products, the creator of Japan's favorite instant noodles. In a few minutes, we will begin the tour. You will see all the steps to make ______________________ you know. There is only one rule. Please do not touch any of the factory equipment. If you want to have fun, you have to ____________________________________.

2 What is the purpose of the speech?

(A) To give an award (B) To announce the budget

> I am happy to announce this year's Best Sales Person Award goes to Jerry Blonsky. Here at Modern Office Supply Inc, we have had ______________ ____________________ sales people. However, none of them has come close to reaching Mr. Blonsky's sales figures. Thanks to his hard work, ____________________________________ has increased our sales by more than 15 percent. So, let's all congratulate Jerry Blonsky.

3 Who is the intended audience?

(A) Technicians (B) Sales people

> We're excited to ____________________________________ for you of our latest treadmill. We hope the demonstration will help you sell the treadmill in your store. We'll start by showing you the treadmill's ________________ ________________ and you'll be asked to tell us what you think about them.

4 What problem is mentioned?

(A) The machine is broken. (B) Some equipment is too slow.

> The first topic of discussion on our agenda is the ____________________ we're going to be installing in the packaging department. As you already know we've had some difficulty ____________________________________ because the equipment we have now is not fast enough to keep up with demand.

예제 풀어보기

Part 4-4-8

1 What department does the speaker work in?
(A) Technology department
(B) Payroll department
(C) Sales department
(D) Marketing department

화자는 무슨 부서에서 일하는가?
(A) 기술부
(B) 경리부
(C) 영업부
(D) 마케팅부

2 What does the speaker say about the new software program?
(A) It is quite efficient.
(B) It was specifically designed.
(C) It is similar to the current one.
(D) It is already being used.

화자는 새로운 소프트웨어 프로그램에 대해 무엇이라 말하는가?
(A) 꽤 효율적이다.
(B) 특별히 디자인되었다.
(C) 현재의 것과 비슷하다.
(D) 이미 사용해 보았다.

3 Who should talk with the speaker after the session?
(A) Those who have an emergency
(B) Those who don't know the system
(C) Those who don't have their own computer
(D) Those who have not received a password

누가 교육 후에 화자에게 말해야 하는가?
(A) 긴급상황이 있는 사람
(B) 시스템을 잘 모르는 사람
(C) 자신의 컴퓨터가 없는 사람
(D) 비밀번호를 받지 못한 사람

Questions 1-3 refer to the following talk. [미국]

Good morning. I'm Vivian Crawford from the Technical department. And I'm here today to introduce you to the company's new software program. The program's not much different from our current one. So you shouldn't have any problems learning to use it. You all should've received an e-mail with your temporary password. If you haven't, please see me at the end of the session.

안녕하세요. 저는 기술부의 비비안 크로포드입니다. 저는 오늘 여러분에게 회사의 새로운 소프트웨어 프로그램을 소개하려고 합니다. 프로그램은 현재의 것과 크게 다르지 않습니다. 그래서 사용법을 배우는데 별문제가 없을 것입니다. 여러분은 임시 비밀번호가 적힌 이메일을 받으셨을 텐데요. 만약 받지 못했다면 교육 후에 저를 만나기 바랍니다.

[정답] (A), (C), (D)

[해설] 1 화자가 일하는 부서를 묻는 문제 – 기술부서(from the Technical department)에서 일한다고 했으므로 정답은 (A)입니다.

2 세부사항을 묻는 문제 – 프로그램은 현재의 것과 크게 다르지 않다(The program's not much different from our current one.)고 했으므로 정답은 (C)입니다. 지문의 not much different가 정답의 similar로 패러프레이징 되었습니다.

3 세부사항을 묻는 문제 – 임시 비밀번호를 받았을 것이다(You all should've received an e-mail with your temporary password.)고 하면서, 혹시 받지 못했다면 교육 끝나고 본인을 만나라(If you haven't, please see me at the end of the session.)고 했으므로 정답은 (D)입니다.

Words

technical department 기술부 | current [kə́:rənt] 현재의 | temporary password 임시 비밀번호 | session [séʃən] (특정 활동을 위한) 시간

실전문제

녹음된 내용을 듣고 질문에 알맞은 응답을 고르세요.

Part 4-4-9

1 What is being introduced?
(A) A recipe
(B) A cooking class
(C) An internet service
(D) A kitchen tool

2 What extra information can be found on the schedule?
(A) Contact details
(B) The refund policy
(C) website address
(D) The cost of materials

3 What topic will the speaker cover next?
(A) Organic food
(B) Safety procedures
(C) Kitchen equipment
(D) Cooking techniques

---

4 What does the company plan to do?
(A) Donate money to charity
(B) Discount traffic charges
(C) Build a new swimming pool
(D) Create special parking spaces

5 Why is a change being made?
(A) To protect the environment
(B) To increase employee benefits
(C) To keep up with the demand
(D) To reduce the cost of production

6 Why should listeners contact Camilla Gibb?
(A) To ask about parking fees
(B) To take part in a program
(C) To schedule an appointment
(D) To submit the application

7 What is the purpose of the talk?
(A) To increase sales
(B) To discuss a policy
(C) To review a schedule
(D) To attend an orientation

8 Where does the man work?
(A) A software company
(B) A manufacturing plant
(C) An art gallery
(D) A security company

9 What will the president probably do?
(A) Speak during lunch
(B) Take a tour
(C) Discuss a budget
(D) Hand out brochures

---

10 Where is the talk taking place?
(A) At a seminar
(B) At a tourist center
(C) At a factory
(D) At an amusement park

11 What does the speaker say will happen on May 1st?
(A) A park will close.
(B) A festival will begin.
(C) The busy season will start.
(D) A coupon will expire.

12 What are listeners asked to do?
(A) Arrive early
(B) Change the date
(C) Put on a name tag
(D) Provide an e-mail address

완전절친
TOEIC 스타트 LC+RC

Part 4

Day 5

전화 메시지

- 토익 빈출 단어
- 기초전략 5
- 기본 연습 문제
- 빈칸 채우고 정답 맞추기
- 예제, 실전문제 풀어보기

Day 05

전화 메시지

토익 빈출 단어

다음은 Part 4 문제에 자주 나오는 단어와 예문으로, 주제에 따라 비슷한 단어와 예문끼리 분류해 놓았습니다. 비슷한 단어들을 외우다 보면 상황이 연상되고, Part 4 듣기가 더 쉬워집니다. 전화 메시지에 관한 단어를 보면서 예문과 같이 열심히 외워두도록 합시다.

● 전화 메시지

Part 4-5-1

다음은 전화 메시지에 관한 기본 단어와 예문입니다. 비슷한 주제의 단어와 예문을 외우면서 일어날 수 있는 상황을 연상해 보고, 실전에서 Part 4 문제를 풀 때 적용해 보세요.

단어	예문
direction [dirékʃən] 방향	Do you know directions to city hall? 시청으로 가는 방향을 알고 있나요?
message [mésidʒ] 메시지	Good morning. This message is for Rebecca Green. 안녕하세요. 레베카 그린 씨에게 메시지 남깁니다.
receipt [risíːt] 영수증	I can mail you a copy of the receipt. 영수증 사본을 메일로 보내드릴 수 있습니다.
correct [kərékt] 정정하다	Please correct the charge on my account. 제 계좌의 청구액을 정정해 주세요.
reopen [riːóupən] 다시 문을 열다	You'll have to wait until we reopen next week. 다시 문을 여는 다음 주까지 기다리셔야 합니다.
call back 답신 전화하다	Please call me back so we can set it up. 시간을 잡을 수 있도록 전화 주시기 바랍니다.
plan to 계획하다	I'm planning to stop at the supermarket tomorrow. 내일 슈퍼마켓에 갈 계획입니다.
set up 정하다	We can talk about setting up an appointment. 우리는 약속을 정하는 것에 대해 얘기를 할 수 있습니다.
available [əvéiləbl] 시간이 있는	Let me know if you're available on Friday. 금요일에 시간이 있는지 알려주세요.
late [leit] 늦은	I'm calling to let you know that I'll be a little late. 약간 늦을 것 같아 전화 드립니다.
currently [kə́ːrəntli] 현재	I'm currently attending a medical conference. 저는 현재 의학 회의에 참가하고 있습니다.
suddenly [sʌ́dnli] 갑자기	My computer suddenly stopped working. 제 컴퓨터가 갑자기 작동을 멈췄습니다.
until [əntíl] ~까지	I will not return to my office until Saturday. 저는 토요일까지 사무실에 돌아오지 못할 겁니다.
be in charge of ~를 담당하다	I am in charge of holding an event at your hotel. 저는 당신의 호텔에서 행사 개최를 담당하고 있습니다.
on the way ~하는 도중에	The conference center is on the way to my company. 회의장은 우리 회사로 가는 도중에 있습니다.

● 업무 관련 메시지

Part 4-5-2

다음은 업무 관련 메시지에 관한 기본 단어와 예문입니다. 비슷한 주제의 단어와 예문을 외우면서 일어날 수 있는 상황을 연상해 보고, 실전에서 Part 4 문제를 풀 때 적용해 보세요.

bill [bil] 청구서	He has questions about a bill that he has received. 그는 그가 받은 청구서에 대해 질문이 있습니다.
regulation [règjuléiʃən] 규정	Emergency parking regulations will be in effect. 비상 주차규정이 시행될 것입니다.
confirm [kənfə́:rm] 확인하다	I'd like to confirm the delivery date. 배송 날짜를 확인하고자 합니다.
connect [kənékt] 연결하다	You will be connected to a customer service agent. 고객 서비스 상담원과 연결될 것입니다.
notify [nóutəfài] 통지하다	We ask you to notify us by Monday. 월요일까지 알려주시길 요청합니다.
relocate [ri:lóukeit] 이전하다	We're closed as we relocate to our new offices. 새 사무실로 이전 중이라 문을 닫았습니다.
restore [ristɔ́:r] 복구하다	We expect to restore services within an hour. 한 시간 이내에 서비스가 복구될 것으로 예상합니다.
run [rʌn] 가동되다	All systems will be running when you come in. 모든 시스템은 당신이 돌아올 때 정상 가동될 것입니다.
save [seiv] 절약하다	You can save at least 20% of your energy usage. 에너지 사용을 적어도 20%는 절약할 수 있습니다.
following [fálouiŋ] 다음의	Please listen carefully to the following options. 다음의 옵션들을 주의 깊게 들어주시기 바랍니다.
personally [pə́:rsənəli] 개인적으로	We're looking forward to speaking with you personally. 개인적으로 당신과 이야기하기를 고대합니다.
shortly [ʃɔ́:rtli] 곧	Our customer service representatives will assist you shortly. 고객 서비스 직원이 곧 도와드릴 것입니다.
at no cost 무료로	We will deliver them to your office at no cost. 무료로 사무실에 그것들을 배달해 드립니다.
at this time 이때에, 현재	At this time, we're busy helping other customers. 현재, 다른 고객들과 상담 중이라 바쁩니다.

● ARS 메시지

Part 4-5-3

다음은 ARS 메시지에 관한 기본 단어와 예문입니다. 비슷한 주제의 단어와 예문을 외우면서 일어날 수 있는 상황을 연상해 보고, 실전에서 Part 4 문제를 풀 때 적용해 보세요.

instruction [instrʌ́kʃən] 설명	For instructions in German, press 3 now. 독일어 안내는 3번을 누르십시오.
location [loukéiʃən] 장소	Please press 2 to find store locations near you. 근처 판매점을 찾아보려면 2번을 누르십시오.
recording [rikɔ́:rdiŋ] 녹음	Leave a detailed message after this recording. 이 녹음 후에 자세한 메시지를 남겨주세요.
status [stéitəs] 상태, 상황	Press 1 to check the status of an order. 주문 상태를 확인하려면 1번을 누르십시오.
tone [toun] 신호음	Please leave a message after the tone. 신호음 후에 메시지를 남겨 주시기 바랍니다.
office hours 영업시간	Our office hours are Monday to Friday from 8 A.M. to 8 P.M. 우리 영업시간은 월요일부터 금요일까지 오전 8시부터 오후 8시까지입니다.
voice-mail 음성 사서함	She is checking our voice-mail system regularly. 그녀는 정기적으로 음성 메일 시스템을 확인하고 있습니다.
contact [kɑ́ntækt] 연락하다	Please contact our customer service center. 저희 고객 서비스센터로 연락주십시오.
leave [li:v] 남기다	Be sure to leave your name and telephone number. 성함과 전화번호를 남겨주시기 바랍니다.
note [nout] 주목하다, 관심을 기울이다	Please note that our hours have recently changed. 저희 영업 시간이 최근 바뀌었다는 점을 유의하십시오.
reply [riplái] 응답하다	We'll reply as soon as the office opens. 사무실 문을 열자마자 응답해 드리겠습니다.
transfer [trænsfə́:r] 연결하다	Please stay on the line while your call is transferred. 연결되는 동안 끊지 말고 기다리세요.
update [ʌpdeit] 갱신하다	Our phone menu has recently been updated. 전화 메뉴가 최근에 갱신되었습니다.
brief [bri:f] 짧은	If you leave a brief message, we will return your call. 짧은 메시지 남겨주시면 답신 전화 드리겠습니다.
usual [jú:ʒuəl] 평상시	Our office will be open later than usual at 11:00 A.M. 저희 사무실은 평소보다 늦은 오전 11시에 문을 열 것입니다.

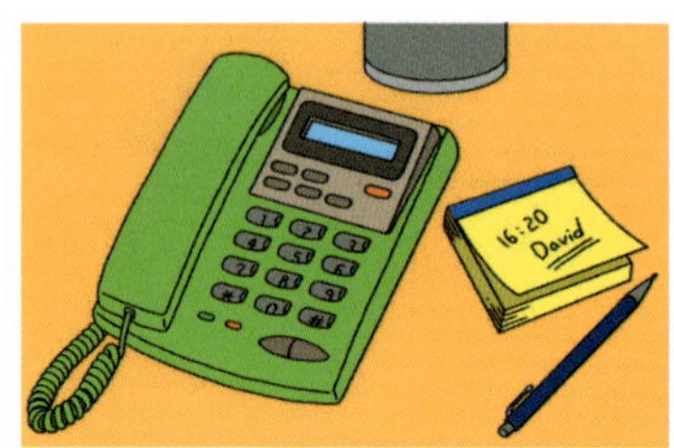

● 기타 전화 상황

Part 4-5-4

다음은 기타 전화 상황에 관한 기본 단어와 예문입니다. 비슷한 주제의 단어와 예문을 외우면서 일어날 수 있는 상황을 연상해 보고, 실전에서 Part 4 문제를 풀 때 적용해 보세요.

contract [kάntrækt] 계약(서)	We can discuss the details of our contract. 계약 세부사항을 논의 할 수 있습니다.
efficiency [ifíʃənsi] 효율성	It has made a huge difference in our efficiency. 그것은 저희 업무의 효율성에 큰 차이를 가져왔습니다.
inquiry [inkwáiəri] 문의	Thank you for your inquiry about our new products. 저희 신제품에 관하여 문의해 주셔서 고맙습니다.
process [prάses] 과정	We will let you know about the next process. 다음 과정에 대해서 알려 드리겠습니다.
national holiday 국경일	Offices were closed because it was a national holiday. 국경일이라서 사무실들이 문을 닫았습니다.
arrive [əráiv] 도착하다	Please arrive half an hour before your scheduled time. 예약 시간 30분 전에 도착해 주세요.
replace [ripléis] 교체하다	I'm not sure whether we can just replace the sofa. 소파만 교체할 수 있는지 확실하지 않아요.
resolve [rizάlv] 해결하다	I'd like to get this resolved as soon as possible. 이 문제를 되도록 빨리 해결해 주시기 바랍니다.
verify [vérəfài] 입증하다	I need to verify the cost of your plane ticket. 항공권 가격에 대해서 입증해야 합니다.
best [best] 최상의	Call me to find out the best time for a meeting. 회의에 가장 좋은 시간을 전화로 알려주세요.
excited [iksáitid] 신나는	I'm really excited about working with you. 당신과 일하게 되어 매우 신납니다.
further [fə́:rðər] 추가의	Please call us if you have any further requests. 더 궁금한 점 있다면 전화주세요.
regarding [rigά:rdiŋ] ~에 관해서	I'm calling from GM Mart regarding the order. GM 마트에서 주문 건에 대해서 전화드립니다.
be happy to 기꺼이 ~하는	If you want to fix it, we will be happy to do it for you. 수리를 원하시면, 기꺼이 해 드리겠습니다.
in regard to ~에 관해서	I'm calling in regard to the position you applied for. 당신이 지원한 자리 때문에 전화 드립니다.
at one's earliest convenience 가급적 빨리	Please give me a call at your earliest convenience. 가급적 빨리 연락 주시기 바랍니다.

기초전략 5 대화 후반부에 나오는 문제

문제 3개 중에서 가장 나중에 나오는 문제 유형입니다. 담화가 끝나고 이어질 행동과 미래의 할 일, 제안 · 요청사항을 묻습니다. 질문이 미래형(will, be going to, next)인 경우가 많고, 대화의 후반부에 단서가 등장합니다.

● 미래의 할 일을 묻는 문제

What will the listeners probably do **next**? 청자들은 다음에 무엇을 할 것 같은가?
What will happen **next week**? 다음 주에 무슨 일이 발생할 것인가?
What will take place **next month**? 다음 달에 무슨 일이 일어날 것인가?

● 제안 · 요청사항을 묻는 문제

What does the speaker **request**? 화자는 무엇을 요청하는가?
What are speakers **asked to do**? 청자들은 무엇을 하도록 요청받는가?
What are the listeners **advised to do**? 청자들은 무엇을 권고받는가?

● 문제 해결 방법

① 단서는 주로 지문의 후반부에 언급되므로, 후반부를 잘 들으세요.

② 앞으로 진행될 추론형 문제는 미래 시점과 관련된 표현이 키워드입니다.
미래시점 키워드 – next, in August, this evening, will, be going to, let's 등

③ 제안, 요청, 권장사항을 묻는 질문은 누가 누구에게 하는지 주체를 잘 들어야 합니다.

④ 지문의 내용이 요약되어 동의어 표현(Paraphrasing)으로 나오므로 유의하세요.

다음은 지문에서 정답의 단서가 될 수 있는 표현입니다.

유형	단서 표현
요구 · 요청을 묻는 질문	Please make sure that ~ ~하도록 해주세요. We ask that you ~ 당신이 ~ 해주셨으면 합니다. You'll be requested to ~ 당신은 ~하도록 요청받을 것입니다.
권유 · 제안을 묻는 질문	I suggest that you ~ ~할 것을 제안합니다. I recommend that you ~ ~할 것을 추천합니다. I invite you all to ~ ~할 것을 권유합니다. I'd be happy to ~ 기꺼이 ~ 해드리겠습니다. Why don't you ~? ~하는 것은 어떨까요?
미래에 할 일을 묻는 질문	Following ~ , S + V ~ 다음 순서로 S + V Starting ~ , S + V ~부터 시작해서 S + V Please be aware ~ ~할 것이라는 점을 유의하시기 바랍니다.

Part 4-5-5

1 What does the speaker request the listeners do?

(A) Show their tickets
(B) Stay on the bus
(C) Cancel the tour
(D) Return on time

화자는 청자들에게 무엇을 하라고 요청하는가?
(A) 티켓을 보여주는 것
(B) 버스에 머무르는 것
(C) 관광을 취소하는 것
(D) 제시간에 돌아오는 것

[미국]

If all goes according to plan, we should be able to leave from here at 2 P.M. Until then, feel free to get off the bus to walk around or visit the coffee shop across the street. Just please make sure you are back by 2. We'd like to depart as soon as the problem is fixed.

만약 모두 계획대로 된다면, 우리는 여기에서 오후 2시에 출발할 수 있을 것입니다. 그때까지 자유롭게 버스에서 내려서 산책도 하고, 길 건너편에 커피숍에도 방문하세요. 하지만 반드시 2시까지 돌아와야 합니다. 우리는 문제점이 해결되자마자 바로 출발 할 것입니다.

[해설] 요청 · 제안을 묻는 문제
요청 및 제안을 묻는 질문은 마지막 부분에 힌트가 있습니다. 화자는 반드시 2시까지는 돌아오라(Just please make sure you are back by 2.)고 했으므로, 정답은 (D)입니다.

Words
according to ~에 따르면 | get off 내리다 | depart [dipɑ́:rt] 출발하다 | as soon as ~하자마자 | fix [fiks] 수리하다, 바로잡다

기본 연습 문제  다음을 듣고 질문에 알맞은 답을 고르시오.

Part 4-5-6

1 What will listeners probably do?

(A) Read a brochure (B) Watch a video

2 What are visitors asked to do?

(A) Speak quietly (B) Remain with the group

3 What will the speaker hand out?

(A) Financial reports (B) Product samples

4 What should listeners do if they want to participate?

(A) Check their work (B) Contact their manager

5 What does the speaker say the listener will enjoy?

(A) A theater (B) A restaurant

6 What problem does the speaker mention?

(A) A deadline cannot be met. (B) A part is not available.

7 What will the company provide at no cost?

(A) A full refund (B) Express shipping

8 What are listeners advised to do?

(A) Take another route (B) Use public transportation

9 What does the speaker encourage listeners to do?

(A) Call the station (B) Send an e-mail

10 What does the speaker suggest?

(A) Using public transportation (B) Allowing extra time

빈칸 채우고 정답 맞추기 

들려주는 문장을 잘 듣고 빈칸을 채운 후, 정답을 골라보세요.
음성은 각 나라 발음으로 2번 들려드립니다. Part 4-5-7

1 What change does the speaker make?

(A) Meal time
(B) The number of people

> Hello. This is Megan Holly. I have a ______________________ for 5 people this Saturday and I'd like to change it to 7 people. We'd still like to eat at 8 P.M. ______________________ if you could call me back and confirm the new reservation as soon as possible. I can be reached at 535-0942. Thank you very much.

2 What is mentioned about the customer service agent?

(A) The customer service agent is not working now.
(B) The customer service agent is answering another call.

> Thank you for calling Investment Bank USC. The office is currently closed ______________________. The regular hours are from 9:00 A.M. to 4:30 P.M. Monday to Friday and we are closed for all national holidays. If you need to speak to one of ______________________, please call back during regular business hours.

3 According to the speaker, why is there a wait?

(A) Staff members are taking a break.
(B) There is a large number of calls.

> Thank you for calling Truenet Communications. Your call for assistance is very important to us. But due to ______________________, our service representatives are busy. Please hold on for our next available representative. If you are calling about an ______________________, we are aware of the problem and have technicians currently fixing it.

예제 풀어보기

Part 4-5-8

1 What problem does the speaker mention?

(A) A ticket is not valid.
(B) A passport is damaged.
(C) Some bags are missing.
(D) A flight schedule has been changed.

화자는 무슨 문제를 언급하는가?
(A) 티켓이 유효하지 않다.
(B) 여권이 손상되었다.
(C) 가방이 분실되었다.
(D) 여행 스케줄이 변경되었다.

2 What does the speaker propose?

(A) Departing earlier
(B) Stopping by her office
(C) Calling back later
(D) Meeting her at the airport

화자는 무엇을 제안하는가?
(A) 더 일찍 출발하는 것
(B) 그녀의 사무실에 들르는 것
(C) 나중에 전화하는 것
(D) 그녀를 공항에서 만날 것

3 What does the speaker say she will do?

(A) Waive a fee
(B) Reserve a hotel
(C) Arrange for a bus
(D) Send a confirmation

화자는 무엇을 해 줄 것이라고 말하는가?
(A) 수수료 면제
(B) 호텔 예약
(C) 버스 마련
(D) 확인서 발송

Questions 1-3 refer to the following telephone message. [영국]

Hello, Ms. Abdul. My name is Debbie and I'm calling from Pataya Airlines. I'm sorry to inform you that the flight schedule from Bangkok to New York has changed. And now you miss your connecting flight to Tokyo. There are other earlier flights available though. That will allow you to make your connection. I suggest you take one of the earlier flights so that you get into New York in time. And because of the inconvenience, I'll mention that you won't be charged for the usual flight change fee of about 120 dollars.

안녕하세요, 압둘 씨. 저는 파타야 항공사의 데비입니다. 방콕에서 뉴욕으로 가는 비행 스케줄이 변경되었다는 사실을 알려 드리게 되어 죄송합니다. 그래서 당신은 도쿄에서의 연결 항공편을 탈 수 없게 되었습니다. 하지만 다른 빠른 비행편이 있어 연계가 가능합니다. 저는 가장 빠른 항공편을 제안해 드리며, 아마도 뉴욕에 제시간에 도착하실 것입니다. 불편함에 사과드리며 비행편 변경에 대한 일반적인 수수료인 약 120달러는 지불하지 않으셔도 됩니다.

[정답] (D), (A), (A)

[해설] 1 문제점을 묻는 문제 – 화자는 방콕에서 뉴욕으로 가는 비행편 스케줄이 변경되었다(the flight schedule from Bangkok to New York has changed)고 하고 있으므로 정답은 (D)입니다.

2 요청 · 제안을 묻는 문제 – 질문의 propose(제안하다)가 지문에서는 suggest(제안하다)로 표현되었습니다. 화자는 더 빠른 비행 편을 탄다면 시간 안에 목적지에 도착할 수 있다(I suggest you take one of the earlier flights)고 하고 있으므로 정답은 (A)입니다.

3 앞으로 할 일을 묻는 문제 – 불편함에 대한 사과로, 평소 수수료를 지불하지 않아도 된다(you won't be charged for usual flight change fee about 120 dollars)는 부분에서 정답을 알 수 있으며, waive는 권리 따위를 '포기하다' 또는 '(세금이나 비용을) 면제하다'라는 뜻입니다.

Words

flight schedule 여행 스케줄 | connecting flight 연결 항공편 | inconvenience [ìnkənvíːnjəns] 불편함 | mention [ménʃən] 언급하다 | fee [fiː] 수수료

녹음된 내용을 듣고 질문에 알맞은 응답을 고르세요.

Part 4-5-9

1 What kind of business did the caller reach?

(A) A department store
(B) A moving company
(C) A doctor's office
(D) A travel agency

2 Why is the business closed?

(A) A nurse is sick.
(B) A holiday is being observed.
(C) Construction is being made.
(D) All employees are on vacation.

3 When will the business reopen?

(A) On Monday
(B) On Tuesday
(C) On Wednesday
(D) On Thursday

---

4 Who most likely is the speaker?

(A) A company president
(B) A hiring manager
(C) A radio reporter
(D) An advertising intern

5 Why is the speaker calling?

(A) To buy some supplies
(B) To report a billing problem
(C) To set up an interview
(D) To confirm a work schedule

6 Which day is the speaker available?

(A) Monday
(B) Tuesday
(C) Thursday
(D) Friday

7 What does the speaker apologize for?

(A) Making a big mistake
(B) Canceling an appointment
(C) Forgetting to send a document
(D) Providing an incorrect address

8 What needs to be completed soon?

(A) Correcting errors
(B) Making a budget
(C) Submitting a report
(D) Reviewing applications

9 What does the speaker suggest?

(A) Working at home
(B) Attending a training session
(C) Interviewing some applicants
(D) Meeting with a coworker

---

10 Where most likely does the speaker work?

(A) At a concert hall
(B) At a repair shop
(C) At a music store
(D) At a car dealership

11 What does Mr. Gorden want to do?

(A) Sell an item
(B) Attend a performance
(C) Sign up for a class
(D) Cancel a meeting

新 12 What does the speaker mean when she says, "Please call me back, so we can discuss this"?

(A) She wants to negotiate a price.
(B) She wants to talk to a different employee.
(C) She wants to explain a sales policy.
(D) She wants to provide contact details.

완전절친
TOEIC 스타트 LC+RC

Actual Test

LISTENING TEST

In the listening test, you will be asked to demonstrate how well you understand spoken English. The entire listening test will last approximately 45 minutes. There are four parts, and directions are given for each part. You must mark your answers on the separate answer sheet. Do not write your answers in your test book.

Part 1

Directions: For each question in this part, you will hear four statements about a picture in your test book. When you hear the statements, you must select the one statement that best describes what you see in the picture. Then find the number of the question on your answer sheet and mark your answer. The statements will not be printed in your test book and will be spoken only one time.

Look at the example item below.

Example

Sample Answer

Now listen to the four statements.

(A) A photocopier is being used.
(B) A woman is stacking boxes on a desk.
(C) A piece of paper is jammed in the printer.
(D) An employee is moving a cabinet.

Statement (A), "A photocopier is being used." is the best description of the picture, so you should select answer (A) and mark it on your answer sheet.

Now part one will begin.

1

2

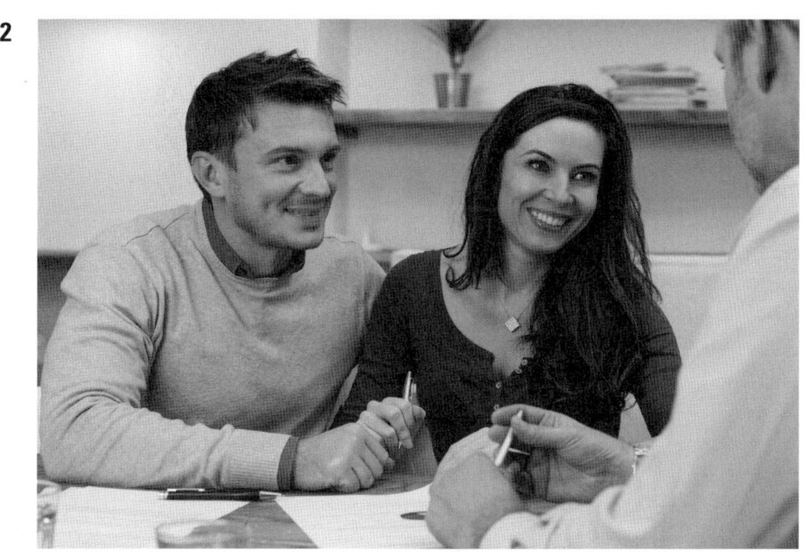

GO ON TO THE NEXT PAGE

3

4

5

6

GO ON TO THE NEXT PAGE →

Part 2

Directions: You will hear a question or statement and three responses spoken in English. They will not be printed in your test book and will be spoken only one time. Select the best response to the question or statement and mark the letter (A), (B), or (C) on your answer sheet.

7 Mark your answer on your answer sheet.

8 Mark your answer on your answer sheet.

9 Mark your answer on your answer sheet.

10 Mark your answer on your answer sheet.

11 Mark your answer on your answer sheet.

12 Mark your answer on your answer sheet.

13 Mark your answer on your answer sheet.

14 Mark your answer on your answer sheet.

15 Mark your answer on your answer sheet.

16 Mark your answer on your answer sheet.

17 Mark your answer on your answer sheet.

18 Mark your answer on your answer sheet.

19 Mark your answer on your answer sheet.

20 Mark your answer on your answer sheet.

21 Mark your answer on your answer sheet.

22 Mark your answer on your answer sheet.

23 Mark your answer on your answer sheet.

24 Mark your answer on your answer sheet.

25 Mark your answer on your answer sheet.

26 Mark your answer on your answer sheet.

27 Mark your answer on your answer sheet.

28 Mark your answer on your answer sheet.

29 Mark your answer on your answer sheet.

30 Mark your answer on your answer sheet.

31 Mark your answer on your answer sheet.

Part 3

Directions: You will hear some conversations between two or more people. You will be asked to answer three questions about what the speakers say in each conversation. Select the best response to each question and mark the letter (A), (B), (C), or (D) on your answer sheet. The conversations will not be printed in your test book and will be spoken only one time.

32 Why did the woman call?

(A) To change an address
(B) To cancel an order
(C) To check on a delivery
(D) To request a refund

33 What information did the woman provide?

(A) A company name
(B) Her address
(C) The phone number
(D) An account number

34 What does the man say?

(A) The requested items are not in stock.
(B) He will have to speak with a supervisor.
(C) Bad weather is causing a delay.
(D) The order will arrive soon.

35 What is the man looking for?

(A) A street
(B) A park
(C) A river
(D) A train station

36 Why does the man need to hurry?

(A) He has an interview.
(B) He is late for the train.
(C) He's meeting someone.
(D) He has to see an apartment.

37 What does the woman suggest?

(A) Taking a taxi
(B) Taking a bus
(C) Taking a train
(D) Walking

GO ON TO THE NEXT PAGE →

38 When do the speakers decide to depart?

(A) At 1 P.M.
(B) At 2 P.M.
(C) At 3 P.M.
(D) At 4 P.M.

39 Why do the speakers take the earlier bus?

(A) They don't want to be late.
(B) They have a meeting.
(C) They need to make some copies.
(D) They want some time to drink coffee.

40 What will the men probably do next?

(A) Get on a bus
(B) Have some coffee
(C) Make a reservation
(D) Call their manager

---

41 What are the speakers discussing?

(A) The man's free time plans
(B) An upcoming business conference
(C) The woman's favorite restaurant
(D) A recent museum opening

42 What does the man ask the woman to recommend?

(A) A sculpture exhibit
(B) A nearby hotel
(C) A menu choice
(D) A sightseeing attraction

43 According to the woman, who should the man speak to?

(A) The front desk staff
(B) The restaurant owner
(C) The conference organizer
(D) The business colleagues

44 Why is the woman concerned about the meeting?

(A) She will be there early.
(B) She is leaving for the day.
(C) She's meeting with friends.
(D) She may be absent.

45 When is the meeting scheduled to begin?

(A) At 2 P.M.
(B) At 3 P.M.
(C) At 4 P.M.
(D) At 5 P.M.

46 What will be discussed at the meeting?

(A) Computer software
(B) New client contract
(C) Conference schedule
(D) A weekend seminar

---

47 What was advertised on television?

(A) The store's hours
(B) A sale on shoes
(C) A job opening
(D) Discounts on women's accessories

48 What does the man offer to do?

(A) Call his manager
(B) Give the woman a receipt
(C) Put some merchandise aside
(D) Mail the woman her purchase

49 What will the woman probably do next?

(A) Shop for shoes
(B) Write her contact information
(C) Leave the store
(D) Read the newspaper

50 What are the speakers discussing?

(A) A price list
(B) A new employee
(C) A work schedule
(D) A coworker's new job

51 When is Mr. Brown leaving the company?

(A) This week
(B) Next week
(C) This month
(D) Next month

52 What do the speakers suggest about the New York company?

(A) It's in the center of the city.
(B) It has not opened yet.
(C) It's close to the company's headquarters.
(D) It has more than 50 employees.

---

53 What are the speakers discussing?

(A) This month's profits
(B) New products
(C) Schedules of the business trip
(D) A new ad campaign

54 What is the man concerned about?

(A) The location of a hotel
(B) The size of the ad campaign
(C) The targeting of consumers
(D) The design of a product

55 What does the man ask the woman to do?

(A) Hold a team meeting
(B) Buy a new computer
(C) Make a flight reservation
(D) Hire a sales assistant

56 What are the speakers mainly discussing?

(A) How to buy an item
(B) An advertising campaign
(C) Using a product
(D) Renting a house

57 What was the woman not able to do?

(A) Get the machine to start
(B) Find an on-off switch
(C) Read a product model number
(D) Turn off the light

58 What does the woman say she has already done?

(A) Asked for a refund
(B) Read the instructions
(C) Fixed the machine
(D) Called customer service

---

59 Who most likely is the man?

(A) A store manager
(B) An author
(C) A customer
(D) A motorcycle rider

60 What does the woman say about the magazine?

(A) It is on the shelf.
(B) It is currently on sale.
(C) It is out of stock.
(D) It comes highly recommended.

61 What will probably happen?

(A) The man will get a phone call.
(B) A magazine will be published.
(C) The woman will attend a conference.
(D) The store will count its inventory.

GO ON TO THE NEXT PAGE

Discount voucher	
Orange Soda	$5 off
Lemonade	$10 off
Melon Soda	$15 off
Valid until March 10th	

62 What problem does the man mention?

(A) He cannot find the drink.
(B) The event was cancelled.
(C) Melon soda contains caffeine.
(D) He was overcharged for an item.

63 What does the woman say recently happened?

(A) A job fair was held.
(B) The date has expired.
(C) The sale at the store started.
(D) The store is temporarily closed.

新 **64** Look at the graphic. Which discount will the woman most likely get?

(A) $5
(B) $10
(C) $15
(D) $20

65 What is the conversation mainly about?

(A) A Trade Expo
(B) A special event
(C) Office equipment
(D) New devices

66 What does the man suggest doing?

(A) Calling the agent
(B) Going to a booth
(C) Making a brochure
(D) Giving a demonstration

67 What does Emma say she is concerned about?

(A) The due date
(B) Labor costs
(C) The venue
(D) The orientation

---

68 What are the speakers discussing?

(A) Résumés
(B) A desk
(C) Job candidates
(D) A printer

新 **69** Why does the woman say, "I guess I should give her a call."?

(A) To fix the computer
(B) To review the résumés
(C) To check the schedule
(D) To e-mail a document

70 What will the woman do next?

(A) Attend a meeting
(B) Meet the client
(C) Review the résumés
(D) Have a lunch

Part 4

Directions: You will hear some talks given by a single speaker. You will be asked to answer three questions about what the speaker says in each talk. Select the best response to each question and mark the letter (A), (B), (C), or (D) on your answer sheet. The talks will not be printed in your test book and will be spoken only one time.

71 What is the main topic of the talk?
(A) A neighborhood museum
(B) A community project
(C) An office building
(D) An apartment complex

72 Who is the intended audience of the talk?
(A) Planning officials
(B) Architects
(C) Forest rangers
(D) Community members

新 **73** Why does the speaker say "it is very important to have lots of trees surrounding us."?
(A) To promote the community park
(B) To produce eco-friendly products
(C) To encourage people to plant trees
(D) To invite people to a special event

74 Where does the talk take place?
(A) At a grocery store
(B) At a restaurant
(C) At an orchard
(D) At a factory

75 What is being demonstrated?
(A) How to add the ingredients
(B) How to wear the protective clothing
(C) How to display products
(D) How to pick fruit

76 What will the speaker talk about next?
(A) Cutting methods
(B) Wrapping products
(C) Adding flavors
(D) Repairing machinery

GO ON TO THE NEXT PAGE →

77 Where most likely is the speaker?

(A) A marketing firm
(B) A hotel
(C) A convention center
(D) A private home

78 What is said about Queenshead Hotel?

(A) They are launching a new advertising campaign.
(B) They are hosting a special event.
(C) They are changing their working hours.
(D) They are receiving an award for excellent service.

79 What are the listeners asked to do next?

(A) Check their assignments
(B) Go to a dining room
(C) Serve lunch at a business office
(D) Enjoy an excellent meal

---

80 What does the report mainly concern?

(A) Latest songs
(B) A weather forecast
(C) A traffic update
(D) A project schedule

81 According to the speaker, what is causing the problem?

(A) A bus delay
(B) Road work
(C) A technical problem
(D) Rain storm

82 What will the listeners probably hear next?

(A) An interview
(B) A news update
(C) A commercial
(D) Some music

83 Which department does the caller work in?

(A) In events and planning
(B) In marketing
(C) In accounting
(D) In personnel

84 Why has the caller contacted Walter?

(A) To cancel a flight
(B) To confirm travel arrangements
(C) To request original documents
(D) To reschedule a meeting

85 How should Walter contact the caller?

(A) By calling her
(B) By sending her an e-mail
(C) By calling her assistant
(D) By visiting her office

---

86 Who is the speaker talking to?

(A) Airplane passengers
(B) Press agents
(C) Airline staff
(D) Technicians

87 What did customers complain about?

(A) Billing service
(B) Customer service
(C) Flight delays
(D) The repair schedule

88 According to the talk, what will happen next?

(A) Suggestions will be offered.
(B) The group will present projects.
(C) A budget update will be reviewed.
(D) Response cards will be filled out.

89 What position is being advertised?

(A) Sales people
(B) Receptionists
(C) Cooks
(D) Bar staff

90 What is required for job applicants?

(A) A college degree
(B) Work experience
(C) Language skills
(D) Good grades

91 What are prospective applicants asked to do?

(A) Submit a report
(B) Apply in person
(C) Call the manager
(D) Send an e-mail

TOUR SCHEDULE	
Walking tour	10:00A.M.
Lunch	12:00P.M.
Art museum	1:30P.M.
Souvenir shop	2:30P.M.

92 What does the speaker say about Mariam's cafe?

(A) It has recently closed.
(B) It serves Chinese food.
(C) It offers a 20% discount.
(D) It is the oldest restaurant in the city.

新 **93** Look at the graphic. What time is this talk most likely being given?

(A) At 10:00 A.M.
(B) At 12:30 P.M.
(C) At 1:30 P.M.
(D) At 2:30 P.M.

94 What does the speaker say she will pass out?

(A) Famous paintings
(B) Information booklets
(C) Some snacks
(D) Passports

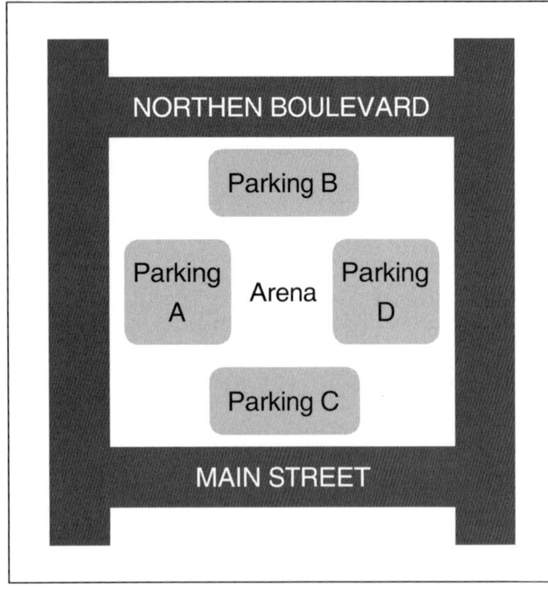

95 Why was the soccer game rescheduled?

(A) There was a traffic jam.
(B) The weather was bad.
(C) The arena was under construction.
(D) Some players were under stress.

96 According to the speaker, why might a listener watch a game on television?

(A) If a typhoon is expected.
(B) If tickets have been sold out.
(C) If the parking lot was full.
(D) If the broadcasting time decreased.

新 **97** Look at the graphic. Which parking area will be closed?

(A) Parking A
(B) Parking B
(C) Parking C
(D) Parking D

98 What is the main purpose of the talk?

(A) To go over an agenda
(B) To explain policies
(C) To show research
(D) To welcome conference participants

99 What field do the listeners work in?

(A) Technology
(B) Science
(C) Business
(D) Medicine

100 What will audience members probably do next?

(A) Meet each other
(B) Watch a video conference
(C) Eat dinner
(D) Attend a lecture

Memo

완전절친
TOEIC 스타트 LC+RC

RC

Reading Comprehension

Warm up

문장의 기본 구조

8품사

단어는 성격에 따라 내용어와 기능어, 8가지 품사로 나눌 수 있습니다.

내용어: 문장 내에서 의미를 전달하는 단어(명사, 동사, 형용사, 부사)

기능어: 문법상의 기능을 위해 사용하는 단어(대명사, 전치사, 감탄사, 접속사)

1 명사(Noun): 사람이나 사물 등의 이름을 나타내는 말입니다.

John, clock, book, magazine, company, manager 등

The **book** is on the **desk**. 책은 책상 위에 있다.

2 동사(Verb): 주어의 상태를 나타내는 be동사와 동작을 나타내는 일반동사가 있습니다.

be동사: am, are, is, was, were, will be 등
일반동사: do, have, go, give, make 등

He **is** a good teacher. 그는 좋은 선생님이다.
I **have** a girlfriend. 나는 여자친구가 있다.

3 형용사(Adjective): 성질, 모양, 상태 등을 나타내는 말로 명사를 꾸며 주거나 설명해 줍니다. 2형식과 5형식의 문장에서 주어와 목적어를 보충해주는 보어 역할을 합니다.

명사를 수식: She is a **beautiful** woman. 그녀는 아름다운 여자다.

주격 보어(2형식): She is **beautiful**. 그녀는 아름답다.

목적격 보어(5형식): We must keep the food **fresh**. 우리는 음식을 신선하게 보관해야 한다.

4 부사(Adverb): 동사, 형용사, 다른 부사, 문장 전체를 수식하는 역할을 합니다.

easily, softly, clearly, happily, friendly 등

She works **very efficiently**. 그녀는 매우 효율적으로 일한다.

▶ 부사 very는 부사 efficiently 수식, 부사구 very efficiently는 동사 works 수식

5 대명사(Pronoun): 명사를 대신해서 쓰입니다.

I, you, he, she, we, they 등

Jennifer is my friend. **She** is very happy now. 제니퍼는 내 친구이다. 그녀는 지금 매우 행복하다.

6 전치사(Preposition): 명사, 명사구, 동명사 등의 앞에 위치하여 '전치사 + 명사'의 형태로 쓰여 수식어구를 이룹니다.

in, on, at, during, into, about 등

My sister exercises **in** the morning. 내 여동생은 아침에 운동한다.

7 감탄사(Interjection): 기쁨, 슬픔, 놀람 등을 표현하는 말입니다.

oh, oops, bravo, gee 등

This is very funny. **Bravo**! 이것은 아주 재미있다. 브라보!

8 접속사(Conjunction): 단어와 단어, 구와 구, 절과 절, 문장과 문장을 연결하는 역할을 합니다.

and, but, so, or, if, when, although 등

She is smart **and** kind. 그녀는 영리하고 친절하다.
I was feeling hungry, **so** I made a sandwich. 나는 배가 고파서 샌드위치를 만들었다.

문장을 구성하는 요소들

문장 성분이란 단어, 구, 절들이 문장 속에서 하는 역할을 말합니다. 문장을 구성하는 요소들이 모여서 하나의 완전한 문장을 이룹니다.

1 주어(Subject)

모든 문장에는 적어도 하나의 주어와 동사가 있어야 합니다. 주어는 문장의 앞머리에 나와서 ~은(는), ~이(가)의 뜻으로 해석되며, 문장의 주체가 됩니다.

① 명사(구)

The employees go to the company by bus. 직원들은 버스로 회사에 간다.

② 대명사(명사를 대신해서 쓰는 것)

She speaks both English and Korean. 그녀는 영어와 한국어 둘 다 구사한다.

③ 동명사

Swimming is one of the best exercises you can do.
수영은 당신이 할 수 있는 가장 좋은 운동 중의 하나입니다.

④ to부정사

To increase productivity is the aim of the new project.
생산성을 높이는 것이 새로운 프로젝트의 목표이다.

⑤ 명사절(절 = 접속사 + 주어(S) + 동사(V))

That the conference was scheduled for Monday is disappointing.
회의가 월요일로 예정되었다는 것은 실망스럽다.

2 동사(Verb)

문장에서 주어의 동작이나 상태를 기술하는 것을 동사라고 합니다. 동사는 크게 자동사와 타동사로 나눌 수 있습니다. 자동사는 목적어를 가지지 않는 동사이고, 타동사는 목적어를 가지는 동사입니다.

Week 2-1. 동사의 종류 p.107 참조

① 자동사

Clara **became** a teacher. 클라라는 선생님이 되었다.

▶ 자동사 become은 목적어가 없음. a teacher는 주격 보어. Clara = a teacher

② 타동사

John **likes** teaching. 존은 가르치는 것을 좋아한다.

▶ 타동사 like는 목적어(teaching)를 가짐

3 목적어(Object)

~을(를)의 뜻으로 해석되며, 타동사 다음에 오는 명사, 대명사 및 명사의 역할을 하는 모든 구나 절이 목적어가 됩니다.

① 명사(구)

We enjoyed **the movie**. 우리는 영화를 재미있게 보았다.

② **대명사**

Everyone likes **her**. 모두들 그녀를 좋아한다.

③ **to 부정사**

The president plans **to hold a meeting this Friday**. 사장은 이번 주 금요일에 회의를 개최할 계획이다.

④ **동명사**

I finished **writing the report**. 나는 보고서 쓰기를 끝냈다.

⑤ **명사구**

I didn't know **what to do**. 나는 무엇을 해야 할지 몰랐다.

⑥ **명사절**

I know **that John is an excellent teacher**. 나는 존이 훌륭한 선생이라는 것을 안다.

4 보어(Complement)

주어를 보충해주면 주격 보어, 목적어를 보충해주면 목적격 보어입니다. 주어나 목적어의 성질, 상태 등을 표현하며 명사, 대명사, 형용사, 분사, 부정사, 및 명사나 형용사의 역할을 하는 모든 구나 절이 보어가 될 수 있습니다.

① **주격 보어:** 보어 자리에 명사가 오면 주어와 동격이 되고, 형용사가 나오면 주어의 성질이나 상태를 표현합니다.

- **명사 주격 보어**

  She is **my mother**. 그녀는 나의 어머니입니다.

  ▶ my mother는 주격 보어, She = my mother

- **형용사 주격 보어**

  You look **happy**. 당신은 행복해 보입니다.

  ▶ happy는 주격 보어, 주어 You의 상태를 설명

② **목적격 보어:** 목적어의 성질, 성격 혹은 상태를 표현합니다.

- **명사 목적격 보어**

  The board of directors appointed him **president**. 이사회는 그를 사장으로 임명했다.

  ▶ president는 목적격 보어, him = president

- **형용사 목적격 보어**

  The story made us **happy**. 그 이야기는 우리를 행복하게 만들었다.

  ▶ happy는 목적격 보어, 목적어 us의 상태를 설명

5 수식어구(Modifier)

수식어구는 문장의 기본 구성 요소인 주어, 동사, 목적어, 보어를 꾸며주는 형용사(형용사구, 형용사절), 부사(부사구, 부사절)를 말합니다.

(1) 수식어구가 오는 자리

수식어구는 문장의 앞, 중간, 혹은 뒤 어디에나 나올 수 있습니다. 수식어구를 제외한 나머지는 문장의 기본요소 즉 주어, 동사, 목적어/보어가 됩니다.

① 문장 앞

Because of the bad weather, our flight is delayed. 날씨가 좋지 않아서, 우리가 탈 비행기가 지연된다.

② 문장 중간

The man **standing at the door** is my teacher. 문 앞에 서있는 남자는 내 선생님이다.

③ 문장 뒤

I know the woman **who is wearing a cap**. 나는 모자를 쓰고 있는 여자를 안다.

(2) 수식어를 찾는 방법

문장의 기본 요소인 주어, 동사 그리고 목적어, 보어를 제외한 나머지 부분은 수식어입니다. 다음에 나오는 문장에서 수식어를 찾아봅시다.

According to a survey, workers prefer to travel to places nearby during holidays.
설문 조사에 따르면, 근로자들은 휴가기간 동안에 가까운 장소로 여행가기를 선호한다.

① 주어를 찾아보세요.

According to a survey, **workers**(주어) prefer to travel to places nearby during holidays.

② 동사를 찾아보세요.

According to a survey, workers(주어) **prefer**(동사) to travel to places nearby during holidays.

③ 목적어 혹은 보어를 찾아보세요.

According to a survey, workers(주어) prefer(동사) **to travel**(목적어) to places nearby during holidays.

④ 나머지 부분이 수식어입니다.

According to a survey(수식어구), workers prefer to travel **to places nearby during holidays**(수식어구).

문장의 5형식

1 1형식: 주어 + 동사(완전 자동사)

주어와 동사만으로 완전한 의미를 갖는 문장입니다. 1형식의 동사에는 go(가다), run(달리다), sing(노래하다) 등이 있습니다.

He(주어) + runs(동사). 그는 달린다.

② 2형식: 주어 + 동사(불완전 자동사) + 보어(명사, 형용사)

보어는 보충해 주는 말입니다. 동사로 주어의 동작이나 상태를 설명하기 부족해서 주격 보어를 씁니다. 2형식의 동사에는 be(~이다), become(~이 되다), look(~처럼 보이다), remain(~인 상태로 남아있다) 등이 있습니다.

The manager(주어) + looks(동사) + good(보어). 매니저는 사람이 좋아 보인다.

③ 3형식: 주어 + 동사(완전 타동사) + 목적어(명사)

3형식에 쓰인 동사는 타동사라 하며 타동사 뒤에는 목적어가 옵니다. 3형식의 동사에는 like(~을 좋아하다), love(~를 사랑하다), believe(~를 믿다) 등이 있습니다.

I(주어) + believe(동사) + you(목적어). 저는 당신을 믿습니다.

④ 4형식: 주어 + 동사(수여동사) + 간접 목적어 + 직접 목적어

4형식의 동사는 수여동사라 하는데 '주다'의 뜻입니다. 주어가 무언가를 다른 사람에게 주게 되면 주는 물건과 받는 사람이 있으므로 목적어는 두 개가 됩니다. 간접목적어는 사람으로 '~에게'로 해석되고 직접목적어는 '~을, 를'로 해석이 됩니다. 4형식의 동사에는 give(주다), offer(제공하다), buy(사다), order(주문하다) 등이 있습니다.

She(주어) + gave(동사) + me(간접 목적어) + a book(직접 목적어). 그녀는 나에게 책 한 권을 주었다.

⑤ 5형식: 주어 + 동사(불완전 타동사) + 목적어 + 목적보어

'주어 + 동사 + 목적어'로 만들어진 문장에 목적어를 설명하는 목적보어가 오면 5형식의 문장입니다. 목적보어 자리에 명사가 오면 목적어와 동격이 되고, 형용사가 오면 목적어의 상태나 성격을 설명해 줍니다. 5형식의 동사에는 make(~을 …하게 만들다), find(~이 …라는 것을 알다) 등이 있습니다.

He(주어) + made(동사) + me(목적어) + happy(목적보어). 그는 나를 행복하게 만들었다.

구와 절

① 구(Phrase)

두 개 이상의 단어가 모여 하나의 말 덩어리가 되는 것이 구입니다. in the morning(전치사구)처럼 주어와 동사가 포함되지 않습니다. (절에는 주어와 동사가 포함됩니다.)

① **명사구(한정사 + 명사):** 명사처럼 문장에서 주어, 목적어, 보어 역할을 하는 구를 말합니다.

관사 + 명사: an apple, a book, the door
소유격 + 명사: your company, his department
지시형용사 + 명사: this book, that book
수량형용사 + 명사: many employees, much money

The company installed new software. 그 회사는 새로운 소프트웨어를 설치했다. (주어)

I heard **his story**. 나는 그의 이야기를 들었다. (목적어)

John is **a student**. 존은 학생이다. (보어)

② **형용사구(전치사 + 명사):** 명사 뒤에 나오는 전치사구(전치사+명사)는 앞에 있는 명사를 형용사처럼 수식하므로 형용사구라 말합니다(수식어구).

The books **on the table** are mine. 테이블 위에 있는 책들은 내 것이다.

The advertisements show the features **of the product**. 광고는 상품의 특징을 보여준다.

③ **형용사구(분사구):** 명사 뒤에 나오는 과거/현재분사구는 앞에 있는 명사를 형용사처럼 수식하므로 형용사구라 말합니다(수식어구).

We have cars **manufactured in Europe**. 우리는 유럽에서 생산된 자동차들을 가지고 있습니다.

I saw a woman **jogging along the street**. 도로를 따라 조깅하는 한 여자를 보았다.

④ **부사구(전치사 + 명사):** 동사 뒤에 나오는 전치사구(전치사+명사)는 동사를 수식하는 부사구라 말합니다(수식어구).

The building stands **on the hill**. 빌딩은 언덕 위에 있다.

The fitting room is **on your right**. 탈의실은 오른쪽에 있습니다.

2 절(Clause)

절은 구처럼 두 개 이상의 단어가 모여서 구성이 되지만 주어와 동사가 꼭 있어야 합니다. 절은 중심이 되는 주절과 부가적인 종속절로 구성이 되어 있습니다. 종속절에서는 항상 종속접속사를 써야 합니다.

① **명사절**
명사절을 이끄는 접속사는 다음과 같이 크게 세 가지로 나눌 수 있고, 문장에서 명사와 똑같이 주어, 목적어, 보어 역할을 합니다.

Words

feature [fí:ʧər] 특징 | manufactured [mæ̀njufǽkʧərd] 생산된, 제조된

• **명사절 해석**

that ~하는 것	whether/if ~인지 아닌지	who 누가 ~하는지
where 어디서 ~하는지	when 언제 ~하는지	what 무엇이(을) ~하는지
which 어느 것이(을) ~하는지	why 왜 ~하는지	how 어떻게 ~하는지

• **주어**

That he won the race was unbelievable. 그가 경주에서 승리했다는 것은 믿을 수 없었다.

Whether I apply for that company is not decided yet.
내가 그 회사에 지원할지는 아직 정해지지 않았다.

• **목적어**

I don't know **whether she will come**. 나는 그녀가 올지 안 올지 모른다.

I wonder **if he needs help**. 나는 그가 도움이 필요한지 모르겠다.

• **보어**

This is **what I said**. 이것이 내가 말했던 것이다.

The important thing is **that a director should know every detail**.
중요한 것은 이사가 모든 세부사항을 알아야 한다는 것이다.

② 형용사절

형용사절은 관계대명사(who, that, which, what)나 관계부사(where, when, how, why) 등이 이끄는 절로서 형용사처럼 선행하는 명사를 수식합니다.

• **관계대명사절**

The students **who were absent from school** missed the assignment.

학교에 결석한 학생들은 숙제를 하지 못했다.

• **관계부사절**

The apartment building **where he lives** is very old. 그가 사는 아파트 건물은 매우 오래됐다.

=The apartment building **in which** he lives is very old.
=The apartment building **which** he lives **in** is very old.

③ 부사절(= 종속절)

부사절은 문장 안에서 부사 역할을 하는 절로서 시간, 원인과 이유, 대조(양보), 직접대조, 이유 등의 의미를 가지는 절을 말합니다. 이유, 조건, 양보의 부사절을 이끄는 문제가 매달 시험에서 출제가 되고 있습니다.

• **시간의 부사절을 이끄는 종속접속사**

after(=following) ~한 후에	before ~하기 전에	when ~할 때
while(=during) ~하는 동안	as soon as ~하자마자	since ~한 이후로
until ~할 때까지	once ~하자 바로, 일단 ~하면	as long as ~하는 동안은

When it began to rain, he closed the windows. 비가 내리기 시작했을 때, 그는 창문들을 닫았다.

★ • **이유의 부사절을 이끄는 종속접속사**

because, now that, since, as ~때문에 (=because of, due to, owing to)

We don't have to go to school **since** this Friday is a holiday.
이번 금요일은 국경일이기 때문에 우리는 학교에 갈 필요가 없다.

★ • **대조(양보)의 부사절을 이끄는 종속접속사**

even though, although, though, even if ~에도 불구하고(=despite, in spite of)

Even though he wasn't a good swimmer, Peter jumped into the water to rescue the little girl.
피터는 수영을 잘하지 못했음에도 불구하고, 어린 여자아이를 구하기 위해서 물 속에 뛰어들었다.

• **직접대조의 부사절을 이끄는 종속접속사**

while ~하는 동안에(=during), whereas ~에 반해서

My wife was watching TV **while** I was washing the dishes.
내가 설거지를 하는 동안 나의 아내는 텔레비전을 보고 있었다.

★ • **조건절을 이끄는 종속접속사**

if 만약 ~라면	unless 만약 ~하지 않는다면	only if 오로지 ~만으로
whether or not 어떻게 됐든	in case ~할 경우에(=in case of, in the event of)	
even if ~에도 불구하고	in the event that (that 이하의) 경우에	

If it rains tomorrow, I will take my umbrella. 내일 비가 온다면, 나는 우산을 가지고 갈 것이다.

준동사

1 준동사

동명사 (v−ing), 부정사 (to −v), 현재분사 (v−ing), 과거분사 (v−ed)를 모두 준동사라고 합니다. 동사에서 비롯되어서 동사의 특성은 가지고 있지만 문장에서 명사, 형용사, 부사의 역할을 하고 동사의 기능을 가지지 못하기 때문에 준동사라고 합니다.

동명사(동사원형 −ing) → 명사 역할
to 부정사(to + 동사원형) → 명사, 형용사, 부사 역할
분사(동사원형 −ing, −ed) → 형용사 역할

① **동명사**

John is considering **moving into** a place close to his school.

존은 그의 학교 근처로 이사 가는 것을 고려하고 있다.

▶ 동명사 moving into는 동사 consider의 목적어(명사적 용법)

② **부정사**

The company hired a consultant **to handle** the current problems.

회사는 현재의 문제점들을 해결하기 위해서 자문 위원을 고용했다.

▶ to부정사인 to handle은 의미상 목적을 나타내는 부정사(부사적 용법)

③ **분사**

This is an **interesting** TOEIC class. 이것은 재미있는 토익 수업이다.

▶ 분사는 명사 수식(형용사적 용법)

2 준동사의 형용사구 역할

형용사구는 형용사처럼 문장 안에서 명사나 대명사를 수식하거나 형용사구 자체가 보어 역할을 하는 구를 말합니다. 형용사구는 주로 분사나 to 부정사를 사용합니다.

① **명사 수식**

This position will be given to Emily **(who was) interviewed last Monday**.

그 직책은 지난 월요일에 인터뷰를 한 Emily에게 주어질 것이다.

▶ who was는 생략이 가능

② **보어**

Peter seems **to be sad**. 피터는 슬퍼 보인다.

▶ to be sad는 주어 Peter의 상태를 나타내는 보어

3 준동사의 부사구 역할

부사구는 부사와 마찬가지로 문장 안에서 동사, 형용사, 부사 그리고 문장 전체를 수식하는 역할을 합니다.

① **형용사 수식**

English is difficult **to learn**. 영어는 배우기 어렵다.

▶ 부정사 to learn이 앞에 나온 형용사 difficult를 수식

② **부사 수식**

Betty is rich enough **to travel around the world**. 베티는 세계여행을 할 만큼 부자다.

▶ 부사구 to travel around the world가 부사 enough를 수식

완전절친
TOEIC 스타트 LC+RC

Week 1

Day 1

명사

- 명사의 종류
- 단수 명사와 복수 명사
- 명사의 형태와 자리
- 가산명사와 불가산명사
- 단원 별 문제

★ 명사 필수 어휘 1

Day 01

명사

✻ 명사는 어떤 품사인가요?

명사(noun)는 사람이나 사물의 이름을 나타내는 품사이고 문장에서 주어, 목적어, 혹은 보어 역할을 합니다.

✻ 명사는 시험에서 몇 문제나 출제되나요?

명사는 크게 두 가지 유형으로 출제가 됩니다. 하나는 명사의 자리에 관한 문제로 매월 2-3문제 정도, 또 다른 하나는 명사 어휘 문제로 이것도 매월 2-3문제 정도가 출제됩니다.

출제 포인트	문항 수
명사의 자리	매월 2-3문제 출제
명사 어휘	매월 2-3문제 출제

1 명사의 종류

명사는 가산명사와 불가산명사 두 가지가 있습니다. 가산명사는 셀 수 있기 때문에 단수일 경우 명사 앞에 부정관사 a/an을 쓰고, 복수일 경우에는 명사 뒤에 -s/es를 붙입니다. 불가산명사는 셀 수 없으므로 부정관사 a/an이나 -s/es를 붙일 수 없습니다.

가산명사 (셀 수 있는 명사)	• 보통명사 (하나씩 셀 수 있는 명사)	**a** computer 컴퓨터 → computer**s** 컴퓨터들 **an** employee 직원 → employee**s** 직원들
	• 셀 수 있는 집합명사 (셀 수 있는 집합체)	**a** team 팀 → team**s** 팀들 **a** family 한 가족 → familie**s** 여러 가족 **a** committee 위원회 → committee**s** 여러 위원회
불가산 명사 (셀 수 없는 명사)	• 고유명사(지명이나 사람이름) • 추상명사(보거나 듣거나 만질 수 없음) • 물질명사(기체, 액체, 재료, 음식물)	Canada 캐나다 Michelle 미셸 love 사랑 happiness 행복 peace 평화 ticketing 발권 information 정보 air 공기 water 물 paper 종이

Check Up

1 다음 단어들 중에서 잘못 쓰인 것을 고르세요.

(A) employees (B) teams (C) informations (D) a committee

2 단수 명사와 복수 명사

가산명사가 단수로 쓰일 경우 앞에 부정관사 a/an을 써야 하고, 복수로 쓰일 경우 뒤에 –s/es를 붙여야 합니다.

단수 명사	복수 명사	복수 명사의 형태
a plan 계획 an employee 직원	plans 계획들 employees 직원들	일반적인 대부분의 명사는 뒤에 –s를 붙입니다.
a bus 버스 a church 교회 a box 상자	buses 버스들 churches 교회들 boxes 상자들	–s, –ch, –sh, –x로 끝나는 명사는 끝에 –es를 붙입니다.
story 이야기 baby 아기	stories 이야기들 babies 아기들	자음 + –y로 끝나는 명사는 y를 i로 고치고 –es를 붙입니다.
wife 아내 knife 칼	wives 아내들 knives 칼들	–f, –fe로 끝나는 명사는 –f나 –fe를 v로 고치고 –es를 붙입니다.
person 한 사람 child 어린이 woman 여자	people 사람들 children 어린이들 women 여자들	불규칙적으로 변하는 명사는 고유한 형태를 가지고 있습니다.

Check Up

2 다음에 나오는 단어들을 복수형으로 바꿔보세요.

chair → (　　　　　)　　city → (　　　　　)

bench → (　　　　　)　　wolf → (　　　　　)

3 명사의 형태

단어의 끝에 붙는 접사를 접미사라고 합니다. 다음과 같은 접미사가 붙어서 다양한 명사가 만들어집니다. 명사를 만드는 접미사와 사람명사를 만드는 접미사를 정리하고 모르는 단어도 암기할 수 있도록 하세요.

● 명사를 만드는 접미사

-tion	construction 건설, 공사	production 생산	promotion 승진, 홍보
-sion	decision 결정	impression 인상, 감동	permission 허락
-ing	advertising 광고	clothing 의류	marketing 마케팅
-al	proposal 제안	approval 승인	removal 제거
-ment	advertisement 광고	management 경영	retirement 퇴직, 은퇴
-ance	insurance 보험	maintenance 보존, 보수, 유지	performance 실행, 성과
-ence	experience 경험	evidence 증거	essence 본질
-tude	attitude 태도	aptitude 소질	
-y	warranty 보증	modesty 겸손	discovery 발견
-sis	analysis 분석	crisis 위기	
-ity	ability 능력	productivity 생산성	diversity 다양성
-ness	happiness 행복	eagerness 열의, 열망	brightness 빛남, 밝음
-th	growth 성장	strength 세기, 힘	length 길이
-ship	leadership 통솔력	partnership 공동, 협력	internship 인턴사원 근무
-ics	physics 물리학	economics 경제학	mathematics 수학

● 사람명사를 만드는 접미사

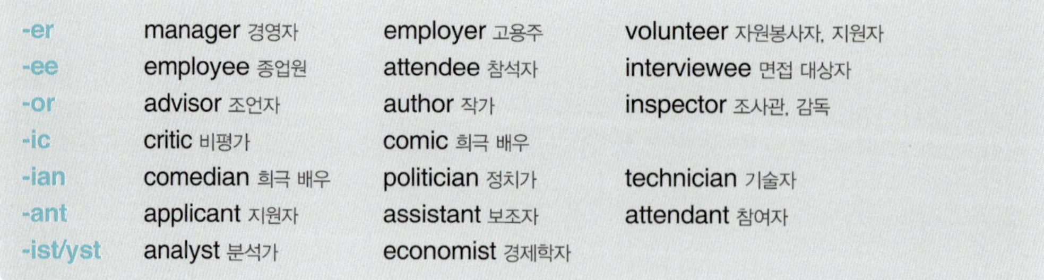

-er	manager 경영자	employer 고용주	volunteer 자원봉사자, 지원자
-ee	employee 종업원	attendee 참석자	interviewee 면접 대상자
-or	advisor 조언자	author 작가	inspector 조사관, 감독
-ic	critic 비평가	comic 희극 배우	
-ian	comedian 희극 배우	politician 정치가	technician 기술자
-ant	applicant 지원자	assistant 보조자	attendant 참여자
-ist/yst	analyst 분석가	economist 경제학자	

Check Up

3 다음 단어들 중에서 명사를 모두 고르세요.

(A) decide (B) approval (C) renew
(D) shipping (E) apply (F) instructor

★ 4 명사의 자리

명사 문제는 매달 시험에서 5-6문제가 나오는데, 2-3문제가 명사의 자리에 관한 문제입니다. 다음에 나오는 명사의 자리를 확실하게 정리해 두세요.

1 주어(명사) + 동사 + 보어/목적어

명사는 주어 자리에 오고 뒤에 동사와 보어/목적어가 옵니다.

Construction of the city's tallest skyscraper is nearly complete.
주어(명사) 동사 보어
그 도시의 가장 높은 고층 빌딩 공사가 거의 완료 단계에 있다.

Applicants for the position of chef must supply two letters of recommendation.
주어(명사) 동사 목적어
주방장 일자리 지원자들은 반드시 2장의 추천서를 제출해야 한다.

● 일반명사와 사람명사의 구별

다음에 나오는 일반명사와 사람명사는 최근 출제된 어휘이므로 꼭 암기해야 합니다.

일반명사	사람명사
accounting 회계(학)	accountant 회계사
advice 충고	advisor 조언자
architecture 건축학	architect 건축가
application 지원	applicant 지원자
assistance 도움, 원조, 보조	assistant 조수
competition 경쟁	competitor 경쟁자
instruction 교육	instructor 교사
management 경영	manager 관리자
negotiation 협상	negotiator 협상가
participation 참여	participant 참가자
subscription 구독	subscriber 구독자
supervision 감독	supervisor 감독자

Words
recommendation [rèkəməndéiʃən] 추천

2 주어 + 동사 + 목적어(명사)

명사는 동사 뒤 목적어 자리에 와서 '~을, ~를'로 해석이 됩니다.

The company is seeking **assistance** with its new online marketing plan.
주어 동사 목적어(명사)
회사는 새로운 온라인 마케팅 계획안과 관련한 도움을 구하고 있는 중이다.

3 주어 + 동사 + 보어(명사)

명사는 보어 자리에 와서 주어와 동격을 이룹니다.

A key attribute that employers look for in job candidates is **reliability**.
주어 동사 보어(명사)
고용주가 지원자들에게 기대하는 중요한 자질은 바로 신뢰성이다.

▶ 주어 a key attribute(중요한 자질)와 명사 보어 reliability(신뢰성)는 동격

4 관사(a/an, the) + 명사

관사 뒤에 명사가 올 수 있습니다.

Customers must contact the **manufacturer** directly for product repairs.
관사 명사
고객들은 제품 수리를 위해 생산자에게 직접 연락해야 한다.

5 소유격(my, your, his, her, their, our, its, 명사's) + 명사

소유격 뒤에 명사가 올 수 있습니다.

In December, all employees will meet with their **supervisors** to set goals for the next year.
소유격 명사
12월에, 모든 근로자들은 다음 해 목표를 설정하기 위해 자신들의 관리자들을 만날 것이다.

6 형용사 + 명사

명사는 형용사 뒤에 와서 형용사의 수식을 받습니다.

Construction of the LA Airport will require careful **planning**.
형용사 명사
LA 공항 건설은 신중한 계획 수립을 필요로 할 것이다.

7 전치사 + 명사

전치사 뒤에는 항상 명사가 옵니다.

After two years of **construction**, the University Avenue Bridge has finally been completed.
전치사 명사
2년간 공사 이후, University Avenue Bridge는 마침내 완공되었다.

8 복합명사(명사 + 명사)

명사와 명사가 합쳐져 복합명사가 됩니다.

Clients interested in investments should contact our financial planning consultant.
복합명사

투자에 관심있는 고객들은 우리의 금융 기획 상담가에게 연락해야 한다.

● 기출 필수 복합명사(명사 + 명사)

다음에 나오는 복합명사는 모두 기출에서 나왔던 표현입니다. 진하게 된 표현은 중요하므로 한번 더 암기하도록 하세요.

account number 계좌번호 **advertising strategy** 광고 전략 apartment complex 아파트 단지
application form 지원서 assembly line 조립 라인 **communication skills** 의사소통 기술
construction site 건설 현장 customer satisfaction 고객 만족(도)
employee/staff/worker productivity 직원 생산성 hotel reservation 호텔 예약
identification card 신분증 job openings 공석, 일자리 job performance 업무 수행
keynote speaker 기조 연설자 **keynote speech** 기조 연설 maintenance work 정비 작업
membership fee 회비 **office supplies** 사무용품 production schedule 생산 일정
registration form 등록 양식 safety inspection 안전 검사 safety precautions 안전 예방 조치
safety procedure 안전 절차 submission deadline 제출 마감일
time management 시간 관리 **travel itinerary** 여행 일정 welcome reception 환영식

● 기출 복합명사(–s형 명사 + 명사)

다음 복합명사는 –s로 끝나는 명사와 일반명사가 합쳐져서 만들어졌습니다. 두 개의 단어를 합쳐서 하나로 암기하도록 하세요.

awards ceremony 시상식 benefits package 복지 혜택 customs regulation 세관 규정
economics professor 경제학 교수 public relations department 홍보부서
sales department 영업부 sales figures 판매 실적 sales promotion 판매촉진
savings account 저축계좌 sports complex 종합 경기장

4 다음의 선택지 중에서 명사가 나오는 위치가 아닌 것을 고르세요.

(A) 관사 뒤 (B) 전치사 뒤 (C) 형용사 뒤 (D) 부사 뒤

Words

attribute [ǽtribjuːt] 자질, 속성 | reliability [rilàiəbíləti] 신뢰성 | manufacturer [mæ̀njufǽktʃərə(r)] 제조업자 | planning [plǽniŋ] 기획 | financial [fainǽnʃl] 금융의 | planning consultant 기획 상담가

Week 1 Week 2 Week 3 Week 4

5 가산명사와 불가산명사

• 가산명사

가산명사는 셀 수 있는 명사로 단수인 경우 앞에 a/an을 쓰고, 복수일 경우 뒤에 –s/es를 붙입니다.

belongings 소지품 discounts 할인 earnings 수익 goods 상품 guidelines 지침 invitations 초대
precautions 예방책 prices 가격 refunds 환불 standards 기준 values 가치

• 불가산명사

불가산명사에는 추상명사, 물질명사, 고유명사 등이 있는데 언제나 단수 취급을 하며, 단수 동사와 함께 써야 합니다. 불가산명사는 셀 수 없는 명사이므로 하나를 의미하는 부정관사 a/an을 쓸 수 없으며 복수형 가산명사의 뒤에 붙이는 –s/es와도 함께 쓸 수 없습니다.

advertising 광고 advice 충고 baggage/luggage 수하물 clothing 의류 employment 고용
equipment 장비 furniture 가구 homework 숙제 information 정보 knowledge 지식
merchandise 상품 money 돈 news 뉴스, 소식 recreation 오락 scenery 경치 traffic 교통

• 의미가 비슷한 가산명사와 불가산명사

다음에 나오는 명사들은 형태가 비슷한 가산명사와 불가산명사입니다.

가산명사	불가산명사
accounts 계좌	accounting 회계학
assignments 과제	homework 숙제
clothes 옷	clothing 의류
funds 기금, 자금	funding 자금 지원
letters 편지	mail 우편(물)
permits 허가서	permission 허가
seats 좌석	seating 좌석
tickets 티켓	ticketing 발권

Check Up

다음 빈칸에 알맞은 것을 고르세요.

5 ------- for the workshop were sent to all employees.

(A) Invitation (B) Invite (C) Invitations (D) Inviting

연습문제  다음 괄호에서 적절한 것을 고르세요.

1 All employees are eligible for [promote / promotion] after this year.

2 The project manager found your [suggest / suggestion] is very useful.

3 Leader's Travel will send [confirm / confirmation] of your airline reservations by e-mail.

4 To increase [productive / productivity], the company is offering incentives to employees.

기출문제  빈칸에 가장 적절한 것을 고르세요.

5 If you would like further ------- about Worldwide Company, please visit our website.

(A) inform
(B) informed
(C) information
(D) informational

6 Because of the ------- of the facility, we were able to produce more products.

(A) expand
(B) expansive
(C) expansion
(D) expanding

7 We will discuss ways to enhance ------- among staff members.

(A) cooperation
(B) cooperative
(C) cooperate
(D) cooperated

8 After his ------- to manager, Mr. Smith moved to a new office on the second floor.

(A) promote
(B) promoted
(C) promotion
(D) promotional

Words

1. be eligible for ~할 자격이 있다 | promote [prəmóut] 승진하다; 홍보하다; 촉진하다 2. suggestion [sədʒéstʃən] 3. confirm [kənfə́:rm] 확인하다 | confirmation [kɑ̀nfərméiʃən] 확인, 확인서 4. incentive [inséntiv] 인센티브 5. further [fə́:rðər] 추가의 | inform [infɔ́:rm] 알리다, 공지하다 | informed [infɔ́:rmd] (특정 주제, 상황에 대해) 잘 아는, 정통한 | informational [ìnfərméiʃənl] 정보의, 정보를 제공하는 6. because of ~때문에 | facility [fəsíləti] 시설 | expand [ikspǽnd] 확장하다 | expansive [ikspǽnsiv] 포괄적인, 광대한 | expansion [ikspǽnʃən] 확장 | expanding [ikspǽndiŋ] 확장하는 7. enhance [inhǽns] 강화하다 | cooperation [kouɑ̀pəréiʃən] 협동, 협조 | cooperative [kouɑ́pərətiv] 협동의, 협조적인 | cooperate [kouɑ́pərèit] 협조하다 | cooperated [kouɑ́pərèitid] 협조된 8. move to ~로 거처를 옮기다 | promotion [prəmóuʃən] 승진 | promotional [prəmóuʃənl] 홍보의, 판촉의

실전문제

Part 5

1 Mr. Suzuki can't attend the professional ------- workshop today.

(A) develops
(B) developmentally
(C) development
(D) developed

2 Johnson Advertising Agency has various summer job ------- for students.

(A) opens
(B) opened
(C) opening
(D) openings

3 Please review the ------- for new safety procedures thoroughly.

(A) propose
(B) proposes
(C) proposal
(D) proposing

4 The Linda hotel was designed in 1960 by a famous ------- from the area.

(A) architecture
(B) architectural
(C) architect
(D) architects

5 For your -------, please wear a safety helmet while operating this machinery.

(A) quality
(B) difficulty
(C) completion
(D) protection

6 Employees and family ------- are invited to attend the company picnic.

(A) relationships
(B) association
(C) unity
(D) members

7 ------- describing how to train new employees are located on the company website.

(A) Positions
(B) Effects
(C) Repetitions
(D) Documents

8 A formal ------- will be held on Saturday evening to celebrate company's 20th anniversary.

(A) completion
(B) reception
(C) establishment
(D) accomplishment

Words

1. professional [prəféʃənl] 전문적인 2. various [vέəriəs] 다양한(= a variety of) | opening [óupniŋ] 빈 자리 3. safety procedure 안전 절차 | thoroughly [θə́:rouli] 완전히, 철저히 | propose [prəpóuz] 제안하다 | proposal [prəpóuzəl] 제안 5. safety helmet 안전모 | operate [ά:pərèit] 작동하다 | difficulty [dífikʌlti] 어려움 | completion [kəmplí:ʃən] 완성 | protection [prətékʃən] 보호 6. relationship [riléiʃənʃip] 관계 | association [əsòusiéiʃən] 협회 | unity [jú:nəti] 통합, 통일 7. be located on ~에 위치하다 | position [pəzíʃən] 위치, 자리 | repetition [rèpətíʃən] 되풀이, 반복 | document [dάkjumənt] 서류 8. celebrate [séləbreit] 기념하다 | anniversary [ænivə́:rsəri] 기념일 | reception [risépʃən] 환영[축하]연회 | establishment [istǽbliʃmənt] 기관, 시설 | accomplishment [əkάmpliʃmənt] 성취

Part 6

Questions 9-10 refer to the following letter.

Dear Mr. Benson,

Your order is ready for pickup in store. Please be sure to pick up your -------(9) no later than the end of the week. Otherwise, your -------(10) will be canceled. Please print out this e-mail in order to help our store clerk identify your item quickly.

Sincerely,

Customer Service Department

9 (A) merchandise
(B) document
(C) refund
(D) award

10 (A) ordered
(B) order
(C) ordering
(D) to order

Week 1 Week 2 Week 3 Week 4

Words

9-10. be ready for ~할 준비가 되다 | pickup [píkʌp] (물건을) 찾으러 감 | be sure to 반드시 ~해라 | merchandise [mə́:rtʃəndàiz] 상품 | refund [rí:fʌnd] 환불 | award [əwɔ́:rd] 상 | no later than 늦어도 ~까지는 | otherwise [ʌðərwàiz] 그렇지 않으면 | cancel [kǽnsəl] 취소하다 | print out 인쇄(출력)하다 | a store clerk 점원 | identify [aidéntəfài] 확인하다, 알아보다

Questions 11-12 refer to the following letter.

Dear Mr. Wilson,

Thank you for contacting me to express ------- (11) in joining our sales team. We welcome your application. To apply for a position, please send us your résumé and two letters of recommendation. ------- (12) after we receive your application materials to schedule for an interview. We are looking forward to seeing you soon.

Sincerely,

Emily Young
Human Resources Department

11 (A) interest
(B) interested
(C) interests
(D) interesting

新 **12** (A) We will start working together
(B) We will be touch with you within a week
(C) We will make a hiring decision
(D) We will start with this work

Words

11-12. contact [kάntækt] 연락하다 | interest [íntərəst; íntərèst] 관심 | interests [íntərəstʃ] 이익 | apply for ~에 지원하다 | be(get) in touch with ~와 연락을 취하다 | schedule [skédʒuːl] 일정; 일정을 잡다

명사필수어휘 1

단원 별 필수 어휘들은 RC문제를 빠르고 정확하게 풀기 위한 기초가 됩니다. 단어를 아는 만큼 실전에서 새로운 문제가 나와도 당황하지 않고 잘 풀 수 있습니다. 어휘 학습 방법(p.9)을 읽어보고 차근차근 순서에 따라 어휘를 암기해봅니다.

※ 읽은 횟수를 표시하면서 5번씩 읽으세요.

1 effectiveness [iféktivnis] 효과, 유효성

Mr. Cook is conducting / a study that is accessing / the **effectiveness** of last year's marketing campaign.

(conducting: 수행하다)

쿡 씨는 / 지난해 마케팅 활동의 효과를 / 평가하는 연구를 / 수행하고 있다.

2 productivity [pròudʌktívəti] 생산성

In an effort to increase employee **productivity**, / the company offers performance-based bonuses / each month.

(performance-based bonuses: 성과급 보너스)

근로자 생산성을 향상시키려는 노력으로, / 그 회사는 성과급 보너스를 / 매달 / 제공한다.

3 access [ǽkses] (장소로의) 접근, 입장; 접근권

Residents of the city / have **access** / to a number of parks and recreation areas.

그 시의 주민들은 / 많은 수의 공원과 레크레이션 공간을 / 이용할 수 있다.

4 extension [iksténʃən] 연장

In response to employees' request,/ the information technology department granted / a two-week **extension** on the loan of the equipment.

(In response to: ~에 응하여 / the information technology department: 정보 기술 부서)

직원들의 요구에 응하여, / 정보 기술 부서는 / 장비 대여의 2주간 연장을 / 허용해 주었다.

5 value [vǽlju:] 가치, 중요성

Because of their durability and affordability, / these products are therefore / a good **value** for the money.

(durability: 내구성 / affordability: 적당한 가격으로 구입할 수 있는 것)

그 제품은 / 내구성이 있고 적당한 가격으로 구입할 수 있어서, / 결국 돈의 값을 하는 셈이다.

6 convenience [kənví:njəns] 편의, 편리

For your **convenience**, / the hotel has provided / WiFi service / in all rooms.

귀하의 편의를 위해서 / 호텔은 / 모든 객실에 / WiFi 서비스를 / 제공해오고 있다.

Week 1 Week 2 Week 3 Week 4

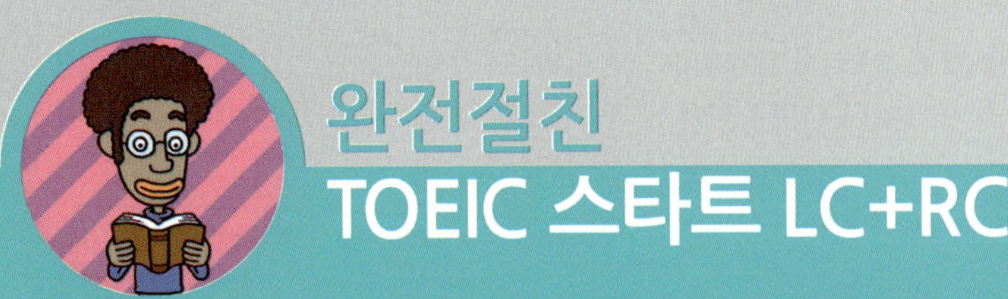
완전절친
TOEIC 스타트 LC+RC

Week 1

Day 2

대명사

- 인칭대명사
- 지시대명사
- 부정대명사
- 대명사의 수 일치
- 단원 별 문제

★ 명사 필수 어휘 2

Day 02 대명사

대명사는 어떤 품사인가요?

대명사는 명사의 반복을 피하기 위해 명사를 대신해서 사용합니다. 따라서 명사처럼 문장에서 주어, 목적어 그리고 보어 역할을 할 수 있습니다.

대명사는 시험에서 몇 문제나 출제되나요?

대명사 문제는 매월 1-2문제 출제가 되고 소유격 문제는 매달 빠짐없이 출제되는 문제입니다.

대명사의 종류에는 어떤 것들이 있나요?

종류	역할	예
인칭대명사	사람이나 사물을 대신합니다.	I, you, she, he, we, they 등
지시대명사	특정 사물이나 사람을 대신합니다.	this/these, that/those
부정대명사	불특정한 사람, 사물을 대신할 때 사용합니다.	one, another, some, any 등

1 인칭대명사

● 인칭대명사의 종류와 격

대명사	대명사의 격과 역할	주격 (주어)	소유격 (명사 앞)	목적격 (목적어)	소유대명사 (주어/목적어/보어)	재귀대명사 (목적어/강조)
	의미	~은, 는, 이, 가	~의	~을, 를, ~에게	~의 것	~자신
단수	1인칭(나)	I	my	me	mine	myself
	2인칭(당신)	you	your	you	yours	yourself
	3인칭(남자)	he	his	him	his	himself
	3인칭(여자)	she	her	her	hers	herself
	3인칭(중성)	it	its	it	-	itself
복수	1인칭(우리)	we	our	us	ours	ourselves
	2인칭(당신들)	you	your	you	yours	yourselves
	3인칭(그들)	they	their	them	theirs	themselves

1 인칭대명사

인칭대명사는 격에 따라서 나오는 위치가 달라집니다. 주격은 주어 자리, 소유격은 명사 앞, 그리고 목적격은 목적어 자리에 옵니다. 여기에서 소유격은 시험에서 매달 빠짐없이 출제됩니다.

● 주격

As an account manager, **you** need to check the errors of the sales report.
회계 매니저로서, 당신은 판매 보고서의 오류를 점검할 필요가 있습니다.

★ ● 소유격

We can offer **our** clients a 20% discount from the original price.
우리는 우리 고객들에게 정가의 20% 할인을 제공할 수 있습니다.

● 목적격

If you receive questions, please send **them** to Mark Peterson.
만약 당신이 질문을 받으면, 마크 피터슨에게 그것들을 보내세요.

▶ 타동사 send의 목적어 자리이므로 목적격 대명사 them(questions)을 써야 합니다.

2 소유대명사

소유대명사는 '소유격 + 명사'를 대신하는 대명사로 주어, 목적어, 보어 자리에 옵니다.

Mr. Smith submitted his report, but Ms. Henderson did not submit **hers**.
스미스 씨는 자신의 보고서를 제출했지만, 헨더슨 씨는 자신의 보고서를 제출하지 못했다.

▶ hers = her report

Check Up

다음 빈칸에 알맞은 것을 고르세요.

1 Please give ------- a copy of an agenda for Monday's meeting.

(A) him (B) he

2 Ms. Peterson was satisfied with ------- salary.

(A) she (B) her

3 You can use all the materials in the office except -------.

(A) him (B) his

Words

account [əkáunt] 회계; 계좌 | sales report 판매 보고서 | original price 정가

Check up 1. agenda [ədʒéndə] 의제, 협의 사항 2. salary [sǽləri] 급여 3. except [iksépt] ~을 제외하고

Week 1 Week 2 Week 3 Week 4

3 재귀대명사

인칭	단수	복수
1인칭	myself 나 자신	ourselves 우리들 자신
2인칭	yourself 당신 자신	yourselves 당신들 자신
3인칭	himself 그 자신	themselves 그들 자신
	herself 그녀 자신	
	itself 그것 자신	

● 재귀 용법

문장의 주어와 목적어가 동일할 때 목적어 자리에 재귀대명사를 사용합니다. 이때 재귀대명사는 목적어 역할을 하므로 생략할 수 없습니다.

The manager introduced **himself** to new employees. 매니저는 새로운 직원들에게 자기 자신을 소개했다.

▶ the manager = himself

● 강조 용법

강조 용법의 재귀대명사는 주어, 목적어, 혹은 보어 뒤에서 그 말의 의미를 강조하기 위해 사용되며 생략이 가능합니다.

The president **herself** will interview the job candidates. 사장 자신이 일자리 지원자들을 인터뷰할 것이다.

▶ 재귀대명사 herself는 주어 The president를 강조

● 관용적 용법

전치사 + 재귀대명사 형태로 자주 쓰이는 표현들입니다.

by oneself = alone 홀로 **for** oneself 혼자 힘으로

on one's own = **of** one's own 스스로, 홀로

Check Up

다음 빈칸에 알맞은 것을 고르세요.

4 The manager completed the weekly report by -------.

(A) her (B) herself

Words

job candidate 일자리 지원자

2 지시대명사

● 지시대명사 that, those, those who

한 문장 내에서 앞에 나온 명사의 반복을 피하기 위해 that이나 those를 쓰는데, 앞에 나온 명사가 단수이면 that을, 복수이면 those를 씁니다.

Our product is better than **that** of other companies. 우리 제품이 다른 회사들의 제품보다 더 좋다.

▶ product = that

Those who are interested in attending the seminar should register by 5 P.M.
세미나에 참여하는데 관심 있는 사람들은 오후 5시까지 등록해야 한다.

▶ those뒤에 who 관계대명사절이 쓰이면 '~하는 사람들'이라는 의미로 사용됩니다.

● 지시형용사 this/these, that/those

지시대명사가 명사 앞에 올 때는 뒤에 나오는 명사를 수식하는 역할을 하므로 지시형용사로 이름이 바뀝니다.

this/that + 단수 명사	I have two questions about **this** report. 저는 이 보고서에 대한 2가지 질문이 있습니다.
these/those + 복수 명사	**Those** employees did not receive any bonuses. 저 직원들은 어떤 보너스도 받지 못했다.

Week 1 Week 2 Week 3 Week 4

3 부정대명사

부정대명사는 정확한 수 보다는 막연한 수를 나타낼 때 씁니다.

● 부정대명사 one, another, the other, the others, some

처음 하나는 one이고, 처음 지칭하는 여러 개는 some이라고 합니다. 그 다음부터는 other를 씁니다. 또 다른 하나는 other 앞에 하나를 뜻하는 an을 붙여 another가 되고, 또 다른 것이 여러 개면 other에 s를 붙여 others가 됩니다. 그리고 나머지는 항상 특정한 경우이므로 단수일 경우 the other가 되고 복수일 경우는 the others가 됩니다.

Check Up

다음 빈칸에 알맞은 것을 고르세요.

5 Our printer's performance is better than ------- of other companies.

(A) that (B) those

◆ one	○ the other		두 개 중에 ◆이 one이면, ○는 the other
◆ one	○ another	★ the other	셋 중 ◆이 one이면, ○는 another, ★는 the other
◆ one	● ★ ▷ the others		셋 이상에서 ◆이 one이면, 나머지 모두인 ● ★ ▷는 the others
◆ one	● ★ ▷ ○ ◇ another		셋 이상에서 ◆이 one이면, 또 다른 불특정한 하나인 ▷는 another
◆ ● some	★ ▷ ○ ◇ the others		많은 것 중에서 일부인 ◆ ●이 some이면, 나머지 모두인 ★ ▷ ○ ◇는 the others

● 부정대명사 관용표현

each other (둘이서) 서로

one after the other (둘이서) 교대로, 번갈아

one another (셋 이상) 서로

one after another (셋 이상) 차례로, 번갈아

4 대명사의 수 일치

대명사는 명사를 대신하는 품사이므로 선행하는 명사가 단수이면 단수 대명사를, 선행하는 명사가 복수면 복수 대명사를 써야 합니다.

대명사	주격		목적격		소유격	
	단수	복수	단수	복수	단수	복수
사물	it	they	it	them	its	their
사람	she, he	they	her, him	them	her, his	their

단수 Ms. Anderson is preparing for **her** business trip to Canada.
앤더슨 씨는 자신의 캐나다 출장을 준비하고 있다.

복수 Employees have been asked to update **their** contact information.
직원들은 자신들의 연락처를 업데이트하라고 요구받았다.

Check Up

다음 빈칸에 알맞은 것을 고르세요.

6 Employees need to work closely with -------.

(A) each other (B) one another

Words

prepare for ~을 위해서 준비하다 | be asked to ~하도록 요구받다 | contact information 연락처

연습문제 다음 괄호에서 적절한 것을 고르세요.

1 You must consider all circumstances before making [you / your] final decision.

2 Thanks to the new heating system, [we / our] expect the company's operating costs to decrease.

3 To prepare for [she / her] meeting, Ms. Smith spent the afternoon checking the customers' list.

4 All salespeople are doing [our / their] best to meet the sales goals.

기출문제  빈칸에 가장 적절한 것을 고르세요.

5 Applicants for the tour guide position must submit ------- résumés by July 30th.

(A) them
(B) themselves
(C) they
(D) their

6 The engineers couldn't complete the project on time because of ------- design changes.

(A) each
(B) this
(C) every
(D) its

7 ------- who wish to get some more information about the conference should speak with Mr. Graham.

(A) Those
(B) These
(C) That
(D) Anyone

8 Mr. Kim updated the website by ------- to attract more customers.

(A) itself
(B) himself
(C) herself
(D) themselves

Words

1. circumstance [sə́:rkəmstæ̀ns] 사정, 상황 | final decision 최종 결정 2. thanks to ~덕택에 | heating system 난방 시스템 | operating costs 운영비 | decrease [dikrí:s] 감소하다 3. customer [kʌ́stəmər] 고객 4. salespeople [séilzpì:pl] 영업사원 | do one's best 최선을 다하다 | sales goals 판매 목표 5. tour guide 관광가이드 6. on time 정시에 7. conference [kɑ́:nfərəns] 회의[학회] | speak with ~와 이야기하다 8. attract [ətrǽkt] 끌어들이다

Part 5

1 Three weeks after Mr. Miller was hired, ------- moved to Las Vegas.

(A) his own
(B) he
(C) his
(D) himself

2 If you have any questions about company policy, please refer to ------- employee guide.

(A) your
(B) you
(C) yours
(D) yourselves

3 I am writing to your company at the suggestion of a colleague of -------.

(A) me
(B) my
(C) myself
(D) mine

4 Please e-mail Ms. Moore to let ------- know when you arrive in Seattle.

(A) she
(B) her
(C) herself
(D) her own

5 Most of the cars used by our clients are not -------.

(A) they
(B) their
(C) them
(D) theirs

6 To increase reliability of the survey, all respondents must answer the questions by -------.

(A) itself
(B) herself
(C) himself
(D) themselves

7 The table is too heavy for Mr. Young and Ms. Smith to move by -------.

(A) their
(B) them
(C) their own
(D) themselves

8 Ms. Hill submitted her sales report, but Mr. Cook did not submit -------.

(A) he
(B) his
(C) him
(D) himself

Words

2. refer to ~을 참고하다 | employee guide 직원 안내서 3. colleague [kɑ́:li:g] 동료 4. let [let] ~을 하도록 허락하다 5. client [kláiənt] 고객 6. reliability [rilàiəbíləti] 신뢰도 | survey [sə́:rvei] (설문) 조사 | respondent [rispɑ́ndənt] 응답자 7. too ~ to ... 너무 ~해서 …하지 못하다 | by themselves 그들 스스로

Part 6

Questions 9-10 refer to the following notice.

> Thank you for staying with us at the Wynn hotel. In your medical cabinet, you will find a bottle of shampoo, soap, and lotion. You may use -------(9) at no extra cost. To preserve the environment, please consider reusing -------(10) towels and sheets. Participating in this program, helps us save water and energy consumption. If, however, you would like us to replace your linens, just place them on your bedside table.

9 (A) theirs
(B) others
(C) it
(D) them

10 (A) you
(B) your
(C) them
(D) theirs

Week 1 Week 2 Week 3 Week 4

Words

9-10. medical cabinet 의료 캐비닛 | at no extra cost 무료로 | preserve [prizə́:rv] 보존하다 | environment [inváiərənmənt] 환경 | reuse [ri:júːz] 재사용하다 | participate in 참여하다, 참석하다 | consumption [kənsʌ́mpʃən] 소비 | replace [ripléis] 교체하다 | linen [línən] 침대 시트 | place [pléis] 놓다

Questions 11-12 refer to the following e-mail.

To: All employees

From: Mark Peterson

Date: March 1

Re: Travel reimbursement for next week

Please be advised that ------- (11) offices will be closed on Friday, March 5. Therefore, all requests for travel reimbursement must be submitted by Wednesday, March 3. Please remember to use the revised expense form, which is attached. ------- (12) If you have any questions, please do not hesitate to contact me.

Thank you.

Mark Peterson

11 (A) us
(B) our
(C) we
(D) ourselves

(新) **12** (A) Please pay your membership fee within a week.
(B) Please visit our main office as soon as possible.
(C) Please fill out the document completely to avoid delays in payment.
(D) Please refer to the following instruction.

Words

11-12. Please be advised that ~ ~를 숙지하세요 | request [rikwést] 요청 | travel reimbursement 여행경비 상환 | revised [riváizd] 개정된 | fill out 작성하다 | avoid [əvɔ́id] 피하다 | hesitate [hézətèit] 주저하다

 사     2

7 schedule [skéʤuːl] (작업) 일정, 스케줄

The machine parts that were ordered last week / arrived on **schedule**, / so production will not lag behind.

on schedule 예정대로, 정시에 / lag behind 뒤처지다

지난 주에 주문한 기계부품들이 / 예정대로 도착해서, / 생산은 뒤처지지 않을 것이다.

8 interest [íntərəst] 관심, 흥미

Potential customers / have expressed **interest** / in the new line of trucks from Doman Motors.

interest in~ ~에 대한 관심

잠재적인 고객들은 / Doman Motors의 새로운 트럭 종류에 대한 / 관심을 표현했다.

9 presentation [prèzəntéiʃən] 발표, 제출

Our human resources team / is preparing / a comprehensive **presentation** / on our updated workplace policies.

human resources team 인사부

우리 인사부는 / 개정된 직장 정책에 대해 / 종합적인 발표를 / 준비하고 있다.

10 benefit [bénəfit] 혜택, 이득

The **benefits** that Bright Fashion offers / help / the company to attract the best workers in the textile industry.

textile 직물, 옷감

브라이트 패션이 제공하는 혜택은 / 회사가 직물산업에서 가장 훌륭한 직원들을 유치할 수 있도록 / 돕는다.

11 supply [səplái] 공급, 보급품

The administrative assistant / is responsible / for ordering staplers, pens, paper clips, and other office **supplies**.

office supplies 사무용품

행정 보조 담당자는 / 스테이플러, 펜, 종이 클립과 그 밖의 다른 사무용품을 주문하는 것을 / 책임지고 있다.

12 expense [ikspéns] 돈, 비용

In an effort to reduce **expenses**, / the CFO of the Eckhart Corporation / has halved the advertising budget.

In an effort ~하기 위한 노력으로

*CFO 재정 담당 이사(Chief Finance Officer)

비용을 줄이기 위한 노력으로, / 에크하르트 사의 재정 담당 이사는 / 광고예산을 반으로 줄였다.

완전절친
TOEIC 스타트 LC+RC

Week 1
Day 3

형용사

- 형용사의 형태, 역할, 자리
- 수량형용사
- 형용사와 대명사 둘 다 가능한 수량형용사
- 혼동하기 쉬운 형용사
- 단원 별 문제

★ 명사 필수 어휘 3

Day 03

형용사

형용사는 어떤 품사인가요?

형용사는 성질, 모양, 상태 등을 나타내는 말로, 명사를 꾸며 주거나 설명해줍니다. 또한 2형식과 5형식의 문장에서 보어로도 쓰입니다.

형용사는 시험에서 몇 문제나 출제되나요?

형용사는 크게 두 가지 유형으로 출제가 됩니다. 하나는 형용사 자리에 관한 문제로 매월 2–3문제 정도 출제가 되고, 또 다른 하나는 형용사 어휘 문제로 매월 2–3문제 정도 출제가 됩니다.

출제 포인트	문항 수
형용사 자리	매월 2–3문제 출제
형용사 어휘	매월 2–3문제 출제

1 형용사의 형태

형용사는 다음과 같은 접미사의 형태를 가집니다. 여러분들이 알고 있는 단어를 통해서 형용사 접미사를 정리하고 모르는 단어도 암기할 수 있도록 하세요.

● 형용사를 만드는 접미사

-able/ible	able ~할 수 있는 comfortable 편안한 responsible 책임이 있는
-ful	beautiful 아름다운 hopeful 희망에 찬 painful 아픈 successful 성공한
-less	hopeless 희망을 잃은 thoughtless 경솔한 careless 부주의한
-ate	private 사적인 fortunate 운이 좋은, 행운의 moderate 적당한, 적정한
-ant	important 중요한 significant 중요한[의미있는] pleasant (사물, 일이) 즐거운
-ent	excellent 우수한 convenient 편리한 confident 확신하고 있는 current 지금의
-y	cloudy 흐린 healthy 건강한 windy 바람이 센 lucky 행운의
-ous	serious 진지한 various 가지각색의, 다양한 cautious 조심성 있는, 조심하는
-ic	energetic 활기찬 dramatic 극적인 domestic 국내의
-al	normal 표준의 additional 추가적인 environmental 환경의, 환경보호의
-cal	classical 고전적인 economical 경제적인 political 정치의
-ing	interesting 흥미로운 amazing 놀랄만한, 굉장한 demanding 요구가 지나친
-ial	industrial 산업의 beneficial 유익한 memorial 기념의
-ary	necessary 필요한 imaginary 상상의 voluntary 자발적인
-ive	productive 생산적인 attentive 주의 깊은, 조심성 있는 competitive 경쟁의
-ly	friendly 친한 lonely 고독한 lovely 사랑스러운 costly 값비싼

2 형용사의 역할

1 명사 수식

형용사는 명사를 수식합니다.

This is an **interesting** class. 이것은 재미있는 수업이다.
형용사 → 명사

2 보어

● 주격 보어: 주격 보어는 주어의 상태나 성격을 설명합니다.

The manger looked **happy** yesterday. 매니저는 어제 행복해 보였다.
형용사

● 목적격 보어: 목적격 보어는 목적어의 상태나 성격을 설명합니다.

We must keep vegetables **fresh**. 우리는 야채를 신선하게 보관해야 한다.
형용사

★ 3 형용사의 자리

형용사 문제는 매달 시험에서 4-6문제 출제가 되는데 이중 2-3문제가 형용사 자리에 관한 문제입니다. 다음에 나오는 형용사 자리를 예문과 함께 익히도록 하세요.

1 형용사 + 명사

형용사는 명사를 수식하고, 명사 앞에 옵니다.

Travelers need to take care of their **personal** items at all times.
형용사 명사
여행객들은 항상 그들의 소지품을 신경 써야 할 필요가 있다.

Check Up

1 다음 단어들 중에서 형용사를 모두 고르세요.

(A) remove (B) current (C) marketing
(D) interesting (E) healthy (F) ability

Week 1 Week 2 Week 3 Week 4

2 주어 + 동사 + 보어(형용사)

형용사는 보어 자리에 와서 주어의 상태를 설명해줍니다.

This week's sales were **high**, but the stock prices fell again yesterday.
주어 / 동사 / 보어(형용사)
이번 주 판매가 높았지만, 어제 주가가 다시 떨어졌다.

3 주어 + 동사 + 부사 + 보어(형용사)

형용사는 부사의 수식을 받습니다.

This car is very **economical**. 이 차는 매우 경제적이다.
주어 / 동사 / 부사 / 보어(형용사)

4 관사 + 형용사 + 명사

형용사는 명사를 수식하고, 그 앞에 관사를 붙여줍니다.

The company had an **exceptional** year, exceeding expected sales goals.
관사 / 형용사 / 명사
회사는 예상 판매 목표를 초과하는 이례적인 한 해를 보냈다.

5 부사 + 형용사 + 명사

부사는 형용사를 수식하고, 형용사는 명사를 수식합니다.

Auditions will be held at the newly **renovated** Hunter Theater.
부사 / 형용사 / 명사
새롭게 보수된 헌터 극장에서 오디션이 열릴 것이다.

6 전치사 + 형용사 + 명사

전치사 뒤에 명사구가 오고, 명사구는 명사와 명사를 수식하는 형용사로 이루어져 있습니다.

Our company provides translation services at **reasonable** prices.
전치사 / 형용사 / 명사
우리 회사는 합리적인 가격으로 번역 서비스를 제공한다.

7 형용사 and 형용사

다음에 나오는 형용사 and 형용사 어휘는 시험에서 출제되었던 어휘이므로 꼭 암기하도록 하세요.

fresh and innovative 참신하고 혁신적인
experienced and dynamic 숙련되고 열정적인
dedicated and talented 헌신적이고 재능 있는
oversized and heavy 크기가 크고 무거운
affordable and effective 저렴하고 효율적인
durable and stylish 내구성 있고 멋스러운

Coming up with **fresh** (형용사) and **innovative** (형용사) ideas is not that easy for everyone.
참신하고 혁신적인 아이디어를 생각해내는 것은 모두에게 그렇게 쉬운 일이 아니다.

The best way to transport an **oversized** (형용사) and **heavy** (형용사) item is with a company such as DX Monkey.
크기가 크고 무거운 물건을 운반하는 가장 좋은 방법은 DX Monkey와 같은 회사와 함께 하는 것입니다.

Anderson Company produces **durable** (형용사) and **stylish** (형용사) handbags.
Anderson 사는 내구성 있고 멋스러운 핸드백을 생산한다.

Check Up

2 다음 중에서 형용사가 나오는 위치가 아닌 것을 고르세요.

(A) 부사와 명사 사이 (B) 전치사와 명사 사이 (C) 관사 앞 (D) 형용사 and 뒤

Words

stock prices 주가 | economical [ìːkənάmikəl] 경제적인 | exceptional [iksépʃənl] 예외적인, 이례적인 | newly [njúːli] 새롭게 | renovated [rénəvèitid] 보수된 | at reasonable prices 합리적인 가격으로 | durable [djúərəbl] 내구성 있는 | stylish [stáiliʃ] 멋스러운

4 수량형용사

수량형용사는 뒤에 나오는 명사의 양과 수를 한정하는 형용사를 말합니다. 종류에는 가산명사와 함께 쓰는 수량형용사, 불가산명사와 함께 쓰는 수량형용사, 그리고 둘 다 수식할 수 있는 수량형용사가 있습니다.

	수량형용사	가산명사와 쓰이는 경우	불가산명사와 쓰이는 경우
단수 가산명사와 쓰이는 수량형용사	one each every	one employee each employee every employee	불가산명사와 함께 쓸 수 없습니다.
복수 가산명사와 쓰이는 수량형용사	two/three/four a few several many	two employees a few employees several employees many employees	불가산명사와 함께 쓸 수 없습니다.
불가산명사와 쓰이는 수량형용사	little a little much	가산명사와 쓸 수 없습니다.	little money a little money much money
가산명사와 불가산명사에 둘 다 쓸 수 있는 수량형용사	no some/any a lot of/lots of most all	no employees some/any employees a lot of/lots of employees most employees all employees	no information some/any information a lot of/lots of information most information all information

- 가산명사와 쓰이는 수량형용사

Every employee must attend the weekly meeting. 모든 직원은 주간회의에 참석해야 합니다.
수량형용사 단수명사

The construction of the building will take several months. 건물의 건설은 몇 달이 걸릴 것입니다.
수량형용사 복수명사

- 불가산명사와 쓰이는 수량형용사

He is afraid of even a little work. 그는 사소한 일도 하기 싫어한다.
수량형용사 불가산명사

- 가산명사와 불가산명사에 둘 다 쓰는 경우

A lot of shoppers were familiar with the products made by Home Décor.
수량형용사 가산명사
많은 쇼핑객들이 홈 데코에서 만든 제품에 익숙했다.

She encountered a lot of traffic on her way to work. 그녀가 일하러 가는 길에 차가 많이 막혔다.
수량형용사 불가산명사

5 형용사와 대명사 둘 다 가능한 수량형용사

다음은 형용사나 대명사 둘 다 쓰일 수 있는 수량형용사입니다.

each 각각(의) most 대부분(의) all 모두(모든) much 많은(양) serveral 몇몇(의) some 약간(의)

Several employees are fired because of the recession. 몇몇의 직원들은 불경기 때문에 해고된다.
수량형용사

Several of the employees are fired because of the recession. 직원들의 몇몇은 불경기 때문에 해고된다.
대명사

Most people had never heard of the book *The Last Thinker*.
수량형용사
대부분의 사람들은 *The Last Thinker*라는 책에 관해 전혀 들어본 적이 없었다.

Most of them are operating on the new computer system. 그들 대부분은 새로운 컴퓨터 시스템을 사용합니다.
대명사

6 혼동하기 쉬운 형용사

1 부사처럼 보이는 형용사

형태는 부사처럼 보이지만 품사는 형용사인 단어들입니다.

costly 비용이 많이 드는	elderly 나이가 든	friendly 다정한
lovely 사랑스러운	orderly 질서 있는	timely 시기 적절한

Check Up

다음 빈칸에 알맞은 것을 고르세요.

3 ------- museums require visitors to provide contact information.

(A) Much (B) Every (C) All (D) Each

4 ------- department must submit plans for quality improvement.

(A) Little (B) Two (C) Many (D) Each

Words

construction [kənstrʌ́kʃən] 건설 | be familiar with ~에 익숙한 | encounter [inkáuntər] (반갑지 않은 일에) 맞닥뜨리다(부딪히다) | fire [faiər] 해고하다 | recession [riséʃən] 불경기

Check up 4. department [dipɑ́:rtmənt] 부서 | improvement [imprú:vmənt] 개선

Week 1 Week 2 Week 3 Week 4

The employees working at the service center are very **friendly**.
서비스 센터에서 일하는 직원들은 아주 친절하다.

2 의미를 혼동하기 쉬운 형용사

단어는 비슷하지만 의미가 다른 형용사들입니다.

comprehensible 이해하기 쉬운
comprehensive 종합적인, 포괄적인

considerable 상당한
considerate 이해심 있는

economic 경제의
economical 경제적인, 검소한

favorable 유리한
favorite 좋아하는

healthful 건강에 좋은
healthy 건강한

industrial 산업의
industrious 근면한, 부지런한

numerical 수의, 수적인
numerous 다수의, 수많은

persuadable 설득될 수 있는
persuasive 설득력 있는

respectful 정중한, 예의 바른
respective 각각의, 개개의

responsible 책임이 있는
responsive 반응하는

sensible 분별 있는
sensitive 민감한, 예민한

successful 성공적인
successive 연속적인

Her speech was clear and **comprehensible**. 그녀의 연설은 명백하고 이해하기 쉬웠습니다.
이해하기 쉬운

The report presents a **comprehensive** analysis on African economy.
종합적인
이 보고서는 아프리카 경제에 관한 종합적인 분석을 나타냅니다.

Our new advertisement campaign was **successful**. 우리의 새 광고 캠페인은 성공적이었다.
성공적인

Oil prices declined in December for the sixth **successive** month.
연속적인
12월 현재 석유가격이 6개월 연속으로 떨어졌다.

Check Up

5 다음 단어들 중에서 형용사를 고르세요.

(A) easily (B) timely (C) finally (D) greatly

6 다음 괄호에서 적절한 것을 고르세요.

The manager is [responsible / responsive] for purchasing office supplies.

연습문제 다음 괄호에서 적절한 것을 고르세요.

1 The building has been [vacant / vacantly] for a year due to renovation.

2 The internship program is [benefits / beneficial] to students.

3 Employees at TNT may wear [casually / casual] clothing on Fridays.

4 Mr. Smith is an extremely [value / valuable] member of the sales team.

기출문제  빈칸에 가장 적절한 것을 고르세요.

5 A candidate for the manager position must have ------- skills.

(A) organizational
(B) organizes
(C) organization
(D) organize

6 Although the Cineplex Theater has ------- parking facilities, it is easily accessible.

(A) limiting
(B) limit
(C) limited
(D) limits

7 Online advertising is usually less ------- than television advertising.

(A) expense
(B) expensively
(C) expensive
(D) expenses

8 Ms. Cain will receive an award for her ------- contributions to Geneva Steel, Ltd.

(A) impress
(B) impressive
(C) impressively
(D) impressed

Words

1. vacant [véikənt] 텅 빈, 공허한 | renovation [rènəvéiʃən] 수리, 수선 2. benefit [bénəfit] 혜택, 이득 3. casual [kǽʒuəl] 평상시의, 격식을 차리지 않는 | 4. extremely [ikstríːmli] 아주 | valuable [vǽljuəbl] 귀중한 5. organizational [ɔ̀ːrgənizéiʃənl] 조직의 | organize [ɔ́ːrgənàiz] 준비[조직]하다; 정리하다 6. accessible [æksésəbl] 접근하기 쉬운 7. less [les] 더 적게 | expensive [ikspénsiv] 비싼 8. contribution [kɑ̀ntrəbjúːʃən] 공헌, 기여 | impressive [imprésiv] 인상적인

Day 03 **실전문제**

Part 5

1 We received ------- service at the restaurant.

(A) except
(B) exception
(C) exceptional
(D) exceptionally

2 Please mail the ------- rental agreement by June 20.

(A) completed
(B) complete
(C) completing
(D) completes

3 Please follow the ------- instructions in order to return any items for a refund.

(A) attach
(B) attaching
(C) attached
(D) attaches

4 According to the recent report, ------- air is very dangerous.

(A) polluted
(B) pollutes
(C) pollution
(D) pollute

5 All employees should back up their computer files on a ------- basis.

(A) regularly
(B) regular
(C) regularity
(D) regularize

6 Please submit the ------- budget report this afternoon.

(A) revise
(B) revised
(C) revising
(D) revision

7 Because of the ------- storm, all afternoon flights are cancelled.

(A) approached
(B) approach
(C) approaches
(D) approaching

8 Fantasy Tours can help you plan your ------- vacation.

(A) idealize
(B) ideal
(C) ideally
(D) idealist

Words

1. exception [iksépʃən] 예외 | exceptional [iksépʃənl] 아주 훌륭한, 특출난 2. rental [réntl] 임대 | agreement [əgríːmənt] 계약서; 협정, 합의 | complete [kəmplíːt] 작성하다 3. instruction [instrʌ́kʃən] 설명서 | refund [rífʌnd] 환불 | attached [ətǽtʃt] 첨부된 4. according to ~에 따르면 | pollute [pəlúːt] 오염시키다 5. back something up (파일을) 백업하다 | regular [régjulər] 규칙적인, 정규적인 | on a regular basis 정기적으로 6. budget report 예산 보고서 | revise [riváiz] 수정[변경]하다 7. approach [əpróutʃ] 다가오다 8. ideal [aidíːəl] 이상적인

Part 6

Questions 9-10 refer to the following e-mail.

To: John Smith <jsmith@yahoo.com>

From: Jenny Krause <jkrause@pinlink.net>

Subject: References

Date: July 20

Dear Mr. Smith,

Thank you for taking the time to meet with me last week. Based on our conversation, I believe you will find my qualifications -------(9) for the position of the marketing manager. I have attached a list of references per your request. Two are my -------(10) employers and the third is a professor from Orem University. I hope to get the opportunity to work for your company. I think I could contribute greatly to your firm.

Sincerely,

Jenny Krause

9 (A) comfortable
(B) serious
(C) adequate
(D) private

10 (A) former
(B) formerly
(C) formation
(D) form

Week 1 Week 2 Week 3 Week 4

Words

9-10. take the time 시간을 내다 | qualification [kwɑ̀ləfikéiʃən] 자격 | adequate [ǽdikwət] 적절한 | per your request 당신의 요청대로 | former [fɔ́:rmə(r)] 예전의 | formation [fɔ:rméiʃən] 형성 | contribute [kəntríbju:t] 기여하다 | greatly [gréitli] 크게

Questions 11-12 refer to the following memo.

From: John Smith

To: Johnson Inc., Staff

Date: June 12

Re: Entrance closure

Attention employees:

The main entrance of Johnson Inc., will be ------- (11) starting on Monday, 18 June due to renovation of the building. ------- (12) Signs will be posted to direct customers around the building, and a temporary reception desk will be stationed at the entrance to receive them.

Thank you for your cooperation in this matter.

11 (A) unable
(B) inaccessible
(C) improper
(D) useable

新 **12** (A) We will meet again after we finish renovation.
(B) We are experienced in this work.
(C) The work will be postponed for a week due to bad weather.
(D) Work on the building will continue until the following Monday.

Words

11-12. entrance [éntrəns] (출)입구, 문 | closure [klóuʒər] 폐쇄 | inaccessible [ìnəksésəbl] 이용할 수 없는 | improper [imprάpər] 부적절한 | useable [jú:zəbl] 사용 가능한 | renovation [rènəvéiʃən] 수리, 보수 | direct [dirékt; dairékt] (길을) 안내하다[알려 주다] | reception desk 접수처 | station [stéiʃən] ~을 두다 | permanent [pə́:rmənənt] 영구적인 | lasting [lǽstiŋ] 오래가는, 지속적인 | temporary [témpərèri] 임시의 | generous [ʤénərəs] 후한

명사필수어휘 3

13 profit [práfit] 이윤

Johnson Electronics / has announced / that its **profits** / have risen 20 percent / in the past six months.

rise 증가하다

존슨 일렉트로닉스는 / 자사의 이윤이 / 지난 6개월 동안 / 20% 증가했다고 / 발표했다.

14 service [sə́:rvis] 서비스, 봉사

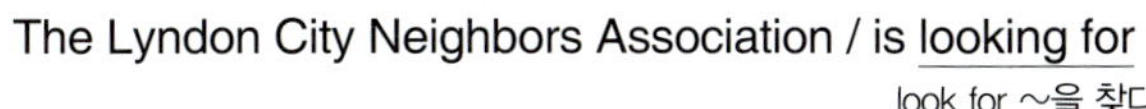

The Lyndon City Neighbors Association / is looking for local residents / who are interested in providing much-needed **services** / to the community.

look for ~을 찾다 / local residents 지역 주민들 / much-needed 절실히 필요한

린던 시 이웃 협회는 / 지역 사회에 / 절실히 필요한 봉사를 제공하는데 관심 있는 / 지역 주민을 찾고 있다.

15 market [má:rkit] 시장

Bentley Motor Corporation / believes / there will be a strong **market** / for its MS-5 model sedan / in Europe.

Corporation (큰 규모의) 기업, 회사

벤틀리 모터 사는 / 유럽에서 / 자사의 MS-5 모델 세단에 대한 / 상당한 시장이 형성될 것이라고 / 믿고 있다.

16 opportunity [àpərtú:nəti] 기회

The subscribers / of the Network Magazine / will have the **opportunity** / to preview / the new laptop computer.

subscribers 구독자 / preview 미리 보다

네트워크 매거진의 / 구독자들은 / 새로운 노트북 컴퓨터를 / 미리 볼 수 있는 / 기회를 가질 것이다.

17 variety [vəráiəti] 여러 가지, 갖가지

Weldon's Office Max / sells computer desks / in a **variety** of sizes and styles / to suit your work space.

suit 맞다, 어울리다

웰던스 오피스 맥스는 / 귀하의 작업 공간에 맞는 / 다양한 사이즈와 스타일의 / 컴퓨터 책상을 판매합니다.

18 period [píəriəd] 기간, 시간

The hotel employees / have the right / to a 50-minute meal **period** / during their shift.

have the right 권리를 가지다 / shift 근무교대 (시간)

호텔 근로자들은 / 교대 근무 동안 / 50분의 식사 시간을 / 가질 권리가 있다.

완전절친
TOEIC 스타트 LC+RC

Week 1
Day 4

부사

- 부사의 형태, 역할, 자리
- 숫자를 수식하는 부사
- 형용사에서 -ly가 붙으면 의미가 달라지는 부사
- 그 외 자주 출제되는 주요한 부사들
- 시제와 함께 쓰는 부사
- 부정부사, 빈도부사
- 단원 별 문제

★ 명사 필수 어휘 4

Day 04

부사

✻ 부사는 어떤 품사인가요?

부사(adverb)는 수식어에 속하는 품사로 문장에서 동사, 형용사, 부사, 혹은 문장 전체를 수식하는 품사입니다.

✻ 부사는 시험에서 몇 문제나 출제되나요?

부사는 크게 두 가지 유형으로 출제가 됩니다. 하나는 부사의 자리에 관한 문제로 매월 2-3문제 정도 출제가 되고, 또 다른 하나는 부사 어휘 문제로 매월 2-3문제 정도 출제가 됩니다.

출제 포인트	문항 수
부사의 자리	매월 2-3문제 출제
부사 어휘	매월 2-3문제 출제

1 부사의 형태

대부분의 부사는 형용사 + ly의 형태이지만 다른 종류의 부사들도 많습니다.

-ly (방식)	additionally 부가적으로 carefully 주의 깊게, 조심스럽게 directly 직접적으로, 바로 efficiently 효과적으로 finally 마침내 ideally 이상적으로, 더할 나위 없이 loudly 큰소리로 originally 원래는, 본래는 promptly 정각에, 즉시, 신속하게 regularly 정기적으로 severely 심하게, 엄격하게 successfully 성공적으로, 번창하여
-ward (방향)	upward 위쪽으로 downward 아래쪽으로 eastward 동쪽으로
-way(s), -wise (방법, 방향)	always 항상 anyway 어쨌든 otherwise 달리
그 외의 부사들	almost 거의 just 단지 still 아직까지 even 심지어 sometimes 때때로 already 이미 also 또한 then 그때, 그리고 나서

Check Up

1 다음 단어들 중에서 부사를 모두 고르세요.

(A) likely (B) finally (C) fast
(D) directly (E) severe (F) loud

2 부사의 역할

1 형용사 수식

부사는 형용사를 수식합니다.

Construction of the shopping center is **nearly** complete. 쇼핑센터의 건설이 거의 완료단계에 있다.
부사 형용사

2 동사 수식

부사는 동사 옆에 와서 동사를 수식하는 역할을 합니다.

Mr. Gomez **convincingly** presented his marketing plan. 고메즈 씨는 설득력 있게 자신의 마케팅 계획을 설명했다.
부사 동사

3 부사 수식

부사는 부사를 수식할 수 있습니다.

She solved problems **very** easily. 그녀는 문제들을 아주 쉽게 해결했다.
부사 부사

4 문장 전체 수식

부사는 문장 전체를 수식할 수 있습니다.

Finally, we just got arrived Paris! 마침내, 우리는 파리에 도착했어요!
부사

★ 3 부사의 자리

부사 문제는 매달 정기시험에서 4–6문제 출제되는데 이중 2–3문제는 부사 자리에 관한 문제이므로 다음에 나오는 부사의 자리를 확실하게 정리해 두세요.

Week 1 Week 2 Week 3 Week 4

Words

convincingly [kənvínsiŋli] 설득력 있게

1 부사 + 형용사

부사는 형용사의 앞에서 형용사를 수식합니다.

Mr. Brown became a **nationally** renowned businessman. 브라운 씨는 전국적으로 유명한 기업가가 되었다.
부사 형용사

The bridge was **finally** complete in 1971. 그 다리는 1971년에 마침내 완성되었다.
부사 형용사

2 부사 + 동사 / 동사 + 부사

부사는 동사의 앞이나 뒤에서 동사를 수식합니다.

When you give a speech, you should speak **clearly**. 연설을 할 때는, 명확하게 말해야 한다.
동사 부사

The Well Recreation Center is **urgently** seeking swimming instructors.
부사 동사
Well 레크리에이션 센터는 급하게 수영 강사를 찾고 있다.

3 부사 + 부사

부사는 부사의 앞에서 부사를 수식할 수 있습니다.

John speaks **very** carefully when talking to his boss. 존은 상사에게 말할 때 아주 조심스럽게 말한다.
부사 부사

Reimbursements were made **surprisingly** promptly. 상환은 놀라울 정도로 빠르게 이루어졌다.
부사 부사

4 부사 + 문장

부사는 문장 앞이나 뒤에서 문장 전체를 수식할 수 있습니다.

clearly 분명히, 명확하게 increasingly 점차적으로 more importantly 더욱 중요하게
recently 최근에 regrettably 유감스럽게도 unfortunately 불행하게도

Clearly, he's not a man of his word. 분명히, 그는 약속을 지키는 사람이 아니다.
부사

Check Up

2 다음 중에서 부사가 나오는 위치가 아닌 것을 고르세요.

(A) 형용사 + 명사 앞 (B) 조동사와 동사원형 사이 (C) 동사 뒤 (D) 명사 앞

Recently, the president decided to sell a building. 최근에, 그 회장은 빌딩 하나를 팔기로 결심했다.
부사

Unfortunately, we must cancel the weekly meeting. 유감스럽게도, 우리는 주간미팅을 취소해야 합니다.
부사

4 숫자를 수식하는 부사

다음에 나오는 숫자 수식 부사들은 뒤에 나오는 숫자를 수식하는 부사로 토익 정기시험에서 두 달에 한 번 정도 출제됩니다. 가장 많이 출제된 부사는 approximately(대략)입니다.

● 숫자 수식 부사

숫자를 수식할 때 쓰이는 부사들은 다음과 같습니다.

almost 거의 nearly 거의 about 약 approximately 대략 at least 적어도
over 이상 more than 이상으로 up to ~까지 exactly 정확하게

It will take **about** 10 hours to complete all the safety training courses.
모든 안전교육 코스를 이수하는데 약 10시간이 소요될 것이다.

The flight from New York to Washington will take **approximately** 3 hours.
뉴욕에서 워싱턴까지의 비행은 대략 3시간 정도 걸린다.

The guest speaker should arrive **at least** thirty minutes before the start of the seminar.
초청 연사는 세미나 시작으로부터 적어도 30분 전까지 도착해야 합니다.

5 형용사에서 -ly가 붙으면 의미가 달라지는 부사

형용사에서 –ly가 붙으면 원래 의미와 달라지는 부사들이 있습니다.

close 접하여, 바로 곁에	high 높이, 높게	near 가까이	great 잘
closely 자세히, 면밀히	highly 고도로, 아주	nearly 거의	greatly 매우
hard 굳게, 열심히	late 늦게, 늦도록	short 짧게, 간단히	
hardly 거의 ~하지 않다(부정부사)	lately 최근에	shortly 바로	

Week 1 Week 2 Week 3 Week 4

Words
renowned [rináund] 유명한 (= famous) | give a speech 연설하다 | urgently [ə́:rdʒəntli] 급하게, 긴급하게 | instructor [instrʌ́ktər] 강사 | safety training courses 안전교육 코스

Mr. Park has been a **great** asset to our department. 박 씨는 우리 부서의 큰 자산이었습니다.

The new logo will **greatly** improve the firms image. 새로운 로고가 회사의 이미지를 크게 향상시켜줄 것이다.

Edward Sanchez works **hard**, so I want to recommend him to your company.
에드워드 산체스는 열심히 일합니다, 그래서 그를 당신 회사에 추천하고 싶습니다.

They **hardly** ever talk about politics with him. 그들은 그와 함께 정치에 대해서 거의 이야기하지 않는다.

Jessica worked **late** to finish financial reports. 제시카는 재무 보고서를 끝내기 위해 늦게까지 일했다.

How have you been **lately**? 요즘 어떻게 지내셨나요?

6 그 외 자주 출제되는 주요한 부사들

그 외에도 자주 출제되는 중요한 부사들이 있습니다. already, yet, ever가 있고 yet은 문장의 종류에 따라 다양하게 쓰이니 그 쓰임새를 잘 알아두기 바랍니다.

already (이미, 벌써)	All the hotels are **already** booked out. 모든 호텔들이 이미 예약됐어요.
yet (부정문: 아직까지, 벌써 의문문: 이미)	He has not **yet** finished his project. 그는 그의 프로젝트를 아직까지 완성하지 못했다. Have you finished your homework **yet**? 너는 이미 너의 숙제를 끝냈니?
have yet to (아직 ~하지 않다)	I have **yet** to call him because I was busy. 나는 바빠서 아직 그에게 전화하지 못했다.
ever (지금까지, 이전에)	Have you **ever** been to New York? 이전에 뉴욕에 가보신 적이 있나요?

7 시제와 함께 쓰는 부사

특정 시제와 함께 쓰는 부사들이 있습니다. 부사를 선택하는 문제가 나올 경우 시제를 확인하고 답을 고르면 됩니다.

just (틀림없이, 꼭, 방금) 완료나 과거시제와 함께 쓰임	I **just** finished reading the monthly report. 나는 방금 월간보고서 읽기를 끝냈다.
now (지금, 이제) 현재시제와 함께 쓰임	Our company **now** has offices in Shanghai and Tokyo. 우리 회사는 이제 상하이와 도쿄에 사무실이 있다.
soon (이내, 곧) 미래시제와 함께 쓰임	I will meet you **soon** at the office. 사무실에서 당신을 곧 만나겠습니다.
finally (마침내, 결국, 드디어) 과거나 완료시제와 함께 쓰임	He **finally** finished his project. 그는 마침내 그의 프로젝트를 마무리했다.

8 부정부사

부정의 의미를 가지는 부정부사는 동사 앞에 위치합니다. 부정부사가 들어간 문장에서는 not이 필요 없습니다. hardly는 ever와 같이 쓰면 '지금까지 거의 ~하지 않다'라는 뜻이 됩니다.

hardly, seldom, barely, rarely 거의 ~하지 않다

Because the wind was so strong, he could **hardly** open his eyes.
바람이 너무 강했기 때문에, 그는 거의 눈을 뜰 수 없었다.

Our company **rarely** invests in information technology companies.
우리 회사는 정보 기술 회사들에는 거의 투자하지 않는다.

She lives in Spain, so we **hardly ever** see her. 그녀는 스페인에 산다. 그래서 우리는 그녀를 거의 본 적이 없다.

Check Up

다음 빈칸에 알맞은 것을 고르세요.

3 It took ------- four hours to get my home.

(A) near (B) nearly (C) great (D) greatly

4 After hours of discussion, the group ------- agreed to start the project.

(A) ever (B) soon (C) finally (D) now

Words

recommend [rèkəménd] 추천하다 | asset [æset] 자산 | book [buk] (식당, 호텔 등에) 예약하다; 책 | invest in ~에 투자하다 | information technology 정보 기술

9 빈도부사

빈도부사는 일반적으로 조동사와 be동사 뒤, 일반동사 앞에 위치합니다. 단, 횟수를 나타내는 빈도부사는 보통 문장 뒤에 위치합니다.

100%	always 항상	Ben **always** has a sandwich for lunch. 벤은 항상 점심으로 샌드위치를 먹는다.
50%	usually 보통 often 자주 sometimes(=occasionally) 때때로	I **usually** go shopping on Saturday. 나는 토요일에 보통 쇼핑을 간다. She **often** works at the weekend. 그녀는 주말에 자주 일합니다. We play tennis **occasionally**. 우리는 때때로 테니스를 친다.
0%	never 결코 ~하지 않는	It **never** rains here in the summer. 여기는 여름에 비가 결코 내리지 않는다.

● 횟수의 빈도부사

everyday 매일
weekly 매주
monthly 매달
annually/yearly 매년

I work out **everyday**. 나는 매일 운동한다.
He submitted the **weekly** report. 그는 주간 보고서를 제출했다.
They meet **monthly** to discuss progress.
그들은 진행 상황을 논의하기 위해 매달 만난다.
The contract will be renewed **annually**. 계약은 매년 갱신될 것입니다.
The magazine is issued twice **yearly**. 그 잡지는 1년에 2번 발행된다.

Check Up

해석을 보고 다음 문장의 괄호에서 적절한 것을 고르세요.

5 He is [usually / often] late for work. 그는 종종 회사에 지각한다.

6 Mr. Kim completed the [weekly / monthly] report this morning.
김 씨는 오늘 아침에 월간 보고서를 완료했다.

Words

contract [kɑ́:ntrækt] 계약 | issue [íʃu:] 발행(발표)하다; 주제, 쟁점

연습문제  다음 괄호에서 적절한 것을 고르세요.

1 The sales people travel [regulate / regularly] for business.

2 Eating and drinking are [strictly / strict] forbidden in the theater.

3 The company has [success / successfully] introduced a new product to the market.

4 The theater is [convenient / conveniently] located within easy walking distance.

기출문제  빈칸에 가장 적절한 것을 고르세요.

5 Mr. Morris ------- completed his first year as an intern.

(A) success
(B) successful
(C) successfully
(D) successes

6 Utah Business Center is ------- opening after two years of construction.

(A) final
(B) finality
(C) finals
(D) finally

7 Please explain the nature of the problem ------- on the product return form.

(A) cleared
(B) clearable
(C) clear
(D) clearly

8 Joy Travel's transportation information is ------- accessible online.

(A) readily
(B) ready
(C) reading
(D) readiness

Week 1 Week 2 Week 3 Week 4

Words

1. sales people 영업사원들 | for business 사업차 2. forbid [fərbíd] 금지하다(forbid-forbade-forbidden) 3. introduce [ìntrədjú:s] (사용할 수 있도록) 내놓다 4. convenient [kənví:niənt] 편리한 8. transportation [trænspərtéiʃən] 교통 | accessible [æksésəbl] 접근하기 쉬운 | readily [rédəli] 즉시, 쉽사리

Part 5

1 Sears ------- opened three new stores last year.

(A) successfully
(B) successful
(C) successes
(D) success

2 The manager ordered him to enter the client data -------.

(A) accurate
(B) accurately
(C) accurateness
(D) accuracy

3 Employees should attend ------- two safety workshops a year.

(A) so that
(B) at least
(C) only if
(D) as much

4 Mr. Peterson ------- identified the source of a problem in the computer.

(A) ease
(B) easy
(C) easiest
(D) easily

5 The accounting department ------- released its annual sales figures at the meeting.

(A) ever
(B) just
(C) lately
(D) soon

6 Wynn Hotel has become the ------- popular venue for conferences since last year.

(A) increasingly
(B) increase
(C) increases
(D) increasing

7 The important file was deleted ------- when the computer's software was upgraded.

(A) accident
(B) accidents
(C) accidental
(D) accidentally

8 Ms. Stevens has worked ------- hard to finish the project.

(A) exception
(B) except
(C) exceptionally
(D) exceptional

Words

2. enter [éntər] 입력하다 | accurate [ǽkjurət] 정확한 3. so that ~하기 위해서 | at least 적어도 | only if 오로지 ~한다면 | as much 꼭 그만큼, 바로 그만큼 4. source [sɔ:rs] 근원 5. department [dipɑ́:rtmənt] 부서 | accounting department 회계부서 | release [rilí:s] 공개하다 | annual [ǽnjuəl] 매년의, 연례의 | sales figures 매출액 6. venue [vénju:] 장소 7. delete [dilí:t] 삭제하다 | accidentally [æksədéntəli] 실수로, 우연히 8. exceptional [iksépʃənl] 특별히; 예외적인, 이례적인

Part 6

Questions 9-10 refer to the following e-mail.

> To: mpeterson@somail.net
>
> From: jjohnson@lineair.com.us
>
> Date: 25 March
>
> Dear Peterson,
>
> Thanks for flying with Line Airlines.
>
> We'd like to hear ------- (9) about your recent trip from Huston to Las Vegas on 15 March. We would be grateful if you could complete a short survey about your experience with our company. This will take approximately five minutes of your time. ------- (10) Thank you again for your business.
>
> James Johnson
>
> Personnel Manager
>
> Line Airlines

9 (A) eagerly
(B) highly
(C) nearly
(D) kindly

新 **10** (A) We will make a presentation on travel services.
(B) I am so sorry to hear about your travel experience.
(C) Your feedback will help us improve the way we serve you.
(D) Thank you for your generous donation.

Words

9-10. eagerly [í:gərli] 간절히 | grateful [gréitfl] 고마워하는, 감사하는 | generally [dʒénrəli] 일반적으로 | feedback [fí:dbæk] 피드백, 조언 | serve [sə:rv] 서비스하다; (음식을) 제공하다 | personnel manager 인사부장

Questions 11-12 refer to the following memo.

To: Corning Inc., staff

From: James Scott, Facilities Director

Date: May 20

Re: Parking restriction

Resurfacing of the parking areas will begin next week. The first area to be affected is parking area A. This parking area will be ------- (11) closed as of May 20. Those who ------- (12) use parking area A must obtain a permit for an alternate parking area from the facilities department. Please note that this closure is expected to last until late May.

11 (A) easily
(B) temporarily
(C) mainly
(D) certainly

12 (A) regular
(B) regulate
(C) regularly
(D) regularity

Words

11-12. resurface [ri:sə́:rfis] 재포장하다 | affect [əfékt] ~에 영향을 미치다 | temporarily [tèmpərérəli] 일시적으로, 임시로 | mainly [méinli] 주로, 대부분 | certainly [sə́:rtnli] 틀림없이, 분명히 | those who ~ ~하는 사람들 | obtain [əbtéin] 얻다, 획득하다 | permit [pərmít] 허가증 | alternate [ɔ́:ltərnèit] 대체하는, 번갈아 생기는 | facilities department 시설 부서 | be expected to ~할 것으로 예상되다

명사필수어휘 4

19 competition [kɑ̀mpətíʃən] 경쟁

Rising **competition** / from the overseas education market / will force / universities / to be more aggressive / in recruiting students.

force 강요하다 · aggressive 공격적인 · recruiting recruit 모집하다

해외 교육시장으로부터의 / 치솟는 경쟁이 / 대학들로 하여금 / 학생들을 모집하는데 / 더 적극적이 될 수 있도록 / 강요할 것이다.

20 strategy [strǽtədʒi] 전략

Sears Department Store / recently changed / its marketing **strategy** / in order to attract more customers.

in order to ~하기 위해서

시어스 백화점은 / 좀 더 많은 고객들을 유치하기 위해서 / 자사의 마케팅 전략을 / 최근 변경했다.

21 facility [fəsíləti] 시설

The Tower Apartments Complex / is going to be completed / next month, / and it will accommodate / a swimming pool and other **facilities**.

accommodate 제공하다, 수용하다

타워 아파트 단지가 / 다음달에 / 완성되는데, / 단지는 / 수영장과 다른 시설들을 / 제공할 것이다.

22 receipt [risí:t] 영수증, 수취

We / recommend / that you keep the original store **receipt** / as proof of purchase.

우리는 / 추천한다 / 당신이 원래의 가게 영수증을 보관하기를 / 구매의 증거로서

23 result [rizʌ́lt] 결과

On Friday, / Ms. Jones / should receive / the **results** of the survey / conducted last month / among employees.

금요일에, / 존스 씨는 / 직원들 사이에서 / 지난달에 수행된 / 조사의 결과를 / 받아야 한다.

24 experience [ikspíəriəns] 경험

The members of the board / feel / that Mr. Watson has enough **experience** / to fill the sales manager position.

이사회의 구성원들은 / 왓슨 씨가 / 영업부장 직위를 수행할 만큼 / 충분한 경험을 가지고 있다고 / 생각한다.

완전절친
TOEIC 스타트 LC+RC

Week 1
Day 5

접속사

- 등위접속사
- 상관접속사
- 종속접속사
- 의미가 같은 종속접속사와 전치사
- 접속부사
- 단원 별 문제

★ 명사 필수 어휘 5

Day 05

접속사

접속사는 어떤 품사인가요?

접속사는 문장에서 연결 역할을 하는 품사입니다.

접속사는 시험에서 몇 문제나 출제되나요?

접속사는 매월 2–3문제씩 빠짐없이 출제됩니다.

접속사의 종류에는 어떤 것들이 있나요?

접속사는 크게 등위접속사, 상관접속사, 종속접속사로 나눌 수 있습니다.

종류	역할	예
등위접속사	대등한 관계의 단어, 구, 절, 문장을 연결	for, and, nor, but, or, yet, so 각 등위접속사의 앞글자를 따서 FANBOYS라고 외우면 쉽습니다.
상관접속사	단어 전후에서 서로 짝을 이루는 접속사	not only A but also B　both A and B either A or B　neither A nor B 등
종속접속사	종속절(명사절, 형용사절, 부사절)을 이끄는 접속사	명사절: that, if/whether 등 형용사절: who, which 등 부사절: when, because, although, though 등

1 등위접속사

등위접속사는 단어와 단어, 구와 구, 문장과 문장을 동등하게 연결하는 접속사로 FANBOYS가 있습니다. 이 중에 and, but, or, 그리고 so가 많이 출제됩니다.

- 등위접속사(FANBOYS)의 종류

종류	의미	역할
for	왜냐하면, ~이니까	앞의 내용에 대한 이유
and	그리고, ~와	나열, 추가
nor	둘 다 아닌	부정의 연속
but	그러나, 하지만	반대 및 대조
or	또는	선택
yet	그럼에도 불구하고, 하지만	역접
so	그래서, 그러므로	앞의 내용에 대한 결과

The store sells fresh fruits **and** vegetables. 그 가게는 신선한 과일과 야채를 판매한다.

They rushed to the hospital, **but** they were late. 그들은 서둘러 병원으로 갔지만, 너무 늦었다.

Are you using cash **or** credit card? 현금을 사용하시나요 아니면 신용카드를 사용하시나요?

Ms. Diaz has an appointment, **so** she cannot go to the party.
디아즈 씨는 약속이 있어서 파티에 갈 수 없다.

2 상관접속사

상관접속사는 두 개 이상의 단어가 한 문장 안의 다른 어구들을 연결합니다.

either A or B A 또는 B 중의 하나	neither A nor B A도 B도 아닌
not A but B A가 아닌 B	not only A but also B A 뿐만 아니라 B 역시 (= B as well as A)
A as well as B B 뿐만 아니라 A도	
between A and B A와 B 사이에	both A and B A와 B 둘 다

Applicants for the position may submit résumés **either** by fax **or** e-mail.
그 자리를 위한 지원자들은 팩스나 이메일로 이력서를 제출할 수 있다.

Neither disturbing other students **nor** eating is allowed in a classroom.
교실에서는 다른 학생들을 방해하거나 음식을 먹는 것이 허용되지 않습니다.

Shopping online is **not only** convenient **but also** affordable.
온라인 쇼핑은 편리할 뿐만 아니라 가격이 적당하다.

Technical assistance is available by **both** phone **and** internet.
기술적인 도움은 전화나 인터넷 둘 다로 이용 가능하다.

Check Up

1 다음 중에서 등위접속사로 쓰일 수 없는 것을 고르세요.

(A) and, but (B) so, for (C) nor, or (D) if, as

2 다음 문장의 괄호에서 적절한 것을 고르세요.

Either Mr. Graham [nor / or / and] Ms. Krause will be in the office.

Words

disturb [dɪstə́ːrb] 방해하다 | technical [téknikəl] 기술적인 | available [əvéiləbl] 이용 가능한

3 종속접속사

● 명사절 접속사

명사와 똑같이 문장에서 주어, 목적어, 그리고 보어 역할을 하는 절, 명사절을 이끄는 접속사입니다.

종류	의미
명사절을 이끄는 접속사	that ~라는 것
	whether/if ~인지 아닌지
명사절을 이끄는 의문사	who 누가 ~하는지 where 어디서 ~하는지 when 언제 ~하는지 how 어떻게 ~하는지 what 무엇이(을) ~하는지 which 어느 것이(을) ~하는지 why 왜 ~하는지

I know **that** John is an excellent teacher. 저는 존이 훌륭한 선생님이라는 것을 알고 있습니다.

I don't know **whether** he will come or not. 저는 그가 올지 안 올지 잘 모르겠습니다.

I don't know **who** took these photos. 나는 이 사진들을 누가 찍었는지 모른다.

I don't know **which** is better for us. 나는 어느 것이 우리에게 더 나은지 모르겠어.

● 형용사절 접속사

형용사절은 문장에서 명사를 수식하는 형용사 역할을 합니다. 다른 말로 관계대명사절이라고도 부르는데 이 절을 이끄는 접속사는 아래와 같습니다.

형용사절 접속사	사람	사물
	who, that	which, that

The man **who** is standing at the door is my teacher. 문 앞에 서있는 남자는 제 선생님입니다.

The musical, **which** I watched last week, was excellent. 지난주에 제가 본 뮤지컬은 훌륭했습니다.

● 부사절 접속사

부사절 종속접속사는 문장에서 종속절을 이끌어 줍니다.

종류	의미
이유	because, since, as, now that ~이기 때문에
양보	though, although, even though, even if 비록 ~임에도 불구하고
시간	after ~한 후에 before ~하기 전에 until ~할 때까지 since ~한 이래로 when ~할 때 as soon as ~하자마자
조건	if, providing/provided (that) 만약 ~한다면 as long as ~하는 한 once 일단 ~하면 unless(= if ~ not) 만약 ~이 아니라면

목적	so that, in order that ~하기 위해서
결과	so + 형용사(~) + that 절(...) = such a + 형용사(~) + 명사 + that 절(...) 너무 ~해서 …하다

Ms. Benson is unable to attend the meeting **because** her flight has been delayed.
벤슨 씨는 그녀의 항공편이 지연되었기 때문에 회의에 참석할 수 없다.

Although he was born in America, he is a Korean boy. 비록 그가 미국에서 태어났을지라도, 그는 한국 소년이다.

Please present the confirmation of reservation **when** you check in.
탑승 수속을 할 때 예약 확인서를 제출해주세요.

As long as we receive your payment today, we will ship your package tomorrow morning.
오늘 저희가 귀하의 결제를 받는 한, 저희는 내일 아침 당신의 소포를 배송할 것입니다.

Come early **in order that** you may see him. 그를 만날 수 있도록 일찍 오시오.

He was **so** good a runner **that** I couldn't catch him. 그가 너무 훌륭한 주자라서 나는 따라 잡을 수가 없었다.
= He was **such** a good runner **that** I couldn't catch him.

● 주절과 종속절

종속절은 주어와 동사로 이루어진 절 앞에 종속접속사가 오는 불완전한 절입니다. 주절의 의미를 보충하는 역할을 합니다.

주절은 스스로 완전한 문장이고, 종속절은 주절 앞이나 주절 뒤에 나올 수 있습니다.

When I was young, I was a good boy. 내가 어렸을 때, 나는 착한 소년이었습니다.
(When I was young: 종속절 / I was a good boy: 주절)

종속절이 주절 앞에 나올 경우, 종속절 뒤에는 콤마를 찍어야 합니다.

When I was young, I was a good boy.

종속절이 주절 뒤에 나올 경우, 주절 뒤에는 콤마를 찍지 않습니다.

I was a good boy **when I was young**.

Check Up

다음 문장의 괄호에서 적절한 것을 고르세요.

3 The problem is [that / who] the computer doesn't work.

4 The service agreement will become official [when / which] Mr. Singh has approved it.

Words

be unable to ~할 수 없다 | present [prizént] 제시하다 | reservation [rèzərvéiʃən] 예약

Check up 4. official [əfíʃəl] 공식적인 | approve [əprúːv] 승인하다

4 의미가 같은 종속접속사와 전치사

다음에 나오는 전치사와 접속사는 같은 의미를 갖고 있지만, 종속접속사 다음에는 절(주어 + 동사)이 오고, 전치사 다음에는 명사, 대명사, 동명사, 명사구 등이 옵니다.

전치사 (+ 명사, 대명사, 동명사, 명사구)	종속접속사 (+ 주어 + 동사)	의미
because of, due to, owing to	because, since, as, now that	~때문에
despite, in spite of	although, even though, though	비록 ~이긴 하지만
during	while	~하는 동안
except	except that	~을 제외하고
without	unless	~이 없다면
in case of, in the event of	if, provided that	~의 경우에
following, after	after	~후에

● **전치사 (+ 명사, 대명사, 동명사, 명사구)**

Due to the bad weather, the plane changed its course. 나쁜 날씨 때문에, 비행기는 항로를 변경했다.
전치사 명사구

In spite of his financial problems, he has bought a new car.
전치사 명사구
그의 재정상 문제들에도 불구하고, 그는 새 차를 구입했다.

He goes to work every day **except** weekend. 그는 주말을 제외하고 매일 출근한다.
전치사 명사

In case of rain, the show will be canceled. 우천 시, 공연은 취소될 예정입니다.
전치사 명사

● **종속접속사 (+ 주어 + 동사)**

Although the service was slow, the waiter was kind and polite.
종속접속사 주어 동사
비록 서비스는 느렸지만, 웨이터는 친절하고 공손했다.

They arrived **while** we were having dinner. 우리가 저녁을 먹는 동안 그들이 도착했다.
종속접속사 주어 동사

I will not go **unless** you go with me. 네가 나와 함께 안 간다면, 나는 가지 않겠어.
종속접속사 주어 동사

I always feel so fresh **after** I work out. 운동을 하고 나면 저는 항상 상쾌한 기분이 들어요.
종속접속사 주어 동사구

★ 5 접속부사

품사는 부사이면서 접속사의 의미와 역할을 하는 단어를 접속부사라고 합니다. 세미콜론(;)과 콤마(,)와 함께 두 문장을 연결할 수 있습니다. 접속부사는 한 문장에서 다른 문장으로 분위기를 자연스럽게 전환할 수 있는 연결고리 역할을 합니다. Part 6에서 많이 출제되므로 꼭 암기해둡시다.

역할	접속부사		등위접속사
부가	besides, in addition 게다가 furthermore, moreover 더욱이		and 그리고 and then 그리고 나서
대조	however 그러나 on the other hand 반대로	nevertheless 그럼에도 불구하고 otherwise 그렇지 않으면	but 그러나
결과	accordingly 따라서 therefore, thus 그러므로	consequently 그 결과로 as a result 결과적으로	so 그래서
시간	meanwhile 한편, 그 동안에 thereafter 그 후에	in the meantime 그 동안에	

Week 1 Week 2 Week 3 Week 4

Check Up

다음 문장의 괄호에서 적절한 것을 고르세요.

5 [Because of / Because] its convenience, many employers now post job openings online.

6 [While / During] the summer, she worked as a lifeguard.

In addition, when you laugh, your brain works better. 게다가, 웃으면 두뇌 활동이 활발해진다.

I don't want to go skiing; **moreover**, the weather is too cold.
나는 스키 타러 가고 싶지 않다; 게다가, 날씨가 너무 춥다.

Borrowing periods may be extended through the library website. **However**, overdue items are not eligible for renewal.
차용 기간은 도서관 웹 사이트를 통해 연장될 수 있습니다. 그러나, 기한이 지난 항목은 갱신할 수 없습니다.

Consequently, we don't have to discuss it.
결과적으로, 우리는 그것을 토론할 필요가 없다.

Our company takes no responsibility for items lost in transit. **Therefore**, we recommend that you insure your package against loss.
우리 회사는 운송 중 분실한 물건에 대해 책임지지 않습니다. 그러므로, 저희는 물건 분실에 대비하여 보험에 가입하실 것을 추천합니다.

To expedite delivery of your order, parts are sent directly from the supplier. **As a result**, your order might arrive in several shipments.
주문 배송을 빠르게 처리하기 위해, 공급업자로부터 직접 부품들이 배송됩니다. 그 결과로, 귀하의 주문은 여러 번 나눠져 배송될 수 있습니다.

The flight will take off soon. **Meanwhile**, please remain seated.
비행기가 곧 이륙할 예정입니다. 그동안에, 자리에 앉아 주십시오

Check Up

다음 문장의 괄호에서 적절한 것을 고르세요.

7 The house was too big. [Besides / Thereafter], we couldn't afford it.

8 [Although / However] Mr. Chang ordered a computer last Saturday, it was not delivered until today.

Words

overdue [óuvərdú] 기한이 지난 | renewal [rinjú:əl] 갱신 | insure a package 소포를 보험에 들다 | expedite [ékspədàit] 더 신속히 처리하다

연습문제 다음 괄호에서 적절한 것을 고르세요.

1 Both Center Street [so / and] Parkway Avenue will be closed for repairs next Sunday.

2 The company is closed on October 25th [due to / since] the holiday weekend.

3 Diners with a reservation at Reno restaurant will be seated [once / because of] the entire party has arrived.

4 We ask [that / so that] you please refrain from bringing food into the concert hall.

기출문제  빈칸에 가장 적절한 것을 고르세요.

5 The new restaurant offers foods from around the world ------- reasonable prices.

(A) yet
(B) so
(C) but
(D) and

6 The building will be closed between eight ------- ten o'clock for a safety check.

(A) and
(B) of
(C) if
(D) yet

7 Mr. Anderson must find ------- a caterer and a photographer for the awards ceremony.

(A) whether
(B) both
(C) either
(D) never

8 Please describe your recent experience with Fun Tours ------- we can improve our services.

(A) when
(B) while
(C) although
(D) so that

Words

1. repair [ripέər] 수리 3. diner [dáinər] (식당에서 식사하는) 손님 4. refrain from ~하는 것을 금하다 6. safety check 안전 점검 7. caterer [kéitərər] 출장 요리사 | awards ceremony 시상식 8. describe [diskráib] 말[서술]하다

Part 5

1 Dinner will be catered by Smith Café ------- Sizzler Grill.

(A) but
(B) nor
(C) and
(D) yet

2 Passengers should show ------- tickets and passports when boarding a plane.

(A) both
(B) either
(C) as
(D) if

3 Sales people are required to submit monthly reports by ------- fax or e-mail.

(A) neither
(B) both
(C) either
(D) nor

4 ------- we requested information about the products a week ago, it still has not arrived.

(A) Until
(B) Only if
(C) Nevertheless
(D) Although

5 No photographs or videos may be taken ------- the play has started.

(A) which
(B) once
(C) despite
(D) instead

6 ------- the cafeteria is undergoing renovation, food will be available from the snack bar.

(A) Despite
(B) While
(C) During
(D) Within

7 ------- she joined our company, Ms. Krause has worked in the marketing department.

(A) Since
(B) Unless
(C) Meanwhile
(D) Accordingly

8 Mr. Smith not only wrote a report ------- analyzed the data for the presentation.

(A) however
(B) also
(C) and
(D) but

Words

1. cater [kéitər] (사업으로 행사에) 음식을 공급하다, 제공하다 2. passenger [pǽsəndʒər] 승객 | passport [pǽspɔːrt] 여권 | board [bɔːrd] 탑승하다 3. be required to ~하도록 요구되다 | monthly report 월간 보고서 5. photograph [fóutəgræf] 사진 | instead [instéd] ~대신에 6. undergo [ʌ̀ndərgóu] (변화 등을) 겪다, 받다 7. join the company 입사하다

Part 6

Questions 9-10 refer to the following notice.

Use of the laundry room at Cinnamon Apartment Complex is restricted to residents of the complex. This facility includes ten washing machines -------(9) ten dryers and is available for use 24 hours a day. -------(10) we cannot monitor the facility at all times, we ask for your cooperation in keeping it well maintained. If you find any machine malfunctioning, please call our maintenance office at 801-5566. In most cases, a technician will repair the machine within 24 hours of receiving your call.

9 (A) and
(B) but
(C) so
(D) for

10 (A) In order that
(B) When
(C) Except that
(D) Because

Week 1 Week 2 Week 3 Week 4

Words

9-10. laundry room 세탁실 | complex [kəmpléks] 복합 건물, (건물)단지 | be restricted to ~로 제한되다 | at all times 항상 | maintain [meintéin] 유지하다 | malfunction [mælfʌ́ŋkʃən] 고장, 기능 불량 | maintenance [méintənəns] 관리; 유지 | in most cases 대개의 경우

Questions 11-12 refer to the following letter.

April 21

Dear Anderson,

Thank you for purchasing your new AT&T mobile phone. We promise to provide you with reliable service. The enclosed brochure provides a detailed summary of your service plan -------(11) an explanation of fees. If you are dissatisfied with your phone, you will be issued a refund. -------(12) If you have further questions about the mobile service, please contact us, and we will be happy to assist you.

John Graham
Regional Sales Representative

11 (A) and
(B) but
(C) so
(D) yet

新 **12** (A) You have accumulated more than 1,500 points.
(B) Rewards card members can pay their bills easily on our website.
(C) You have been approved for an exciting offer.
(D) All of our products come with a 30-day money-back guarantee.

Words

11-12. provide A with B A에게 B를 제공하다 | reliable [riláiəbl] 신뢰할만한 | service [sə́:rvis] 서비스 | enclosed [inklóuzd] 동봉된 | brochure [brouʃúər] 소책자 | detailed [ditéild] 상세한 | be dissatisfied with ~에 불만이다 | issue a refund 환불하다 | money-back [mʌ́nibæ̀k] 환불이 가능한 | guarantee [gæ̀rəntí:] 보장 | assist [əsíst] 돕다

  명사필수어휘 5

25 environment [inváiərənmənt] 환경

Due to the importance / maintaining a quiet work **environment**, / employees / are asked to refrain from engaging in / loud conversations.

refrain from ~하는 것으로부터 금하다 engage in ~에 관여[종사]하다

조용한 작업환경을 유지하는 것이 / 중요하기 때문에 / 근로자들은 / 큰소리로 대화하는 것을 / 금하도록 요청받고 있다.

26 condition [kəndíʃn] 상태

Due to unfavorable weather **condition**, / we cannot guarantee / that the shuttle bus will arrive / at the airport / by 8 o'clock.

unfavorable 좋지 않은 guarantee 보장하다

나쁜 날씨 상태 때문에 / 셔틀 버스가 / 공항에 / 8시까지 / 도착하는 것을 / 보장할 수 없습니다.

27 demand [dimǽnd] 요구

In response to client **demand**, / the new water-purification system / will be available / for both lease and purchase.

water-purification system 물 정화 시스템 be available for ~을 위해 이용 가능한

고객의 요구에 응해서 / 새로운 물 정화 시스템은 / 임대나 구매 둘 다로 / 이용 가능할 것이다.

28 effort [éfərt] 노력

The company has announced plans / for the new marketing campaign / in an **effort** to appeal / to the customers.

in an effort to ~하기 위한 노력으로

회사는 / 고객들에게 / 마음에 들기 위한 노력으로 / 새로운 마케팅 캠페인 / 계획을 발표했다.

29 challenge [ʧǽlindʒ] 과제; 도전

The **challenge** / of being a successful architect / lies in designing buildings / that are both functional and aesthetically appealing.

lies 놓여있다 aesthetically 미학적으로

성공적인 건축가가 되기 위한 / 과제는 / 기능적이면서 미학적으로도 매력있는 / 건물을 디자인하는데 달려있다.

30 expansion [ikspǽnʃən] 확장, 진출

A follow-up meeting / to discuss / the **expansion** of Albertson Inc., into Spain / has been scheduled for Monday, / May 30.

follow-up 후속의

앨버튼 주식회사의 스페인 진출을 / 논의하기 위한 / 후속 모임이 / 5월 30일 / 월요일로 예정되었다.

Week 1 Week 2 Week 3 Week 4

완전절친
TOEIC 스타트 LC+RC

Week 2

Day 1

동사의 형태와 종류

- 동사의 형태
- 동사의 종류와 5형식
- 단원 별 문제

★ 동사 필수 어휘 1

Day 01

동사의 형태와 종류

✻ 동사는 어떤 품사인가요?

동사(verb)는 동작을 나타내거나 상태를 나타내는 품사입니다.

✻ 동사는 시험에서 몇 문제나 출제되나요?

동사는 매월 3-4문제씩 빠짐없이 출제됩니다.

✻ 동사의 종류에는 어떤 것들이 있나요?

일반동사는 동작이나 행동을 나타내고 '(동작을) 하다'로 해석합니다. 예로는 see, eat, play, sleep 등이 있습니다. be동사는 상태를 나타내고 ' ~이다, ~있다'로 해석합니다. be동사의 변화형으로는 am, are, is 등이 있습니다.

✻ 동사의 형태에는 어떤 것들이 있나요?

동사의 형태는 동사원형, 3인칭 단수 현재형, 과거형, 현재분사형 그리고 과거분사형이 있습니다. be동사의 현재형과 과거형은 다음과 같습니다.

• be동사의 현재형과 과거형

주어(단수)	현재형	과거형
I	am	was
you	are	were
he, she	is	was

주어(복수)	현재형	과거형
we	are	were
you		
they		

1 동사의 형태

1 동사원형

동사의 원래 형태를 쓰고, 현재시제를 만듭니다. **ex)** play, see, smell, touch 등

• 동사원형을 쓰는 경우

① **주어(I, you, we, they) 뒤에는 동사원형(3인칭 단수(he, she, it) 제외)**

They **speak** both English and Japanese. 그들은 영어와 일본어 둘 다 말할 수 있다.
(speak: 동사원형)

② 조동사 + 동사원형

조동사 다음에는 반드시 동사원형을 써야 합니다.

조동사	must / had to	will / would	can / could	shall / should	may / might

No one can predict the future. 아무도 미래를 예측할 수 없다.
(predict: 동사원형)

③ 명령문이 시작할 때

Turn off the light upon leaving the office. 사무실을 나갈 때는 불을 끄세요.
(Turn off: 동사원형)

④ 공손한 명령문에서 Please 뒤

Please welcome the new manager, Mr. Perez, to our sales team.
(welcome: 동사원형)
우리 영업부서의 새로운 부장, 페레즈 씨를 환영해 주세요.

2 3인칭 단수 동사

3인칭 주어(she, he, it) 뒤에는 동사원형에 –s를 붙이고 3인칭 단수 현재형 동사를 써야 합니다. be동사의 경우에는 is를 써야 합니다.

ex) play-plays, see-sees, smell-smells, touch-touches, need-needs 등

She is the manager of the sales department. 그녀는 영업부 부장이다.
(is: 단수 동사)

The file needs updating. 그 파일은 업데이트가 필요하다.
(needs: 단수 동사)

Check Up

1 다음 문장의 괄호에서 적절한 것을 고르시오.

Before you leave the hotel, please [complete / completion] a customer satisfaction survey.

2 다음에 나오는 빈칸을 채우세요. (동사원형 – 과거 – 과거분사)

put - ____________ - ____________　　become - ____________ - ____________

Words

predict [pridíkt] 예측하다, 예언하다 | upon(on) ~ing ~하자마자 곧 | update [ʌ̀pdéit] (데이터를) 업데이트하다

Check up 1. customer satisfaction survey 고객 만족 설문 조사

3 과거형

규칙, 불규칙 변화형으로 과거시제를 만듭니다. 규칙 변화형은 동사원형에 -ed를 붙이고 불규칙 변화형은 따로 외우도록 합니다. 과거동사는 과거를 나타내는 시간의 부사절과 함께 쓰입니다. 시간의 부사절에는 last week/month/year(지난 주/달/해)나 yesterday(어제)가 있습니다.

I really **learned** a lot from the workshop last month. 나는 지난 달 워크숍으로부터 많이 배웠다.
과거동사

They **went** to New York last week. 그들은 지난 주에 뉴욕에 갔다.
과거동사

4 현재분사형

동사원형에 -ing를 붙여서 현재분사를 만들고, 현재분사는 be동사 뒤에 나와 현재진행 시제를 만듭니다.

They are **discussing** the matter in the meeting room. 그들은 회의실에서 그 문제를 논의하고 있습니다.
현재분사

5 과거분사형

● 과거분사의 형태

동사의 과거형처럼 규칙 변화하는 동사는 어미에 -ed를 붙여주고, 불규칙 변화 동사는 외우도록 합니다.

① **동사의 규칙 변화형:** 동사원형에 -ed를 붙입니다. (play-played-played, smell-smelled-smelled)

② **동사의 불규칙 변화형**
A-A-A형(cut-cut-cut), A-B-A형(come-came-come), A-B-C형(see-saw-seen)

● 과거분사를 쓰는 경우

과거분사는 완료시제와 수동태 문장에서 쓰입니다. 완료시제는 have동사 뒤, 수동태는 be동사 뒤에 과거분사가 옵니다.

① **완료시제 문장**

▶ 완료시제 [have/has/had/will have + 과거분사]

He hasn't **seen** the report yet. 그는 아직 그 보고서를 보지 못했다.
과거분사

② **수동태 문장**

▶ 수동태 [be동사 + 과거분사]

The computers are **fixed** by Kimberley. 그 컴퓨터들은 킴벌리에 의해 수리된다.
과거분사

불규칙 변화 동사는 p.352 동사 활용표를 참고하세요.

2 동사의 종류와 5형식

● 자동사란?

스스로 자립할 수 있는 동사로, 뒤에 목적어가 따르지 않습니다. 목적어가 오려면 전치사가 필요합니다. 자동사에는 완전자동사(1형식)와 불완전자동사(2형식)가 있습니다.

● 타동사란?

타의 도움을 필요로 하는 동사로, 목적어가 반드시 뒤에 옵니다. 타동사에는 완전타동사(3형식)와 불완전타동사(5형식)가 있습니다(4형식은 수여동사).

1 1형식 문장: 주어(S) + 완전자동사(V)

1형식 문장은 주어와 동사로만 만들어진 문장을 말합니다. 완전자동사는 동사가 보어나 목적어 없이도 주어의 상태나 동작을 완전하게 서술해주는 동사입니다.

Mr. Adams **arrived**. 아담스 씨는 도착했다.
주어 동사

1형식 문장은 기본적으로 주어와 동사만 필요하지만 아래의 경우와 같이 동사를 수식하는 부사구와 같은 수식어구가 붙을 수도 있습니다.

The performance **begins** in 30 minutes. 공연은 30분 이내에 시작한다.
주어 동사 부사구(전치사구)

▶ 유도부사 There로 시작하는 1형식의 문장의 경우, 주어와 동사는 도치됩니다.

There + be동사 + 주어 + (부사구)

There **is** a book (on the table). (= A book is there on the table.) 탁자 위에 책이 있다.

2 2형식 문장: 주어(S) + 불완전자동사(V) + 보어(C)

2형식 문장은 불완전자동사가 쓰인 문장입니다. 불완전자동사로는 주어를 설명하기에 부족해서 뒤에 보어를 통해 부족한 점을 보충해 줍니다. 보어 자리에 형용사나 명사가 쓰입니다.

Check Up

3 다음 문장의 괄호에서 적절한 것을 고르시오.

The customer service representative [became / mentioned] angry.

Words

Check up 3. representative [rèprizéntətiv] 직원; 대표

Week 1 Week 2 Week 3 Week 4

● 형용사 보어

형용사가 보어로 쓰일 경우 주어의 상태나 성격을 설명해줍니다.

He became happy. 그는 행복하게 되었다.
주어 동사 보어(형용사)

● 명사 보어

명사가 보어자리에 올 경우 보어는 주어와 동격이 됩니다.

He is a doctor. 그는 의사이다.
주어 동사 보어(명사)

불완전 자동사의 종류는 다음과 같습니다.

종류	역할	예
지각동사	사람이 보고, 듣고, 맛보고, 느끼고, 냄새를 맡는 것과 관련한 동사	look ~처럼 보인다 feel ~처럼 느끼다 smell ~한 냄새가 나다 sound ~처럼 들리다
상태의 변화 동사	'~하게 되다'의 뜻으로 상태의 변화를 나타내는 동사	become ~이 되다 grow / turn / get ~인 상태가 되다
유지, 정지의 동사	지속성을 나타내는 동사로, 뜻은 '~인 채로 있다', '계속 ~이다' 등	remain ~인 상태로 남다 stay ~인 채로 머물다 keep ~인 상태를 유지하다

● 지각동사

Mr. Kim looks smart and intelligent. 김 씨는 똑똑하고 지적으로 보인다.
I feel better today. 오늘은 기분이 좋다.

● 상태의 변화 동사

John became a teacher. 존은 선생님이 되었다.

▶ John과 teacher는 동격

He became excited to hear the news. 그는 그 소식을 듣고 흥분했다.

▶ 보어 excited는 주어 he의 상태 설명

Her face turned red with embarrassment. 그녀의 부끄러워 얼굴이 빨개졌다.

▶ 보어 red는 주어 her face의 상태 설명

● 유지, 정지의 동사

The manager position has remained vacant since last month.
부서장 직책은 지난달 이후로 공석으로 남아있었다.

▶ 보어 vacant는 주어 The manager position의 상태 설명

The company stays competitive with latest technologies. 그 회사는 최신 기술로 경쟁력을 유지한다.

▶ 보어 competitive는 주어 The company의 상태 설명

3 3형식 문장: 주어(S) + 완전타동사(V) + 목적어(O)

3형식은 동사 뒤에 목적어가 옵니다. 완전타동사는 완전한 동사라 보충해 주는 말인 보어도 필요 없고, 목적어 한 개 만이 올 수 있습니다. 타동사의 목적어로는 명사, 명사구, 동명사 등을 쓸 수 있습니다.

The company president **announced** a new policy. 회사 사장은 새로운 정책을 발표했다.
주어 / 타동사 / 목적어(명사구)

● 타동사의 종류

타동사 뒤에는 전치사를 쓰지 않습니다.

타동사	의미	틀린 표현
access	~에 접속하다	access to(x)
check	~을 점검하다	check for(x)
discuss	~에 관해 토론하다	discuss about(x)
explain	~을 설명하다	explain about(x)
express	~을 표현하다	express about(x)
join	~에 가입하다	join into(x)
marry	~와 결혼하다	marry with(x)
mention	~을 언급하다	mention about(x)

The manager **checked** the errors of the report. 그 매니저는 보고서의 오류들을 확인했다.
checked for(X)

The city council will meet to **discuss** urban development. 시의회는 도시개발 문제를 논의하기 위해 만날 것이다.
discuss about(X)

He **joined** the company three years ago. 그는 3년 전에 회사에 입사했다.
joined into(X)

You don't have to **mention** his name. 당신은 그의 이름을 언급할 필요가 없다.
mention about(X)

Check Up

다음 문장의 괄호에서 적절한 것을 고르시오.

4 We met to [discuss / discuss about] business matters.

5 We have to [compete / compete with] the other companies.

Words

embarrassment [imbǽrəsmənt] 어색함, 쑥스러움 | vacant [véikənt] 비어 있는 | competitive [kəmpétətiv] 경쟁을 하는 | latest [léitist] 최신의

Week 1 Week 2 Week 3 Week 4

● 타동사 = 자동사 + 전치사

다음에 나오는 '자동사 + 전치사'는 타동사 역할을 하고, 타동사처럼 뒤에 목적어를 바로 쓸 수 있습니다.

account for ~을 밝히다, 설명하다
agree on/to/with ~에 동의하다
compete with ~와 경쟁하다
deal with ~을 다루다, 취급하다
listen to ~의 말에 귀 기울이다
object to ~에 반대하다
react to ~에 반응하다
talk about ~에 대해 이야기하다
add to ~을 더하다
arrive at ~에 도착하다
contribute to ~에 기여[공헌]하다
differ from ~와 다르다
look for ~을 찾다
participate in ~에 참석하다
subscribe to ~을 구독하다
wait for ~을 기다리다

Employees **participated in** the monthly meeting. 직원들은 월례회의에 참석했다.
participate(X)

I **subscribe to** a business journal. 저는 비즈니스 잡지를 구독합니다.
subscribe(X)

The manager will **talk about** the project with the employees.
talk(X)
부장은 직원들과 프로젝트에 대해서 이야기할 것이다.

● 같은 의미로 쓰이는 타동사와 자동사

타동사와 자동사	의미	타동사와 자동사	의미
oppose = object to	반대하다	explain = account for	설명하다
answer = respond to	답변하다	contact = communicate with	연락하다
attend = participate in	참석하다	handle = deal with	다루다
reach = arrive at/in	도착하다	seek = look for	찾다, 구하다

The manager **explained** his plan to the employees. 부장은 그의 직원들에게 그의 계획을 설명했다.
= account for

They don't know how to **handle** it. 그들은 그것을 어떻게 다루어야 할지 모릅니다.
= deal with

4 4형식 문장: 주어(S) + 수여동사(V) + 간접목적어(I.O.) + 직접목적어(D.O.)

수여동사는 간접목적어(~에게)와 직접목적어(~을)를 둘 다 취하는 동사로 4형식에 쓰입니다. '주다'라는 뜻을 가진 동사입니다.

● 수여동사

give 주다 bring 가져오다 send 보내다 offer 제공하다 write 써주다 make 만들어주다 buy 사주다

Words

journal [dʒə́:rnl] 신문[잡지], 학술지

My father gave me a book for my birthday present. 아버지는 생일 선물로 나에게 책을 주셨다.
주어 수여동사 간목 직목

Brandon brought Mary flowers. 브랜든은 매리에게 꽃을 가져다주었다.
주어 수여동사 간목 직목

My mom made me a pizza. 엄마가 나에게 피자를 만들어주었다.
주어 수여동사 간목 직목

5 5형식 문장: 주어(S) + 불완전타동사(V) + 목적어(O) + 목적보어(O.C.)

5형식 문장은 목적어 뒤에 목적보어가 쓰입니다. 목적보어 자리에는 명사, 형용사, 분사, to부정사, 동사원형 등이 올 수 있습니다. 불완전타동사는 타동사이기 때문에 목적어가 필요하고, 불완전하기 때문에 보충해주는 보어가 필요합니다.

● 명사 목적보어

The president of the company appointed her manager. 회사 사장은 그녀를 부장으로 임명했다.
주어 동사 목적어 목보

● 형용사 목적보어

The news made him happy. 그 소식은 그를 행복하게 해주었다.
주어 동사 목적어 목보

● 동사원형/과거분사 목적보어

사역동사의 목적보어 자리에는 동사원형 또는 과거분사를 써야 합니다. 사역동사는 '~에게 …하도록 시키다'라는 의미를 가진 동사로 have, make, let 등이 있습니다.

사역동사	예문
make/let + 목적어 + 동사원형(목적보어)	Mr. Johnson **made** his son clean his room. 존슨 씨는 그의 아들에게 방을 치우도록 시켰다.
have + 사람목적어 + 동사원형(목적보어)	The manager **had** his employees write the weekly report. 부장은 그의 직원들에게 주간 보고서를 작성하도록 시켰다.
have + 사물목적어 + 과거분사(목적보어)	Steve **has** his watch repaired. 스티브는 그의 시계를 수리시켰다.

다음 문장의 빈칸에 들어갈 적절한 것을 고르시오.

6 The coach wants to make his team [strong / strongly].

● 부정사 목적보어

부정사를 목적보어로 취하는 동사들은 '~에게 …하는 것을 v하다'로 해석됩니다. 뒤에 목적어와 목적보어가 오기 때문에 주로 남에게 건네는 말들로 구성되어 있습니다.

주어	동사	목적어	목적보어
He 그는	advised 충고했다 encouraged 독려했다 forced 강요했다 ordered 명령했다, 지시했다 reminded 상기시켜주었다 told 말했다 warned 경고했다	me 나에게	to study hard. 열심히 공부하라고

They **advised** people to stop eating fast food.
그들은 사람들에게 패스트푸드를 먹는 것을 그만두도록 충고했다.

Her doctor **ordered** her to rest for a week.
그녀의 의사는 그녀에게 한 주 동안 쉬라고 지시했다.

He **reminded** his assistant to reserve a meeting room.
그는 그의 조수에게 회의실을 예약하는 것을 상기시켜주었다.

His doctor **warned** him to stay away from alcohol.
의사는 그에게 술을 멀리하라고 경고했다.

● 동사원형/부정사 둘 다 오는 목적보어

준사역동사 help의 목적보어 자리에는 동사원형과 to 부정사 모두 올 수 있고, 두 개의 의미 차이는 없습니다.

She **helped** him choose some new clothes. 그녀는 그가 새 옷을 몇 개 고르도록 도와주었다.
(= She **helped** him to choose some new clothes.)

Check Up

다음 문장의 빈칸에 들어갈 적절한 것을 고르시오.

7 The new software will help staff members [work / working] efficiently.

8 She reminded him [singing / to sign] the contract.

연습문제 다음 괄호에서 적절한 것을 고르세요.

1 The new printer [operates / delivers] more quickly than the previous model did.

2 All members are invited to [attend / participate] in dinner reception at 8 P.M.

3 The company has [offered / hired] Mr. Oaks a job in Seattle.

4 The annual office party will be [held / became] in the cafeteria.

기출문제  빈칸에 가장 적절한 것을 고르세요.

5 Management requires all employees to ------- a training course.

(A) attend
(B) answer
(C) arrive
(D) mention

6 Please ------- all safety regulations when using the fitness facilities.

(A) observe
(B) explain
(C) comment
(D) construct

7 The company decided to ------- the price of the finished products.

(A) increase
(B) remain
(C) discuss
(D) mention

8 To enter the company, you must ------- your identification card.

(A) state
(B) place
(C) inspect
(D) present

Words

1. previous model 이전 모델 | deliver [dilívə(r)] 배달하다 2. be invited to ~하도록 초대되다 | participate in 참여하다 4. annual office party 연례 사무실 파티 6. regulation [règjuléiʃən] 규정 | observe [əbzə́:rv] 준수하다 | comment [kάment] 논평하다 | construct [kənstrʌ́kt] 건설하다 7. finished products 완제품 8. identification card 신분증 | inspect [inspékt] 검사하다, 점검하다 | present [préznt] 제시하다

Part 5

1 Sam Company's new digital camera ------- clear and vivid images.

(A) creates
(B) interests
(C) appears
(D) results

2 JM Automobiles will ------- a new advertising campaign to boost sales.

(A) strike
(B) pass
(C) spend
(D) launch

3 Our online service ------- you to view your account.

(A) allowance
(B) allows
(C) allowing
(D) allowable

4 We ------- tours of our production facility every month for our new clients.

(A) conduct
(B) visit
(C) inspect
(D) arrive

5 The road construction on Center Street has ------- traffic delay.

(A) caused
(B) departed
(C) directed
(D) operated

6 Market analysts ------- an increase in sales of Hybrid vehicles next year.

(A) predict
(B) inspect
(C) hold
(D) earn

7 All researchers must ------- in the training on laboratory safety procedures.

(A) attend
(B) participate
(C) support
(D) cooperate

8 It will be necessary to reorganize all departments to ------- the productivity.

(A) finish
(B) increase
(C) carry
(D) rely

Words

1. create [kriéit] 만들다, 창조하다 | appear [əpíər] 나타나다 | result [rizʌlt] 발생하다 2. advertising campaign 광고 캠페인 | boost [bu:st] 신장시키다 3. allowance [əláuəns] 용돈; 비용(수당) 4. conduct [kɑ́ndʌkt] 실시하다, 지휘하다 | inspect [inspékt] 검사하다 5. cause [kɔ:z] ~을 야기하다, 초래하다 | depart [dipɑ́:rt] 떠나다, 출발하다 | direct [dirékt; dairékt] 감독하다; 지휘하다 | operate [ɑ́pərèit] 작동하다; 영업하다 6. hold [hould] 개최하다 | earn [ə:rn] 벌다, 얻다, (수익 등을) 올리다 7. laboratory [lǽbərətɔ:ri] 실험실 | safety procedures 안전 절차 | support [səpɔ́:rt] 지지하다 8. reorganize [ri:ɔ́:rgənaiz] 재구성하다

Part 6

Questions 9-10 refer to the following notice.

> Our record shows that your subscription to Max Business Magazine will expire on March 31. Please -------(9) the attached form to renew your subscription. To ensure that your service continues without interruption in the future, we also invite you to register for our automatic billing program. Customers who -------(10) in the program will also receive a 10 percent discount off the regular price. Act now and start saving today!

9 (A) uses
(B) to use
(C) use
(D) using

10 (A) enroll
(B) pay
(C) invest
(D) train

Week 1 Week 2 Week 3 Week 4

Words

9-10. subscription [səbskrípʃən] 구독 | expire [ikspáiər] (기한이) 만료되다 | ensure [inʃúər] 보장하다, 반드시 ~하게 하다 | interruption [ìntərʌ́pʃən] 중단, 가로막음 | register [rédʒistər] 등록하다 | automatic [ɔ̀:təmǽtik] 자동의 | automatic billing program 자동 청구서 프로그램 | regular price 정가

Questions 11-12 refer to the following letter.

Dear Mr. Covey,

We have ------- (11) your letter of July 21 in which you expressed dissatisfaction with your new laptop computer. We're sorry to learn that the enter key on your keyboard is not functioning properly. Since you purchased the computer less than 30 days ago, ------- (12) The customer service team at Office Max Computers is dedicated to ensuring your satisfaction. Please feel free to contact us if you have further questions.

Sincerely,

Adam Scott

Customer Service Manager

11 (A) receive
(B) received
(C) receiving
(D) to receive

新 **12** (A) we train our checkout clerks to be both friendly and efficient.
(B) discounted items are not eligible to be returned.
(C) we are able to offer you either a refund or a replacement.
(D) we can provide you estimated delivery date at the time of your purchase.

Words

11-12. dissatisfaction [dìssætisfǽkʃən] 불만 | laptop computer 노트북 컴퓨터 | function [fʌ́ŋkʃən] 기능[작용]하다 | purchase [pə́:rʧəs] 구매하다 | less than ~보다 적은 | refund [rí:fʌnd] 환불 | replacement [ripléismənt] 교환; 교환품 | be dedicated to ~에 전념하다

동사필수어휘 1

단원 별 필수 어휘들은 RC문제를 빠르고 정확하게 풀기 위한 기초가 됩니다. 단어를 아는 만큼 실전에서 새로운 문제가 나와도 당황하지 않고 잘 풀 수 있습니다. 어휘 학습 방법(p.9)을 읽어보고 차근차근 순서에 따라 어휘를 암기해봅니다.

※읽은 횟수를 표시하면서 5번씩 읽으세요.

1 increase [inkríːs] 증가하다, 인상되다 

The company / decided to **increase** / the price of the finished products / as a result of the rising cost / in raw materials.

finished products 완제품 / raw materials 원자재

회사는 / 원자재 / 가격 인상의 결과로 / 완제품의 가격을 / 인상하기로 결정했다.

2 promote [prəmóut] 승진시키다, 홍보하다 

Ms. Helen / has been **promoted** to manager / of the Red Lotus Hotel / and will be supervised / by Mr. Ping.

supervise 감독하다, 관리하다

헬렌 씨는 / 레드 로투스 호텔의 / 매니저로 승진되었고 / 핑 씨의 / 관리를 받게 될 것이다.

3 announce [ənáuns] 발표하다 

The editorial team / intends to **announce** / major changes / to the magazine's image / at the monthly meeting.

편집팀은 / 월례회의에서 / 잡지 이미지에 대한 / 주요한 변경사항을 / 발표하려고 한다.

4 recommend [rèkəménd] 추천하다; 권하다 

A bank / **recommends** / its customers / to change their password / at least three times a year.

은행은 / 고객들에게 / 적어도 1년에 3번 / 그들의 비밀번호를 교체하도록 / 권고한다.

5 attend [əténd] 참석하다 

Five applicants / were invited to **attend** / the interviews / with the management team.

경영진과의 / 인터뷰에 / 참석하도록 / 5명의 지원자가 / 초대되었다.

6 complete [kəmplíːt] 완성하다, 이수하다 

Job applicants / must **complete** / the Basic Computer Skills course.

구직자들은 / 기초 컴퓨터 코스를 / 이수해야 한다.

완전절친
TOEIC 스타트 LC+RC

Week 2

Day 2

수의 일치

- 단수 주어가 되는 표현들
- 복수 주어가 되는 표현들
- 주어 + [전치사구, 절] + 동사
- 선행사와 동사의 수 일치
- 지시형용사와 수량형용사의 수 일치
- 상관접속사 수의 일치
- 단원 별 문제

★ 동사 필수 어휘 2

Day 02

수의 일치

✻ 수의 일치란 무엇인가요?

주어가 단수로 쓰이면 뒤에 단수 동사가 오고, 복수로 쓰이면 뒤에 복수 동사가 오는 것을 말합니다.

✻ 수의 일치 문제는 시험에서 몇 문제나 출제되나요?

수의 일치 문제는 매년 4-7문제 정도, 2~3달에 한번 정도 출제됩니다.

✻ 수의 일치에는 어떤 것들이 있나요?

수의 일치에는 아래의 표에서 볼 수 있는 것처럼 (1) 주어와 동사의 수 일치, (2) 수량형용사와 뒤에 오는 명사의 수 일치, (3) 명사와 대명사의 수 일치 등으로 나눌 수 있습니다.
(2)번은 **Week 1-3. 형용사의 (4) 수량형용사 p.66 참조**
(3)번은 **Week 1-2. 대명사 (4) 대명사의 수 일치 p.54 참조**

(1) 주어와 동사의 수 일치	단수 명사 → 단수 동사 복수 명사 → 복수 동사	A student is ~ Students are ~
(2) 수량형용사와 명사의 수 일치	every + 단수 명사 many + 복수 명사	Every student ~ Many students ~
(3) 명사와 대명사의 수 일치	단수 명사 → 단수 대명사 복수 명사 → 복수 대명사	A student → He, She Students → They

✻ 단수 주어 + 단수 동사 / 복수 주어 + 복수 동사

동사에 -s를 붙이면 단수 동사가 되고, 명사에 -s가 붙으면 복수 주어가 됩니다.

단수 주어	셀 수 있는 명사 하나 (a book) 셀 수 없는 명사 (information)	단수 동사	3인칭 단수형 (reads)
복수 주어	셀 수 있는 명사의 복수형 (books)	복수 동사	동사원형 (read)

1 단수 주어가 되는 표현들

다음에 나오는 표현들은 단수 주어로 뒤에 단수 동사를 취하는 중요한 표현들입니다. 불가산 명사(셀 수 없는 명사), one/each/every + 단수 명사, the number of + 복수 명사, 동명사/to 부정사/명사절, every/some/any/no + one/body/thing이 단수 주어가 되어 뒤에 단수 동사가 쓰입니다. 유도부사 there + be동사 구문에서 단수 명사가 주어로 오면 be동사는 단수로 쓰입니다.

● 불가산명사(셀 수 없는 명사)

advice 충고 clothing 의류 equipment 장비 furniture 가구 homework 숙제
information 정보 knowledge 지식 luggage/baggage 수하물 machinery 기계
merchandise 상품 money 돈 pollution 오염 scenery 경치 stationery 문구

The furniture **is** scheduled to be delivered on Friday. 가구는 금요일에 배송될 것으로 일정이 잡혀있습니다.

Homework **is** an important part of education. 숙제는 교육의 중요한 부분이다.

Knowledge **is** power. 아는 것이 힘이다.

● one/each/every + 단수 명사

Each student **takes** at least one course.
각 학생들은 적어도 1개의 강의는 수강한다.

Every employee **needs** to submit the report by next Monday.
모든 직원은 다음주 월요일까지 보고서를 제출할 필요가 있다.

● the number of + 복수 명사: ~의 수

The number of employees **was** reduced. 직원 수가 줄어들었다.

The number of cars **is** increasing in Korea. 한국의 자동차 수가 증가하고 있다.

Week 1 Week 2 Week 3 Week 4

Check Up

다음 문장의 괄호에서 적절한 것을 고르세요.

1 [All / Each] department must submit plans for quality improvement by March 1.

- 동명사/to부정사/명사절: ~하는 것

Being an analyst **requires** many skills and abilities. 분석가가 되는 것은 많은 기술과 능력을 필요로 한다.

To be an analyst **requires** many skills and abilities.

That anyone becomes an analyst **requires** many skills and abilities.

- every/some/any/no + one/body/thing

Everyone **wants** to be healthy. 모든 사람은 건강하기를 원한다.

Everything **is** changing. 모든 것은 변한다.

There **is** something I want to ask. 내가 부탁하고 싶은 게 있어.

Does anybody have a good idea? 누구 좋은 생각 없습니까?

There **is** anything you can't do. 당신은 못하는 게 없네요.

- There(유도부사) is + 단수 명사(주어)

There **is** a meeting room on the second floor. 2층에 회의실이 있다.

There **is** a movie theater near my house. 우리집 근처에 영화관이 있다.

2 복수 주어가 되는 표현들

다음에 나오는 표현들은 복수 주어로 복수 동사를 취하는 중요한 표현들입니다. 복수 명사, a number of + 복수 명사, 단수 명사 and 단수 명사는 복수 주어가 되어 뒤에 복수 동사가 쓰입니다. 유도부사 there + be동사 구문에서 복수 명사가 주어로 오면 be동사는 복수로 쓰입니다.

● 복수 명사

The applicants **have** a lot of experience in sales. 그 지원자들은 판매에 많은 경험이 있다.

● A number of + 복수 명사

A number of airlines **offer** mileage cards to customers.
많은 항공사들이 손님들에게 마일리지 카드를 제공한다.

A number of people **are** waiting for churros. 많은 사람들이 츄러스를 기다리고 있다.

● 단수 명사 and 단수 명사

David and I **are** writing this newspaper article. 데이비드와 나는 이 신문 기사를 씁니다.

● There are + 복수 명사(주어)

There **are** many employees here in this office. 여기 사무실에는 많은 직원들이 있다.

There **are** only two cars on the parking lot. 주차장에 차량이 두 대 뿐이다.

Check Up

다음 문장의 괄호에서 적절한 것을 고르세요.

2 Applicants [are required / is required] to submit a résumé by tomorrow.

3 The discount for new customers [apply / applies] only to online orders.

Words

Check up 2. applicant [ǽplikənt] 지원자 | resume [rizú:m] 이력서 3. apply to ~에 적용되다

Week 1 Week 2 Week 3 Week 4

3 주어 + [수식구/수식절] + 동사

주어 뒤에 동사가 바로 오지 않고 사이에 전치사구, 분사구, 형용사절, 관계사절 등이 주어를 수식하는 경우 수식구와 수식절에 있는 명사는 주어 역할을 하지 않습니다.

The popularity of new games **is** growing rapidly. 새로운 게임들의 인기가 빠르게 커지고 있다.

▶ 전치사구 of new games는 선행하는 주어 The popularity(인기)를 수식할 뿐, 주어와 동사의 결정에 아무런 영향도 주지 못합니다.

The discounts that were advertised in Provo Daily **do** not apply to software.
Provo Daily에 광고된 할인은 소프트웨어 제품에는 적용되지 않는다.

▶ 전치사구 that were advertised in Provo Daily는 선행하는 주어 The discounts(할인)를 수식할 뿐, 주어와 동사의 결정에 아무런 영향도 주지 못합니다.

4 선행사와 동사의 수 일치

관계대명사 앞에 있는 선행사(명사)가 단수인지, 복수인지를 확인해서 관계대명사 뒤 동사와 수 일치를 시켜야 합니다.

● 단수 명사 + 주격 관계대명사(who, which, that) + 단수 동사

The computer that **was bought** a year ago did not work. 일년 전에 구입한 그 컴퓨터는 작동하지 않았다.

Anyone who **wants** to come is welcome. 누구든 오기를 원하는 사람은 환영한다.

● 복수 명사 + 주격 관계대명사(who, which, that) + 복수 동사

I ordered a number of products which **were** on sale. 나는 할인 중인 많은 제품들을 주문했다.

I know men who **are wearing** uniforms. 나는 유니폼을 입고 있는 남자들을 안다.

Check Up

다음 문장의 괄호에서 적절한 것을 고르세요.

4 We have a train system that [connect / connects] the international and domestic flight terminals.

Words

popularity [pὰ:pjulǽrəti] 인기 | rapidly [rǽpidli] 빠르게 | advertise [ǽdvərtaiz] 광고하다 | apply to ~에 적용되다
Check up 4. domestic [dəméstik] 국내의

5 지시형용사와 수량형용사의 수 일치

지시형용사나 수량형용사가 명사 앞에 쓰일 때의 수 일치 규칙은 다음과 같습니다.

● This/That(지시형용사) + 단수 명사 + 단수 동사

This blue jacket suits you for this party. 이 파란색 재킷은 이번 파티에서 당신에게 어울립니다.

That clock is on the wall. 저 시계가 벽에 걸려 있습니다.

● These/Those(지시형용사) + 복수 명사 + 복수 동사

These small chips are very expensive. 이 작은 칩들은 매우 비쌉니다.

Those people are coming to watch old Charlie Chaplin films.
저 사람들은 오래된 찰리 채플린의 영화를 보러 올 것입니다.

● many/several/all/a few(수량형용사) + 복수 명사 + 복수 동사

Many people volunteer for the overseas medical mission. 많은 사람들이 해외 의료 사절단에 지원한다.

Several customers complain about a device on the website.
몇몇 고객들은 웹사이트에서 어떤 장치에 대해 불평한다.

All museums require visitors to provide contact information.
모든 박물관은 방문자들에게 연락처를 제공하라고 요구한다.

A few people have supper outside. 몇몇의 사람들이 밖에서 저녁을 먹고 있다.

● another(수량형용사) + 단수 명사 + 단수 동사

Another bus is coming soon. 또 다른 버스가 곧 올 거야.
Another way to the shop takes a long time. 그 가게로 가는 또 다른 길은 시간이 오래 걸린다.

● Other(수량형용사) + 복수 명사 + 복수 동사

Other people do not want to do it. 다른 사람들은 그 일을 하기 싫어한다.

Business and **other** analysts are optimistic about this project.
업계와 다른 분석가들은 이 프로젝트에 낙관적이다.

Check Up

다음 문장의 괄호에서 적절한 것을 고르세요.

5 [All / Every] employees should attend the meeting in the conference room.

Words

suit [su:t] 어울리다 | overseas [òuvərsí:z] 해외의 | medical mission 의료 사절단 | device [diváis] 기계; 장치 | contact information 연락처 | optimistic [àptəmístik] 낙관적인

Week 1 Week 2 Week 3 Week 4

6 상관접속사 수의 일치

상관접속사 종류	의미	동사 수의 일치
both A and B	A와 B 둘 다	both는 항상 복수취급
either A or B	A와 B 둘 중의 하나	B에 수 일치
neither A nor B	A와 B 둘 다 아닌	B에 수 일치
not only A but also B	A뿐만 아니라 B도	B에 수 일치
A as well as B	B뿐만 아니라 A도	A에 수 일치

Both she **and** I are employed in the Personnel Department.
그녀와 나는 둘 다 인사부에 고용되어 있다.

Either the manager **or** his secretary has to attend the monthly staff meeting.
부장 혹은 그의 비서 둘 중 한 사람은 월례 직원회의에 참여해야 한다.

Neither Ms. Brown **nor** I attend the training seminar.
브라운 씨와 저는 둘 다 훈련 세미나에 참석하지 않습니다.

Not only a president **but also** employees are responsible for the management of a company.
사장뿐 아니라 직원들도 회사의 경영에 책임이 있습니다.

They **as well as** I are going out for brunch early Sunday morning.
나뿐만 아니라 그들은 일요일 아침 일찍 브런치를 먹으러 나갈 예정입니다.

다음 문장의 괄호에서 적절한 것을 고르세요.

6 Not only you but also she [are / is] pretty.

7 Neither the CEO nor the vice president will [attend / attends] meeting.

Words

employed [implɔ́id] 근무하고 있는 | training seminar 훈련 세미나 | president [prézədənt] 사장

연습문제  다음 괄호에서 적절한 것을 고르세요.

1 Discount [ticket / tickets] for the music concert are available in Ms. Klein's office.

2 Albertson [publishes / publishing] a monthly newsletter that is mailed to customers.

3 The directors [regulate / regulating] the use of corporate funds for advertising campaign.

4 The company [plans / plan] to expand its facility by the end of this year.

기출문제  빈칸에 가장 적절한 것을 고르세요.

5 The Johnson Corporation ------- significant revenue growth in the new year.

(A) anticipates
(B) anticipation
(C) anticipate
(D) anticipating

6 Applicants ------- to submit two letters of recommendation and a résumé.

(A) require
(B) requires
(C) is requiring
(D) are required

7 Our research ------- were recently published in Science Magazine.

(A) results
(B) resulting
(C) result
(D) resulted

8 The new menu for Sizzler ------- beef tenderloin and mushroom risotto.

(A) includes
(B) included
(C) including
(D) include

Week 1 Week 2 Week 3 Week 4

Words

1. available [əvéiləbl] 이용할 수 있는 2. a monthly newsletter 월간 소식지 3. regulate [régjulèit] 조정하다 | corporate [kɔ́:rpərət] 기업[회사]의 | fund [fʌnd] 기금 4. facility [fəsíləti] 시설물 5. anticipation [æntìsəpéiʃən] 예상 | anticipate [æntísəpèit] 예기하다, 예상하다 7. publish [pʌ́bliʃ] 게재하다; 출간하다 8. tenderloin [téndərlɔ̀in] (쇠고기 · 돼지고기의) 안심 | mushroom [mʌ́ʃru:m] 버섯 | risotto [risɔ́:tou] 리조또

Part 5

1 ------- attendees must register at the reception desk.

(A) Every
(B) Each
(C) All
(D) Much

2 We need to make sure that each of our customers ------- completely satisfied.

(A) are
(B) is
(C) being
(D) were

3 MS Software's technical support department ------- twenty-four hours a day.

(A) operators
(B) operating
(C) operates
(D) operation

4 The ------- advertised in yesterday's News Daily do not apply to computers.

(A) discounts
(B) discounted
(C) discounting
(D) discount

5 Computer users are strongly encouraged to read the manual that ------- their product.

(A) accompanies
(B) accompany
(C) accompaniment
(D) accompanying

6 ------- packet will include the conference schedule as well as accommodation.

(A) Few
(B) Every
(C) Whole
(D) Many

7 ------- in mail delivery are usually due to the increased volume of packages and letters.

(A) Delays
(B) Delaying
(C) Delayed
(D) Delay

8 Staff members should notify the personnel department if they ------- to be absent more than two weeks.

(A) expects
(B) expecting
(C) expectation
(D) expect

Words

1. register [rédʒistər] 등록하다 3. technical support department 기술 지원 부서 5. be encouraged to ~하도록 권장[장려]하다 | accompany [əkʌ́mpəni] 동반하다, 행동하다 | accompanying [əkʌ́mpəniiŋ] 수반하는 6. cell phone 휴대전화 7. volume [vɑ́:ljuːm] ~양; 용량 | package [pǽkidʒ] 소포 8. personnel department 인사부서

Part 6

Questions 9-10 refer to the following advertisement.

The ABC Travel Agency will open its second branch office in Seattle on 1 May of this year. Thus, we are seeking five experienced travel assistants. Main responsibilities ------- (9) booking flights, hotel rooms, and maintaining customer databases. These positions require superior communication, customer service, and computer skills. ------- (10) To apply, please send a resume and cover letter to abcmanager@travel.com.

9 (A) include
(B) includes
(C) to include
(D) including

新 **10** (A) Applicants should have at least three years of experience in the travel industry.
(B) I'm currently interviewing candidates for all the positions.
(C) Employees who wish to apply should first meet with their managers.
(D) For example, a competitive benefit package will be offered to full-time workers.

Words

9-10. branch office 지사 | thus [ðʌs] 그래서 | experienced [ikspíəriənst] 경험이 있는 | responsibility [rispɑ̀:nsəbíləti] 책임 | database [déitəbeis] 데이터베이스 | require [rikwáiər] 필요하다; 필요로 하다 | superior [səpíəriər] 우수한 | travel industry 관광 산업 | cover letter 자기소개서

Questions 11-12 refer to the following e-mail.

Date: July 30

To: Peter Strong

From: Day's Inn

Dear Mr. Strong:

Thank you for staying at the Day's Inn on July 21. We hope you enjoyed your visit with us. Since every guest ------- (11) important to us, please take a moment to complete the customer satisfaction survey attached to this message to let us know how well we met your needs and expectations. Please contact me directly should you have ------- (12) additional comments or questions. We look forward to serving you again.

Sincerely,

James Johnson, General Manager

Day's Inn

11 (A) is
(B) are
(C) being
(D) to be

12 (A) each
(B) every
(C) any
(D) one

Words

11-12. take a moment 잠시 시간을 내다 | customer satisfaction survey 고객만족 설문조사 | directly [diréktli; dairéktli] 직접적으로 | additional [ədíʃənl] 추가적인 | comment [kάment] 언급, 논평 | look forward to ~ing ~을 고대하다

동사 필수 어휘 2

7 reduce [ridúːs] 줄이다

✓○○○○

Each department is required to / make an extra effort / to **reduce** / the amount of unnecessary photocopying.

- be required to ~하도록 요구하다
- unnecessary 불필요한

각 부서는 / 불필요한 복사량을 / 줄이기 위해 / 추가적인 노력을 기울이도록 / 요구 받고 있다.

8 apply [əplái] 적용하다, 바르다

○○○○○

Do not cover / the product bar code / when you **apply** / new price labels / to packages on display.

- on display 진열된

진열된 패키지에 / 새로운 가격표를 / 붙일 때 / 제품 바코드를 / 가리지 마십시오.

9 detail [díːteil] (상세히) 알리다, 열거하다

○○○○○

Accounting department has compiled / a report / that **details** the company's financial performance.

- compiled 편집하다, 편찬하다
- financial performance 재정 실적

회계부서는 / 회사의 재정 실적을 상세하게 기술하는 / 보고서를 / 편집하고 있다.

10 close [klous] 닫다

○○○○○

Due to extensive renovations, / the Lyndon Public Library / will be **closed** / from May 1 until May 15.

- extensive 광범위한
- renovations 개조

광범위한 개조작업 때문에 / 린던 공립 도서관은 / 5월 1일부터 15일까지 / 문을 닫을 것이다.

11 grow [grou] 자라다, 크다

○○○○○

The plants / used to landscape the Asian headquarters / **grow** very well / in a dry climate.

- landscape 풍경
- headquarters 본사
- climate 기후

아시아 본사에서 풍경미화를 위해 사용된 / 식물들은 / 건조한 기후에서 / 매우 잘 자란다.

12 limit [límit] 제한하다

○○○○○

Seminars / at the Marriot Business Center / will be **limited** to twenty people / to allow for interactive discussions and personalized attention.

- interactive 상호호환적인
- discussions 토론
- personalized 개인별
- attention 집중

메리어트 비즈니스 센터에서의 / 세미나들은 / 상호호환적인 토론과 개인별 집중을 위해서 / 20명으로 제한될 것이다.

완전절친
TOEIC 스타트 LC+RC

Week 2

Day 3

동사의 시제

- 단순 시제
- 진행 시제
- 완료 시제
- 완료 진행 시제
- 단원 별 문제

★ 동사 필수 어휘 3

Day 03 동사의 시제

시제(tense)란 무엇인가요?

시제란 어떤 사건이나 행동을 시간에 따라 표현하는 것으로 영어에는 아래 도표에 나오는 것처럼 12시제가 있습니다.

시제관련 문제는 기출에서 몇 문제나 출제되나요?

시제관련 문제는 매달 평균 1문제 정도 출제되며 단순미래, 단순과거, 그리고 현재완료 문제가 가장 많이 출제됩니다.

● 12시제

과거시제와 p.p.형은 동사 활용표 p.352 참조

	단순 (simple)	진행 (progressive)	완료 (perfect)	완료 진행 (perfect progressive)
과거 (past)	단순과거 동사원형+(e)d	과거진행 was/were + 동사원형ing	과거완료 had + p.p.	과거완료 진행 had been + 동사원형ing
현재 (present)	단순현재 동사원형+(e)s	현재진행 am/are/is + 동사원형ing	현재완료 have/has + p.p.	현재완료 진행 have/has been + 동사원형ing
미래 (future)	단순미래 will(be going to) + 동사원형	미래진행 will be + 동사원형ing	미래완료 will have + p.p.	미래완료 진행 will have been + 동사원형ing

Check Up

1 다음 단어의 시제를 쓰세요.

studied: ____________　　will study: ____________

had studied: ____________　　was studying: ____________

will have been studying: ________________

1 단순 시제

단순 시제는 특정한 시간에 발생한 일이나 상태를 나타낼 때 사용하는 시제입니다. 단순 과거와 단순 미래는 토익 정기시험에서 가장 출제가 많이 됩니다.

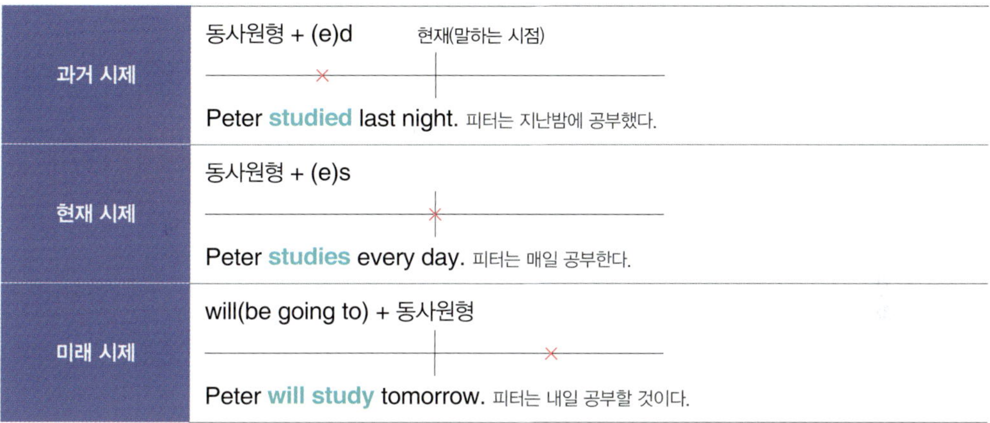

과거 시제	동사원형 + (e)d　　현재(말하는 시점) Peter **studied** last night. 피터는 지난밤에 공부했다.
현재 시제	동사원형 + (e)s Peter **studies** every day. 피터는 매일 공부한다.
미래 시제	will(be going to) + 동사원형 Peter **will study** tomorrow. 피터는 내일 공부할 것이다.

★ 1 과거 시제

과거 시제는 과거의 한 시점에서 발생한 사실이나 습관에 쓰입니다. 다음과 같은 과거의 시점을 나타내주는 부사구가 과거 시제와 함께 나옵니다.

last	last night 어젯밤　last week 지난주　last month 지난달
ago	three days ago 3일 전에　a week ago 일주일 전에　a month ago 한 달 전에
previous	previous night 전날 밤　previous week 지난주　previous year 지난해
on, in	on + 과거의 날짜나 요일(on March 12th, on last Sunday) in + 과거의 달, 계절, 연도(in June, in the winter, in 1999)
기타표현	yesterday 어제　at that time 그때　those days 그 당시에

The company **was founded** 30 years ago. 그 회사는 30년 전에 설립되었다.

The manager **reviewed** the monthly report yesterday. 부장은 어제 월별 보고서를 검토했다.

Check Up

2 다음 동사를 과거와 미래 시제로 바꾸세요.

현재: ____read____　과거: ________________　미래: ________________

2 현재 시제

현재 시제는 현재의 동작이나 상태를 나타낼 때, 규칙적인 습관이나 일반적인 습관을 말할 때, 일반적인 사실이나 진리를 표현할 때 사용합니다.

The manager **looks** happy. 부장은 행복해 보인다.

▶ 현재의 동작이나 상태

We **purchase** office supplies once every three months. 우리는 3개월에 한 번씩 사무용품을 구입한다.

▶ 규칙적인 습관

★ 3 미래 시제

미래 시제는 미래의 한 시점에서 발생할 일을 말할 때 사용하는 시제로, 일반적으로 조동사 will(= be going to)을 사용합니다. 미래 시제는 다음에 나오는 미래를 나타내는 부사구와 함께 쓰입니다. 미래 시제는 토익 정기시험에서 가장 출제가 많이 되는 시제입니다.

until + 미래시점	until next Monday 다음 월요일까지 until next week 다음주까지
within + 시간의 기간	within the next two weeks 앞으로 2주 안에
next	next week 다음 주 next month 다음 달 next year 다음 해
기타표현	tomorrow 내일 as of + 미래시점 ~일자로 at the end of the week/month/year 주/월/연말에

The company **will announce** the annual financial results next week.
회사는 다음 주에 연례 재정 결과를 발표할 것이다.

The special sales at Jay Bakery **will begin** tomorrow. 제이 제과점의 특별 세일이 내일 시작될 것이다.

Our fax number **will change** as of May 6th. 저희 팩스 번호가 5월 6일자로 바뀝니다.

Check Up

3 다음 문장의 괄호에서 적절한 것을 고르세요.

Mr. Cook [finished / finishes] reviewing the report last week.

Words

office supplies 사무용품 | financial results 재정 결과 | special sales 특별 세일

2 진행 시제

진행 시제는 현재, 과거, 미래진행이 있고 주어진 시점에서 동작이 계속 진행중임을 나타냅니다. 진행 시제는 be–ing의 형태로 다음과 같이 세 종류가 있습니다.

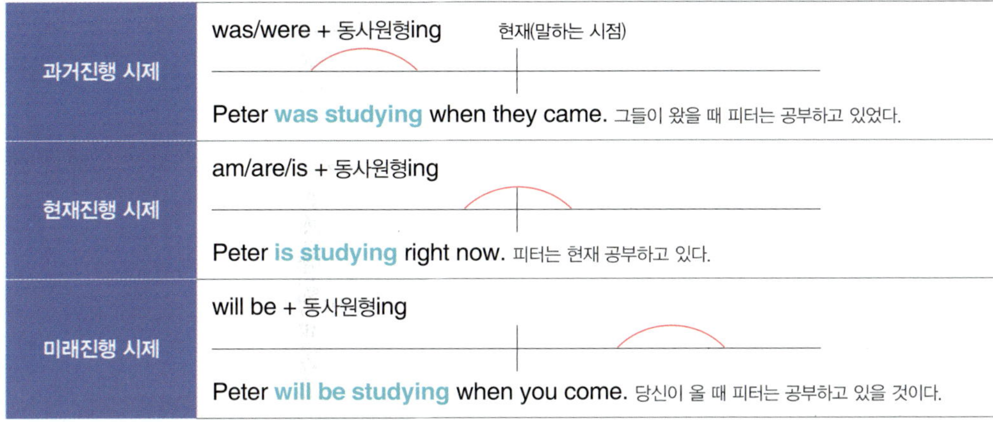

과거진행 시제	was/were + 동사원형ing　　현재(말하는 시점) Peter **was studying** when they came. 그들이 왔을 때 피터는 공부하고 있었다.
현재진행 시제	am/are/is + 동사원형ing Peter **is studying** right now. 피터는 현재 공부하고 있다.
미래진행 시제	will be + 동사원형ing Peter **will be studying** when you come. 당신이 올 때 피터는 공부하고 있을 것이다.

1 과거진행 시제

과거진행 시제는 과거에 진행되었던 일을 나타냅니다. 형태는 was/were + 동사원형ing로, 과거를 나타내는 부사구와 함께 쓰입니다.

We **were talking** about the meeting that we attended last week.
우리는 지난주에 참석했던 회의에 대해서 이야기하고 있었다.

2 현재진행 시제

현재진행 시제는 현재에 진행되고 있는 동작을 표현하거나 문장에 미래의 부사구를 써서 가까운 미래에 일어날 일을 표현할 때 쓰입니다. 형태는 am/are/is + 동사원형ing로 현재를 나타내는 부사구와 함께 쓰입니다.

Some people **are crossing** the street.
몇몇 사람들이 도로를 건너고 있다.

Check Up

4 다음 동사를 시제에 맞게 바꾸세요.

단순현재: live　　　　과거진행: ________

현재진행: ________　　　　미래진행: ________

3 미래진행 시제

미래진행 시제는 미래에 진행될 일을 나타냅니다. 형태는 will be + 동사원형ing로 미래를 나타내는 부사구와 함께 쓰입니다.

Who **will be attending** the meeting next week? 누가 다음 주 회의에 참석할 것인가?

3 완료 시제

기준 시점보다 먼저 발생한 일이나 사건이 기준점에 완료되는 것을 표현합니다. 시험에서 출제 빈도가 높은 시제입니다.

과거완료 시제	had + p.p. 현재(말하는 시점) / 3과 공부 시작 / 2과 공부 Peter **had** already **studied** Chapter 2 before he began studying Chapter 3. 피터는 3과 공부를 시작하기 전에 이미 2과를 공부했다.
현재완료 시제	have/has + p.p. 2과 공부 Peter **has** already **studied** Chapter 2. 피터는 이미 2과를 공부했다.
미래완료 시제	will have + p.p. 3과 공부 / 4과 공부 시작 Peter **will** already **have studied** Chapter 3 before he studies Chapter 4. 피터는 4과를 공부하기 전에 그는 이미 3과를 공부했을 것이다. ▶ 시간과 조건의 부사절에서는 현재가 미래를 대신한다(before he studies Chapter 4).

Check Up

5 다음 동사를 시제에 맞게 바꾸세요.

단순현재: walk　　　과거진행: ______

현재진행: ______　　　미래진행: ______

★ 1 현재완료 시제

현재완료 시제의 형태는 have/has + p.p.이고, 어떤 사건이나 동작이 과거에서 시작되어 현재까지 영향을 미치거나 이어지는 경우에 쓰입니다. 기간을 나타내주는 전치사구(since, for, in, over 등)가 함께 나옵니다.

● Since + 과거 시제의 문장

Mr. Miller **has lived** in Washington **since** he was born. 밀러 씨는 그가 태어났을 때부터 워싱턴에서 살았다.

Mr. Hall **has lived** in Washington **since** 2010. 홀 씨는 2010년 이후로 워싱턴에 살았다.

● 기간을 나타내주는 전치사구 (과거시점에서 완료시점까지)

for the past(last) two years 지난 2년 동안
in the past years 지난 몇 년 간
over the last three years 지난 3년 동안에 걸쳐서

The demand for exports **has risen** steadily **for** the past two years.
수출 수요가 지난 2년 동안 꾸준하게 증가했다.

2 과거완료 시제

과거완료 시제의 형태는 had + p.p.이고, 대과거에서 시작해서 과거까지 영향을 미친 일을 표현할 때 씁니다. 즉, 과거에 발생한 두 가지 사건에 대해 먼저 일어난 일을 표현할 때 사용합니다.

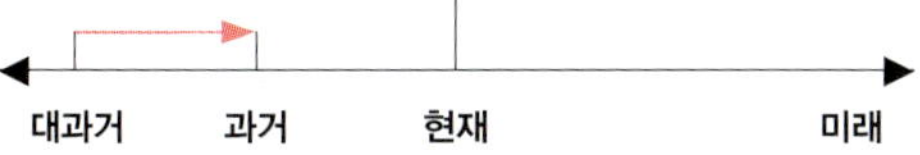

Mr. Green **had finished** his internship at Microsoft **when I got hired**.
내가 마이크로소프트에 고용되었을 때 그린 씨는 그의 인턴과정을 이미 끝마쳤다.

3 미래완료 시제

미래완료 시제의 형태는 will have + p.p.이고, 과거나 현재에 일어나고 있는 동작이 미래의 일정한 시점에 완료되거나 그때까지 영향을 미칠 때 씁니다.

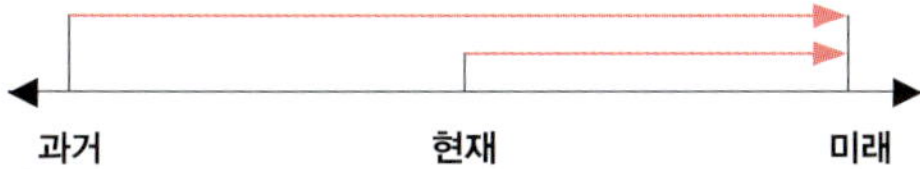

Mr. Cox **will have served** at Johnson Inc., **for** 30 years **by the time he retires**.
콕스 씨는 그가 은퇴할 때까지 30년 동안을 존슨 주식회사에서 일하게 될 것이다.

4 완료 진행 시제

기준 시점보다 먼저 발생한 일이나 사건이 기준점까지 계속 진행중일 때 사용합니다.

과거완료진행 시제	had been + 동사원형ing 현재(말하는 시점) 친구 도착 피터 공부 중 Peter **had been studying** for three hours before his friends came. 피터는 그의 친구들이 도착하기 전에 3시간 동안 공부를 해오고 있었다.
현재완료진행 시제	have/has been + 동사원형ing 피터 공부 중 Peter **has been studying** for two hours. 피터는 2시간 동안 공부해오고 있었다.
미래완료진행 시제	will have been + 동사원형ing 부모님 도착 피터 공부 중 Peter **will have been studying** for two hours by the time his parents get home. 피터는 그의 부모님이 집에 올 때까지 2시간동안 공부를 하고 있을 것이다. ▶ 시간과 조건의 부사절에서는 현재가 미래를 대신한다(by the time his parents get home).

Check Up

6 다음 동사를 시제에 맞게 바꾸세요.

단순현재: consider　　　과거완료 진행: ________

현재완료 진행: ________　　　미래완료 진행: ________

연습문제  다음 괄호에서 적절한 것을 고르세요.

1 Mr. Scott [received / has received] a promotion last month.

2 Stores are reporting that spring merchandise [is selling / sold] very well right now.

3 The price of raw materials [increased / has increased] significantly since last year.

4 Computers [have developed / developed] considerably over the last ten years.

기출문제  빈칸에 가장 적절한 것을 고르세요.

5 Construction crews ------- working on the new shopping mall next month.

(A) will begin
(B) begin
(C) began
(D) have begun

6 The board ------- sometime next week to evaluate the proposed project.

(A) will convene
(B) convened
(C) to convene
(D) convening

7 The marketing division ------- new staff members last January.

(A) welcomed
(B) welcoming
(C) will welcome
(D) has welcomed

8 As of next month, the computer lab ------- closing at 5:00 P.M. during weekdays.

(A) has been
(B) are
(C) was
(D) will be

Week 1 Week 2 Week 3 Week 4

Words

1. receive a promotion 승진하다 2. merchandise [mə́:rtʃəndàiz] 상품 3. raw materials 원자재 | significantly [signífikəntli] 상당히 4. considerably [kənsídərəbli] 상당히 6. evaluate [ivǽljuèit] 평가하다 | convene [kənví:n] 소집하다; 모임을 갖다 7. marketing division 마케팅 부서 8. as of ~현재로, ~일자로

Part 5

1 When Mr. King goes to London next week, he ------- at the Grand Hotel.

(A) stay
(B) stays
(C) will stay
(D) has stayed

2 Beginning next month, local residents ------- a weekly newsletter of events.

(A) have received
(B) will receive
(C) to receive
(D) will be received

3 The product catalogue ------- by registered mail this morning.

(A) arrived
(B) arrival
(C) arrive
(D) to arrive

4 Mr. Monson ------- World Trading Company three years ago.

(A) start
(B) starting
(C) started
(D) will start

5 Mr. Lee ------- as an accountant for the past three years.

(A) employed
(B) will employ
(C) has been employed
(D) employing

6 When the technicians discovered the computer problem, several files -------.

(A) disappearing
(B) had disappeared
(C) have disappeared
(D) disappear

7 Next month, Mr. Anderson ------- at Delta Publishing Company for ten years.

(A) work
(B) working
(C) has worked
(D) will have worked

8 Several shop owners ------- about the property on Center Street before Smith Group purchased it.

(A) inquiring
(B) had inquired
(C) would be inquiring
(D) will have inquired

Words

1. stay at ~에 머물다 2. a weekly newsletter 주간 소식지 3. catalogue [kǽtəlɔ:g] 카탈로그 (= brochure, booklet, pamphlet) | registered mail 등기우편 4. trading company 무역회사 5. employ [implɔ́i] 고용하다 6. technician [tekníʃən] 기술자 | disappear [dìsəpíər] 사라지다 7. publishing company 출판사 8. inquire [inkwáiər] 묻다, 알아보다

Part 6

Questions 9-10 refer to the following advertisement.

Reasonable Guitar Lessons

Would you like to learn to play the guitar in an enjoyable environment? We -------(9) three professionally trained guitar instructors last month. Each one of them -------(10) at least ten years of experience in teaching guitar lessons. Whether you are learning the guitar for the first time, or you are an experienced musician, we can help you improve your skills. For a list of fees and other information, visit our website at www.skillsguitar.com.

9 (A) employ
(B) employed
(C) will employ
(D) has employed

10 (A) has
(B) have
(C) has been
(D) to have

Words

9-10. professionally [prəféʃənəli] 전문적으로 | at least 적어도 | for the first time 처음으로

Week 1 Week 2 Week 3 Week 4

Questions 11-12 refer to the following letter.

August 10

Mr. James Johnson

100 Center Street

Provo, Utah 84604

Dear Mr. Johnson:

The customer service department at Radio Shock has received your request for the replacement of the camera that you ------- (11) last week. Please accept our apologies for any inconvenience the malfunctioning equipment has caused you. ------- (12) However, you must send us the original receipt.

Thank you for choosing Radio Shock.

Peter Moore

Customer Service Representative

Radio Shock

11 (A) purchase
(B) purchased
(C) to purchase
(D) purchasing

新 **12** (A) The BT300 camera is one of our top-selling models.
(B) Instruction manuals can be downloaded from our website.
(C) Please e-mail this form to the Customer Service Department.
(D) We will be happy to provide you with a new camera free of charge.

Words

11-12. customer service department 고객 서비스 부서 | replacement [ripléismənt] 교환, 교체 | apology [əpɑ́lədʒi] 사과 | inconvenience [ìnkənví:njəns] 불편함 | malfunctioning [mæ̀lfʌ́ŋkʃəniŋ] 오작동하는 | provide A with B A에게 B를 제공하다 | free of charge 무료로, 공짜로 | original [ərídʒənl] 원본의

동사필수어휘 3

13 propose [prəpóuz] 제안하다

✓

If you have ideas / for merchandising new items / that you / would like to **propose**, / please give them / to Mr. Anderson.

merchandising 판매, 판촉

새로운 상품 판매를 위해 / 당신이 / 제안하고 싶은 / 아이디어가 있다면 / 그것들을 / 앤더슨 씨에게 / 제출해 주세요.

14 provide [prəváid] 제공하다

We were unable to **provide** / additional funding / to the advertising department / because of the insufficient budget.

provide A to B B에게 A를 제공하다 / additional 추가적인 / funding 자금 / insufficient 불충분한 / budget 예산

우리는 / 불충분한 예산 때문에 / 광고부서에 / 추가적인 자금을 / 제공할 수 없었다.

15 allow [əláu] 허용하다

Mervyns' discount coupons **allow** / customers to get a 20% discount off / all the purchased items.

allow A to B A가 B할 수 있도록 허용하다 / items 물건들

머빈의 할인 쿠폰은 / 고객으로 하여금 / 구매한 모든 물건들에 / 20% 할인을 받을 수 있도록 / 허용한다.

16 require [rikwáiər] 요구하다

Technicians / are **required** to / wear protective gloves and goggles / at all times / in the laboratory.

be required to ~하도록 요구되다 / at all times 항상

기술자들은 / 실험실 안에서 / 항상 / 보호 장갑과 안경을 착용하도록 / 요구된다.

17 attract [ətrǽkt] 끌어들이다, 끌어모으다

The organizers / of the San Jose City Marathon / are advertising locally / in an effort to / **attract** as many runners as possible.

organizers 주최측 / locally 지역적으로 / in an effort to ~하기 위한 노력으로

산 호세 시 마라톤 / 주최 측은 / 가능한 많은 마라톤 참석자들을 끌어 모으기 / 위한 노력으로 / 지역적으로 홍보하고 있다.

18 prefer [prifə́:r] 선호하다

A recent survey indicates / that Hartford Bank customers / **prefer** online banking / for its convenience.

최근 설문조사는 / 하트퍼드 은행 고객들이 / 편의상 / 온라인 뱅킹을 선호한다는 것을 / 보여준다.

완전절친
TOEIC 스타트 LC+RC

Week 2

Day 4

수동태와 능동태

- 수동태와 능동태의 차이
- 시제 별 수동태의 형태
- 수동태를 만들 수 없는 자동사
- 수동태 문장의 다양한 전치사
- 단원 별 문제

★ 동사 필수 어휘 4

Day 04 수동태와 능동태

수동태란 무엇인가요?

수동태는 주어가 동사의 대상이 되어 쓰인 문장을 말합니다. 수동태 문장에서 무엇보다 중요한 것은 주어가 '동사의 주체로 쓰였는지' 아니면 '동사의 대상으로 쓰였는지'를 구분하는 것입니다. 주어가 동사의 대상으로 쓰이면 수동태를 써야 하고, 동사의 주체로 쓰이면 능동태 문장을 써야 합니다.

능동태: 주어가 동사를 직접 하거나 주어가 뒤에 나오는 대상에게 영향을 줄 때 씁니다.

He repairs the computer. 그는 컴퓨터를 고친다.

Maria gives money to me. 마리아는 나에게 돈을 준다.

수동태: 주어가 동사의 영향을 받거나 당할 때 수동태 문장을 씁니다.

The computer is repaired by him. 컴퓨터가 그에 의해서 수리된다.

I am given money by Maria. 나는 마리아에 의해 돈이 주어진다.

1 수동태와 능동태의 차이

능동태 문장에서는 동사 뒤에 목적어가 있습니다. 반면 수동태 문장에서는 동사 뒤에 목적어가 없습니다. 일반적으로 능동태 문장의 주어는 사람이고 수동태 문장의 주어는 사물입니다.

● 능동태

Mr. Krause **expressed** his respect for the retiring vice president.
주어 / 동사 / 목적어
크라우스 씨는 퇴직하는 부사장에게 그의 존경을 표했다.

● 수동태

The factory **was built** for the production of cars.
주어 / 동사 / 전치사구
그 공장은 자동차 생산을 위해서 지어졌다.

Check Up

1 다음 문장을 수동태로 바꾸세요.

Steve mailed the package. 스티브가 소포를 부쳤다.

→ ______________________________

● 능동태를 수동태로 바꾸는 방법

① 능동태 문장의 목적어는 수동태 문장의 주어가 된다.
② 능동태 문장의 타동사는 수동태 문장의 'be(능동태 시제와 주어와 수 일치) + p.p.(과거분사)'가 된다.
③ 능동태 문장의 주어는 수동태 문장의 'by + 목적격'이 된다.

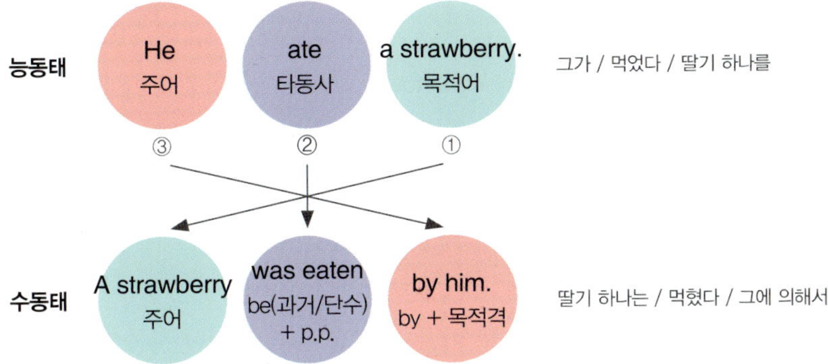

2 시제 별 수동태의 형태

다음 문장을 시제 별 수동태로 바꾸어 보았습니다.

He designs the car. 그는 차를 디자인하다.

시제	주어	be동사		과거분사	by 목적격
		단수	복수		
단순현재	The car/Cars	is	are	designed	by him
단순과거	The car/Cars	was	were	designed	by him
단순미래	The car/Cars	will be	will be	designed	by him
현재완료	The car/Cars	has been	have been	designed	by him
과거완료	The car/Cars	had been	had been	designed	by him
미래완료	The car/Cars	will have been	will have been	designed	by him
현재진행	The car/Cars	is being	are being	designed	by him
과거진행	The car/Cars	was being	were being	designed	by him

Check Up

2 다음 빈칸에 알맞은 것을 고르세요.

The car [was repaired / repaired] by the mechanic.

Words

production [prədʌ́kʃən] 생산 **Check up** 2. mechanic [məkǽnik] 정비공

Week 1 Week 2 Week 3 Week 4

Your question **has been sent** to Wilson Smith.
귀하의 문의는 윌슨 스미스에게 보내졌습니다.

The employee contact information **has recently been updated** by personnel department.
직원 연락처가 인사부에 의해서 최근 갱신되었습니다.

The monthly staff meeting **will be held** on May 2.
월간 직원 회의는 5월 2일에 열릴 것이다.

An exhibition **is being held** in the Benson Gallery right now.
전시회가 현재 벤슨 화랑에서 열리고 있다.

3 수동태를 만들 수 없는 자동사

타동사가 포함된 3형식의 문장은 수동태 문장으로 바꿀 수 있습니다. 그러나 자동사가 포함된 1형식과 2형식의 문장은 수동태 문장의 주어가 되는 목적어가 없기 때문에 수동태로 바꿀 수 없습니다.

● **수동태 불가 자동사들**

appear 나타나다	arrive 도착하다	become 되다
come 오다	disappear 사라지다	exist 존재하다
occur 발생하다	remain 남아 있다	rise 일어서다
stay 머물다	take place 일어나다, 발생하다	

An unexpected problem **occurred** during the performance. 공연을 하는 동안 예상 밖의 문제점이 발생했다.

One of the items that I ordered **arrived** a week later. 내가 주문한 품목 중 한 가지 품목은 일주일 늦게 도착했다.

▶ 동사 occur과 arrive는 자동사이므로 수동태로 만들 수 없다.

Check Up

다음 문장의 괄호에서 적절한 것을 고르세요.

3 The police car [has parked / has been parked] on the street.

4 The sun [has disappeared / has been disappeared] behind a cloud.

4 수동태 문장의 다양한 전치사

일반적으로 수동태의 문장에서 행위자를 표현할 때 'by + 목적격'을 사용합니다.

Books should be returned **by borrowers** within three weeks.
책들은 3주 이내에 대출한 사람에 의해 반납되어야 한다.

예외적으로 다음과 같이 전치사 by가 아닌 다른 전치사를 쓰는 수동태 표현들이 있습니다.

● 전치사 at을 쓰는 관용표현

be disappointed at ~에 실망하다
be gratified at(with) ~에 만족하다
be frightened(shocked/surprised) at ~에 깜짝 놀라다

He **was disappointed at** the test result. 그는 테스트 결과에 실망했다.
I **was surprised at** the news. 나는 뉴스를 보고 깜짝 놀랐다.

● 전치사 in을 쓰는 관용표현

be engaged in ~에 종사하다
be interested in ~에 관심을 갖다
be indulged in ~에 몰두하다
be involved in ~에 관여하다

Mr. Murphy **is engaged in** selling computer software. 머피 씨는 컴퓨터 소프트웨어를 파는데 종사하고 있다.
I **am interested in** attending the conference. 나는 회의에 참석하는데 관심이 있다.

● 전치사 with를 쓰는 관용표현

be covered with ~로 덮여 있다
be equipped with ~로 장비를 갖추다
be pleased with ~에 기쁘다
be crowded with ~로 붐비다
be gratified with(at) ~에 만족하다
be satisfied with ~에 만족하다

That restaurant **is crowded with** customers at all times. 저 식당은 항상 손님들로 붐빈다.
The manager **was satisfied with** the presentation. 부장은 프레젠테이션에 만족했다.

Check Up

5 다음 문장의 괄호에서 적절한 것을 고르세요.
Our department is composed [at / of / on] the best employees in our company.

Words
exhibition [èksəbíʃən] 전시회 | unexpected [ʌ̀nikspéktid] 예상 밖의 | borrower [bárouər] 대출자 | conference [kánfərəns] 회의[학회] | at all times 항상

● 기타 관용표현

be based on ~에 근거하다	be composed of ~로 구성되어 있다
be dedicated to ~에 헌신하다	be related to ~에 관계가 있다
be tired of ~로 피곤하다	be worried about ~을 걱정하다

Your grade **will be based on** a final exam and three papers.
당신의 학점은 기말고사와 3개의 과제물에 근거할 것이다.

The committee **is composed of** 10 members.
위원회는 10명의 회원으로 구성되어 있다.

★ ● 5형식 수동태 표현

be advised to ~하도록 조언을 듣다	be allowed to ~하도록 허락되다
be asked to ~하도록 요청받다	be encouraged to ~하도록 권고받다
be expected to ~하리라 기대되다	be permitted to ~하도록 허락되다
be reminded to ~하도록 상기되다	be requested to ~하도록 요청받다
be required to ~하도록 요구되다	be told to ~하라는 말을 듣다

We **were advised to** study hard by John.
우리는 존으로부터 공부를 열심히 하라고 조언을 들었다.
(←John **advised** us to study hard.)

Participants **were requested to** arrive by the manager on Monday.
참여자들은 월요일에 도착하도록 매니저로부터 요청받았다.
(←The manager **requested** participants to arrive on Monday.)

All new employees **are reminded to** attend orientation meeting (by the supervisor).
모든 새로운 직원들은 (감독관으로부터) 오리엔테이션 미팅에 참여하도록 상기된다.
(←The supervisor **reminds** all new employees to attend orientation meeting.)

Check Up

6 다음 문장의 괄호에서 적절한 것을 고르세요.

The increase in personnel is [expecting / expected] to help us meet our project deadlines.

Words

Check up 6. personnel [pə̀:rsənél] (조직 · 군대의) 인원 | meet a deadline 마감 기한을 맞추다

연습문제 다음 괄호에서 적절한 것을 고르세요.

1 Job interviews [will be conducted / have conducted] next Monday in the conference room.

2 The employee training guidelines were [revised / revising] by the personnel department.

3 Mr. Wu has been [recommended / recommend] for the manager's position by his supervisor.

4 The price quoted for catering services is [guarantee / guaranteed] for a month.

기출문제 빈칸에 가장 적절한 것을 고르세요.

5 Guests ------- to present an identification card when checking into the hotel.

(A) requests
(B) requesting
(C) to request
(D) are requested

6 The manager of the LA factory ------- to increase production of cars by 20 percent.

(A) was told
(B) told
(C) is telling
(D) will tell

7 The computers must be ------- by Friday in order to get on time.

(A) order
(B) ordering
(C) ordered
(D) orders

8 The offices of Johnson Advertising ------- in Seattle and New York.

(A) located
(B) locating
(C) is locating
(D) are located

Words

1. conduct [kɑ́ndʌkt] (특정 활동을) 하다; 행동하다 2. personnel department 인사부 3. recommend [rèkəménd] 추천하다 4. quoted [kwout] 견적된 | catering service 출장요리 서비스 5. present [préznt] 제시하다 | an identification card 신분증 6. increase [inkríːs] 증가하다 7. on time 정시에 8. be located in ~에 위치해 있는

Part 5

1 On performance days, tickets for music concerts can ------- at the box office.

(A) purchasing
(B) were purchased
(C) be purchased
(D) to purchase

2 All passengers ------- present a boarding pass to the airline attendant.

(A) are required to
(B) requiring
(C) requires
(D) be required

3 All flights leaving San Francisco International Airport ------- until further notice.

(A) will be postponed
(B) are postponing
(C) should postpone
(D) postponing

4 The quarterly budget report will be ------- by Friday if the manager approves it.

(A) submit
(B) submitted
(C) submits
(D) submitting

5 The company's new skin care products are being ------- to both men and women.

(A) market
(B) markets
(C) marketed
(D) marketing

6 The results of our latest customer survey ------- in the document.

(A) summarizes
(B) are summarizing
(C) summarized
(D) are summarized

7 At a retirement dinner last night, Peter Robert ------- for his 20 years of service at Martin Company.

(A) honored
(B) had honored
(C) to be honored
(D) was honored

8 The pamphlets ------- to include the updated interior designs last month.

(A) designing
(B) were designed
(C) designs
(D) are designing

Words

1. on performance days 공연하는 날 | at the box office 매표소에서 | purchase [pə́:rtʃəs] 구매하다 2. boarding pass 탑승권 | airline attendant 승무원 3. until further notice 추후 공지가 있을 때까지 4. quarterly [kwɔ́:rtərli] 분기별의 | budget report 예산 보고서 5. market [mɑ́:rkit] (상품을) 시장에 내놓다 6. summarize [sʌ́məraiz] 요약하다 7. retirement [ritáiərmənt] 은퇴 8. pamphlet [pǽmflət] 팜플렛 | updated [ʌ̀pdéitid] 최신의 | interior design 인테리어 디자인

Part 6

Questions 9-10 refer to the following instructions.

Be sure to read the following instructions before operating your new washing machine. Make sure that your washing machine has been -------(9) on a solid foundation to support its weight. In order to prevent noise and vibration, the appliance should be -------(10). Lastly, be sure to attach the water-supply hoses at the back of the machine securely to water valves.

9 (A) install
(B) installing
(C) installed
(D) installation

10 (A) to level
(B) leveled
(C) leveling
(D) levels

Words

9-10. washing machine 세탁기 | solid [sɑ́:lid] 탄탄한 | foundation [faundéiʃən] 기초 | prevent [privént] 막다[방지하다] | vibration [vaibréiʃən] 진동 | appliance [əpláiəns] (가정용) 기기 | level [lévəl] 평평하게 하다 | securely [sikjúərli] 단단히, 튼튼하게

Questions 11-12 refer to the following letter.

From: Peter Smith

Subject: Promotion

Date: April 15

Dear Anderson,

This is to inform you that your promotion ------- (11) by the Personnel Department. Effective 1 May, your new title will be Manager of the marketing department. ------- (12) After reviewing this document, feel free to contact me with any questions you may have. We look forward to the additional contributions you will make to the company in the future.

Sincerely,

Peter Smith

Director, Human Resources

11 (A) has approved
(B) has been approving
(C) has been approved
(D) approved

新 **12** (A) Again, I apologize for taking so long to get back to you.
(B) An official description of your new responsibilities is attached.
(C) Applicants can submit résumés online or in person.
(D) It can be difficult to find qualified candidates for a position.

Words

11-12. inform [infɔ́:rm] 알리다 | promotion [prəmóuʃən] 승진 | description [diskrípʃən] 서술[기술/묘사] | contribution [kɑ̀ntrəbjú:ʃən] 기여, 공헌

동사필수어휘 4

19 deliver [dilívər] 배달하다, 운반하다

All construction materials / will be **delivered** / to the loading dock / at the backside of the building.

construction 건설 · materials 재료

모든 건설 재료들은 / 건물 뒤편에 있는 / 적하장으로 / 운반될 것이다.

20 qualify [kwɑ́lifài] (~할) 자격이 있다

According to the brochure, / any purchases over $500 / **qualify** for / free shipping and handling.

According to ~에 따르면 · shipping 배달 · handling 취급

소책자에 따르면 / 500달러 이상의 구매는 / 무료 배달과 취급을 / 위한 자격이 있다.

21 select [silékt] 선발하다, 선정하다

Once the applicants submit their application, / we can begin / **selecting** candidates to interview.

Once 일단 ~하면 · applicants 지원자들

지원자들이 지원서류를 제출하고 나면 / 우리가 / 면접할 후보 선정을 / 시작할 수 있다.

22 reserve [rizə́:rv] 예약하다

In order to / **reserve** a table for the luncheon, / you need to call / at least 24 hours / in advance.

luncheon 오찬 · in advance 미리

오찬을 위한 테이블을 예약 / 하기 위해서 / 적어도 24시간 전에 / 미리 / 전화를 해야 한다.

23 locate [lóukeit] ~의 정확한 위치를 찾아내다

Hotel employees / will be happy to help / guests **locate** a nearby restaurant or movie theater.

be happy to ~하게 되어 기쁘다

호텔 직원들은 / 손님들이 근처 레스토랑이나 극장을 찾도록 / 기꺼이 도울 것이다.

24 accommodate [əkɑ́mədeit] 수용하다

To **accommodate** / the increasing number of visitors, / McCarthy Building / will construct an additional parking facility.

additional 추가적인

증가하는 방문객들을 / 수용하기 위해서, / 매카시 빌딩은 / 추가 주차 시설을 / 건설할 것이다.

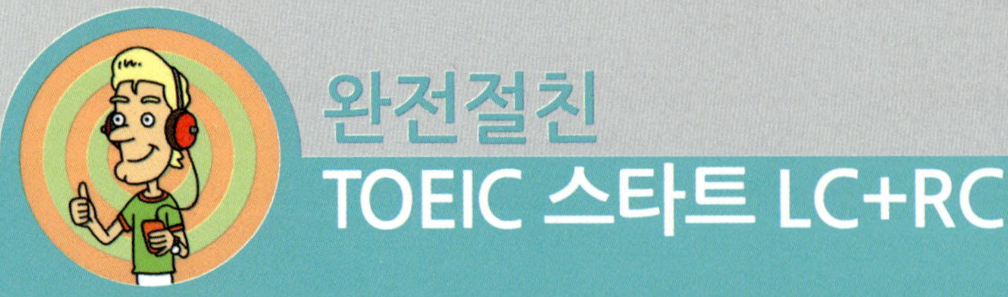
완전절친
TOEIC 스타트 LC+RC

Week 2

Day 5

관계대명사

- 관계대명사의 역할, 종류, 격
- 관계부사
- 복합 관계대명사/복합 관계부사
- 선행사와 동사의 수 일치
- 관계대명사의 생략
- 선행사 찾기
- 단원 별 문제

★ 동사 필수 어휘 5

Day 05 관계대명사

관계대명사란 무엇인가요?

문장에서 형용사절은 선행하는 명사를 수식하기 위해서 사용하는데 형용사절을 선행사와 이어주는 접속사를 관계대명사라고 합니다.

People spend more time on their cell phones. (관계대명사가 없는 문장)
사람들은 그들의 휴대전화를 하는데 더 많은 시간을 쓴다.

People who have long commutes spend more time on their cell phones. (관계대명사 who가 있는 문장)
장거리 통근을 하는 사람들은 그들의 휴대전화를 하는데 더 많은 시간을 쓴다.

▶ who have long commutes는 형용사절로 명사를 수식한다.

관계대명사는 시험에서 몇 문제나 출제되나요?

관계대명사 문제는 토익 정기시험에서 평균적으로 두 달에 1회 출제됩니다.

1 관계대명사의 역할

관계대명사는 문장에서 다음과 같은 역할을 합니다.

● 두 문장을 한 문장으로 줄일 경우

I know the man, and he works in an advertising company. 나는 한 남자를 안다. 그리고 그는 광고 회사에서 일한다.
접속사(and) + 대명사(he) = 관계대명사(who)
↓
I know the man who works in an advertising company. 나는 광고회사에서 일하는 그 남자를 안다.

● 형용사절을 이끌며 앞에 나오는 명사(선행사)를 수식

The man who is standing at the door is my teacher. 문 앞에 서있는 남자는 내 선생님이다.
형용사절

TIP 선행사란 무엇인가요?
선행사란 관계대명사 앞에서 관계대명사절의 수식을 받는 명사(구)를 뜻합니다. 선행하는 명사가 사물인지 사람인지에 따라 who, which, that을 구별해서 사용해야 합니다.

Check Up

1 관계대명사절(형용사절)이 문장에서 하는 역할을 고르세요.

(A) 동사 수식 (B) 형용사 수식 (C) 부사 수식 (D) 명사 수식

2 관계대명사의 종류

선행사	주격 + 동사	소유격 + 명사	목적격 + 주어 + 동사
사람	who	whose	whom
사물, 동물	which	whose / of which	which
사람, 사물, 동물	that	-	that

다음은 선행사의 종류에 따라 관계대명사를 구분해 보았습니다. 관계대명사 뒤에는 불완전한 문장이 옵니다.

● who [사람]

선행사가 사람일 경우 관계대명사 who나 that을 씁니다.

Customers [who were surveyed] said that they were very satisfied with the computer.

조사된 고객들은 그 컴퓨터에 매우 만족했다고 말했다.

● which [사물]

선행사가 사물일 경우 관계대명사는 which나 that을 사용합니다.

The computer [which I bought yesterday] was expensive. 내가 어제 샀던 컴퓨터는 비쌌다.

● that [사람, 사물]

관계대명사 that은 선행사가 사람일 경우나, 사물일 경우에 모두 쓸 수 있습니다.

This is the most interesting novel [that I have ever read]. 이것은 내가 읽은 것 중에서 가장 흥미로운 소설이다.

Check Up

다음 괄호에서 알맞은 관계대명사를 고르세요.

2 The girl [who / which] has flowers in her hands is Anna.

3 Peaches are the fruit [which / whom] I like.

Words

commute [kəmjú:t] 통근하다 | be satisfied with ~에 만족하다 **Check up** 3. peach [pi:ʧ] 복숭아

3 관계대명사의 격

뒤에 나오는 동사, 명사, 혹은 주어 + 동사의 쓰임에 따라 알맞은 격의 관계대명사를 써야 합니다.

● 선행사 + 주격 관계대명사 + 동사

주격 관계대명사는 선행사가 주격이고, 뒤에 동사를 연결해 줍니다.

He is a manager [**who(that)** works at Johnson Company]. 그는 존슨 사에서 일하는 매니저입니다.
선행사 주격 관계대명사 동사

I like the cat [**which(that)** is playing with my baby]. 나는 우리 아기랑 놀고 있는 고양이를 좋아한다.
선행사 주격 관계대명사 동사

● 선행사 + 소유격 관계대명사 + 명사

소유격 관계대명사는 두 개의 명사 사이에 옵니다. 소유격 관계대명사에서 that은 쓸 수 없습니다.

The customer [**whose** name was on the waiting list] just left the restaurant.
선행사 소유격 관계대명사 명사
대기자 명단에 이름이 있던 손님은 방금 음식점을 나갔다.

● 선행사 + 목적격 관계대명사 + 주어 + 동사

목적격 관계대명사 뒤에는 주어 + 동사가 나옵니다.

The computer software [**which(that)** I bought] was expensive. 내가 샀던 컴퓨터 소프트웨어는 비쌌다.
선행사 목적격 관계대명사 주어 동사

Tom is a boy [**whom(that)** I wanted to meet]. 탐은 내가 만나기 원하던 소년이다.
선행사 목적격 관계대명사 주어 동사

Check Up

다음 괄호 안에 알맞은 관계대명사를 모두 쓰세요.

4 Mr. Watson is the doctor ( ) everyone respect.

5 I have a friend ( ) lives in LA.

4 관계부사

관계부사는 문장에서 접속부사의 역할을 하며, 전치사 + which로 바꾸어 쓸 수 있습니다. 관계부사 다음에는 항상 완전한 문장이 옵니다.

선행사	관계부사	전치사 + 관계대명사
시간과 날짜	when	at / in / on which
장소	where	at / in / on which
이유	why	for which
방법	how	in which

- when

I can clearly remember the day **when** I met you. 내가 너를 만났던 날을 명확하게 기억할 수 있다.
= I can clearly remember the day **on which** I met you.

- where

This is the place **where** I was born. 이곳은 내가 태어난 곳이다.
= This is the place **at which** I was born.

- why

Please tell me the reason **why** he was disappointed. 그가 실망했던 이유를 내게 말해 주세요.
= Please tell me the reason **for which** he was disappointed.

- how

관계부사 how와 the way는 한 문장 안에서 같이 쓰이지 않습니다.
The computer technician tried to figure **how / the way** the program works.
그 컴퓨터 기술자는 프로그램이 어떻게 작용하는지 알아내기 위해 노력했다.
= The computer technician tried to figure **in which** the program works.

Check Up

다음 괄호 안에 알맞은 관계부사를 쓰세요.

6 This is the house (　　　　　) he lives.

7 Tell me (　　　　　) you make money.

8 I remember the day (　　　　　) I first met you.

Words

waiting list 대기자 명단 | figure [fígjər] 알아내다

Week 1 Week 2 Week 3 Week 4

5 복합 관계대명사/복합 관계부사

복합 관계대명사와 복합 관계부사는 선행사를 포함한 관계대명사/관계부사의 역할을 합니다. 복합 관계대명사와 복합 관계부사 문제를 위해서 어떤 의미로 쓰이는지 암기해 두세요.

1 복합 관계대명사

복합 관계대명사는 관계대명사 + ever의 형태를 취하며 이미 선행사를 포함하고 있으므로 앞에 선행사가 없습니다.

사람	whoever = anyone who	~하는 사람은 누구나
선택	whichever = anything that	~하는 것은 어느 것이나
기타	whatever = anything that/which	~하는 것은 무엇이든지

- whoever

Whoever breaks this rule will be punished. 이 규칙을 어기는 사람들은 누구나 처벌받을 것이다.

- whichever

Whichever way you take, you will get to the airport. 당신이 어떤 길로 가든 공항에 도달할 것이다.

- whatever

You should ask for **whatever** you want. 당신이 원하는 것은 무엇이든 요구해야 한다.

2 복합 관계부사

복합 관계부사는 그 자체로 선행사를 포함하고 있으며 부사절을 이끕니다.

시간/장소	whenever = at any time when wherever = to / in any place where	~할 때는 언제든지 ~하는 곳은 어디든지
양보	however = no matter how	아무리 ~라도

- whenever

You can call me **whenever** you want. 당신이 원할 때면 언제든지 나에게 전화해도 좋아요.

- wherever

She was warmly received **wherever** she went. 그녀는 가는 곳마다 환대를 받았다.

- however

The employees may dress **however** they please. 직원들은 그들이 좋아하는 방식으로 옷을 입을 수 있다.

6 선행사와 동사의 수 일치

선행사가 단수인지 복수인지에 따라 동사를 수 일치시켜야 합니다.

- **단수 선행사 + 관계대명사 + 단수 동사**

There is **a woman** who **wants** to see you. 당신을 만나고 싶어하는 여자가 있습니다.

- **복수 선행사 + 관계대명사 + 복수 동사**

Employees who **register** today will receive a 10 percent discount.
오늘 등록하는 직원들은 10퍼센트 할인을 받을 것이다.

7 관계대명사의 생략

선행사 + 관계대명사 + be동사 + 분사인 문장의 경우 관계대명사와 be동사를 함께 생략할 수 있습니다.

The man (**who is**) standing at the door is the president. 문 앞에 서있는 남자는 사장이다.
선행사 현재분사구

Check Up

다음 빈칸에 알맞은 것을 고르세요.

9 I'll give you ------- you need.

(A) whatever (B) wherever

10 ------- wants to play baseball can play it.

(A) Whichever (B) Whoever

Words

punish [pʌ́niʃ] 처벌하다, 벌주다 | warmly [wɔ́:rmli] 따뜻하게 | dress [dres] 옷을 입다 | please [pli:z] (남을) 기쁘게 하다, 원하다

Week 1 Week 2 Week 3 Week 4

8 선행사 찾기

일반적으로 선행사는 관계대명사 바로 앞에 오지만, 선행사와 관계대명사 사이에 수식어구(전치사구)가 있을 경우 수식어구에 있는 명사가 선행사가 아니고 관계대명사의 수식을 받는 명사(구)가 선행사가 됩니다.

There are **several employees** (in this department) **who** work for the new project.

선행사 전치사구

이 부서에는 새로운 프로젝트를 위해서 일하는 몇 명의 직원들이 있다.

연습문제 다음 괄호에서 적절한 것을 고르세요.

1 Managers [who / which] have the time should serve on the planning committee.

2 The hotel [where / when] the reception is being held is located on Main Street.

3 We know the fact [that / who] the manager is from Canada.

4 The person [who / whose] job is to process job applications is the human resources manager.

기출문제 빈칸에 가장 적절한 것을 고르세요.

5 Employees ------- wish to attend the annual conference must register by Friday.

(A) which
(B) whose
(C) what
(D) who

6 Peter Cook, ------- book was published last month, will give a talk at the job fair.

(A) which
(B) whom
(C) what
(D) whose

7 Any customers ------- purchase goods from Sears website will receive a 5% discount.

(A) whom
(B) whose
(C) who
(D) which

8 The architect ------- designed this museum plans to retire next year.

(A) some
(B) he
(C) who
(D) also

Week 1 Week 2 Week 3 Week 4

Words

1. planning committee 기획 위원회 2. be located on ~에 위치해 있다 4. job application 일자리 지원서, 구직 | human resources manager 인사부장 5. annual conference 연례회의 6. publish [pʌ́bliʃ] 출판하다 | give a talk 연설하다 | job fair 직업 박람회 7. purchase [pə́ːrʧəs] 구매하다

Part 5

1 Seating is guaranteed for those ------- register before June 15th.

(A) whose
(B) who
(C) what
(D) their

2 Anyone ------- experiences problems with air conditioner should contact the maintenance department.

(A) who
(B) which
(C) whom
(D) whose

3 The new hotel, ------- is scheduled to open in March, is now near completion.

(A) which
(B) that
(C) when
(D) who

4 Candidates ------- are interested in attending the job fair should register by June 20.

(A) which
(B) whose
(C) who
(D) since

5 TC Construction has launched a project ------- will convert an old hotel into a museum.

(A) that
(B) what
(C) who
(D) whose

6 Enclosed is a list of companies ------- services can meet our needs.

(A) who
(B) that
(C) whose
(D) which

7 ------- intends to attend this year's safety workshop must contact Mr. Hall.

(A) Whoever
(B) Anyone
(C) Everybody
(D) Someone

8 Speed Motors, ------- specializes in the manufacture of cars, is located in Seattle.

(A) whom
(B) which
(C) what
(D) whose

Words

1. seating [sí:tiŋ] 좌석, 자리 2. maintenance department 관리부 3. be near completion 완성에 가깝다 4. job fair 취업 박람회 5. launch [lɔ:ntʃ] 착수하다, 개시하다 | convert A into B A를 B로 전환하다 6. needs [ni:dz] 필요성 7. intend to ~할 의향이 있다 8. specialize in ~을 전문으로 하다 | manufacture [mæ̀njufǽktʃər] 생산[제조] | be located in ~에 위치해 있다

Part 6

Questions 9-10 refer to the following e-mail.

To: Susan Anderson

From: Mary Johnson

Subject: Travel Expense Report

Date: June 2

Dear Ms. Anderson,

Thank you for submitting your expense report for your business travels in May. I am writing to remind you of a few policies -------(9) you may have forgotten. First, please note that you should not have signed the expense report yourself. Instead, your immediate supervisor must sign the document in advance. In addition, your report is missing the receipt for a lunch listed on May 6. Without this receipt, we cannot reimburse the full amount -------(10) you claimed for the trip. Please make the necessary changes and resubmit the report by June 10.

Sincerely,

Mary Johnson

9 (A) which
(B) who
(C) whose
(D) of which

10 (A) what
(B) who
(C) whose
(D) that

Week 1 Week 2 Week 3 Week 4

Words

9-10. remind [rimáind] 상기시키다 | supervisor [súːpərvàizər] 감독관 | reimburse [rìːimbə́ːrs] 상환하다 | make the changes 수정을 하다

Questions 11-12 refer to the following e-mail.

To: marrycook@hotmail.com

From: mjohn@officecompu.com

Date: March 4

Subject: Order # 22369

Dear Ms. Cook:

Thank you for your purchase of ten computers. I'm writing to inform you that we are unable to ship merchandise -------(11) you ordered. The item is out of stock until March 20. I apologize if this inconveniences you. -------(12) Otherwise, you can expect delivery in approximately two weeks from today. If you have any questions, please contact me via e-mail or phone (1-800-222-2266).

Sincerely,

John Manning

11 (A) who
(B) that
(C) whose
(D) of which

新 **12** (A) The price of the product is expected to rise worldwide.
(B) Your order will arrive with a week.
(C) Please let me know if you would like to cancel your order because of this delay.
(D) Please let me know if we can talk by phone next week.

Words

11-12. purchase [pə́:rʧəs] 구매하다, 구매 | inform [infɔ́:rm] 알리다, 공지하다 | merchandise [mə́:rʧəndàiz] 상품 | apologize [əpɑ́lədʒàiz] 사과하다 | inconvenience [ìnkənví:njəns] 불편; 불편하게 하다 | otherwise [ʌ́ðərwàiz] 그렇지 않으면 | approximately [əprɑ́ksəmətli] 대략

동사필수어휘 5

25 predict [pridíkt] 예상하다

Market analysts / **predict** an increase / in sales of hybrid vehicles / next year.
analysts: 분석가들

시장 분석가들은 / 내년 / 하이브리드 차량 판매가 / 증가할 것으로 예상하고 있다.

26 consult [kənsʌ́lt] 상의하다

When designing the new products, / try to **consult** with / your colleagues / for better ideas.
consult with: ~와 상의하다

새로운 제품을 디자인할 때 / 좀 더 나은 아이디어를 위해서 / 당신의 동료들과 / 상의하도록 하세요.

27 anticipate [æntísipeit] 예상하다

The managers / **anticipated** / that this year's budget would be sufficient / to finance all the projects.
sufficient: 충분한

매니저는 / 금년도 예산이 / 모든 프로젝트의 재원을 조달하기에 / 충분할 거라고 / 예견했다.

28 offer [ɔ́:fər] 제공하다

Delta Airlines / **offers** special discounts / to the customers / who are using its airlines frequently.
special discounts: 특별할인
frequently: 자주

델타 항공사는 / 비행기를 자주 이용하는 / 손님들에게 / 특별 할인을 제공한다.

29 purchase [pə́:rtʃəs] 구매하다

Some fans lined up / outside of the box office / for hours / to **purchase** a ticket for the concert.

몇몇의 팬들은 / 공연 티켓을 구매하기 위해서 / 매표소 밖에서 / 수시간 동안 / 줄을 서 있었다.

30 contribute [kəntríbju:t] 기여하다

Upgrading the technological equipment / at Benson Training Center / may **contribute** to / a better learning experience for the students.

벤슨 무역 센터에 있는 / 기술적인 설비를 개선하는 것은 / 학생들을 위한 더 좋은 학습 경험에 / 기여할 것입니다.

Week 1 Week 2 Week 3

Week 4

완전절친
TOEIC 스타트 LC+RC

Week 3
Day 1

to 부정사

- to 부정사의 명사적 용법, 형용사적 용법, 부사적 용법
- 단원 별 문제

★ 형용사 필수 어휘 1

Day 01 to 부정사

to 부정사란 무엇인가요?

'to + 동사원형'의 형태로 동사의 성질을 지니고 있으면서 문장 안에서 명사, 형용사, 부사의 역할을 하는 준동사를 to 부정사라고 합니다.

to 부정사는 시험에서 몇 문제나 출제되나요?

부정사 문제는 3개월마다 2문제 정도 출제됩니다.

부정사는 문장에서 어떤 역할을 하나요?

명사 역할	주어, 목적어, 보어 자리
형용사 역할	명사 + to 부정사(명사 수식)
부사 역할	목적, 원인, 판단의 근거(형용사 수식과 의미)

주어 자리 **To become** an engineer is my dream. 엔지니어가 되는 것은 나의 꿈이다.
(To become: 주어)

목적어 자리 I want **to become** an engineer. 나는 엔지니어가 되기를 원한다.
(to become: 목적어)

보어 자리 My dream is **to become** an engineer. 내 꿈은 엔지니어가 되는 것이다.
(to become: 보어)

형용사 자리 I made a decision **to wait**. 나는 기다리기로 결정했다.
(decision: 명사 ← to wait: to 부정사(명사 수식))

수식어 자리 I studied hard **to become** an engineer. 나는 엔지니어가 되기 위해 열심히 공부했다.
(to become an engineer: 부사(목적))

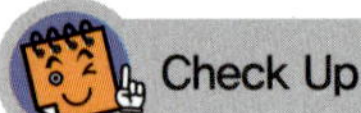

Check Up

1 다음 중에서 to 부정사가 문장에서 하는 역할이 아닌 것을 고르세요.

(A) 명사 (B) 형용사 (C) 동사 (D) 부사

1 to 부정사의 명사적 용법

'to + 동사원형'이 명사 역할을 하는 경우, 문장의 주어, 목적어, 그리고 보어 자리에 올 수 있습니다.

1 주어

to 부정사는 문장에서 주어 역할을 할 수 있습니다.

To update our car model is my main duty. 우리의 차 모델을 업데이트하는 것이 나의 주된 업무다.
주어

2 목적어

다음에 나오는 동사는 to 부정사를 목적어로 취하는 동사입니다.

arrange to ~하는 것을 마련하다	choose to ~하는 것을 선택하다	decide to ~하는 것을 결정하다
expect to ~하는 것을 기대하다	fail to ~하는 것을 실패하다	hesitate to ~하는 것을 주저하다
hope to ~하는 것을 희망하다	learn to ~하는 것을 배우다	manage to ~하는 것을 관리하다
offer to ~하는 것을 제안하다	plan to ~하는 것을 계획하다	prepare to ~하는 것을 준비하다
promise to ~하는 것을 약속하다	refuse to ~하는 것을 거절하다	struggle to ~하는 것을 고군분투하다
want to ~하는 것을 원하다	wish to ~하는 것을 바라다	

I'll **arrange** to meet you at the airport. 공항으로 너를 마중 나갈 준비를 할게.

I **expect** to enter graduate school in the fall. 난 가을에 대학원에 들어가길 기대한다.

He **failed** to return the book to the library on time. 그는 도서관에 제때 책을 반납하지 못했다.

We are **planning** to have a party. 우리는 파티를 열 계획을 하고 있다.

I **want** to tell you something. 나는 당신에게 하고 싶은 얘기가 있어.

3 보어

to 부정사는 2형식의 문장에서 주격 보어 자리와 5형식의 문장에서 목적격 보어 자리에 올 수 있습니다.

- **주어 + 동사 + 보어(to 부정사): 2형식**

My goal is **to finish** the report this week. 나의 목표는 이번 주에 보고서를 마무리하는 것이다.
주격 보어

Words

duty [dú:ti] 업무; 의무 | graduate school 대학원 | on time 정시에

Week 1 Week 2 Week 3 Week 4

● 주어 + 동사 + 목적어 + 목적보어(to 부정사): 5형식

다음은 to 부정사를 목적보어로 취하는 동사들입니다. 이 동사들은 남(목적어)을 대상으로 ~하도록(목적보어) 충고하고, 강요하고, 요구하고, 상기시키고, 지시하고, 묻고, 말하는 등의 의미를 가집니다.

advise 조언하다	allow 허용하다	ask 묻다
encourage 격려하다	expect 기대하다	force 강요하다
instruct 지시하다, 가르치다	order 명령하다, 주문하다	remind 상기시키다
tell 말하다	warn 경고하다	

The teacher **advised** me to study hard. 선생님은 나에게 공부를 열심히 하라고 조언했다.

The manager **encouraged** me to try again. 매니저는 다시 한 번 해보라고 나를 격려했다.

I **expect** you to be here on time. 나는 네가 제시간에 여기 오기를 기대한다.

He **instructed** them to be careful. 그는 그들에게 주의하라고 지시했다.

He **reminded** me to lock the door. 그는 내가 문을 잠그도록 상기시켜 주었다.

The doctor **told** me to take these pills. 의사는 내게 이 알약들을 먹으라고 말했다.

2 to 부정사의 형용사적 용법

명사 다음에 부정사가 나와서 앞에 있는 명사를 형용사처럼 꾸미는 역할을 합니다. To 부정사가 형용사적 용법으로 쓰일 때 '~해야 할, ~할'의 뜻을 가집니다.

● time to do ~할 시간

It's **time** to eat dinner. 저녁을 먹을 시간이다.

● decision to do ~한다는 결정

He told the manager of his **decision** to resign. 그는 사임하기로 한 자신의 결정을 매니저에게 말했다.

● permission to do ~하는 허락

All staff members have **permission** to use the company parking lots at no cost.

모든 직원들은 무료로 회사 주차장을 사용할 수 있는 허가를 가지고 있다.

● ability to do ~할 능력

He wants to have the **ability** to speak English well. 그는 영어를 잘할 수 있는 능력을 가지길 원한다.

3 to 부정사의 부사적 용법

1 형용사 수식

to 부정사는 앞에 있는 형용사를 수식하는 부사 역할을 합니다.

be + 형용사 + to 부정사

be동사	형용사	to do	의미
be	able	to do	~할 수 있다
	eager		간절히 ~하고 싶다
	easy		~하기 쉽다
	glad		~해서 기쁘다
	likely		~할 것 같다
	sorry		~해서 유감이다
	unable		~할 수 없다
	willing		기꺼이 ~하다

Owing to a prior engagement, the manager will not **be able to** attend the weekly meeting.
선약 때문에, 매니저는 주간회의에 참석하지 못할 것이다.

I **am eager to** learn how to drive a car. 나는 차 운전하는 법을 간절히 배우고 싶다.

I will **be glad to** provide a copy of this report. 이 보고서의 사본을 제공할 수 있다면 기쁠 것이다.

We **were sorry to** hear the bad news. 안 좋은 소식을 들어 유감입니다.

She **is** still **unable to** express herself in English. 그녀는 아직도 영어로 자기 의사를 표현할 수 없다.

He **was willing to** take the responsibility. 그는 기꺼이 책임을 맡았다.

다음 문장의 괄호에서 적절한 것을 고르세요.

2 Take the time [to review / review] these details, and call your agent if you have questions.

Words

pill [pil] 알약 | resign [rizáin] 사임하다 | permission [pərmíʃən] 허가, 허락 | parking lot 주차장 | at no cost 무료로 | owing to ~때문에 (= because of, due to) | prior [práiər] 사전의 | responsibility [rispɑ̀nsəbíləti] 책임

Week 1 Week 2 Week 3 Week 4

2 수식어 자리

부정사가 부사적 용법으로 쓰일 경우 부사처럼 형용사, 동사, 그리고 부사를 수식하거나 목적, 결과, 원인, 판단의 근거를 나타내는 부사구가 됩니다. 시험에서는 목적으로 쓰인 부정사 문제가 많이 출제됩니다.

★ ① **목적(~하기 위하여, ~할 목적으로)**

Visitors must present their photo identification **to enter the main gate**.
방문객들은 정문을 들어가기 위해서 사진이 있는 신분증을 제시해야만 한다.

② **결과(~해서 …하다)**

The manager worked hard **to be a successful businessman**.
그 매니저는 열심히 일해서 성공적인 사업가가 되었다.

③ **원인(~해서, ~하니까, ~하고)**

'감정을 나타내는 형용사 및 동사 + to 부정사' 형식입니다.

be pleased to, be glad to, be surprised to, be happy to 등

I'm sorry **to bother you**. 번거롭게 해드려서 죄송합니다.

④ **판단의 근거(~하다니, ~로 보아, ~하는 것을 보아)**

She must be honest **to say it like that**. 그렇게 말하는 걸로 봐서 그녀는 정직한 게 틀림없다.

Words

present [préznt] 제시하다 | identification [aidèntifəkéiʃən] 신분증

연습문제  다음 괄호에서 적절한 것을 고르세요.

1 The company wants [to reduce / reduce] its production cost.

2 The manager interviewed many applicants [to choose / choosing] an experienced employee.

3 The president plans [retire / to retire] next month.

4 The Johnson Group expects all of its employees [to work / working] hard.

기출문제  빈칸에 가장 적절한 것을 고르세요.

5 If you have any questions, please contact our office and ask ------- to your account representative.

(A) speaking
(B) spoke
(C) has spoke
(D) to speak

6 In an effort ------- sales, we conducted a survey on our services.

(A) improve
(B) to improve
(C) improved
(D) improving

7 Conference attendees will be asked ------- a survey.

(A) be completed
(B) completion
(C) completing
(D) to complete

8 Newly hired employees must create a user name and password ------- the company database.

(A) to access
(B) are accessing
(C) accessible
(D) accessing

Week 1 Week 2 Week 3 Week 4

Words

1. production cost 생산 비용 2. applicant [ǽplikənt] 지원자 | experienced [ikspíəriənst] 경험 있는 3. retire [ritáiər] 퇴직하다 5. account [əkáunt] 계좌 | representative [rèprizéntətiv] 담당자; 대표 6. in an effort to ~하려는 노력으로 | conduct [kɑ́ndʌkt] (특정활동을) 하다; 행동하다 | conduct a survey 설문조사를 하다 7. attendee [ətèndíː] 참석자 8. a user name 사용자 이름 | accessible [əksésəbl] 접근[이용] 가능한

Part 5

1 The company prepared a banquet at a hotel ------- its 100th anniversary.

(A) celebration
(B) to celebrate
(C) celebrate
(D) celebrated

2 Mr. Baker has asked his assistant ------- the report by tomorrow afternoon.

(A) review
(B) was reviewing
(C) will review
(D) to review

3 The new medication has been used ------- diabetes.

(A) treated
(B) to treat
(C) treatment
(D) having treated

4 The company plans ------- branch offices in more than 10 countries next year.

(A) to open
(B) opening
(C) opened
(D) has opened

5 ------- complete construction of the new facility, the project director hired additional workers.

(A) In order to
(B) Due to
(C) In light of
(D) Because

6 Customers are advised ------- the contents of the package in a cool place.

(A) store
(B) stores
(C) storing
(D) to store

7 You need to submit all information and receipts ------- process a refund.

(A) so as
(B) since
(C) to
(D) unless

8 The president of the company wants ------- all retiring employees to dinner next Friday.

(A) invitation
(B) to invite
(C) invitingly
(D) invited

Words

1. banquet [bǽŋkwit] 연회 2. assistant [əsístənt] 보조자 3. medication [mèdəkéiʃən] 약, 약물 | diabetes [dàiəbí:tis] 당뇨병 | treatment [trí:tmənt] 치료, 처치 4. branch office 지사 5. facility [fəsíləti] 시설 | in light of ~에 비추어, ~을 고려하여 6. contents [kά:ntenʧ] 내용물 7. process [prάses] (서류, 기록 등을) 처리하다

Part 6

Questions 9-10 refer to the following e-mail.

From: joaks@days-inn.co.us

To: psmith@hotmail.com

Date: 10 May

Dear Dr. Smith,

Thank you for choosing Days Inn for your stay in New York! I am writing ------- (9) your reservation at Days Inn from the 21st to the 23rd of May. As an attendee of the business conference, you have been given the discounted rate. Finally, you asked for a single room on the tenth floor when you booked your room, and ------- (10) I hope you enjoy the conference, and please do not hesitate to contact me if you have any questions.

Sincerely,

John Oaks

Assistant Manager

9 (A) be confirmed
(B) has confirmed
(C) confirmed
(D) to confirm

新 10 (A) I will be unable to ship overseas orders.
(B) I will be able to accommodate your request.
(C) I will not share your name or address with anyone.
(D) I will reduce the conference fee.

Words

9-10. confirm [kənfə́:rm] 확인하다 | reservation [rèzərvéiʃən] 예약 | attendee [ətèndí:] 참석자 | book [buk] 예약하다 | accommodate [əkάmədèit] 수용하다 | hesitate [hézətèit] 주저하다

Questions 11-12 refer to the following e-mail.

To: anderson12@gmail.com

From: guestservices@dayshotel.com

Subject: Days Hotel

Dear Mr. Anderson,

This is to ------- (11) a reservation in your name for June 11 – June 16. Your reservation number is 3344R. Please present this number upon checking in. Attached is a summary of your booking, including details about our hotel and nearby restaurants. If you need additional information, contact us at (803) 333-2345. We look forward to ------- (12) you to the Days Hotel.

Guest Services

11 (A) confirm
(B) confirmed
(C) confirming
(D) confirms

12 (A) welcome
(B) welcomed
(C) welcomes
(D) welcoming

Words

11-12. confirm [kənfə́:rm] 확인하다 | present [préznt] 제시하다 | upon ~ing ~하자마자 | additional information 추가 정보 | look forward to ~ing ~을 고대하다

형용사 필수 어휘 1

단원 별 필수 어휘들은 RC문제를 빠르고 정확하게 풀기 위한 기초가 됩니다. 단어를 아는 만큼 실전에서 새로운 문제가 나와도 당황하지 않고 잘 풀 수 있습니다. 어휘 학습 방법(p.9)을 읽어보고 차근차근 순서에 따라 어휘를 암기해봅니다.

※읽은 횟수를 표시하면서 5번씩 읽으세요.

1 prompt [pra:mpt] 신속한, 즉각적인

Hansford Utilities appreciates / your **prompt** payment / of the electric bill, / which is due by January 31.

한스포드 유틸리티는 / 1월 31일이 마감인 / 전기요금 청구서에 대한 / 귀하의 신속한 결제에 / 감사드립니다.

2 frequent [frí:kwənt] 빈번한, 자주

The equipment manufacturer confirms / that **frequent** inspections / of the drive belts / will ensure fewer breakdowns.

장비의 제조업자는 / 드라이브 벨트의 / 빈번한 점검이 / 적은 고장을 확보해 줄 수 있다고 / 확인했다.

3 current [kə́:rənt] 현재의

All technology staff members / need to follow strictly / the **current** regulations on safety.

regulations: 규정들

모든 기술 직원들은 / 안전에 관한 현재의 규정들을 / 엄격하게 따라야 할 필요가 있다.

4 responsible [rispάnsəbl] ~을 책임지고 있는

As Mr. Mattel's assistant, / you will be **responsible** for / submitting his expense reports.

be responsible for: ~할 책임이 있다

마텔 씨의 비서로서 / 당신은 / 그의 비용 보고서를 제출할 / 책임이 있다.

5 brief [bri:f] 짧은, 간략한, 잠시 동안의

Peter Manning / will write a **brief** report / on the research / presented at the engineering conference.

피터 매닝은 / 엔지니어링 컨퍼런스에서 발표된 / 연구에 관해 / 짧은 보고서를 작성할 것이다.

6 significant [signífikənt] 중요한

When Mr. Ye was president / of Mandalay Fruit Snacks Inc., / the company / experienced **significant** growth.

예 씨가 / 만달레이 프룻 스낵스 주식회사의 / 사장이었을 때 / 그 회사는 / 현저한 성장을 / 이뤘다.

완전절친
TOEIC 스타트 LC+RC

Week 3

Day 2

동명사

- 동명사의 역할, 자리
- 동명사와 함께 쓰이는 동사들
- 관용어구 + 동명사
- 단원 별 문제

★ 형용사 필수 어휘 2

Day 02 동명사

동명사란 무엇인가요?

동명사는 동사의 특성은 그대로 유지하면서 문장에서는 명사적 역할을 하는 것을 말합니다. 동명사는 문장에서 '~하는 것, ~하기' 등의 의미로 사용됩니다.

동명사는 시험에서 몇 문제나 출제되나요?

동명사 문제는 두 달에 1회 정도 출제됩니다. 전치사의 목적어 자리에 오는 동명사 문제가 거의 대부분을 차지합니다.

동명사는 어떻게 만드나요?

동명사는 동사원형 ~ing의 형태를 가지고 있습니다.

기본	read 읽다	동사원형 + ing	reading 읽는 것
어미 형태	drive 운전하다	−e를 삭제하고 + ing	driving 운전하는 것
	die 죽다	−ie를 −y로 대신하고 + ing	dying 죽는 것
	swim 수영하다 begin 시작하다	단모음 + 단자음의 경우 단자음을 하나 붙이고 + ing	swimming 수영하는 것 beginning 시작하는 것

동명사와 명사의 다른 점은 무엇인가요?

	역할	관사와의 관계	목적어
명사	주어, 목적어, 보어	함께 쓸 수 있다	가질 수 없다.
동명사	주어, 목적어, 보어	함께 쓸 수 없다 a swimming (X)	동명사 뒤에는 목적어가 올 수 있다(동사의 특성) He considered **changing** his job. (He: 주어 / considered: 동사 / changing: 동명사 / his job: 동명사의 목적어) 그는 그의 직업을 바꾸는 것을 고려했다.

Check Up

1 다음 단어를 동명사로 바꾸세요.

visit → ( ) run → ( ) use → ( )

● 전치사 뒤 목적어 자리(명사와 동명사)

전치사 뒤에 빈칸이 있고 선택지에 명사와 동명사 둘 다 있을 때 구별해서 써야 하는데, 빈칸 뒤에 목적어가 있으면 동명사를 쓰고 목적어가 없으면 명사를 써야 합니다.

① 전치사 + 명사(목적어): 명사 뒤에 목적어가 없음

I tried to go to bed before **midnight**. 나는 자정 전에 자려고 노력했다.
(before: 전치사, midnight: 명사)

② 전치사 + 동명사(목적어): 동명사의 목적어가 있음

To save energy, please turn off computers before **leaving** the office.
(before: 전치사, leaving: 동명사, the office: 동명사의 목적어)
에너지를 절약하기 위해, 사무실을 나가기 전 컴퓨터를 꺼주세요.

1 동명사의 역할

동명사는 문장에서 명사 역할인 주어, 보어, 목적어 자리에 올 수 있습니다.

1 주어

Meeting customer demand for new software is really hard.
새로운 소프트웨어에 고객의 요구를 충족시키는 것은 정말 어렵다.

▶ 동명사 주어는 항상 단수 취급

2 보어

동명사는 주어와 동격의 의미를 갖는 주격 보어 자리에 옵니다.

His key to success is **acknowledging** his own imperfections.
그의 성공의 열쇠는 자신의 결함을 인정하는 것이다.

3 목적어

동명사는 특정한 동사의 목적어와 전치사의 목적어가 될 수 있습니다.

Week 3-2. 3. 동명사와 함께 쓰이는 동사들 p.188 참조

Words

midnight [mídnait] 자정 | turn off 끄다(↔ turn on 켜다) | meet the demand 수요를 충족시키다 | acknowledge [æknάlidʒ] 인정하다 | imperfection [ìmpərfékʃən] 결함

2 동명사의 자리

동명사는 문장에서 명사가 오는 자리에 올 수 있습니다.

1 동사의 목적어

The CEO suggested **changing** the company logo. 최고 경영자는 회사 로고 변경하는 것을 제안했다.

▶ 동명사 changing은 동사 suggested의 목적어

★ 2 전치사의 목적어

He is good at **analyzing** the data. 그는 데이터 분석하는 것을 잘한다.

▶ 동명사 analyzing은 전치사 at의 목적어

Please return all wheel chairs to the front before **leaving** the hospital.
병원을 나가기 전에 앞쪽으로 모든 휠체어를 반납하세요.

▶ 동명사 leaving은 전치사 before의 목적어

3 동명사와 함께 쓰이는 동사들

1 동명사를 목적어로 쓰는 동사들

다음에 나오는 동사들은 동명사를 목적어로 취합니다. 동명사는 '~하던 일'이라는 의미가 강해 이미 하던 일을 싫어하거나, 미루거나, 포기하는 동사들로 이루어져 있습니다.

● 싫어하다, 꺼리다

avoid ~ing ~하는 것을 피하다
hate ~ing ~하는 것을 싫어하다
resist ~ing ~하는 것을 저항하다
dislike ~ing ~하는 것을 싫어하다
mind ~ing ~하는 것을 꺼리다

He **avoided** answering my question. 그는 내 질문에 대답하는 것을 피했다.

I **dislike** driving long distances. 나는 장거리 운전하는 것을 싫어한다.

I **hate** making silly mistakes. 나는 어처구니없는 실수를 저지르는 것을 싫어한다.

Would you **mind** taking a picture with me? 저와 사진 한 장 찍으시겠어요?

She can never **resist** buying new shoes.
그녀는 새 신발을 사는 것에 결코 저항할 수 없다(= 새 신발 사는 것을 매우 좋아한다).

● 미루다, 연기하다

delay ~ing ~하는 것을 지연시키다	postpone ~ing ~하는 것을 연기하다, 미루다
put off ~ing ~하는 것을 미루다	

Big companies often **delay** paying their bills. 큰 회사들은 종종 대금을 지불하는 것을 지연시킨다.

Let's **postpone** leaving until tomorrow. 내일까지 떠나는 걸 미루자.

I will not **put off** doing homework tomorrow. 나는 숙제하는 것을 내일로 미루지 않을 거예요.

● 포기하다, 중단하다

discontinue ~ing ~하는 것을 그만두다	finish ~ing ~하는 것을 끝마치다
give up ~ing ~하는 것을 포기하다	stop ~ing ~하는 것을 중단하다
quit ~ing ~하는 것을 그만두다	

He **discontinued** speaking. 그는 말하는 것을 그만두었다.

She **finished** studying Chinese. 그녀는 중국어 공부하는 것을 끝마쳤다.

He **gave up** playing the guitar. 그는 기타 치는 것을 포기했다.

Stop talking and listen to me. 말하는 것 좀 중단하고 내 얘기를 들어 봐.

They encourage younger people to **quit** smoking. 그들은 젊은 사람들이 금연하는 것을 장려한다.

● 제안하다, 고려하다

consider ~ing ~하는 것을 고려하다	recommend ~ing ~하는 것을 추천하다
suggest ~ing ~하는 것을 제안하다	

I will **consider** going with you. 저는 당신과 함께 가는 것을 고려해 보겠습니다.

He **recommended** seeing the show. 그는 그 공연을 보라고 추천했다.

She **suggested** going to a movie. 그녀는 영화 보러 가자고 제안했다.

Check Up

다음 문장의 괄호에서 적절한 것을 고르세요.

2 The chef has his good skill in [selection / selecting] the freshest ingredients.

3 I suggest [wearing / to wear] comfortable walking shoes.

Words

distance [dístəns] 거리 | take a picture 사진을 찍다 **Check up** 2. ingredient [ingríːdiənt] 재료[성분] 3. comfortable [kʌ́mfərtəbl] 편안한

Week 1 Week 2 Week 3 Week 4

● 기타

enjoy ~ing ~하는 것을 즐기다	practice ~ing ~하는 것을 실행하다, 연습하다

We **enjoyed** visiting them. 우린 그들을 방문하는 것을 즐겼다.

The athlete **practiced** throwing the ball. 그 선수는 공 던지는 것을 연습했다.

2 동명사와 부정사를 모두 목적어로 쓰는 동사들

동명사를 목적어로 취할 때와 to 부정사를 취할 때 의미가 달라지는 동사들이 있습니다.

동명사: 과거의 동작이나 상태	부정사: 미래 지향적인 의미를 부여
stop ~ing ~하는 것을 멈추다	stop to + v ~하기 위해 멈추다
try ~ing 시험 삼아 ~하다	try to + v ~하려고 노력하다
remember ~ing 이전에 ~한 것을 기억하다	remember to + v ~할 것을 기억하다
forget ~ing 이전에 ~한 것을 잊다	forget to + v ~할 것을 잊다

I **stopped** smoking. 나는 담배를 끊었다.

I **stopped** to smoke. 나는 담배를 피우기 위해서 멈추었다.

I **remember** reading something about the festival in the newspaper.
나는 신문에서 축제에 관해 무언가를 읽었던 것을 기억한다.

I **remember** to read something about the festival in the newspaper.
나는 신문에서 축제에 관해 무언가를 읽을 것을 기억한다.

She **forgot** writing back to him. 그녀는 그에게 답장을 썼던 것을 잊어버렸다.

She **forgot** to write back to him. 그녀는 그에게 답장을 쓸 것을 잊어버렸다.

동명사를 취할 때나 to 부정사를 취할 때 의미가 똑같은 동사들도 있습니다.

시작하다	start / begin 시작하다
싫어하다	hate / dislike 싫어하다
좋아하다	love / like 좋아하다 prefer 선호하다
계속하다	continue 계속하다

I **hate** to sit at home during the weekends. 나는 주말에 집에 있는 것을 싫어한다.
(= I **hate** sitting at home during the weekends.)

People **love** having cats as pets. 사람들은 애완동물로 고양이 기르는 것을 좋아한다.
(= People **love** to have cats as pets.)

People **prefer** to work in a team to solve problems.
사람들은 문제를 해결하기 위해서 팀에서 일하는 것을 선호한다.
(= People **prefer** working in a team to solve problems.)

We **continued** walking in the forest. 우리는 숲 속에서 계속 걸었다.
(= We **continued** to walk in the forest.)

4 관용어구 + 동명사

전치사로 끝나는 아래의 관용적인 표현 다음에는 동명사를 써야 합니다.

1 전치사 to + 동명사를 쓰는 관용 표현들

be committed to ~ing ~하는 것에 전념하다
be accustomed to ~ing ~에 익숙해지다
be opposed to ~ing ~에 반대하다
object to ~ing ~에 반대하다
be dedicated to ~ing ~하는데 헌신하다
be used to ~ing ~에 익숙하다
look forward to ~ing ~을 기대하다
with a view to ~ing ~할 목적으로

She **is committed to** look**ing** after her family. 그녀는 그녀 가족을 돌보는데 전념합니다.

I **am used to** commut**ing** long distances by subway train.
저는 지하철로 장거리를 통근하는 것에 익숙합니다.

We **are opposed to** expand**ing** a company right now. 저희는 지금 당장 회사를 확장하는 것은 반대합니다.

I **look forward to** see**ing** you soon. 당신을 곧 볼 수 있기를 기대합니다.

The manager waited president **with a view to** see**ing** him. 매니저는 사장을 볼 목적으로 기다렸다.

2 동명사를 쓰는 관용표현들

● 동명사 관용표현

cannot help ~ing ~하지 않을 수 없다
have difficulty (in) ~ing ~하는 데 어려움을 겪다
prevent[prohibit] A from ~ing A가 ~을 하지 못하게 하다
feel like ~ing ~하고 싶어하다

I **cannot help** worry**ing** about the current economic situation.
나는 현재의 경제 상황을 걱정하지 않을 수 없다.

She **felt like** eat**ing** Chinese food. 그녀는 중국 음식을 먹고 싶어했다.

I'm **having difficulty** book**ing** the flight. 나는 비행편을 예약하는 데 어려움을 겪고 있다.

We must take steps to **prevent** this **from** happen**ing** again.
우리는 이런 일이 다시 일어나지 않도록 조치를 취해야 한다.

Words

throw [θrou] 던지다 | look after ~을 돌보다 | current [kə́:rənt] 현재의 | take steps 조치를 취하다

● spend / waste

spend + 시간 / 돈 ~ing ~하는데 시간/돈을 쓰다
waste + 시간 / 돈 ~ing ~하는데 시간/돈을 낭비하다

The trainer advised me to **spend** 20 minutes a day **exercising**.
트레이너는 나에게 하루에 20분씩 운동할 것을 권했다.

The committee **wasted** a lot of time **discussing** over the issues.
위원회는 그 문제들에 대해 토론하느라 시간을 많이 낭비했다.

● go + 동명사: (오락 활동)하러 가다

go dancing 춤추러 가다	go shopping 쇼핑하러 가다
go sightseeing 관광하러 가다	go skiing 스키타러 가다
go swimming 수영하러 가다	go jogging 조깅하러 가다

Do you want to **go shopping** this Saturday? 이번 토요일에 쇼핑하러 가실래요?

Many people **go skiing** in winter. 많은 사람들이 겨울에 스키타러 간다.

Check Up

다음 문장의 괄호에서 적절한 것을 고르세요.

4 Betty is used to [eating / to eat] spicy food.

5 I don't feel like [drinking / to drink] beer.

Words

committee [kəmíti] 위원회

연습문제  다음 괄호에서 적절한 것을 고르세요.

1 James suggested [going / to go] to the exhibition.

2 The company made a huge profit last year by [invest / investing] in real estate.

3 For best performance avoid [operate / operating] the blender on an uneven surface.

4 Teen Networking is committed to [arrange / arranging] part-time job opportunities for students.

기출문제  빈칸에 가장 적절한 것을 고르세요.

5 Please return all the reference books to the reference desk before ------- the library.

(A) has left
(B) leaves
(C) to leave
(D) leaving

6 Please inform your travel agent of any special requests before ------- your reservation.

(A) books
(B) booking
(C) booked
(D) to book

7 Some patrons have suggested ------- later on Saturday nights.

(A) to close
(B) closing
(C) closed
(D) will close

8 ------- our customers satisfied requires the highest commitment of staff members.

(A) Keep
(B) Kept
(C) Keeping
(D) Has kept

Week 1 Week 2 Week 3 Week 4

Words

1. suggest [səgdʒést] 제안하다 | exhibition [èksəbíʃən] 전시회 2. make a profit 수익을 올리다 | invest in ~에 투자하다 | real estate 부동산 3. blender [bléndər] 믹서기 | uneven [ʌníːvən] 평평하지 않은, 울퉁불퉁한 4. arrange [əréindʒ] 마련하다, 처리하다 5. return A to B A를 B로 반납하다 6. inform A of B A에게 B를 알리다 7. patron [péitrən] 고객, 후원자 8. commitment [kəmítmənt] 헌신, 약속

Part 5

1 Mr. Perry enjoys spending his free time ------- music.

(A) to compose
(B) composed
(C) composing
(D) composer

2 Industry analysts recommended ------- in new technology.

(A) invest
(B) invested
(C) investing
(D) investment

3 The company is in the process of ------- its headquarters.

(A) moves
(B) to move
(C) moved
(D) moving

4 Mr. Sato will make a hiring decision after ------- the candidates.

(A) interview
(B) interviews
(C) interviewing
(D) interviewed

5 The structural engineer is responsible for ------- the bridge's integrity once a year.

(A) evaluates
(B) evaluated
(C) evaluating
(D) to evaluate

6 Style Clothing is known for ------- clothes at an affordable price.

(A) provide
(B) providing
(C) to provide
(D) has provided

7 It is essential to make a good first impression by ------- appropriately at job interviews.

(A) dress
(B) dressed
(C) dressing
(D) to dress

8 The company is seeking a summer intern with strong interest in ------- programming skills.

(A) to learn
(B) will learn
(C) learning
(D) learns

Words

1. compose [kəmpóuz] 작곡하다 2. invest in ~에 투자하다 3. in the process of ~의 과정 중에 있는 | headquarters [hédkwɔːrtərz] 본사 4. make a decision 결정하다 5. structural engineer 구조 엔지니어 | integrity [intégrəti] 온전함; 진실성 | once a year 1년에 한 번 6. be known for ~로 유명하다 | at an affordable price 저렴한 가격에 7. essential [isénʃəl] 필수적인 | first impression 첫인상 | appropriately [əpróupriətli] 알맞게, 적당하게 | dress [dres] 옷을 입다 8. a summer intern 여름 인턴 | programming skills 프로그래밍 기술

Part 6

Questions 9-10 refer to the following memo.

To: All employees

From: Robin Taylor, Employee Development Coordinator

Date: February 28

Subject: Word processing workshops

Some of you have expressed interest in -------(9) more skillful in the use of our word processing software, so we will sponsor two workshops given by software experts. The workshop scheduled for this Wednesday is designed for advanced users only. -------(10) If you are unfamiliar with the software, a workshop for beginners will be held on Friday, March 10.

9 (A) become
(B) to become
(C) becoming
(D) has become

新 10 (A) Participants must present identification badges before entering the conference center.
(B) Participants are asked to prepare a five-minute presentation.
(C) Successful participants are often offered full-time positions upon program completion.
(D) Participants in this workshop are expected to have extensive prior experience using the software.

Week 1 Week 2 Week 3 Week 4

Words

9-10. skillful [skílfəl] 숙련된, 솜씨 있는 | in the use of ~의 사용에 있어 | sponsor [spɑ́nsər] 후원하다 | extensive [iksténsiv] 폭넓은 | prior experience 사전 경험 | be unfamiliar with ~에 익숙하지 못한

Questions 11-12 refer to the following letter.

March 23

Dear Smith,

Thank you for purchasing your new NP mobile phone. We are committed to ------- (11) you with affordable, reliable wireless service. The enclosed brochure provides a detailed summary of your service plan. If for any reason you are ------- (12) with your phone, you will be issued a refund. If you have further questions about the mobile service or equipment, please contact us, and we will be happy to assist you.

Kyung Park

Regional Sales Representative

11 (A) provide
(B) providing
(C) to provide
(D) provided

12 (A) dissatisfy
(B) dissatisfying
(C) dissatisfied
(D) to dissatisfy

Words

11-12. affordable [əfɔ́:rdəbl] 가격이 알맞은 | reliable [riláiəbl] 믿을 수 있는, 신뢰할 수 있는 | dissatisfy [dissǽtisfài] 불평을 갖게 하다 | issue a refund 환불하다 | equipment [ikwípmənt] 장비

 2

7 **secure** [sikjúər] 안전한, 확실한

This document / contains personal identity information, / so please keep it / in a **secure** location.

이 서류는 / 개인 신원 정보를 포함하고 있으니 / 안전한 장소에 / 보관해주세요.

8 **innovative** [ínəvèitiv] 혁신적인

Marketers of Herbal Body Full Shampoo / were awarded first prize / for their **innovative** television commercials.

허브 바디 풀 샴푸 광고 담당자들은 / 혁신적인 TV 광고에 대해 / 대상을 받았다.

9 **efficient** [ifíʃənt] 효율적인, 능률적인

It is now more **efficient** / for workers / to use their laptops / rather than their home computers.

작업자들에게 / 그들의 집 컴퓨터보다는 / 노트북 컴퓨터를 사용하는 것이 / 더 효율적이다.

10 **considerable** [kənsídərəbl] 상당한, 많은

We are putting in **considerable** effort / to develop the new vaccine / for the recently prevalent disease.

(prevalent: 널리 퍼진, 유행하는 / disease: 질병)

우리는 / 최근 유행하고 있는 질병에 대한 / 새 백신을 개발하기 위해서 / 상당한 노력을 하고 있다.

11 **strong** [strɔ:ŋ] 강한

Many people think / that she owes / her successes to her **strong** work ethic.

많은 사람들은 / 그녀의 성공은 / 그녀의 강한 직장윤리 의식에 / 있다고 / 생각한다.

12 **wide** [waid] 다양한, 폭넓은

Jenny's Dance Studio / will provide a **wide** range of courses / for the new comers / to take part in.

(take part in: ~에 참가하다)

제니의 댄스 스튜디오는 / 신입 회원들이 / 참여할 수 있도록 / 다양한 과정들을 제공할 것이다.

완전절친
TOEIC 스타트 LC+RC

Week 3

Day 3

분사

- 분사의 역할, 종류, 용법
- 감정동사의 현재분사와 과거분사
- 분사구문
- 단원 별 문제

★ 형용사 필수 어휘 3

Day 03 분사

분사란 무엇인가요?

명사를 수식할 형용사가 마땅히 없는 경우, 동사의 형태가 변해서 명사를 수식해 주는 것이 분사입니다. 분사는 명사를 수식하는 형용사의 역할을 하지만, 동사의 성격도 갖고 있습니다.

분사 문제는 시험에서 몇 문제나 출제되나요?

분사 문제는 매달 평균적으로 1~2문제 정도 출제가 됩니다.

분사는 어떻게 생겼나요?

분사는 현재분사(동사원형 + ing)와 과거분사(동사원형 + ed) 두 개의 형태를 가지며 동사의 성질을 가지면서 문장에서는 명사를 수식하는 형용사 역할을 합니다.

	분사 만드는 법	형태	의미
현재분사	동사원형 + ing	fall → fal**l**ing	(능동) ~하게 하는 ~하고 있는
	동사가 –e로 끝나는 경우 –e를 삭제하고 + ing	excite → exci**t**ing	
	단모음 + 단자음의 경우 단자음을 하나 붙이고 + ing	stop → sto**pp**ing	
과거분사	동사원형 + ed	play + ed = played	(수동) ~된 ~해진
	접미사가 –e로 끝나는 경우 –e 뒤에 +d	excite + d = excite**d**	
	단모음 + 단자음의 경우 단자음을 하나 붙이고 –ed	permit + t + ed = permi**tt**ed	
	불규칙 형태	swim-swam-**swum** put-put-**put** read-read-**read** hear-heard-**heard**	

Check Up

1 다음 단어들을 분사로 바꾸세요.

excite → 현재분사 ( ) try → 현재분사 ( )
give → 과거분사 ( ) get → 현재분사 ( )
buy → 과거분사 ( ) satisfy → 과거분사 ( )

1 분사의 역할

1 명사 수식

분사는 문장에서 형용사 역할을 하므로 명사 앞, 뒤에서 명사를 수식합니다.

● 명사 앞

The management announced the **surprising** news. 경영진은 놀라운 소식을 발표했다.

분사 명사

● 명사 뒤

Employees **requesting** vacation time should turn in their forms.

명사 분사

휴가를 요청하는 직원들은 신청서를 제출해야 한다.

2 보어 역할

분사는 형용사처럼 2형식의 문장에서 주격 보어 역할을 하거나, 5형식의 문장에서 목적격 보어 역할을 합니다.

● 주격 보어

The workers were **excited**. 직원들은 기뻤다.

주격 보어

▶ 과거분사 excited는 주어 The workers의 상태를 표현하는 주격 보어

● 목적격 보어

I found the book **interesting**. 나는 그 책이 재미있다는 것을 알았다.

목적격 보어

▶ 현재분사 interesting은 목적어 the book의 특성을 설명해주는 목적격 보어

Week 1 Week 2 Week 3 Week 4

Check Up

2 다음 중에서 분사가 문장에서 할 수 없는 역할을 고르세요.

(A) 명사 수식 (B) 주격 보어 (C) 목적격 보어 (D) 부사 수식

Words

turn in 제출하다

2 분사의 종류

① 현재분사

● 진행(~하고 있는)

There are many **swimming** boys in the pool. 수영장에는 수영하고 있는 소년들이 많이 있다.

● 능동 또는 사역의 의미(~시키는, ~하게 하는): 명사의 특성

The president announced the **disappointing** results to the staff members.

사장은 실망시키는 결과를 직원들에게 발표했다.

② 과거분사

● 완료나 상태(~해 버린, ~한)

The road was filled with **fallen** leaves. 도로는 떨어진 잎(낙엽)으로 가득 차 있다.

● 수동의 의미(~된, ~당한, ~받은)

There were five **recorded** messages on my answering machine.

내 자동응답기에는 5개의 녹음된 메시지가 있었다.

> ★ **현재분사와 과거분사의 구별**
>
> 현재분사가 명사를 수식할 때 현재분사 뒤에 목적어가 나옵니다. 뒤에 목적어를 갖는 동사의 성질이 있기 때문에요.
>
> The man **signing** the contract is my manager. 계약서에 서명하는 남자는 내 매니저다.
>
> 목적어
>
> 반대로 과거분사 뒤에는 목적어가 나오지 않아요.
>
> A copy of the contract **signed** by the manager should be kept.
>
> 매니저에 의해서 서명된 계약서 사본은 보관되어져야 한다.

Check Up

다음 문장의 괄호에서 적절한 것을 고르세요.

3 Download the [requiring / required] form, complete and submit to me.

3 분사의 용법

분사가 다른 단어 없이 홀로 명사를 수식하면 명사 앞에 옵니다.

These special fares are available for a limited time only. 이 특별 요금은 한시적으로만 가능합니다.

분사 뒤에 뒤따르는 어구가 있으면 수식하는 명사 뒤에 나옵니다.

Every cup of coffee at T Café is prepared with coffee beans imported from Mexico.
수식어구

T Café에서 모든 커피는 멕시코에서 수입된 커피 원두로 준비된다.

● 명사 앞에서 수식하는 현재분사

declining demand 감소하는 수요
existing equipment 기존의 장비
lasting impression 오래가는 인상
misleading information 오도하는 정보
rising cost 상승하는 비용
demanding supervisor 까다로운 상관
growing business 커져가는 사업
leading company 선도하는 회사
remaining staff 남아있는 직원
visiting professor 방문 교수

● 명사 앞에서 수식하는 과거분사

attached schedule 첨부된 스케줄
confirmed reservations 확인된 예약
damaged buildings 파손된 빌딩
detailed information 자세한 정보
increased competition 증가된 경쟁
qualified workers 자격이 갖추어진 근로자들
completed project 완성된 프로젝트
customized products 주문 생산된 제품
damaged luggage 손상된 수하물
finished products 완제품
proposed construction 제안된 건설
written consent 쓰여진 동의(서면 동의)

Check Up

다음 문장의 괄호에서 적절한 것을 고르세요.

4 The president has kept [remaining / remained] staff motivated for months.

Words

record [rikɔ́:rd] 녹음하다 | be prepared with ~으로 준비되다 | import [impɔ́rt] 수입하다

Check up 4. motivated [móutəvèitid] 동기가 부여된

★ **주격 관계대명사와 be동사의 생략**

과거분사가 명사 뒤에 나와서 형용사 역할을 할 경우 앞에 있는 [주격 관계대명사와 + be동사]는 생략이 가능하다.

(주격 관계대명사 + be 동사) + **과거분사**

A cup of coffee was prepared with coffee beans (which are) **imported** from Mexico.

명사 / 과거분사(형용사 역할)

이 커피 한 잔은 멕시코에서 수입된 커피 원두로 준비되었다.

4 감정동사의 현재분사와 과거분사

사람의 감정을 나타내는 동사는 주어에 의해서 분사의 종류가 결정됩니다. 사람이 주어이면 과거분사(사람의 감정)를, 사물이 주어이면 현재분사(사물의 특성)입니다.

★ **주요 동사와 현재분사, 과거분사**

동사원형	현재분사	과거분사
amaze 깜짝 놀라게 하다	amazing 놀라게 하는	amazed 놀란
disappoint 실망시키다	disappointing 실망을 주는	disappointed 실망한
embarrass 당황하게 하다	embarrassing 당황하게 하는	embarrassed 당황한
excite 흥분시키다	exciting 흥분시키는	excited 흥분된
frighten 놀라게 하다	frightening 놀라게 하는	frightened 놀란
interest 흥미를 일으키다	interesting 흥미로운	interested 흥미를 느끼는
please 기쁘게 하다	pleasing 기쁘게 하는	pleased 기쁜
shock 충격을 주다	shocking 충격을 주는	shocked 충격을 받은
overwhelm 압도하다	overwhelming 압도하는	overwhelmed 압도당한

1 감정동사의 현재분사

The sales figures for last quarter were **satisfying**. 지난 분기 판매 수치는 만족스럽다.

주어(사물)

▶ 주어가 사물이므로 보어 자리에 현재분사 satisfying(사물의 특성)

2 감정동사의 과거분사

The employees were **shocked** when they heard the news. 그 소식을 들었을 때 직원들은 충격을 받았다.

주어(사람)

▶ 주어가 사람이므로 보어 자리에 과거분사 shocked(사람의 감정)

The presentation left attendees satisfied. 발표는 참석자들을 만족스럽게 했다.
목적격 보어

▶ 참석자들이 만족을 했으므로 목적격 보어 자리에 과거분사 satisfied(사람의 감정)

● 감정동사의 현재분사와 과거분사

We were really excited because this class was really interesting.
이 수업이 아주 재미있어서 우리는 아주 기뻤다.

▶ 주어 We가 사람이고 감정을 느꼈으므로 보어 자리에 과거분사 excited
▶ 주어 this class가 사물이고 특성이므로 현재분사 interesting

★ 동명사와 현재분사의 차이

동명사 [~하기 위한] 용도나 목적	현재분사 [~하고 있는, ~하는] 동작
a dining room 식당 a smoking room 흡연실	swimming boys 수영하는 소년들 a dancing girl 춤추는 소녀

5 분사구문

분사를 이용해 부사절(시간, 이유, 조건, 양보, 등)을 줄여 만든 구가 분사구문입니다.

● 분사구문을 만드는 방법

① 주절과 부사절의 주어가 같을 경우, 부사절의 주어를 생략합니다.

When ~~I~~ go to bed late, I feel tired the next morning. 내가 늦게 자면, 다음 날 아침에 매우 피곤합니다.
부사절 주절

② 부사절에서 주어를 생략할 경우 더 이상 절의 역할을 할 수 없으므로 문장 앞에 쓰인 접속사를 생략합니다. (단 접속사를 생략해서 의미가 애매모호해질 경우에는 생략하지 않습니다.)

~~When I~~ go to bed late, I feel tired the next morning.

Check Up

다음 문장의 괄호에서 적절한 것을 고르세요.

5 I was so [pleased / pleasing] to learn about your promotion to vice president.

6 The movie was too [shocking / shocked] to watch.

Words
sales figure 판매 수치 | quarter [kwɔ́:rtər] 분기(1년에 4분의 1)

③ 동사 원형에 ~ing를 붙여서 현재 분사를 만듭니다.

~~When I~~ going to bed late, I feel tired the next morning.

④ 종속절의 동사가 능동일 경우 현재분사를 사용하고, 수동일 경우에는 being + 과거분사 형태로 되는데 여기서 being을 생략하는 것이 일반적이므로 과거분사만 남게 됩니다.

When I go to bed late, I feel tired the next morning.
→ **Going** to bed late, I feel tired the next morning.

After they finished their project, they started testing it.
→ **(After) Finishing** their project, they started testing it.
그들이 프로젝트를 끝마친 후에, 그것을 시험하는 것을 시작했다.

Because we were faced with budget problems, we had to cancel some projects.
→ **(Being) Faced** with budget problems, we had to cancel some projects.
예산의 문제점에 직면했기 때문에, 우리는 몇몇의 프로젝트를 취소해야만 했다.

● 독립분사구문

Generally speaking 일반적으로 말해	Judging from ~으로 판단하건대
Considering ~을 고려하면	Given = Provided (that) ~라면

Generally speaking, men are stronger than women.
일반적으로 말해, 남자는 여자보다 힘이 세다.

Considering your inexperience, you managed the project well.
당신의 무경험을 고려하면, 당신은 프로젝트를 잘 처리해 냈어요.

Check Up

다음 부사절을 분사구문으로 바꾸세요.

7 While he was watching a movie, he was eating popcorn.

→ ____________________, he was eating popcorn.

8 When he makes cupcakes, he eats pieces of them.

→ ____________________, he eats pieces of them.

연습문제 다음 괄호에서 적절한 것을 고르세요.

1 After [repeated / repetition] requests, the city council finally agreed to build more parks.

2 Reservations [booked / booking] through the website must be confirmed 24 hours before check-in.

3 The Star House is a coffee store [selling / sold] a large selection of beverages.

4 Travelers [using / used] Incheon airport complain that the airport is too crowded with people.

기출문제 빈칸에 가장 적절한 것을 고르세요.

5 According to a report ------- in Auto Magazine, driving with the headlights on during the day increases safety.

(A) publishing
(B) publish
(C) published
(D) to publish

6 The city will hold a job fair on Friday for anyone ------- in looking for a job.

(A) interested
(B) interest
(C) interesting
(D) to interest

7 The 20th Annual Technology Conference is one of the largest conferences ever ------- in China.

(A) to hold
(B) hold
(C) held
(D) holding

8 Our holiday-season dinnerware is available for a ------- time only.

(A) limits
(B) limiting
(C) limited
(D) limitation

Week 1 Week 2 Week 3 Week 4

Words

1. repeated [ripí:tid] 반복된 | repetition [rèpətíʃən] 반복 2. confirm [kənfə́:rm] 확인하다 3. a selection of 다양한 5. according to ~에 따르면 | safety [séifti] 안정성 6. hold [hould] 개최하다 7. conference [kάːnfərəns] 회의 8. dinnerware [dínərwɛər] 식기

Part 5

1 When ------- the marketing brochure, you must use the new company logo.

(A) designed
(B) designs
(C) designing
(D) design

2 Mr. Oaks has been in charge of the marketing department since ------- the company last October.

(A) joined
(B) to join
(C) has joined
(D) joining

3 The staff of the marketing division is invited to attend a reception ------- the new director.

(A) learning
(B) deciding
(C) expecting
(D) welcoming

4 The door ------- the conference room and the lobby should be closed at all times.

(A) connects
(B) connecting
(C) to connect
(D) connected

5 With the password ------- to you, you can enter the main office building.

(A) provided
(B) requested
(C) required
(D) equipped

6 The ------- brochure details the services provided by Motley's Cleaning Service.

(A) enclosure
(B) enclosing
(C) enclosed
(D) enclose

7 Tourists will discover many unique customs and traditions when ------- Mexico.

(A) visit
(B) to visit
(C) visiting
(D) are visiting

8 The ------- document contains important information about your job.

(A) attached
(B) introduced
(C) influenced
(D) expressed

Words

1. brochure [brouʃúər] 소책자 2. be in charge of ~을 책임지고 있는 3. be invited to ~하도록 초대되다 5. provided [prəváidid] 제공된 | requested [rikwéstid] 요청된 | be equipped with ~으로 장비를 갖춘 6. enclosed 동봉된 | enclose [inklóuz] 동봉하다 7. custom [kʌ́stəm] 관습 | tradition [trədíʃən] 전통 8. attached [ətǽtʃt] 첨부된 | influence [ínfluəns] 영향을 주다

Part 6

Questions 9-10 refer to the following letter.

17 July

Dear Dr. Blacks,

Thank you for your phone call -------(9) an estimate from the Excel Cleaning Services. As you know, Excel Cleaning Services specializes in serving medical offices throughout the Provo area with the best cleaning method. A representative will visit your office on July 23 to assess the particular needs of your practice. -------(10) We appreciate your inquiry and look forward to meeting you soon.

Best regards,

Mark Peterson, President
Excel Cleaning Services

9 (A) request
(B) requested
(C) requesting
(D) to request

新 **10** (A) This is the first event in our July schedule.
(B) Contractor mistakes can be costly.
(C) The process can be time-consuming.
(D) A price quote will be provided within 24 hours of the site visit.

Words

9-10. estimate [éstəmèit] 견적 | specialize in ~을 전문으로 하다 | representative [rèprizéntətiv] 대표자; 직원 | particular [pərtíkjələr] 특정한 | need [ni:d] 필요성 | appreciate [əprí:ʃièit] 감사하다, 고마워하다 | inquiry [inkwáiəri] 질문 | look forward to ~ing ~를 고대하다

Questions 11-12 refer to the following letter.

October 20

Dear Mr. Nelson:

We received your letter ------- (11) the problem you are having with the camera you purchased from us in May of last year. Unfortunately, your warranty for this product has expired. The warranty offers free service for a period of one year from the date of purchase, but your camera was purchased fifteen months ago. If you still want us to repair your camera, please follow the directions on the ------- (12) card to send the item to us.

Sincerely yours,

James Brown

Customer Service Manager, Peterson Inc.,

11 (A) describe
(B) describing
(C) described
(D) to describe

12 (A) to enclosed
(B) enclosing
(C) enclosed
(D) encloses

Words

11-12. warranty [wɔ́:rənti] 품질 보증 | expire [ikspáiər] 만료되다, 만기가 되다 | period [pí:əriəd] 기간 | from the date of ~한 날짜로부터

형용사 필수 어휘 3

13 **thorough** [θə́:rou] 철저한, 빈틈없는

Ongoing training sessions ensure / that all nurses have a **thorough** understanding / of health-care technology.

(Ongoing 계속 진행중인 / training sessions 훈련과정)

계속 진행중인 훈련 과정은 / 모든 간호사들이 / 헬스케어 기술을 / 철저하게 이해했음을 / 보장한다.

14 **specific** [spisífik] 구체적인, 특정한

Before recommending property listings to clients, / real estate agents consider **specific** features / such as size, location and value.

(property listings 부동산 목록 / real estate 부동산 / agents 중개인들)

부동산 목록을 고객들에게 제안하기 전에, / 부동산 중개인들은 / 크기, 위치, 가치와 같은 / 구체적인 특징들을 고려한다.

15 **accurate** [ǽkjurət] 정확한, 정밀한

The letter of recommendation / should contain / a concise and **accurate** description / of the candidate's strengths and experience.

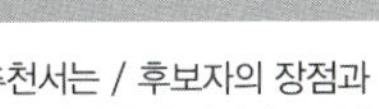

(The letter of recommendation 추천서 / concise 간결한)

추천서는 / 후보자의 장점과 경험에 대한 / 간결하고 정확한 설명을 / 포함해야 한다.

16 **available** [əvéiləbl] 이용할 수 있는, 구할 수 있는

Catering services / for the awards ceremony / will be **available** / for those who are interested.

(awards ceremony 시상식)

관심 있는 사람들을 위해서 / 시상식을 위한 / 출장요리 서비스가 / 이용 가능하다.

17 **equal** [í:kwəl] 동등한, 동일한

The accounting department reported / that sales figures this year / were nearly **equal** to / those recorded three years ago.

(sales figures 판매수치 / be equal to ~와 동일하다)

회계부서는 / 올해의 판매수치가 / 3년 전에 기록했던 판매수치와 / 거의 동일하다고 / 보고했다.

18 **substantial** [səbstǽnʃəl] 상당한

During the month of September, / the factory will undergo / **substantial** renovations.

(undergo (변화 · 안 좋은 일 등을) 겪다)

9월 동안에, / 공장은 / 상당한 보수 공사를 / 겪을 것이다.

Week 1 Week 2 Week 3 Week 4

완전절친
TOEIC 스타트 LC+RC

Week 3

Day 4

비교구문

- 동등(원급)비교, 비교급, 최상급
- 전치사 to를 쓰는 비교급
- 비교급과 최상급을 강조하는 부사
- 비교급 관용어구
- 단원 별 문제

★ 형용사 필수 어휘 4

Day 04

비교구문

✻ 비교구문이란 무엇인가요?

비교구문은 둘 이상의 대상들을 비교할 때 사용하는 것으로 형용사나 부사를 비교대상에 따라 형태를 달리해서 사용하는 것을 말합니다. 비교구문에는 다음과 같이 원급, 비교급, 최상급이 있습니다.

	원급(동등비교)	비교급	최상급
비교대상	같은 수준의 두 대상을 비교	두 대상의 우열을 가림	셋 이상 중에서 최상, 최하를 가림
의미	킴은 제임스만큼 키가 크다 (~만큼 ~한)	수미가 나보다 더 공부를 잘한다. (~보다 더 ~한)	세 자매 중에서 내가 가장 예쁘다. (가장 ~한)

✻ 비교구문은 시험에서 몇 문제나 출제되나요?

3개월에 2문제 정도 출제됩니다.

✻ 원급, 비교급, 최상급의 형태는 어떻게 바꾸나요?

● 원급에서 비교급, 최상급 바꾸기

	원급(동등비교)	비교급	최상급
1음절 단어	as long as	longer than	the longest
자음 + y	as easy as	easier than	the easiest
-e로 끝나는 단어	as large as	larger than	the largest
단모음 + 단자음	as big as	bigger than	the biggest
부사나 형용사가 -ous, -ful, -ive 등으로 끝나는 2음절 단어나 3음절 이상의 단어들	as famous as as beautiful as as impressive as	more famous than more beautiful than more impressive than	the most famous the most beautiful the most impressive
불규칙 변화	as good as	better than	the best

1 동등(원급)비교

'as + 부사/형용사 + as' 를 뜻하는데, as ~ as 사이에는 항상 형용사나 부사의 원급만 쓰일 수 있다. 형용사가 올지 부사가 올지는 as ~ as 앞에 나오는 동사에 의해서 결정됩니다.

be동사	as + 형용사 + as	be동사가 나올 경우 주격보어인 형용사
일반동사	as + 부사 + as	일반동사가 나올 경우 이를 수식하는 부사

1 be동사 + as 형용사 as + A

'A와 마찬가지로 ~하다, A만큼 ~하다'로 해석합니다.

Noah is knowledgeable about the new accounting software. (평서문)
형용사 보어
노아는 신규 회계 소프트웨어에 대해 박식하다.

Noah is as **knowledgeable** as John about the new accounting software. (동등비교)
노아는 존만큼 신규 회계 소프트웨어에 대해 박식하다.

2 일반동사 + as 부사 as + A

'A와 마찬가지로 ~하다, A만큼 ~하다'로 해석합니다.

Our existing copy machine works **efficiently**. (평서문)
우리의 기존 복사기는 효율적으로 작동한다.

Our existing copy machine **works** as **efficiently** as a new one. (동등비교)
우리의 기존 복사기는 새 복사기 못지 않게 효율적으로 작동한다.

Check Up

1 다음 중에서 올바른 비교구문의 형태가 아닌 것을 고르세요.

(A) as good as
(B) more beautiful than
(C) more quietly than
(D) as cheaper as

다음 문장의 괄호에서 적절한 것을 고르세요.

2 SAM's newest cell phone is as small [than / as] the competitor's model.

Words
knowledgeable [nάlidʒəbl] 박식한 | existing [igzístiŋ] 기존의 **Check up 2.** competitor [kəmpétətər] 경쟁자

Week 1 Week 2 Week 3 Week 4

2 비교급

비교급은 서로 다른 둘을 직접 비교할 때 사용할 수 있습니다. than은 '~보다'의 뜻입니다.

1 비교급을 만드는 방법

비교급을 만드는 방법은 다음과 같습니다. **Week 4-4. 비교구문 원급에서 비교급, 최상급 바꾸기 p.214 참조**

① 형용사/부사 + -er + than

1음절이나 2음절 형용사, 부사는 단어 끝에 -er을 붙입니다.

The new construction project took about three times **longer than** planned.
새로운 건설 프로젝트는 계획되었던 것보다 약 3배 더 길게 걸렸다.

② more + 형용사/부사 + than

2음절 이상의 형용사, 부사 뒤에는 단어 앞에 more를 붙입니다.

Modern technology makes our living much **more convenient** than the past.
현대 기술은 우리 생활을 과거보다 훨씬 더 편리하게 만든다.

2 불규칙 비교 활용

아래에 나오는 불규칙 비교 활용을 잘 암기하고 쓰임새를 알아두세요.

원급	비교급	최상급
good 좋은 well 잘	better than 더 좋은	the best 가장 좋은
bad 나쁜 ill 건강이 나쁜	worse than 더 나쁜	the worst 가장 나쁜
many 수가 많은 much 양이 많은	more than 더 많은	the most 가장 많은
little 크기가 적은	less than 더 적은	the least 가장 적은
late 시간이 늦은 late 순서가 늦은	later 더 늦은 latter 나중의	the latest 최근의 the last 마지막의

The new computer performed **better than** the old one. 새로운 컴퓨터가 구형보다 성능이 더 좋았다.

Puebla was once considered **the worst** city in Mexico.
푸에블라는 한때 멕시코에서 최악의 도시로 여겨졌다.

People read **less than** three books a year. 사람들은 1년에 책을 3권 이하로 읽습니다.

Have you heard **the latest** news? 그 최근 소식 들었니?

Celebrations are planned for the **latter** part of November. 축하 행사는 11월 말에 계획되어 있습니다.

3 비교급이 포함된 표현(the + 비교급)

일반적으로 정관사 the는 최상급과 함께 쓰이지만 다음 세 가지 경우는 비교급에서 쓰이는 것입니다.

① The + 비교급, the + 비교급: ~하면 할수록, 더욱 ~하다

The more phone calls you make, **the higher** your bill will be.
당신이 더 많은 전화를 할수록, 요금은 더욱 높아질 것이다.

② Of the two + 명사, A + 동사 + the 비교급: 둘 중에서 A가 더 ~하다

Of the two candidates, John is **the better** qualified for that job.
두 명의 후보자 중에서, 존이 그 일에 대한 자격 요건을 더 잘 갖추고 있다.

③ the 비교급 + of the two + 명사: 둘 중에서 더 ~한

Johnson Inc., **the larger** of the two companies, is advertising several job openings.
두 회사 중 더 큰 존슨 주식회사는, 몇몇의 일자리를 광고하는 중이다.

Check Up

다음 문장의 괄호에서 적절한 것을 고르세요.

3 The computer was replaced [more recently / more recent] than the printer.

4 The NC 55 is being advertised as the [speediest / speedier] laptop computer today.

5 The problem was [bad / worse] than we expected.

Words
living [líviŋ] 생활 | consider [kənsídər] ~로 여기다 | celebration [sèlibréiʃən] 축하 행사 | qualified [kwɑ́:ləfaid] 자격이 있는

3 최상급

최상급은 여러 대상들 중에 최고임을 나타낼 때 쓰는 표현입니다.

1 최상급을 만드는 방법

최상급을 만드는 방법은 다음과 같습니다.

Week 4-4. 비교구문, 원급에서 비교급, 최상급 바꾸기 p.214 참조

① the 형용사/부사 + -est

1음절이나 2음절 형용사, 부사는 단어 끝에 -est를 붙입니다.

Albertson sells **the freshest** fruits and vegetables in Springville City.
앨버트슨은 스프링빌 시에서 가장 신선한 과일과 야채를 판매한다.

② the most + 형용사/부사

2음절 이상의 형용사, 부사 뒤에는 단어 앞에 the most를 붙입니다.

This is **the most beautiful** city I have ever visited.
이곳은 내가 방문해 본 곳 중에서 가장 아름다운 도시다.

2 최상급이 포함된 표현

① the + 최상급 + of all the + 복수 명사

'(복수 명사) 중 가장 ~한'이라는 뜻입니다.

The pants that are displayed at the clothing store are **the most popular** of all the items.
옷 가게에 전시되어 있는 바지들이 전 품목 중 가장 인기가 있다.

② one of the + 최상급 + 복수 명사들

'(복수 명사들)에서 가장 ~한 것 중의 하나'라는 뜻입니다.

Sizzler is one of **the most famous** restaurants in this city.
씨즐러는 이 도시에서 가장 유명한 식당들 중의 하나다.

전치사 to를 쓰는 비교급

than(~보다)을 대신해서 전치사 to를 사용하는 비교급도 있으니 잘 암기해 둡시다.

junior to ~보다 나이가 아래인	My brother is **junior to** me by three years. 내 동생은 나보다 3살 어리다.
senior to ~보다 나이가 위인	My sister is **senior to** me by three years. 우리 언니는 나보다 3살 많다.
superior to ~보다 우수한	Our new line of products is **superior to** existing lines. 우리의 신제품들은 기존의 제품들에 비해 우수하다.
prior to ~보다 앞선	You must confirm your flight reservation at least 3 days **prior to** the date of departure. 당신은 적어도 출발 3일전에 당신의 항공편 예약을 확인해야 한다.

5 비교급과 최상급을 강조하는 부사

다음에 나오는 부사들은 비교급과 최상급 앞에 위치하여 그 뜻을 강조하는 역할을 합니다.

much	even	far	still	a lot

Using public transportation is **much** faster than driving the car.
대중교통을 이용하는 것이 차를 운전하는 것보다 훨씬 더 빠르다.

Attendance figures at the meeting are **a lot** higher than expected.
회의 참석자 수가 기대했던 것보다 훨씬 높았다.

The new smartphone is **even** better than the old one. 새 스마트폰이 예전 것보다 훨씬 낫다.

Check Up

다음 문장의 괄호에서 적절한 것을 고르세요.

6 It's [a lot / many] more fun that way. 그렇게 하면 훨씬 더 재미있다.

7 The new printer produces copies [much / as] more quietly than the old printer did.
새로운 프린터는 이전 프린터보다 훨씬 더 조용하게 사본을 출력한다.

Words

display [displéi] 전시하다 | departure [dipɑ́:rtʃər] 출발 | transportation [trænspərtéiʃən] 대중교통 | attendance [əténdəns] 참석, 출석 | figure [fígjər] 숫자

6 비교급 관용어구

다음은 비교급의 관용표현들이므로 잘 암기하고 쓰임새를 알아두세요.

at the latest 늦어도	no later than 늦어도 ~까지
no longer than 더 이상 ~않다	no more than 더 이상 ~않다, ~에 불과하다
no sooner ~ than ~하자마자	rather than 차라리 ~하다

This year's appraisal forms have to be filled out **no later than** December 15.
금년도 평가서들은 늦어도 12월 15일까지 작성되어야 한다.

Send all receipts to Mr. Park by the end of this week **at the latest**.
늦어도 이번 주말까지는 모든 영수증을 박 씨에게 보내세요.

Average crabs live **no longer than** 3 years. 보통의 게는 3년 이상 살지 못합니다.

Eat no more than that. 그만 드세요.

No sooner had he left home **than** he began to run for school.
집에서 나오자마자 그는 학교로 뛰어가기 시작했다.

Seek the positive **rather than** the negative. 부정적인 것보다 긍정적인 것을 찾아라.

Check Up

다음 문장의 괄호에서 적절한 것을 고르세요.

8 I prefer to stay here [rather than / later than] go home.
나는 집에 가는 것보다 여기 머무르는 것을 선호한다.

Words

appraisal form 평가서 | fill out 기입하다

연습문제  다음 괄호에서 적절한 것을 고르세요.

1 Holly Tea is as popular [as / than] Geo Bean Coffee in the county.

2 Applicants should complete the application online [no later / as quickly] than June 1.

3 In case of fire, please vacate the building as [rapidly / rapid] as possible.

4 Fun Travel offers the [cheapest / cheaper] flights available from Japan to Canada.

기출문제  빈칸에 가장 적절한 것을 고르세요.

5 The company's financial situation was ------- than they had expected because of the recession.

(A) more difficult
(B) difficulty
(C) most difficult
(D) difficult

6 Our toaster design is ------- than the competitor's latest release.

(A) most efficiently
(B) efficiently
(C) more efficient
(D) as efficient

7 Last year Delta Airline cancelled more flights ------- any other North American airline.

(A) while
(B) whether
(C) than
(D) as

8 After our company expanded into the international market, our revenues ------- doubled.

(A) ever
(B) much more
(C) more than
(D) even more

Week 1 Week 2 Week 3 Week 4

Words

2. application [æ̀pləkéiʃən] 신청 3. in case of ~할 경우에 | vacate [véikeit] (건물, 좌석 등을) 비우다 5. financial situation 재정 상태 | recession [riséʃən] 불경기 6. release [rilí:s] 공개(물), 발표(물); 발표하다, 공개하다 8. revenue [révənjù:] 수익[수입] | double [dʌ́bl] 두 배로 되다

Part 5

1 Flight 777 to Toronto took off three hours ------- than expected because of bad weather conditions.

(A) late
(B) lately
(C) later
(D) latest

2 The price of oil plunged ------- faster than we had expected.

(A) more
(B) as
(C) many
(D) much

3 Contestants selected to receive awards will be informed no ------- than March 20.

(A) late
(B) latest
(C) later
(D) lately

4 Ms. Twain's ------- novel will be on sale in bookstores in March.

(A) late
(B) lately
(C) latest
(D) more lately

5 Mr. Smith's revised marketing presentation is an improvement on his ------- version.

(A) earlier
(B) lowest
(C) sudden
(D) added

6 Of all the students I have taught for the last 18 years, John is the -------.

(A) more intelligent
(B) most intelligent
(C) more intelligently
(D) most intelligently

7 Passwords utilizing a combination of letters and numbers create the ------- security.

(A) strength
(B) strongly
(C) strengthen
(D) strongest

8 The company found that replacing all of its copy machines would be ------- than repairing them.

(A) cheap
(B) cheaper
(C) more cheaply
(D) cheaply

Words

1. take off 이륙하다 2. plunge [plʌndʒ] (가격, 기온 등이) 급락하다 3. contestant [kəntéstənt] 참가자 5. improvement [imprú:vmənt] 개선; 향상 | added [ǽdid] 추가된 6. intelligent [intélədʒənt] 똑똑한, 현명한 7. utilize [jú:təlàiz] 이용[활용]하다 | combination [kɑ̀mbənéiʃən] 조합 8. replace [ripléis] 교체하다 | repair [ripέər] 수리하다

Part 6

Question 9-10 refer to the following e-mail.

To: Staff Members

From: John Smith

Date: May 28

Subject: New Copy Machine

Dear Colleagues,

Yesterday a new copy machine was installed in the copy center to replace the one that had repeatedly broken down. We trust that the new one will be more ------- (9) than the old one. This is one of the ------- (10) advanced models, so we expect that it will serve us well for many years. If you have questions about how to use the new copier, you can consult the manual located in the cabinet next to the copier.

Best Regards,

John Smith

9 (A) achievable
(B) portable
(C) reliable
(D) expensive

10 (A) most
(B) less
(C) as
(D) than

Words

9-10. install [instɔ́:l] 설치하다 | repeatedly [ripí:tidli] 반복적으로 | break down 고장 나다 | portable [pɔ́:rtəbl] 휴대가 쉬운 | reliable [riláiəbl] 믿을[신뢰할] 수 있는 | consult [kənsʌ́lt] (정보를 얻기 위해 무엇을) 찾아보다; 상담하다

Questions 11-12 refer to the following article.

John Anderson announced on Monday that his company, Columbia, will relocate its production facility from Provo city to Orem city next month. At the same time, the existing facility will undergo a significant expansion. ------- (11) Columbia, a leading manufacturer of outdoor gear has a long-term plan to develop a ------- (12) variety of clothes.

新 **11** (A) The larger factory will create many employment opportunities in the area.
(B) It can be difficult to find qualified candidates for a position.
(C) Applicants can submit résumés online or in person.
(D) Your new product ideas were especially informative.

12 (A) widen
(B) widest
(C) width
(D) wider

Words

11-12. relocate [ri:lóukeit] 이주하다 | production facility 생산시설 | at the same time 동시에 | undergo [ʌ̀ndərgóu] (변화 등을) 겪다 | opportunity [ɑ̀pərtjú:nəti] 기회 | outdoor gear 아웃도어 장비 | long-term 장기적인 | a variety of 다양한

형용사 필수 어휘 4

19 confidential [kɑ̀nfədénʃəl] 비밀의, 기밀의

Documents of a **confidential** nature / should be stored / in locked file cabinets / at all times.

at all times 항상

기밀성이 있는 문서들은 / 항상 / 잠금 장치가 있는 캐비닛에 / 보관되어야 한다.

20 previous [príːviəs] 이전의

The new kitchen stove has performed / so well / that the **previous** model / is being discontinued.

신형 스토브가 성능이 / 아주 좋아서 / 이전 모델은 / 판매가 중단될 것이다.

21 temporary [témpərèri] 일시적인

We offer / a **temporary** discount / on office furniture.

우리는 / 사무용 가구에 대한 / 일시적인 할인을 / 제공하고 있다.

22 initial [iníʃəl] 처음의, 초기의

The **initial** shipment of books / should arrive in stores / three days / before the title is released / to the public.

shipment 선적물

책의 초기 선적물은 / 책의 제목이 / 일반에게 공개되기 / 3일 전에 / 가게에 도착해야 한다.

23 popular [pɑ́pjulər] 인기 있는, 대중적인

The library does not allow / renewal of books / that are extremely **popular**, / because other patrons / are waiting for them.

renewal 갱신 / extremely 아주 / patrons 손님, 고객 / waiting for wait for ~를 기다리다

도서관은 / 다른 이용객들이 / 책을 기다리고 있기 때문에 / 아주 인기 있는 / 책의 갱신을 / 허용하지 않는다.

24 familiar [fəmíljər] 익숙한, 친숙한

Many analysts / **familiar** with the housing market / predict / that the house sales will increase / over the next twelve months.

analysts 분석가 / familiar with be familiar with ~에 익숙한

주택 시장에 익숙한/ 많은 분석가들은 / 앞으로 12개월에 걸쳐 / 주택 판매가 증가할 것이라고 / 예상하고 있다.

완전절친
TOEIC 스타트 LC+RC

Week 3
Day 5

전치사

- 장소와 시간 전치사 in / on / at
- 전치사 by / until, for, between / among
- 시점과 기간, 방향, 위치의 전치사
- 기타 전치사
- 전치사와 접속사의 차이
- 단원 별 문제

★ 형용사 필수 어휘 5

Day 05 전치사

✻ 전치사란 무엇인가요?

전치사는 8품사 중에서 대표적인 기능어로 명사, 명사구 혹은 대명사 앞에서 시간, 장소, 위치, 방향 등을 나타냅니다.

✻ 전치사는 시험에서 몇 문제나 출제되나요?

전치사 문제는 매달 시험에서 2-5문제 출제되는 아주 중요한 품사입니다.

✻ 전치사 뒤에는 어떤 것이 나오나요?

전치사 뒤에는 아래의 표처럼 명사가 포함된 단어는 모두 나올 수 있습니다.

전치사구		
전치사 +	명사	at(전치사) + midnight(명사) → 자정에
	명사구	at(전치사) + the hotel(명사구) → 호텔에서
	대명사	from(전치사) + them(대명사) → 그들로부터
	동명사	by(전치사) + reading(동명사) → 읽음으로써
	명사절	about(전치사) + what he said(명사절) → 그가 말한 것에 대해서

✻ 전치사의 위치와 역할은 어떻게 되나요?

① **전치사의 위치: 명사 앞**(전치사 뒤에는 명사 상당 어구)

전치사 + 명사, 명사구, 대명사, 동명사, 명사절

② **전치사의 역할**

• 명사 수식: 명사 뒤에 나오는 전치사구는 형용사 역할

The books **on the table** are mine. 테이블 위에 있는 책들은 내 것이다.

• 동사 수식: 동사 뒤에 나오는 전치사구는 부사 역할

The building stands **on the hill**. 빌딩은 언덕 위에 있다.

• 문장 전체를 수식: 부사 역할

In the morning, we a have staff meeting. 아침에 직원회의가 있다.

1 장소와 시간 전치사 in / on / at

	in	on	at
장소	도시, 나라, 대륙	거리 이름	구체적인 장소
시간	달, 계절, 연도	날짜, 요일	시간

1 in

일반적으로 넓고, 포괄적인 시간 및 공간 앞에서 쓰입니다.

시간(달 이상 범위)	장소(시 이상 범위)	기타
• in + 연도 in 2020 2020년에 • in + 계절 in winter 겨울에 • in + 달 in July 7월에	• in + 넓은 장소 in the world 세계에 in Europe 유럽에 • in + 나라, 주, 도시 in Canada 캐나다에 in Seoul 서울에	• in + 학문, 전문, 산업 분야 in science 과학 분야에서 • in + 부서 in the accounting department 경리부에서

HB Construction built a harbor **in** England. HB 건설은 영국에 항구를 건설했다.

The next performance appraisal will be conducted **in** January of 2020.
다음 업무 수행 평가는 2020년 1월에 시행될 것이다.

● 전치사 in 관용어구

in a row 연달아서
in general 일반적으로
in person 본인이 직접, 스스로
in advance 미리
in line 줄을 선
in place 제자리에, 적소에
in detail 세부적으로
in particular 특별히
in time 시간 안에

Check Up

1 다음 단어들 중에서 전치사가 잘못 쓰인 것을 고르세요.

(A) without exception (B) in New York
(C) under develop (D) by him

2 다음 중에서 전치사구의 역할이 아닌 것을 고르세요.

(A) 명사 수식 (B) 동사 수식 (C) 형용사 수식 (D) 문장 전체 수식

Words

performance appraisal 업무 수행 평가

2 on

전치사 on은 특정 날짜, 요일에 쓰고 장소에는 거리 이름이나 접촉하는 장소 앞에 쓰입니다.

시간과 때	장소와 공간
• on + 구체적 날짜, 때 on October 10 10월 10일에 on that day 그 날에 • on + 요일 on Thursday 목요일에 on Wednesday 수요일에	• on + 거리 on Wall Street 월 가에서 on University Avenue 대학 가에서 • on + 접촉이 강조되는 장소, 표면 on the wall 벽에 on the floor 바닥에

The company will hold a meeting **on** the first Monday in January.
회사는 1월 첫째 월요일에 회의를 개최할 것이다.

The best hotel in our country is **on** fifth Avenue. 5번 가에 우리나라 최고의 호텔이 있다.

● 전치사 on 관용어구

on a diet 다이어트 중인	on air 방송 중인	on sale 세일 중인
on schedule 예정대로	on strike 파업 중인	on the market 팔려고 내놓은
on time 제시간에	on vacation 휴가 중인	

Shoes are **on sale** right now. 지금 신발류가 세일 중입니다.

You have to hand in your assignment **on time**. 넌 숙제를 제때에 제출해야 한다.

3 at

한정적이고 구체적인 시간, 때, 장소를 표현합니다.

시간	장소	가격, 속도, 비율
• at + 시간, 때 at 7:30 7시 30분에 at dawn 새벽에 at noon 정오에 at night 밤에	• at + 번지 at 200 Center Street 센터 가 200번지에서 • at + 구체적인 장소 at the station 역에서 at the meeting 회의에서	• at + 가격 at a low price/cost 낮은 가격으로 • at + 속도 at high speed 급속도로 • at + 비율 at the rate of ~의 비율로

We can provide fresh seasonal fruits **at** a low cost.
우리는 신선한 계절 과일을 낮은 가격에 제공할 수 있습니다.

● 전치사 at 관용어구

at a low price 낮은 가격으로	at all times 항상, 언제나	at last 최후에
at least 적어도	at risk 위험에 처해 있는	at table 식사 중인
at times 때때로	at the moment 지금으로서는	at the same time 동시에
at work 작업 중인		

Mr. Johnson's presentation is scheduled to begin **at** five o'clock this afternoon.
존슨 씨의 프레젠테이션은 오늘 오후 5시에 시작하기로 일정이 잡혀 있다.

The company is planning to hold a banquet **at** the Wynn Hotel **in** Las Vegas.
회사는 라스베이거스 윈 호텔에서 연회를 열 계획이다.

2 전치사 by / until

by	특정 시간까지 동작이 완료 (적어도 ~까지)	by Saturday / by 7 o'clock
until	동작, 상태의 계속 (~까지 계속)	until Tuesday / until noon

1 by = no later than(늦어도 ~까지)

Employees must sign up for the safety workshop **by** Friday.
직원들은 금요일까지 안전 워크숍을 신청해야 한다.

Please be back in the office **no later than** 12:40.
늦어도 12시 40분까지는 사무실로 돌아와 주시기 바랍니다.

다음 문장의 괄호에서 적절한 것을 고르세요.

3 All State is opening its new office [in / on] Los Angeles.

4 The Hilton hotel requests that its guests check in at the reception desk [on / in / at] arrival.

5 We want you to give a demonstration of the new product [at / on] the monthly meeting.

Words

hold a meeting 회의를 개최하다 | banquet [bǽŋkwit] 연회[만찬] **Check up** 5. give a demonstration 발표하다

● 전치사 by

교통 및 통신수단	by taxi 택시로 by car 차로 by plane 비행기로 by mail 편지로
by + 동명사: ~함으로써	You can save up to 20 percent **by** subscribing to Exercise Magazine before the end of this month. 당신은 이달 말까지 Exercise 잡지를 구독함으로써 20%까지 절약할 수 있다.
수동태 문장에 쓰이는 by	The machine was fixed **by** a technician. 기계는 기술자에 의해서 수리되었다.

2 until(~까지)

The corner store is open **until** 10 P.M. 모퉁이에 있는 가게는 밤 10시까지 영업한다.

3 전치사 for

최근에 전치사 for는 '~을 위해서'라는 의미로 자주 출제가 되고 있습니다. 현재완료의 문장에서 시간의 기간을 나타내는 전치사로도 이따금씩 출제가 됩니다.

The company has reserved the banquet hall **for** the annual holiday party.
회사는 연례 휴일 파티를 위해서 연회실을 예약했다.

● 전치사 for 관련 관용어구

for free 공짜로, 무료로
for more information 더 많은 정보를 위해서
for your reference 당신이 참고할 수 있도록
for additional information 추가적인 정보를 위해서
for sale 매물로 나온
for more details 더 상세한 내용을 위해서
for safety reasons 안전상의 이유로
for a limited time 제한된 기간 동안만

Membership is open to all **for** free. 누구든지 무료로 회원이 될 수 있습니다.

For more information, please visit our website at www.flightasia.com.
더 많은 정보를 위해, www.flightasia.com 웹사이트를 방문하세요.

4 전치사 between / among

between (둘 사이에)	among (셋 이상 중에)
• between A and B • between two + 복수 명사	• among + 복수 명사

The employee cafeteria will be closed everyday **between** 4:00 **and** 5:00 P.M.
직원 식당은 매일 오후 4시에서 5시 사이에 닫힐 것이다.

The teacher is popular **among** students because he has a sense of humor.
그 선생님은 유머 감각이 있어서 학생들 사이에서 인기가 좋으시다.

5 시점과 기간의 전치사

시점의 전치사	기간의 전치사
since ~이래로	for ~하는 동안
from ~부터	during ~하는 동안
until/by ~까지	over ~내내, 걸쳐서
prior to/before ~전에	throughout ~내내
after ~후에	within ~이내에
following ~에 이어	

1 시점의 전치사

① since ~이래로

Since 2000, Young Skin Inc. has focused on developing new skin solutions for women.
2000년 이후로, 영 스킨 주식회사는 여성을 위한 새로운 피부 솔루션 개발에 집중해왔다.

② until/by ~까지

The conference center stays open **until** 11 P.M.
컨퍼런스 센터는 저녁 11시까지 문을 연다.

③ before ~전에

Please read and sign the employment contract **before** Tuesday.
화요일 전에 회사 고용 계약서를 읽으시고 서명해주세요.

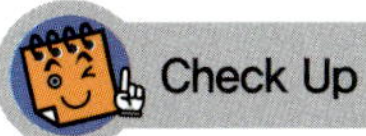

Check Up

다음 문장의 괄호에서 적절한 것을 고르세요.

6 She worked [until / by] 6 P.M.

7 We have waited here [since / for] two o'clock.

Words

save up to 20% 최고 20% 할인 | subscribe [səbskráib] 구독하다 | reference [réfrəns] 참고

Week 1 Week 2 Week 3 Week 4

2 기간의 전치사

① for + 구체적인 시간

for five years 5년 동안 / for two hours 2시간 동안

② during + the + 특정기간 명사

during the day 낮 동안 / during the vacation 휴가 동안

③ over ~ 기간에 걸쳐서

over the last few years 지난 몇 년 간에 걸쳐서

Over the last few decades, the American economy has had its ups and downs.
지난 수십 년간에 걸쳐, 미국의 경제는 불황과 호황이 있어왔다.

④ throughout ~ 동안, ~내내

McMaster Business Center offers workshops in advertising throughout the year.
맥마스터 비지니스 센터는 일년 내내 광고 관련 워크숍을 제공한다.

⑤ within + 기간 및 장소 ~ 이내에, ~ 안에서

within walking distance 도보 거리에	within the company 회사 내에서
within five days 5일 이내에	within the city limit 시내 안에서
within the budget 예산 이내에	within one's reach ~가 미치는 범위 내에

Please sign the contract and return it to the office within 10 days.
계약서에 서명해서 사무실로 10일 이내에 도로 가져다 주세요.

Tourists can find affordable restaurants within the Orem city limits.
관광객들은 오렘 시내 안에서 적당한 가격의 레스토랑을 찾을 수 있다.

6 방향의 전치사

to ~로, ~에게	go to + 장소 send A to B A를 B에게 보내다 report A to B A를 B에게 보고하다 Please report the survey results to the personnel department. 설문의 결과를 인사부에 보고해주세요.
for ~을 향해서 (목적지)	leave for + 행선지, depart for + 행선지, start for + 행선지 He left for London last night. 그는 어젯밤에 런던으로 떠났다.
towards ~ 쪽으로	Let's go towards the coast. 해안 쪽으로 가보자.
from A to B A로부터 B까지	I walk from the station to the library every day. 나는 매일 역으로부터 도서관까지 걷는다.

7 위치의 전치사

next to, beside ~옆에	near ~가까이
above, over ~위에	below, under ~아래에
behind ~뒤에	around ~주위에

The tourism office is **near** the convention center, across the river.
관광청 사무실이 강 건너편에 있는 컨벤션 센터 가까이에 있다.

I spent a couple of hours driving **around** Richmond.
나는 리치먼드 주위를 드라이브하며 몇 시간을 보냈다.

8 기타 전치사

under	~아래서, ~의 관리 · 통제 하에	**under** consideration 고려 하에 **under** warranty 품질보증 기간 하에
	~하는 중인	**under** construction 공사 중인 **under** discussion 토론 중인
	Under the new management, Johnson Inc., will establish branch offices in Asia. 새로운 경영진의 지휘 하에, 존슨 주식회사는 아시아에 지사를 설립할 것이다. The new shopping center is now **under** construction. 새로운 쇼핑센터는 현재 공사 중이다.	
of	~의(of는 명사(구)와 명사(구)를 연결)	lack **of** interest 관심 부족
	The construction **of** the business center will be delayed because of the inclement weather. 그 비즈니스 센터의 건설은 악천후로 인해 지연될 것이다.	
about	~에 관하여	(= as to, on, concerning)
	Requests for further information **about** the conference schedule will be fulfilled as soon as the schedule is completed. 회의 일정에 관한 추가적인 정보 요청은 일정이 완성되는 대로 응답받을 수 있을 것이다.	

Words
ups and downs 성하였다가 쇠하였다가 | budget [bʌdʒit] 예산 | tourist [túrist] 관광객 | branch office 지사, 지점

9 전치사와 접속사의 차이

<table>
<tr><th>의미</th><th>전치사 + 명사/명사구/동명사</th><th>접속사 + 주어 + 동사</th></tr>
<tr><td rowspan="2">~에도 불구하고</td><td>despite, in spite of, notwithstanding</td><td>although, though, even though, even if</td></tr>
<tr><td colspan="2">Despite the bad weather, the construction of the new stadium was completed on schedule.
나쁜 날씨에도 불구하고, 새 경기장 건설은 일정대로 완공되었다.
Although the weather was bad, the construction of the new stadium was completed on schedule.
비록 날씨가 좋지 않았지만, 새 경기장 건설은 예정대로 완공되었다.</td></tr>
<tr><td rowspan="2">~때문에</td><td>because of, due to, owing to</td><td>because, as, since, now that</td></tr>
<tr><td colspan="2">Due to a prior engagement, Mr. Lindstrom will not be able to participate in the conference.
사전 약속 때문에, 린드스트롬 씨는 회의에 참여할 수 없을 것입니다.
Because he has a previous appointment, Mr. Lindstrom will not be able to participate in the forthcoming conference.
선약이 있기 때문에, 린드스트롬 씨는 다가오는 회의에 참여할 수 없을 것입니다.</td></tr>
</table>

Check Up

다음 문장의 괄호에서 적절한 것을 고르세요.

8 The grocery store is open every weekend [throughout / within] the year.

9 All the windows face [above / toward] the river.

10 Sales at James Company suffered last quarter [because / because of] its competitors cut prices.

11 The tour group left for Paris [although / despite] they had not received their complete itinerary.

연습문제  다음 괄호에서 적절한 것을 고르세요.

1 The results of the manufacturer's survey will be released [in / on] three months.

2 Buses are the only mode of public transportation [from / next to] the hotel to the convention center.

3 We expect the ceremony to be over [by / in] 11:30 A.M.

4 Refreshments will be served [in / on] the main lobby after Dr. Hwang's speech.

기출문제  빈칸에 가장 적절한 것을 고르세요.

5 ------- his vacation, Mark traveled to New York City.

(A) By
(B) Between
(C) From
(D) During

6 Employees are not allowed to make personal phone calls ------- they are on duty.

(A) during
(B) while
(C) after
(D) still

7 Sales of the Super 800 computer have doubled ------- the last two years.

(A) over
(B) on
(C) at
(D) of

8 Construction at the new shopping facility will continue ------- August.

(A) on
(B) until
(C) at
(D) under

Week 1
Week 2
Week 3
Week 4

Words

1. manufacturer [mæ̀njufǽktʃərər] 제조업자 3. ceremony [sérəmòuni] 의식 4. refreshment [rifréʃmənt] 다과 5. travel to ~로 여행하다 6. on duty 근무 중인 8. shopping facility 쇼핑 시설

Part 5

1 Our contract with Peterson Office Equipment Services was just renewed ------- Mr. Cook.

(A) to
(B) between
(C) over
(D) by

2 Days Inn will install longer-lasting light bulbs ------- all of its rooms next week.

(A) after
(B) in
(C) of
(D) on

3 All merchandise for deliveries must be inspected ------- shipment.

(A) within
(B) before
(C) either
(D) after

4 Pro Sporting Goods plans to open a second store ------- a year.

(A) about
(B) during
(C) without
(D) within

5 Ms. Oaks was unable to meet Ms. Smith until late afternoon ------- a flight delay.

(A) due to
(B) because
(C) although
(D) despite

6 ------- the press conference, Ms. Bednar announced plans for the renovation of the factory.

(A) About
(B) Against
(C) At
(D) Along

7 Delta Books has reported a 20 percent increase in profits ------- the past six months.

(A) again
(B) over
(C) further
(D) more

8 The keynote speaker ------- the annual conference will be announced on Monday, July 7.

(A) among
(B) for
(C) about
(D) by

Words

1. renew [rinjú:] 갱신하다, 새롭게 하다 2. install [instɔ́:l] 설치하다 | light bulb 전구 3. inspect [inspékt] 점검하다 6. press conference 기자회견 8. keynote speaker 기조 연설자

Part 6

Questions 9-10 refer to the following information.

The computers you have ordered contain reconditioned parts. Reconditioned parts carry a one-year limited warranty. Circuit Electronics Center will replace a reconditioned part at no charge if a claim is filed -------(9) the warranty expires and the malfunction is due to a defect in materials. If you are dissatisfied with your computer for any reason, you may return it to us for a full refund -------(10) 30 days of the date of purchase. A refund will be issued within three weeks.

9 (A) since
(B) before
(C) for
(D) without

10 (A) within
(B) on
(C) except
(D) due to

Week 1
Week 2
Week 3
Week 4

Words

9-10. recondition [rì:kəndíʃən] 수선하다 | reconditioned parts 수선된 부품 | warranty [wɔ́:rənti] 품질 보증서 | at no charge 무료로, 무상으로 | malfunction [mælfʌ́ŋkʃən] 고장 | be dissatisfied with ~으로 불만족하다 | a full refund 전액 환불

Questions 11-12 refer to the following letter.

August 7

Jason Thomson

100W Center Street

Dear Mr. Thomson,

You have been selected to receive this year's Smith Supermarkets Prize. Your prize, a $300 gift certificate from Smith Supermarkets, is our way of showing our appreciation for your patronage. -------(11) The certificate is redeemable at any Smith location and can be used -------(12) any products found in our stores. There are no restrictions on using your gift certificate with our special promotions.

Congratulations!

Tom Anderson, Marketing Manager

Smith Supermarket

新 **11** (A) We could not have done any of this without your generous support.
(B) These will be available at a special price for a limited time.
(C) See our website for information on new products that are now available.
(D) You can come and pick up your gift certificate at our University Avenue location.

12 (A) during
(B) except
(C) owing to
(D) for

Words

11-12. gift certificate 상품권 | appreciation [əprìːʃiéiʃən] 감사 | patronage [péitrənidʒ] 단골 거래, 애용 | pick up (물건 등을) 찾아가다 | redeemable [ridíːməbl] (현금, 상품과) 교환할 수 있는 | restriction [ristríkʃən] 제약 | special promotion 특별 세일

형용사 필수 어휘 5

25 capable [kéipəbl] 유능한, ~을 할 수 있는

The company / was **capable** of handling its current difficulties / by implementing new procedures.

be capable of ~할 수 있다 / implementing 적용하다 / procedures 절차들

회사는 / 새로운 절차들을 적용함으로써 / 현재의 어려움들을 처리할 수 있었다.

26 eager [í:gər] 간절히 바라는, 열심인

Windstar International is / a growing company / **eager** to expand its business / in East Asia.

be eager to ~을 하고 싶어하다

윈드스타 인터내셔널은 / 동아시아에서 / 자사의 사업을 확장하기 원하는 / 성장하는 회사입니다.

27 eligible [élidʒəbl] ~을 할 수 있는

Any nurse who has worked / for more than three years / is **eligible** to apply for / be the manager position.

be eligible to ~할 자격이 있다 / apply for 지원하다

3년 이상 / 일한 간호사는 누구나 / 매니저 직책에 / 지원할 자격이 된다.

28 possible [pásəbl] 가능한

Local meteorologists / report / that falling temperatures / will make snowfall / of up to 30 centimeters **possible** / in some areas.

meteorologists 기상학자 / snowfall 강설량 / up to ~까지

지역 기상학자들은 / 온도 하락으로 / 몇몇 지역에서 / 강설량이 30cm까지 가능할 것이라고 / 보고하고 있다.

29 various [vέəriəs] 다양한

Section two of the owner's manual / describes the procedure / for loading **various** sizes of paper / into JK Cannon printer.

manual 매뉴얼 / procedure 절차

사용자 매뉴얼의 2과는 / JK 캐논 프린터기에 / 다양한 사이즈의 종이를 넣는 / 절차를 설명해주고 있다.

30 unique [ju:ní:k] 독특한, 유일무이한

People who raise pet dogs / often encounter **unique** problems / while traveling.

raise 기르다 / encounter 직면하다

애완견을 기르는 사람들은 / 여행을 하는 동안 / 가끔씩 독특한 문제들에 직면한다.

Week 1 Week 2 Week 3 Week 4

완전절친
TOEIC 스타트 LC+RC

Week 4

Day 1

편지와 이메일

- Sample test
- 편지와 이메일 관련 어휘
- 문제 비법 공략
- 실전문제

★ 부사 필수 어휘 1

Day 01 편지와 이메일 (Letter & e-mail)

정기시험에서 가장 많이 출제되는 형식으로 편지와 이메일이 있습니다. 비즈니스 영어에서 활용도가 높기 때문에 시험에서 매월 빠짐없이 출제되는 유형일 뿐만 아니라 실질적인 회사 업무에도 많은 도움이 되는 실용적인 지문입니다. 여러 종류의 서신이 있지만 주로 업무에 관련된 서신이 주류를 이룹니다.

편지와 이메일의 구성

발신인 / 수신인〈이메일 주소〉

수신인 / 발신인〈이메일 주소〉

날짜

수신인 정보

주제

첨부파일

본문

(1) 목적, 주제: 본문의 첫 부분에 목적이나 주제를 묻는 문제의 단서가 등장합니다.
(2) 세부사항: 주제가 나온 다음의 문장들은 자세한 내용과 구체적인 정보가 들어있어요.
(3) 첨부사항: 지문의 끝부분에 첨부사항이 들어있어요.
(4) 요청사항: 지문의 맨 끝부분에 요청사항에 관한 정보가 있습니다.

Sincerely,

서명

발신인

발신인 직책

✻ 편지와 이메일 독해 전략

▶ 편지와 이메일 양식을 숙지하고 익숙해져야 합니다.
▶ 문제들을 먼저 읽고 키워드를 생각하면서 본문을 읽습니다.
▶ 문제에 나온 키워드와 일치하는 문장을 찾아서 정답을 선택합니다.

Sample test 1

Question 1 refers to the following e-mail.

From: John Smith
To: SHC Members
Date: July 7
Subject: Goodbye newsletter!

I am writing to notify everyone that our paper copy newsletter will be discontinued at the end of the month. For the past seven years, the Springville Hiker's Club has produced our member newsletter, *Springville Outdoors*. Each month we print 300 paper copies and pay the cost of the postage to mail them to our members. However, we are looking for ways to change our practices in order to cut expenses. Therefore, we have made the decision to discontinue printing the hard copies of our newsletter and replace them with an electronic version, which will be sent directly to your e-mail inbox on the first of each month.

To continue receiving this publication, sign up at www.shikersclub.com. Please register by August 5 to avoid an interruption in service.

John Smith
SHC President

1 What is the purpose of the e-mail?

(A) To confirm details of an upcoming trip
(B) To provide information about the price change
(C) To invite club members to a meeting
(D) To notify discontinuation of the newsletter

Words

newsletter [nju:zlétər] 소식지 | postage [póustidʒ] 우편 요금 | practice [prǽktis] 관행 | cut expenses 비용을 줄이다 | discontinue [dìskəntínju:] 중단하다 | replace A with B A를 B로 교체하다 | publication [pʌ̀bləkéiʃən] 출판물 | register [rédʒistər] 등록하다 | interruption [ìntərʌ́pʃən] 중단 | upcoming [ʌ́pkʌmiŋ] 다가오는

Sample test 1 한 눈에 보기

Question 1 refers to the following e-mail.

From: John Smith [발신인]
To: SHC Members [수신인]
Date: July 7 [날짜]
Subject: Goodbye newsletter! [주제]

[1] I am writing to notify everyone that our paper copy newsletter will be discontinued at the end of the month. [목적] [2] For the past seven years, the Springville Hiker's Club has produced our member newsletter, *Springville Outdoors*. Each month we print 300 paper copies and pay the cost of the postage to mail them to our members. However, we are looking for ways to change our practices in order to cut expenses. Therefore, we have made the decision to discontinue printing the hard copies of our newsletter and replace them with an electronic version, which will be sent directly to your e-mail inbox on the first of each month. [세부사항]

To continue receiving this publication, sign up at www.shikersclub.com. Please register by August 5 to avoid an interruption in service. [요청사항]

John Smith [발신인]
SHC President [발신인 직책]

1 What is the purpose of the e-mail?

(A) To confirm details of an upcoming trip
(B) To provide information about the price change
(C) To invite club members to a meeting
(D) To notify discontinuation of the newsletter

구문분석

1 I am writing to **notify** everyone that our paper copy newsletter will be discontinued at the end of the month.
notify A that~ 'A에게 that~를 알리다'의 뜻으로 notify는 뒤에 직접목적어와 간접목적어가 오는 4형식 동사입니다. 직접목적어(사람)는 everyone, 간접목적어(전달하는 내용)는 that our paper copy newsletter will be discontinued at the end of the month입니다.

2 For the past seven years, the Springville Hiker's Club **has produced** our member newsletter, *Springville Outdoors*.
기간을 나타내는 전치사구 For the past seven years가 오는 현재 완료(has + p.p.) 문장입니다.

Sample test 1 해석

Question 1 refers to the following e-mail.

발신: 존 스미스
수신: SHC 회원들
날짜: 7월 7일
주제: 소식지여 안녕!

이번 달 말에 우리의 인쇄본 소식지가 중단되는 것을 여러분에게 알리기 위해서 이 이메일을 씁니다. 지난 7년 동안, Springville Hiker's Club은 우리 멤버를 위한 소식지, *Springville Outdoors*를 만들어 왔습니다. 매달 우리는 300부를 제작하고 우리 회원들에게 발송하기 위한 우편요금을 지불합니다. 그러나 비용을 줄이기 위해서 우리의 관행을 변경할 방법들을 찾고 있습니다. 그래서 우리 인쇄본 소식지의 인쇄를 중단하기로 결정했고 그것을 전자 버전으로 교체하기로 했는데, 전자 버전은 매달 1일 여러분의 이메일 수신함으로 직접 보내질 것입니다.

이 출판물을 계속 받으시려면, www.shikersclub.com에 등록해 주세요. 서비스의 중단을 피하시려면 8월 5일까지 등록해 주세요.

존 스미스
SHC 회장

1 이 이메일의 목적은 무엇인가?

(A) 다가오는 여행의 세부사항을 확인하기 위해서
(B) 가격변화에 대한 정보를 제공하기 위해서
(C) 클럽 회원들을 미팅에 초대하기 위해서
(D) 소식지의 중단을 공지하기 위해서

해설

주제나 목적을 묻는 문제의 정답은 대부분 지문의 첫 세 문장 안에 정답이 있습니다. 따라서 지문의 첫 부분을 잘 확인해야 합니다. 편지를 쓰는 목적을 이야기할 때 사용하는 표현인 'I am writing to notify~'로 시작하는 부분이 나옵니다. I am writing to notify everyone that our paper copy newsletter will be discontinued at the end of the month. 이 문장과 같은 의미로 쓰인 정답은 (D) To notify discontinuation of the newsletter입니다.

Week 1 Week 2 Week 3 Week 4

Sample test 2

Question 2 refers to the following e-mail.

To: Susan Peterson<peterson@amazingapparel.com>
From: Jenny Cook<jcook@amazingapparel.com>
Date: May 19
Subject: For your review
Attachment: Revised draft

Dear Ms. Peterson,

The marketing staff is preparing for the Textile and Apparel Fair that will take place in Milan from June 15 through June 25. As you know, we will be showing the new line of clothing designed by your team.

I have attached the latest version of the clothing brochure that we intend to distribute at our display booth. We have added images and incorporated the content changes that you requested. We would like to send the final draft of the catalog to the printer by the end of the week, so please look it over and let me know if you would like any further changes.

Thank you,

Jenny Cook

2 What does Ms. Cook ask Ms. Peterson to review?

(A) The results of a customer survey
(B) The schedule for an upcoming event
(C) Information about company merchandise
(D) Instructions for printing a brochure

Words

textile [tékstail] 직물, 옷감 | apparel [əpǽrəl] 의류 | fair [fɛər] 박람회 | take place 개최되다 | attach [ətǽtʃ] 첨부하다 | latest version 최신 버전 | brochure [brouʃúər] 소책자 | intend to ~할 의향이 있다 | distribute [distríbju:t] 배포하다 | display booth 전시 부스 | final draft 최종안, 최종 원고 | look over 검토하다

Sample test 2 한 눈에 보기

Question 2 refers to the following e-mail.

To: Susan Peterson<peterson@amazingapparel.com> [수신인]
From: Jenny Cook<jcook@amazingapparel.com> [발신인]
Date: May 19 [날짜]
Subject: For your review [주제]
Attachment: Revised draft [첨부파일]

Dear Ms. Peterson,

The marketing staff is preparing for the Textile and Apparel Fair that will take place in Milan from June 15 through June 25. [1] As you know, we will be showing the new line of clothing designed by your team. [주제]

[2] I have attached the latest version of the clothing brochure that we intend to distribute at our display booth. We have added images and incorporated the content changes that you requested. [세부사항 및 첨부사항] We would like to send the final draft of the catalog to the printer by the end of the week, so please look it over and let me know if you would like any further changes. [요청사항]

Thank you,

Jenny Cook [발신인]

2 What does Ms. Cook ask Ms. Peterson to review?

(A) The results of a customer survey
(B) The schedule for an upcoming event
(C) Information about company merchandise
(D) Instructions for printing a brochure

구문분석

1 As you know, we will be showing the new line of clothing (**which is**) designed by your team.
주격 관계대명사 which와 be동사 is가 생략되었습니다. 형용사구 designed by your team이 선행사 clothing을 수식합니다.

2 I have attached the latest version of the clothing brochure **that** we intend to distribute at our display booth. We have added images and incorporated the content changes **that** you requested.
두 문장 다 목적격 관계대명사 that이 있습니다. that 이하는 목적어가 없는 불완전한 절이고, 앞의 선행사 the clothing brochure와 the content changes를 수식하는 형용사 역할을 합니다.

Week 1 Week 2 Week 3 Week 4

Sample test 2 해석

Question 2 refers to the following e-mail.

수신: 수잔 피터슨〈peterson@amazingapparel.com〉
발신: 제니 쿡〈jcook@amazingapparel.com〉
날짜: 5월 19일
주제: 당신의 검토를 위해서
첨부물: 개정안

피터슨 씨께,

마케팅 직원들은 밀라노에서 6월 15일부터 6월 25일까지 개최되는 직물과 의류 박람회를 위해 준비하고 있습니다. 귀하도 아시다시피, 우리는 당신의 팀이 디자인한 일련의 의류를 선보일 것입니다.

저는 우리 전시 부스에서 배포할 의류 소책자의 최신 버전을 첨부했습니다. 우리는 이미지를 추가했고 귀하께서 요청하신 내용의 수정을 포함했습니다. **우리는 카탈로그의 최종안을 주말까지 인쇄업자에게 보내려고 하니 추가 수정을 하고 싶다면 검토해 보시고 제게 알려 주세요.**

감사합니다,

제니 쿡

2 쿡 씨는 피터슨 씨에게 무엇을 검토하라고 요청하는가?

(A) 고객 조사의 결과
(B) 다가오는 이벤트의 일정
(C) 회사의 상품에 대한 정보
(D) 소책자 인쇄를 위한 지침

해설

요청에 관한 질문의 정답은 지문의 마지막 부분에서 찾을 수 있습니다. 요청사항을 이야기할 때 사용하는 표현인 'We would like to~', 'Please ~'로 시작하는 부분이 나옵니다. We would like to send the final draft of the catalog to the printer by the end of the week, so please look it over and let me know if you would like any further changes. 여기서 찾을 수 있는 정답은 (C) Information about company merchandise입니다.

편지와 이메일 관련 어휘

abundance 풍부, 충만
accomplishment 성취, 업적
account number 계좌 번호
achievement 성취
acquaintance 아는 사람
administrator 관리자, 이사
anniversary 기념일
application 적용, 응용
appraisal 평가
appreciate (제대로) 인식하다
apprentice 수습생, 견습생
association 협회
balance 잔고, 잔액
board member 이사회 임원
browse 열람하다, 검색하다
cash 현금; 수표를 현금으로 바꾸다
change 잔돈, 거스름돈; 변화
charge (요금을) 청구하다
check 수표
clarify 명확히 하다
commerce 상업
commitment 서약, 약속
commodity 상품, 일용품
complement 보완하다
comprehensive 포괄적인
concerning ~에 관한
cooperation 협조
customer base 고객 기반
customs 세관
deadline 마감시한, 마감일
debit card 현금 인출 카드
defective 결점이 있는
deficiency 결핍, 부족, 결함
definitely 명백하게
deposit 맡기다, 예금하다
devote 바치다, 쏟다
distributor 유통업자
due 지불 기일이 된
eligible 적격의, ~할 자격이 있는
exclusive 독점적인
exclusively 오로지, 배타적으로
executive 임원(의)
fill out 작성하다
finalize 마무리 짓다
hiring decision 고용 결정
immediate 즉각적인, 가까운
implement 실행하다
in person 개인적으로
insufficient 불충분한
interest rate 이자율
interest 이자
inventory 재고
issue (출판물의) 판, 호
knowledgeable 박식한
late fee 연체료
loan 대출; 대출하다
look forward to ~하기를 학수고대 하다
make an appointment 약속을 정하다
manufacturing 제조
merchandise 상품
mortgage 주택 저당 융자
nomination 지명, 추천
on behalf of ~을 대신하여
on business 업무차
out of stock 재고가 없는
outstanding balance 미지불 잔고
outstanding 띄어난, 현저한
overcharge 과다 청구하다
overdraw 초과 인출하다
overdue 기한이 지난
payroll department 경리부
place an order 주문하다
postage 우편요금
preferred customer 우수고객
premises 토지, 부동산
press conference 기자회견
presume 추정하다, 가정하다
privilege 특혜, 특권
public relations department 홍보부
quota 할당량
quote 견적을 내다
reference 참고, 참조, 대조
replacement 대체, 대체물, 후계자
residence 주거, 거주
retailer 소매업자
sales department 영업부
savings account 예금 계좌
scheme 계획, 안, 설계
security deposit 보증금
shareholder 주주
shipment 선적, 발송
shortage 부족, 결핍
spacious 넓은
special offer 염가, 특가
supplier 공급업체
tenant 거주자
tentative 일시적인, 임시의
transaction 거래
transfer 예금 이체; 이체하다
utility bill 공과금
verify 입증하다
voucher 상품권
warehouse 창고
wholesale 도매
withdraw 인출하다
workforce 노동력, 노동인구

문제 비법 공략

part 7 문제를 풀 때 출제되는 문제의 종류는 정해져 있습니다. 그 문제의 종류에 따라 전략을 달리하여 답을 찾아야 합니다. 다음 문제 비법 공략을 보면서 문제 유형에 따라 답을 찾는 방법을 연습해 봅시다.

1 주제나 목적을 묻는 문제 비법 공략

Step 1 문제를 읽고 주제나 목적에 관한 문제인지 확인하세요.

Step 2 주제나 목적을 묻는 문제의 단서가 나오는 지문의 첫 세 문장을 주의깊게 읽습니다.

Step 3 지문의 주제나 목적을 이해한 후, 이와 같은 의미로 쓰인 선택지를 정답으로 고르세요.

• 주제나 목적을 묻는 문제 유형

Why was the letter/e-mail written? 이 편지/이메일이 쓰여진 이유는 무엇인가?
What is the (main) purpose of this letter/e-mail? 이 편지/이메일의 (주된) 목적은 무엇인가?

• 편지를 쓰는 목적에 사용되는 표현

I am writing to thank you for ~ 당신에게 ~에 대해 감사하기 위해 편지를 드립니다.
I am writing to inquire/confirm/apologize ~ ~를 문의/확인/사과하기 위해 편지를 드립니다.

2 구체적인 정보를 묻는 문제 비법 공략

Step 1 문제를 읽고 구체적인 정보를 묻는 문제인지 확인한 뒤, 키워드를 파악하세요.

Step 2 구체적인 정보를 묻는 문제의 단서가 나오는 지문의 중간 부분을 주의깊게 읽습니다.

Step 3 지문에서 키워드를 포함하고 있는 문장에서 정답을 찾으세요.

• 구체적 정보를 묻는 문제 유형

What is stated in the letter/e-mail? 편지/이메일에서 언급된 것은 무엇인가?
Who should be contacted about the problem? 이 문제에 대해 연락해야 할 사람은 누구인가?
Which of these is NOT a problem mentioned in this letter/e-mail?
이 편지/이메일에 언급된 문제가 아닌 것은 무엇인가?

3 편지에 첨부된 것을 묻는 문제 비법 공략

Step 1 문제를 읽고 첨부된 것에 관한 질문인지 확인하세요.

Step 2 첨부사항을 묻는 문제의 단서가 나오는 지문의 끝부분을 주의깊게 읽습니다.

Step 3 지문의 끝부분에 키워드 enclosed, send with, accompanied 등의 주변에서 정답을 찾으세요.

● 편지에 동봉된 것을 확인하는 질문

What is enclosed with the letter? 이 편지에 동봉된 것은 무엇인가?
What did Graham send with the letter? 그레이엄 씨는 이 편지와 함께 무엇을 보냈는가?
What accompanies the letter? 이 편지와 동봉하는/동봉된 것은 무엇인가?

● 첨부사항에 사용되는 표현

We have enclosed a copy of the annual financial report. 연례 재무보고서의 사본을 동봉했습니다.
Enclosed you will find ~ 동봉하는 것은 ~입니다.

4 요청사항을 묻는 문제 비법 공략

Step 1 문제를 읽고 요청사항에 관한 문제인지 확인하고, 키워드를 파악하세요.

Step 2 요청사항을 묻는 문제의 단서가 나오는 지문의 끝부분을 주의깊게 읽습니다.

Step 3 지문의 끝부분에서 'Would you mind ~ing', 'Please let me know if you ~', 'I would be grateful if you could ~' 등의 표현을 포함한 문장에서 정답을 찾습니다.

● 요청사항을 묻는 문제

What are employees asked to do? 직원들은 무엇을 하라고 요청받았는가?
What does Ms. Smith want the company to do? 스미스 씨가 회사에서 해주길 원하는 것은 무엇인가?
What does John Smith ask Peter Anderson to do? 존 스미스가 피터 앤더슨에게 요청한 것은 무엇인가?

● 요청사항에 사용되는 표현

Would you mind telling me ~? 저에게 말씀해주시겠습니까?
Please let me know if you ~ 당신이 ~인지 저에게 알려주십시오.

5 편지와 이메일의 후반부에 사용되는 표현

● 연락방법의 표현

Please visit our website. 우리 홈페이지를 방문해 주세요.
Do not hesitate to contact 725-1555. 725-1555로 연락하는 것을 주저하지 마세요.
Please feel free to contact me. 부담 갖지 말고 저에게 연락주세요.

● 편지를 마무리할 때 사용되는 표현

I look forward to hearing from you soon. 곧 소식을 들을 수 있기를 바랍니다.
If you have any questions, please feel free to contact me. 질문이 있으시면, 언제든 제게 연락해 주세요.

Week 1 Week 2 Week 3 Week 4

Day 01 실전문제

Questions 1-2 refer to the following e-mail.

To: Harold Prince<hprince@westmoreinternational.com>
From: Justin Graham<justin@frontierlabs.com>
Subject: Tomorrow's Meeting

Dear Mr. Prince,

I know we are supposed to have a meeting tomorrow morning, but something has come up. Our meeting is important to me, so if that is the only time you can meet, I will be there. However, if you could possibly meet in the afternoon or the following day instead, it would really help me out. Please respond as soon as possible so that I can make arrangements either way.

1 Why did Mr. Graham write the e-mail?

(A) To cancel a meeting
(B) To postpone a meeting
(C) To remind someone of a meeting
(D) To schedule a meeting

2 What piece of information needs to be confirmed?

(A) The location of a meeting
(B) The time and date of the meeting
(C) The people attending the meeting
(D) The reason for the meeting

Words

be supposed to ~하기로 되어있다 | something has come up 문제가 생기다 | respond [rispɑ́nd] 응답하다 | as soon as possible 가능한 빨리 | arrangement [əréindʒmənt] 준비

Questions 3-4 refer to the following letter.

March 8

George Cook
1145 Dove Creek Ave.
Austin, TX 73301

Dear Mr. Cook:

I am writing in response to the complaint letter you have sent out on March 2 concerning the issue with your Nanotech Voice Recorder. We at Nanotech Electronics offer supreme quality products and strive to provide our customers with excellent service. A replacement product has been sent to your address with no additional cost. We expect you to receive your new product in 5-7 business days.
We apologize for any inconvenience caused by the faulty product. Please contact us at customerservice@nanotech.com for any other questions or inquiries.

Caitlyn Steele
Customer Support
Nanotech Electronics

3 What is the purpose of this letter?

(A) To advertise a new product
(B) To respond to a complaint
(C) To remind about a deadline
(D) To inform of a policy change

4 What can be inferred about Nanotech Electronics?

(A) It has updated new software.
(B) It is going out of business.
(C) It is merging with another company.
(D) It has confidence in the quality of its products.

Words

in response to ~에 대한 답변으로 | concerning [kənsə́:rniŋ] ~에 관해 | supreme [səprí:m] 최고의 | strive to ~하기 위해 노력하다 | replacement product 교환 제품 | inconvenience [ìnkənví:njəns] 불편 | faulty [fɔ́:lti] 결함이 있는, 불완전한 | out of business 폐업한

Week 1 Week 2 Week 3 Week 4

Questions 5-8 refer to the following letter.

Mountaintop Credit Union
1220 N University Ave
Salt Lake City, UT 90124

Dear Mr. Oaks,

As you are aware, the credit union has board members that serve for a term of two years. Two of our current board members' terms are up at the end of the month, so we will be electing two new board members on Friday, February 9. — [1] —. Six candidates have applied for the position, but only two will be appointed by the voice of the credit union members. Biographical information for each of the candidates is included with this letter. — [2] —.

Votes can be cast in any of our ten branch locations or at our headquarters on Friday, February 9 between 10:00 A.M. and 5:00 P.M. — [3] —. To encourage all members to vote, we will be giving away prizes to each member who votes.

If you are going to be out of town on the day of the election, you can still vote by filling out the attached form, signing and dating it, and sending it to arrive before February 9. — [4] —.

Sincerely,
Wendy Tupou
Vice President, Mountaintop Credit Union

5 What is the purpose of the letter?

(A) To elect Mr. Oaks as a board member
(B) To inform Mr. Oaks of an upcoming election
(C) To reorganize a company structure
(D) To raise funds for an organization

6 According to the letter, what should Mr. Oaks do if he is out of town on the day of the election?

(A) Return a completed mail-in form
(B) Write a letter to the credit union
(C) E-mail his vote
(D) Telephone Wendy Tupou

7 What is included with the letter?

(A) Details about an association's yearly expenses
(B) A one-year schedule of upcoming events
(C) Background information of six individuals
(D) A complete lists of voting members of the credit union

新 **8** In which of the positions marked [1], [2], [3], and [4] does the following sentence best belong?

"Please review the information before participating in the election."

(A) [1]
(B) [2]
(C) [3]
(D) [4]

Week 1 Week 2 Week 3 Week 4

Words

aware [əwɛ́ər] ~을 알고 있는 | term [təːrm] (재임) 기간, 임기 | candidate [kǽndidèit] 후보자 | apply for ~에 지원하다 | biographical information 신상정보 | cast [kæst] (~에게) 표를 던지다 | encourage [inkə́ːridʒ] 장려하다 | fill out 작성하다

Questions 9-11 refer to the following e-mail.

To: Marketing team
From: Mark Brown
Subject: Upcoming Meeting
Date: May 7

Dear Marketing Team,

Thanks to your creativity and hard work, it is estimated that our recent advertisements targeted young consumers for GAP's winter clothing collection were seen by over three million consumers internationally. Furthermore, we've experienced a significant increase in sales volumes. Additionally, a recent survey by National Textile Institution reveals that GAP is now one of the most popular clothing brands among its young consumer group.
Despite the great success with our online advertising campaign, we need to continue to develop additional ways to reach consumers. To ensure this end, we are going to have a brainstorming meeting on May 16 from 10 A.M. to 1 P.M. in the conference room. The president will lead the meeting. Please come prepared to share your most creative suggestions before enjoying a lunch catered by Smith Foods.

Mark Brown
Marketing Manager

9 What is the purpose of the e-mail?

(A) To announce new store locations
(B) To offer advice on how to advertise a product
(C) To promote a line of new clothing
(D) To request participation at a meeting

10 According to the e-mail, why were the GAP advertisements special?

(A) They targeted a teenage consumer group.
(B) They used popular models.
(C) They won special awards from an organization.
(D) They were approved by specialists before distribution.

11 What is the marketing division being asked to do?

(A) Bring some innovative ideas
(B) Provide suggestions for increasing revenues
(C) Run a customer satisfaction survey
(D) Set goals for the next year

Week 1 Week 2 Week 3 Week 4

Words

thanks to ~덕분에 | creativity [krìːeitívəti] 창의력 | estimate [éstəmèit] 추정[추산]하다 | internationally [ìntərnǽʃənəli] 국제적으로 | furthermore [fə́ːrðərmɔ̀ːr] 뿐만 아니라 | significant [signífikənt] 상당한 | additionally [ədíʃənli] 게다가 | consumer [kənsúːmər] 소비자 | despite [dispáit] ~에도 불구하고 | additional [ədíʃənl] 추가의 | brainstorming [breinstɔ́ːrmiŋ] 브레인스토밍(무엇에 대해 여러 사람들이 동시에 자유롭게 자기 생각을 제시하는 방법) | suggestion [səgdʒéstʃən] 제안 | cater [kéitər] (사업으로 행사에) 음식을 공급하다

Questions 12-16 refer to the following e-mails.

From: Joan Hawkins
To: Caroline Jensen
Date: June 11
Subject: 2012 Rex Roadster

Dear Ms. Jensen:

I saw your advertisement on the billboard about the 2012 Rex Roadster you have for sale. From what it says on the description, the car seems to be in good condition and decent mileage. Is it okay if I come by sometime and look at the car myself?
One more thing, though. I saw another posting of yours of the same car online, and it mentioned that the car needed an oil change. The advertisement on the billboard said the car has no problems and is ready to drive. Can you please clarify on that? Anyway, what's a good time for me to come by?

Regards,
Joan Hawkins

From: Caroline Jensen
To: Joan Hawkins
Date: June 12
Subject: Re: 2012 Rex Roadster

Hello Joan,

Thanks for your interest in my car! I apologize for the confusion the description caused regarding the condition of my car. The online listing was put up months ago. I got the oil changed last month so the car should be fine, as stated on the advertisement on the billboard. I am free every day except Sunday any time after 6 P.M. Let me know when works best for you. If you have any other questions regarding the car, don't hesitate to e-mail me or call me at 366-2629.

Sincerely,
Caroline Jensen

12 Why does Ms. Hawkins write to Ms. Jensen?

(A) To congratulate her on a new promotion
(B) To inform her of a business meeting
(C) To invite her to a birthday party
(D) To ask about an automobile

13 What problem does Ms. Jensen have?

(A) Her car was broken into.
(B) Her car hasn't been sold yet.
(C) She lost an important document.
(D) She forgot a client's phone number.

14 What does Ms. Hawkins ask Ms. Jensen to do?

(A) To register her car
(B) To take the car to a car wash
(C) To give her a quote of the car
(D) To inform her of a good time to look at her car

15 What question did Ms. Hawkins have for Ms. Jensen?

(A) Why another advertisement mentioned a necessary repair
(B) Whether she knew the history of the vehicle
(C) If the car had been sold already
(D) What year the car was bought

16 What does Ms. Jensen ask of Ms. Hawkins?

(A) Her new phone number
(B) The price of the car
(C) The website address for a car dealership
(D) Information of her availability

Words

advertisement [æ̀dvərtáizmənt] 광고 | billboard [bílbɔ:rd] 광고 게시판 | decent [dí:snt] (수준, 질이) 적절한, 괜찮은 | come by 잠깐 들르다 | except [iksépt] ~를 제외한 | hesitate [hézətèit] 주저하다, 망설이다

Questions 17-18 refer to the following letter.

Book Swap Used Book Dealer
John Robertson
2345 Union Blvd.
Fort Worth, Texas

Dear Mr. Robertson:

We understand from your letter that several pages were missing from the book, Business Strategies, that we sent you last month. We apologize for the inconvenience.
We have another copy of the book in stock which we will be glad to send you free of charge. Your replacement copy should arrive within seven to ten days. Once again, please accept our apologies and enjoy the book. We are including a coupon for 50% discount on you next book to partially compensate you for the inconvenience. We hope that you will continue to find the books you need through our bookstore.

Yours sincerely,

James Forrest
Manager

17 What problem is Mr. Forrest dealing with?

(A) The order was damaged.
(B) The order did not arrive.
(C) The wrong order was sent.
(D) The order was delayed.

18 What is included in the letter?

(A) A reimbursement check
(B) A replacement book
(C) An invoice
(D) A discount coupon

Words

used book 중고 책 | free of charge 무료로 | compensate [kάmpənsèit] 보상하다

부사 필수 어휘 1

단원 별 필수 어휘들은 RC문제를 빠르고 정확하게 풀기 위한 기초가 됩니다. 단어를 아는 만큼 실전에서 새로운 문제가 나와도 당황하지 않고 잘 풀 수 있습니다. 어휘 학습 방법(p.9)을 읽어보고 차근차근 순서에 따라 어휘를 암기해봅니다.

※읽은 횟수를 표시하면서 5번씩 읽으세요.

1 regularly [régjulərli] 정기적으로, 규칙적으로

To increase the quality, / management / must **regularly** review and upgrade / operating procedures.

operating: 운영의 / procedures: 절차

품질을 향상시키기 위해서 / 경영진은 / 운영 절차를 / 정기적을 검토하고 업그레이드 해야 한다.

2 promptly [prámptli] 즉시, 신속하게

The online training manual / was **promptly** revised / after employees pointed out / several errors.

pointed out: 지적하다

직원들이 / 몇몇 에러를 / 지적하고 난 다음에 / 온라인 교육 매뉴얼은 / 즉시 수정되었다.

3 directly [dairéktli, diréktli] 직접적으로; (특정한 위치) 바로 …에

Be sure to speak / **directly** into the microphone / throughout your presentation.

throughout: ~내내 / presentation: 발표

발표 내내 / 바로 마이크에 대고 / 말하는 것을 명심하세요.

4 already [ɔːlrédi] 이미, 벌써

Some employees / have **already** submitted / an application form / for the sales workshop.

an application form: 지원서

몇몇 직원들은 판매 워크숍에 대한 / 지원서를 / 이미 제출했다.

5 nearly [níərli] 거의

Preparation is **nearly** complete / for the second annual Lima Manufacturing conference.

제 2차 연례 리마 제조업 회의를 위한 / 준비가 거의 완료되었다.

6 easily [íːzili] 쉽게

The party can be **easily** moved / into an indoor location / if it rains tomorrow.

indoor: 실내의

내일 비가 온다면 / 파티는 / 실내 장소로 / 쉽게 옮겨 질 수 있다.

Week 1 Week 2 Week 3 Week 4

완전절친
TOEIC 스타트 LC+RC

Week 4

Day 2

공지와 회람

- Sample test
- 공지와 회람 관련 어휘
- 문제 비법 공략
- 실전문제

★ 부사 필수 어휘 2

Day 02

공지와 회람(Notice & Memo)

공지와 회람은 정보 전달의 목적으로 회사나 관공서 등에서 조직에 속한 사람들에게 어떤 내용을 알리는 글입니다. 공지문과 회람의 구성을 살펴보면 지문의 초반부에는 전반적인 사항을 얘기하고, 중반에서는 구체적인 내용을 언급하고, 마지막 부분에서는 글을 읽고 난 후 취해야 할 행동에 관련된 내용이 포함됩니다.

* 회사 관련 메모와 회람

회사 관련 메모는 인사이동, 회의, 행사, 간부 직원들에게 알리는 사내 정책 변화, 공사 안내 등을 포함한 여러 정책의 제정이나 변화에 대한 지문들이 주로 출제됩니다.

* 지역공동체 관련 메모와 회람

지역 공동체에서 주민들에게 알리는 공지로는 지역 행사, 세금 정책의 변화, 고속도로 보수 공사 안내, 새 기차 선로 공사 안내 등의 내용이 출제되었고, 그 외 박물관이나 도서관에서 방문자들에게 알리는 글 등 매우 다양한 지문들이 출제됩니다.

* 공지와 메모의 구성

메모를 받는 사람
메모를 보내는 사람
날짜
주제 첫 번째 문장에 메모를 쓰는 이유가 나옵니다.

본문 구체적인 내용인 날짜, 시간, 장소를 포함한 어떤 정보나 지침이 있습니다.

끝맺는 문장
읽은 사람들이 취해야 할 행동(확인, 회신, 피드백 등)이 있습니다.

Sample test 1

Question 1 refers to the following memo.

To: All ABC Media Staff
From: James Cook, Human Resources Manager
Date: July 7
RE: Opportunity

ABC Media announced an opening for an assistant television producer in our news division. Strong writing skills and in-depth knowledge of current events are necessary. Candidates with over three years of work experience in Broadcast Journalism are preferred. At this time, we are considering internal applicants only. However, the position will be opened to the public if we don't receive sufficient number of applications from qualified ABC employees. A more detailed description of the position can be found at www.abcmedia.com/jobs.

1 Why was the memo written?

(A) To announce a job opening
(B) To notify employees of a change in parking
(C) To inform staff of a staff meeting
(D) To train employees in writing skills

Week 1 Week 2 Week 3 Week 4

Words

division [divíʒən] 부서 | in-depth 깊은, 상세한 | broadcast [brɔ́:dkæst] 방송 | journalism [dʒə́:rnəlìzm] 저널리즘 | internal [intə́:rnl] 내부의

Sample test 1 한 눈에 보기

Question 1 refers to the following memo.

To: All ABC Media Staff [수신인]
From: James Cook, Human Resources Manager [발신인]
Date: July 7 [날짜]
RE: Opportunity [주제]

ABC Media announced an opening for an assistant television producer in our news division. [메모를 쓰는 이유] Strong writing skills and in-depth knowledge of current events are necessary. [1] Candidates with over three years of work experience in Broadcast Journalism are preferred. At this time, we are considering internal applicants only. [2] However, the position will be opened to the public if we don't receive sufficient number of applications from qualified ABC employees. [구체적인 내용] A more detailed description of the position can be found at www.abcmedia.com/jobs. [끝맺는 문장]

1 Why was the memo written?

(A) To announce a job opening
(B) To notify employees of a change in parking
(C) To inform staff of a staff meeting
(D) To train employees in writing skills

구문분석

1 **Candidates** with over three years of work experience in Broadcast Journalism **are preferred**.
수동태 문장으로 주어는 Candidates, 동사는 are preferred입니다. with over three years of work experience in Broadcast Journalism은 주어를 수식하는 형용사구입니다.

2 However, the position will be opened to the public if we don't receive **sufficient number of** applications from qualified ABC employees.
a number of는 '얼마간의' 뜻이고, sufficient number of는 '충분한 수의'입니다.

Sample test 1 해석

Question 1 refers to the following memo.

수신: ABC 미디어 전 직원
발신: 제임스 쿡, 인사부장
날짜: 7월 7일
주제: 고용기회

ABC Media는 신규 부서에 보조 방송 프로듀서를 위한 일자리를 발표했습니다. 실력 있는 작문 능력과 시사 문제에 대한 해박한 지식이 요구됩니다. 방송 저널리즘에 3년 이상 일한 경험을 가진 지원자들은 우대됩니다. 현재로서는 내부지원자들만 고려하고 있습니다. 하지만, 만약 자격이 있는 ABC 근로자들로부터 충분한 수의 지원서를 접수 받지 못한다면 이 일자리는 공채 모집할 것입니다. 이 직책에 대한 세부사항은 www.abcmedia.com/jobs 웹사이트에서 볼 수 있습니다.

1 이 메모는 왜 쓰여졌는가?

(A) 일자리를 발표하기 위해서
(B) 직원들에게 주차 변경 사항을 공지하기 위해서
(C) 직원들에게 직원 회의를 알리기 위해서
(D) 직원들에게 작문 기술을 교육하기 위해서

해설

글의 주제는 대부분 지문의 앞부분에 정답이 있습니다. 제목인 RE: Opportunity 뒤에 글의 주제가 나옵니다. ABC Media announced an opening for an assistant television producer in our news division. 'ABC Media는 신규 부서에 보조 방송 프로듀서를 위한 일자리를 발표했습니다'로 이 문장과 같은 의미로 쓰인 선택지는 정답 (A) To announce a job opening입니다.

Week 1 Week 2 Week 3 Week 4

Sample test 2

Question 2 refers to the following notice.

NOTICE OF PROMOTION

Dear John Smith,

It is our great pleasure to inform you that you have been promoted to the challenging and demanding position of manager of the sales department.

This promotion is in recognition of the fine work you have done for this firm. We are very confident that you will meet the new responsibilities that accompany this position. Furthermore, we expect the same level of enthusiasm and enterprise which you have exhibited since you came to work with our firm.

Mr. Johnson will be providing you with your amended employment agreement to reflect this change.

Please accept our congratulations on your new promotion.

Sincerely,

Mark Adams
Personnel Manager

2 What is mentioned about Mr. Smith?

(A) He works in the personnel department.
(B) He works in the sales department.
(C) He is the personnel manager.
(D) He is the company president.

Words

pleasure [pléʒər] 기쁨 | challenging [ʧǽlindʒiŋ] 도전적인 | demanding [dimǽndiŋ] 요구가 많은, 힘든 | sales department 영업부서 | promotion [prəmóuʃən] 승진 | accompany [əkʌ́mpəni] 수반하다 | enthusiasm [inθú:ziæzm] 열광, 열정 | enterprise [éntərpràiz] 진취성, 기획력 | amended [əméndid] 수정된 | employment agreement 고용 계약서 | reflect [riflékt] 반영하다

Sample test 2 한 눈에 보기

Question 2 refers to the following notice.

NOTICE OF PROMOTION

Dear John Smith, [수신인]

[1] It is our great pleasure to inform you that you have been promoted to the challenging and demanding position of manager of the sales department. [메모를 쓰는 이유]

This promotion is in recognition of the fine work you have done for this firm. We are very confident that you will meet the new responsibilities that accompany this position. [2] Furthermore, we expect the same level of enthusiasm and enterprise which you have exhibited since you came to work with our firm.

Mr. Johnson will be providing you with your amended employment agreement to reflect this change. [구체적인 내용] provide A with B A에게 B를 제공하다

Please accept our congratulations on your new promotion. [끝맺는 문장]

Sincerely,

Mark Adams
Personnel Manager [발신인]

2 What is mentioned about Mr. Smith?

(A) He works in the personnel department.
(B) He works in the sales department.
(C) He is the personnel manager.
(D) He is the company president.

구문분석

1 It is our great pleasure to **inform** you that you have been promoted to the challenging and demanding position of manager of the sales department.
inform A that~ 'A에게 that~를 알리다'의 뜻으로 inform 뒤에 간접목적어와 직접목적어가 오는 4형식 동사입니다. 간접목적어(사람)는 you, 직접목적어(전달하는 내용)는 that you have been promoted to the challenging and demanding position of manager of the sales department입니다.

2 Furthermore, we expect the same level of enthusiasm and enterprise **which** you have exhibited since you came to work with our firm.
문장에 목적격 관계대명사 which가 있습니다. which 이하는 목적어가 없는 불완전한 절이고, 앞의 선행사 the same level of enthusiasm and enterprise를 수식하는 형용사 역할을 합니다.

Sample test 2 해석

Question 2 refers to the following notice.

승진 공지

존 스미스 씨께,

당신에게 도전적이고 힘든 영업부장 직에 승진된 것을 통보하게 되어 우리는 아주 기쁘게 생각합니다.

이 승진은 당신께서 이 회사를 위해 행한 훌륭한 일에 대한 답례입니다. 우리는 당신이 이 직무에 수반된 새로운 책임들을 충족시킬 수 있을 수 있다고 확신합니다. 더 나아가서, 우리는 당신이 우리 회사를 위해 일하기 위해 입사한 이후 당신께서 보여준 같은 열정과 진취성을 기대합니다.

존슨 씨가 당신에게 이 변화를 반영하는 수정된 고용계약서를 제공할 겁니다.

당신의 새로운 승진에 대한 우리의 축하를 받아주세요.

진심으로,

마크 애덤스
인사부장

2 스미스 씨에 대해 언급된 것은 무엇인가?

(A) 인사부서에서 일한다.
(B) 영업부서에서 일한다.
(C) 인사부장이다.
(D) 회사 사장이다.

해설

선택지와 지문의 내용을 하나씩 대조해서 풀어야 되는 문제로 지문에 It is our great pleasure ~ the sales department, '영업부장 직에 승진된 것을 통보하게 되어 우리는 아주 기쁘게 생각합니다'라는 내용이 나오므로 (B) He works in the sales department.가 정답입니다.

공지와 회람 관련 어휘

acceptance 승인
accomplish 성취하다
accounting department 경리부
acknowledge 인정하다
adaptable 적응할 수 있는
administrative 행정의
agenda 의제, 협의사항
alert ~에게 주의를 환기시키다
allocate 할당하다
alter 변경하다
alternative 대안, 달리 취할 방책
anticipate 예상하다, 기대하다
appoint 임명하다
appointment 지명, 약속, 예약
appraisal 평가, 감정
appropriate 적절한
approval 승인, 허가, 결재
aptitude 소질, 적성
arrangement 배치, 계획, 준비
assign (업무 등을) 할당하다
assistant manager 대리
board of directors 이사회
branch 지사
budget 예산(안), 운영비
CEO (= Chief Executive Officer) 최고 경영 책임자
colleague 동료
commemorate 기념하다
commute 통근하다, 왕복하다
competitor 경쟁자
complete 기입하다 (= fill out)
comply with 응하다, 따르다
component 부품, 구성 요소
conduct 실행하다, 수행하다
conference 회의, 회합
convention 집회, (정기) 총회
confidential 기밀의
confirmation 확인, 승인
customer service 고객 서비스
cut back 삭감하다
deadline 마감 일자, 최종 기한
detour 우회, 우회로
dismiss 해고하다
division 부서 (= department)
entrepreneur 기업가
evaluate 평가하다, 사정하다
exhibition 전시회, 전람회 (= display)
expansion 확장
expire 만료되다, 만기가 되다
general affairs department 총무부
general manager 지부장, 국장
handout 유인물, 인쇄물; 광고 전단
head office 본사 (= headquarters)
identification card 신분증
in-house 사내의, 조직내의
in advance 미리
inquiry 문의, 조사, 질문
inspection 점검, 시찰, 검열
integrate 통합하다, 결합시키다
investigation 조사, 연구
maintain 유지하다, 관리하다
maintenance department 보수 유지 부서, 관리부
malfunction 고장; 오작동하다
management 경영자, 관리자
manager 과장; 부장
managerial position 관리직
managing director 상무이사
measure 법안, 조치, 대책
monitor 감시하다, 조정하다
notify 알리다, 공고하다
objective 목표; 객관적인
observe 준수하다, 지키다
organize 조직하다, 편성하다,
overseas sales department 해외 영업부
personnel department 인사부 (= human resources department)
potential customers 잠재고객 (= prospective customers)
present 발표하다, 공개하다
promotion 승진
proposal 제안, 신청, 안건
qualified 적임의, 자격 있는
questionnaire 설문지
recall (물건을) 회수하다, 취소하다
recommend 추천하다, 권하다
recycle 재활용하다
registration 등록, 접수
relocate 이전시키다
renovate 새롭게 하다, 혁신하다
representative 대표자, 직원
resign 사직하다
resignation 사직
revise 수정하다, 정정하다 (= modify, amend)
revision 수정, 정정 (= modification, amendment)
sales department 영업부
senior 상사, 선임
session 회의, 회기
sign up for ~에 등록하다
supervisor 감독자, 상사
supply requisition form 물품 신청서
supporting 후원하는, 보조의
surcharge 추가 비용을 부과하다; 추가 비용
symposium 토론회, 간담회
term 기간 (= duration) pl. (계약, 협정의) 조건
training session 훈련 기간
transfer 전임, 이동; 전임하다, 전임시키다(= relocate)
undertake 착수하다, 맡다

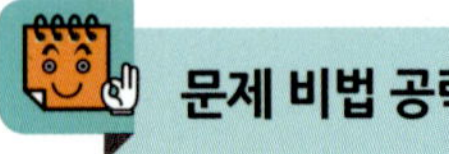

문제 비법 공략

1 주제나 목적을 묻는 문제 비법 공략

Step 1 문제를 읽고 주제나 목적에 관한 문제인지 확인합니다.

Step 2 주제나 목적을 묻는 문제의 단서가 나오는 지문의 첫 세 문장을 주의깊게 읽습니다.

Step 3 글의 주제나 목적을 이해한 후, 같은 의미로 쓰인 선택지를 정답으로 고르세요.
종종 메모의 제목을 나타내는 Subject나 Re: 다음에 주제나 목적이 언급되기도 합니다.

● 주제나 목적 혹은 공지 대상을 묻는 문제 유형

Why was the notice/memo written? 이 공지/메모를 쓴 이유는 무엇인가?
What is this notice/memo mainly about? 이 공지/메모의 주된 내용은 무엇인가?
What is the purpose of the notice/memo? 이 공지/메모의 목적은 무엇인가?
For whom is this notice/memo written? 누구를 대상으로 한 공지/메모인가?

● 목적에 사용되는 표현

I am writing because ~ 제가 ~ 때문에 글을 씁니다.
We regret to inform you that ~ ~을 알려 드리게 되어 유감입니다.
We are pleased to announce that ~ ~을 발표하게 되어 기쁩니다.
We wanted to alert you to the fact that ~ (that 이하의) 사실을 알려드리고자 합니다.

2 구체적인 정보를 묻는 문제 비법 공략

Step 1 문제를 읽고 구체적인 정보를 묻는 문제인지 확인한 뒤, 키워드를 파악하세요.

Step 2 구체적인 정보를 묻는 문제의 단서가 나오는 지문의 중간 부분을 주의깊게 읽습니다.

Step 3 지문에서 키워드를 포함하고 있는 문장 주변에서 정답을 찾습니다.

● 구체적인 정보를 묻는 문제 유형

How long will the event last? 이 행사는 얼마 동안 계속될 것인가?
What happened in the meeting? 회의에서 무슨 일이 일어났는가?
What is included in the event? 이 행사에 포함되는 것은 무엇인가?
What is scheduled in the company cafeteria? 사내 식당에서 예정된 일은 무엇인가?
What problem is mentioned in the memo? 메모에서 어떤 문제점이 언급되는가?
Who should be contacted about the matter? 이 사안에 대하여 누구에게 연락해야 하는가?

3 Not/True 문제 비법 공략

Step 1 문제를 읽고 Not/True에 관한 문제인지 확인합니다.

Step 2 지문의 내용과 선택지를 하나씩 대조합니다.

Step 3 지문의 내용과 일치하거나 일치하지 않는 선택지를 정답으로 선택합니다.

● Not/True 문제 유형

What is mentioned as a benefit of the new facility? 새 시설의 혜택으로 언급된 것은 무엇인가?
What is true about this memo? 이 메모에 대해 사실인 것은 무엇인가?
What is NOT recommended in the notice? 이 공지에서 권고되지 않은 것은 무엇인가?
What is NOT true about the company? 이 회사에 대하여 사실이 아닌 것은 무엇인가?

4 특정 날짜와 장소를 묻는 문제 비법 공략

Step 1 문제를 읽고 특정 날짜나 장소를 묻는 문제인지 확인합니다.

Step 2 특정 날짜와 장소를 묻는 문제의 단서가 나오는 지문의 중간 부분을 주의깊게 읽습니다.

Step 3 문제의 날짜나 장소를 키워드로 지문의 중간 부분에서 정답을 찾습니다.

● 특정 날짜와 장소를 묻는 문제 유형

Who arranged the event on December 24? 12월 24일 행사는 누가 준비했는가?
Where will the event be held? 행사는 어디에서 개최될 것인가?
Where can people get a ticket? 사람들은 어디에서 티켓을 받을 수 있는가?
When can employees use the new facility? 직원들은 새 시설을 언제 이용할 수 있는가?

5 요청사항을 묻는 문제 비법 공략

Step 1 문제를 읽고 요청사항을 묻는 문제인지 확인합니다.

Step 2 요청사항을 묻는 문제의 단서가 나오는 지문의 끝부분을 주의깊게 읽습니다.

Step 3 지문의 끝부분에서 'Would you mind ~ing', 'Please let me know if you ~', 'I would be grateful if you could ~' 등의 표현을 포함한 문장에서 정답을 찾습니다.

● 요청사항을 묻는 문제 유형

When should Mr. Johnson be contacted? 존슨 씨는 언제 연락해야 하는가?
What are recipients of this notice asked to do? 공고문을 읽고 사람들은 무엇을 해야 하는가?

● 요청 혹은 당부에 사용되는 표현

All employees are encouraged to attend ~ 모든 직원들은 ~에 참석해 주시기 바랍니다.
Come in and join us in ~ 오셔서 함께 ~해주세요.

Questions 1-2 refer to the following notice.

To: All employees
From: Mark Peterson
Date: June 21
Subject: XP5

This is a reminder that we are now transitioning to the XP5 e-mail application. As of 8:00 P.M. today, you won't be able to access Intranet, the current e-mail program. Thus, it is important that you save any messages that you have stored in Intranet before this time. Note that with the removal of the Intranet program, any unsaved messages will be deleted permanently. To learn more about the new application, please watch XP5 demonstration video in www.cxp.com/xp5_demo. If you still have questions or problems, contact me at 555-5423.

1 What purpose of this notice?

(A) To notify employees of a new e-mail application
(B) To provide information about the current e-mail system
(C) To offer a training class
(D) To explain how to save messages

2 What are recipients of this notice asked to do?

(A) Complete a survey
(B) Save e-mail messages
(C) Contact the personnel department
(D) Invite other employee to attend a training class

Words

This is a reminder that ~ (that 이하를) 상기시켜 드립니다 | transition [trænzíʃən] (다른 상태, 조건으로의) 이행 | as of ~현재로 | removal [rimúːvəl] 제거 | delete [dilíːt] 삭제하다 | permanently [pə́ːrmənəntli] 영구적으로 | demonstration [dèmənstréiʃən] (사용법에 대한 시범) 설명 | recipient [risípiənt] 받는 사람, 수령인

Questions 3-4 refer to the following notice.

To: All employees
From: Alan Peterson, Facilities Manager
Time: June 15
Subject: Upcoming Construction Project

The Company's main parking will be closed from July 15 to July 21 for repaving. Employees affected by this construction project will be required to use the public parking lot on Center Street. The company will provide prepaid parking card for use during this time. To obtain a repaid card, please bring your picture ID card to the administration building during the office hours. We apologize for the inconvenience.

3 What is being announced?

(A) A temporary change in parking procedures
(B) The closing of public parking lots
(C) The change in ID Cards
(D) The construction of the new parking lot

4 When will the construction project be finished?

(A) On June 15
(B) On July 15
(C) On July 21
(D) On July 1

Words

repave [ripéiv] 재포장하다 | be required to ~하도록 요구되다 | prepaid parking card 선불 주차카드 | administration [ədmìnistréiʃən] 관리(행정) 업무 | apologize for ~에 대해 사과하다 | procedure [prəsíːdʒər] 절차

Questions 5-6 refer to the following notice.

FREE SHUTTLE SEVICE ADDED

In response to requests from the staff members, the management decided to offer free shuttle service from Springville train station to the company premises.

The new service will begin on September 1. Staff members are encouraged to use this service. Even though this service is free, employees should notify the human resources department of their intention to use this service no later than August 23.

In the meantime, employees are advised to carpool to work in order to ease the traffic congestion on the local roads. If you need more information regarding carpool routes, please refer to the company website www.maxcompu.com/bus.

5 What is the purpose of the notice?

(A) To announce a new service
(B) To encourage staff members to attend an event
(C) To request employees to take part in a survey
(D) To inform employees of an upcoming meeting

6 What is NOT mentioned in the notice?

(A) Shuttle service runs from the Springville train station.
(B) A service fee will be charged.
(C) Carpool information is on the company website.
(D) A new service will start in September.

Words

in response to ~에 응하여, ~에 답하여 | request [rikwést] 요청 | staff members 직원들 | premises [prémisiz] 구내 | be encouraged to ~하도록 권장하다 | notify [nóutəfài] 알리다, 공지하다 | human resources department 인사부(=personnel department) | intention [inténʃən] 의향 | no later than 늦어도 | carpool [ká:rpu:l] 합승 | ease the congestion 교통체증을 완화하다 | regarding [rigá:rdiŋ] ~에 관한 | refer to ~을 참고하다

Questions 7-8 refer to the following notice.

Notice
To: All staff members
From: Sam Harrison
Date: April 15th

Dear employees, I offer my sincerest apologies for the plumbing issues in the 4th floor bathroom. To solve this issue, we have contacted a plumber who will come in to repair the broken pipes. We expect the repair to take two weeks so all employees on the 4th floor will have to use bathrooms on the 1st and 3rd floor. Again, I apologize for the inconvenience, and please be aware that this repair process will cause some minor disturbances. Thank you for your cooperation.

7 What is the purpose of this notice?

(A) To promote a new lunch menu
(B) To explain a new security system
(C) To inform staff of a bathroom repair
(D) To conduct a research project

8 How long is the repair expected to take?

(A) 1 month
(B) 6 hours
(C) 2 weeks
(D) 5 days

Week 1 Week 2 Week 3 Week 4

Words

sincere [sinsíər] 진실된, 진정한 | plumbing [plʌ́miŋ] 배관 | plumber [plʌ́mər] 배관공 | inconvenience [ìnkənví:njəns] 불편함 | disturbance [distə́:rbəns] 방해, 폐해 | cooperation [kouὰpəréiʃən] 협조

Questions 9-11 refer to the following notice.

Notice

Dear Homeowners, Business, and Residents:

The Lynn Department of Public Works is going to start construction of repaving Center Street on Wednesday, May 15, 2017, weather permitting. This project will be completed by June 16, 2017.

The contractor performing this work will be D & R Contractors. Access to properties will be restricted during the construction phase.

Parking restriction and interruption to traffic flow will occur at times.
NO PARKING BETWEEN 7:00 A.M. AND 5:00 P.M.

Thank you in advance for your cooperation during this project. If you have any questions or problems concerning this project please call the Dept. of Public Works at 555-278-3555.

Sincerely,

Lisa J. Anderson
Associate Commissioner

9 What is the purpose of this notice?

(A) To announce upcoming construction
(B) To confirm a deadline
(C) To provide membership information
(D) To ask for suggestions

10 When will the repaving start?

(A) On May 15
(B) On July 15
(C) On June 16
(D) On May 16

11 What should residents do when they have questions?

(A) Take them to the main office
(B) Call the Department of Public Works
(C) Contact the manager
(D) Search the website

Week 1 Week 2 Week 3 Week 4

Words

homeowner [hóumòunər] 주택 소유주 | resident [rézədnt] 거주민 | public works 공공 사업 | contractor [kάntræktər] 계약자 | property [prάpərti] 재산, 소유물 | restrict [ristríkt] 제한하다 | phase [feiz] 단계, 시기 | parking restriction 주차 제한 | interruption [ìntərʌ́pʃən] 중단 | traffic flow 교통 흐름 | at times 때때로, 가끔 | in advance 미리 | associate commissioner 부 국장

Questions 12-15 refer to the following letters.

From: Benjamin Hudson
To: Carmen Linley
Date: Thursday, June 17th 11:21 A.M.
Subject: Report Issue

Dear Carmen,

I'm having trouble with the company's filing program. I need to make files to keep documents for the newly hired employees. However, every time I try to compile their profiles, the program shuts down. I'm meeting with the personnel director on Friday afternoon to report about the current status of our employees, but the program does not work.

The first thing I did was to log in to the company database using my user name and password. I then clicked the edit tab to create new profiles for the employees. Then I typed in all the employees' information and clicked save. However, when I tried to compile all the profiles into a single folder, the program just shuts down.

If I'm doing something incorrectly, please let me know as soon as possible. You can reach me at extension 825.

Benjamin

From: Carmen Linley
To: Benjamin Hudson
Date: Friday, June 18th 3:31 P.M.
Subject: RE: Report Issue

Dear Benjamin,

It seems like everything is working fine until you try to combine the profiles. There is a known bug in the software that sometimes doesn't work correctly when multiple profiles are created and compiled into a single folder. We recommend backing up the currently existing profiles in another destination, and reinstall the program.

If you're still experiencing those problems after following these steps, please give me a call. We will send an IT technician from our office to fix the problem. The extension is 808.

Carmen

12 What is Mr. Hudson attempting to do?

(A) Order office supplies online
(B) Refill an ink cartridge
(C) Use a computer program
(D) Repair a broken computer monitor

13 When does Mr. Hudson have a meeting scheduled?

(A) On Thursday afternoon
(B) On Friday afternoon
(C) On Tuesday morning
(D) On Wednesday afternoon

14 What is probably true about Mr. Hudson and Ms. Linley?

(A) Mr. Hudson is a client of Ms. Linley.
(B) Mr. Hudson has been hired to replace Ms. Linley.
(C) They are collaborating on a project together.
(D) They are business partners.

15 What does Ms. Linley suggest Mr. Hudson to do?

(A) Wait until the new software update
(B) Call the customer service center
(C) Send back the product for a refund
(D) Reinstall the software

Words

have trouble with ~에 문제가 있다 | compile [kəmpáil] 편집하다 | shut down (기계가, 혹은 컴퓨터가) 멈추다, 정지하다 | personnel director 인사담당 이사 | incorrectly [ìnkəréktli] 부정확하게 | as soon as possible 가능한 빨리 | extension [iksténʃən] 내선번호 | back up (파일, 프로그램 등을) 백업하다 | reinstall [rì:instɔ́:l] 재설치하다 | an IT technician IT 기술자

Questions 16-17 refer to the following notice.

Dear Residents,

The City hall subway station's condition has been continuously deteriorating since it was built 50 years ago. Therefore, the transportation department has decided to renovate the station to provide subways users with upgraded and state-of-the-art facilities. In addition, the transit route between the Yellow line and the Blue line will be restructured to make line transfers easier for passengers.

Unfortunately, such renovations will cause some temporary inconveniences. Exits 2 and 3 will be closed from May 5 to August 20, but you may still use exits 1 and 4. We are very sorry for any trouble caused by the renovations.

16 What is the purpose of this notice?

(A) To announce upcoming construction
(B) To inform people of summer subway schedules
(C) To announce a new subway line
(D) To advertise a new public transportation option

17 What will the public still be able to do during the construction?

(A) Purchase coffee at the coffee shop
(B) Use exits 1 and 4
(C) Access to the station using exist 2 and 3
(D) Use of the transit route

Words

continuously [kəntínjuəsli] 계속해서 | deteriorate [ditíəriərèit] 악화되다 | transportation department 교통부 | renovate [rénəvèit] 개조하다 | upgraded [ʌ̀pgréidid] 개선된 | state-of-the-art 최신의 | transit route 환승 통로 | restructured [ri:strʌ́ktʃərd] 재구성된 | transfer [trænsfə́:r] 환승하다 | unfortunately [ʌnfɔ́:rtʃənətli] 불행하게도 | renovation [renəvéiʃən] 보수 공사 | temporary [témpərèri] 일시적인, 임시의

부사 필수 어휘 2

7 frequently [frí:kwəntli] 자주, 종종

The emergency equipment / is tested **frequently** / to ensure / that it is in good working condition.

ensure: 확실하게 하다

그 응급 장비는 / 그것이 잘 작동되는 상태로 있는지 / 확실하게 하기 위해 / 자주 검사됩니다.

8 clearly [klíərli] 또렷하게, 분명히

According to a business survey, / the role of a manager / has **clearly** changed / in the past ten years.

비즈니스 조사에 따르면 / 매니저의 역할은 / 지난 10년 동안 / 분명히 변경되었다.

9 recently [rí:sntli] 최근에

Delta Company / **recently** announced / that it will hire / an outside consultant.

outside: 외부의 consultant: 상담가

델타 회사는 / 최근에 / 외부 상담가를 / 채용할 것이라고 / 발표했다.

10 carefully [kέərfəli] 신중하게

Read safety procedures **carefully** / before operating heavy equipment.

heavy equipment: 중장비

중장비를 작동하기 전에 / 안전 절차를 신중하게 읽어 주세요.

11 only [óunli] 유일하게, 오직

This medication is to be taken / **only** as directed by your doctor.

medication: 약, 약물

이 약물은 / 의사가 지시한 대로만 / 복용되어야 한다.

12 yet [jet] 아직, 이제

Employees, / who have not **yet** submitted / their time records, / must do so by 5:00 P.M.

시간표를 / 아직 제출하지 않은 / 직원들은 / 오후 5시까지 제출해야 한다.

Week 1 Week 2 Week 3 Week 4

완전절친
TOEIC 스타트 LC+RC

Week 4

Day 3

광고와 발표문

- Sample test
- 광고와 발표문 관련 어휘
- 문제 비법 공략
- 실전문제

★ 부사 필수 어휘 3

Day 03

광고와 발표문(Advertisement & Announcement)

광고와 발표문을 읽을 때는 누가(광고주/발표하는 사람), 누구를 위해(광고의 대상/발표 대상), 그리고 무엇을(광고하는 품목/발표하는 내용) 광고나 발표하고 있는지를 기본적으로 파악해야 합니다. 더 나아가서 제품이 가지는 특징이나 장점 등을 염두에 두고 읽으면 보다 쉽게 정답을 찾을 수 있습니다.

광고와 발표문에 자주 나오는 내용

- **제품 광고:** 회원권 광고, 부동산 광고, 전자 제품, 잡지 정기 구독 광고, 차량 광고 등
- **사람 관련 광고:** 구인 광고, 여행 상품 광고, 공연 광고 등
- **발표문:** 자원 봉사자 모집, 도로 및 주차장 개보수, 시설물 신축, 행사 일정, 회사 규칙, 승진, 퇴직, 입사, 합병 발표, 제품 교환 및 환불 등

광고의 구성

구인대상 We need someone to:
영업부장

담당업무 You will be expected to:
영업사원 관리
국내 영업망 확충

자격요건 You should have:
적어도 5년간의 판매 경험
4년제 대학 마케팅 학위 소지자. 뛰어난 대화 기술을 가진 자

대우 We can offer:
정규직, 40,000–50,000달러, 1년 마다 20일 유급휴가

지원 방법 You should apply:
이력서와 자기 소개서를 recruit@pompu.com로 보내주세요.
원서 마감은 2020년 5월 31일까지

Sample test 1

Question 1 refers to the following announcement.

Qualified candidates are now being considered for the position of lead web designer at Weber Inc. A well-known advertising firm, Weber provides businesses with the innovative technical resources that are capable of dramatically increasing a company's presence on the internet. As demand for this unique service continues to grow, so does the number of Weber Inc., locations. In fact, new offices have recently opened in Paris, Tokyo, and London. As a member of Weber's production division, the new lead web designer will oversee the efforts of a team responsible for developing and maintaining client websites.

A full job description and other information for applicants are available at www.weber.com/jobs.

1 What position is being considered?

(A) Web designer
(B) Marketing manager
(C) Customer service representative
(D) Advertising manager

Week 1 Week 2 Week 3 Week 4

Words

qualified [kwɑ́ləfàid] 자격이 있는 | well-known 유명한, 잘 알려진 | innovative [ínəvèitiv] 혁신적인, 획기적인 | be capable of ~할 수 있는 | dramatically [drəmǽtikəli] 극적으로 | production division 생산부서 | oversee [óuvərsiː] 관리하다, 감독하다

Sample test 1 한 눈에 보기

Question 1 refers to the following announcement.

[1] Qualified candidates are now being considered for the position of lead web designer at Weber Inc. [구인 대상] A well-known advertising firm, Weber provides businesses with the innovative technical resources that are capable of dramatically increasing a company's presence on the internet. [2] As demand for this unique service continues to grow, so does the number of Weber Inc., locations. In fact, new offices have recently opened in Paris, Tokyo, and London. [회사 소개] As a member of Weber's production division, the new lead web designer will oversee the efforts of a team responsible for developing and maintaining client websites. [담당 업무]

A full job description and other information for applicants are available at www.weber.com/jobs.

1 What position is being considered?

(A) Web designer
(B) Marketing manager
(C) Customer service representative
(D) Advertising manager

구문분석

1 Qualified candidates **are now being considered** for the position of lead web designer at Weber Inc.
현재진행형 수동태 문장입니다. 문맥상 '지원자들이 ~자리에 고려되고 있습니다'이므로 수동태 문장이 어울리며, 시간을 나타내는 now와 함께 진행형이 쓰였습니다.

2 As demand for this unique service **continues to** grow, **so does** the number of Weber Inc., locations.
continue는 to부정사를 목적어로 취하는 동사이며, 뒤에 so 도치구문도 나왔습니다.

Sample test 1 해석

Question 1 refers to the following announcement.

웨버 사에서 수석 웹 디자이너 직책으로 일할 자격이 있는 지원자들이 고려되고 있습니다. 유명한 광고회사인 웨버는 기업체들에게 인터넷 상에서 회사의 인지도를 급격하게 향상시킬 수 있는 혁신적인 기술 자원을 제공합니다. 이런 독특한 서비스 수요가 계속 증가하면서 웨버 지점도 증가하게 됩니다. 사실, 파리, 도쿄, 그리고 런던에서 최근 신규 사무실을 오픈했습니다. 웨버의 생산 부서 멤버로서, 신규 수석 웹 디자이너는 고객 웹사이트 개발과 유지를 담당할 팀의 활동을 관리하게 될 것입니다.

전체 업무설명과 다른 지원자 정보는 웹사이트상에서 볼 수 있습니다.

1 어떤 직책이 고려되고 있는가?

(A) 웹 디자이너
(B) 마케팅 매니저
(C) 고객 서비스 담당자
(D) 광고 매니저

해설

구체적인 정보를 찾는 문제로 맨 첫 문장에 Qualified candidates ~ at Weber Inc., '웨버 사에서 수석 웹 디자이너 직책으로 일할 자격이 있는 지원자들이 고려되고 있습니다'라는 내용이 나오므로 (A) Web designer가 정답입니다.

Week 1 Week 2 Week 3 Week 4

Sample test 2

Question 2 refers to the following announcement.

Sports Equipment Suppliers
Conference Registration Information

I'm sure you are all excited about the annual Sports Equipment Suppliers Conference to be held at the MGM Conference Center in Las Vegas on June 20 through June 23. Register online between June 1 and June 16 and receive a reduced registration fee. On-site registration is available on the first day of the conference.

Early Registration:
Single: $150 *Group: $125
(Credit card payments only)

On-site Registration:
Single: $180 *Group: $155
(Credit cards, cash, or checks accepted)

*Group rates are per person and require 5 or more registrations from the same group on the same day.

2 When is on-site registration available?

(A) On June 1
(B) On June 16
(C) On June 20
(D) On June 23

Words

sports equipment 스포츠 장비 | supplier [səpláiər] 공급업자 | registration [rèʤistréiʃən] 등록 | annual [ǽnjuəl] 매년의, 해마다의 | reduced [ridjú:st] 할인된 | registration fee 등록비 | on-site [ɑ:nsáit] 현장 | credit card 신용 카드 | cash [kæʃ] 현금 | check [ʧek] 수표

Sample test 2 한 눈에 보기

Question 2 refers to the following announcement.

Sports Equipment Suppliers
Conference Registration Information

[1] I'm sure you are all excited about the annual Sports Equipment Suppliers Conference to be held at the MGM Conference Center in Las Vegas on June 20 through June 23. [2] Register online between June 1 and June 16 and receive a reduced registration fee. On-site registration is available on the first day of the conference.

Early Registration:
Single: $150 *Group: $125
(Credit card payments only)

On-site Registration:
Single: $180 *Group: $155
(Credit cards, cash, or checks accepted)

*Group rates are per person and require 5 or more registrations from the same group on the same day.

2 When is on-site registration available?

(A) On June 1
(B) On June 16
(C) On June 20
(D) On June 23

구문분석

1 I'm sure you are all **excited** about the annual Sports Equipment Suppliers Conference to be held at the MGM Conference Center in Las Vegas on June 20 through June 23.
감정동사의 과거분사 excited(들뜬, 기대하는)가 쓰였습니다.

2 **Register** online **between June 1 and June 16 and receive** a reduced registration fee.
동사원형(register, receive)이 먼저 나오는 명령문 두 개가 and로 연결되었습니다. 'between A and B (A와 B 사이)'에 구문이 쓰였습니다.

Week 1 Week 2 Week 3 Week 4

Sample test 2 해석

Question 2 refers to the following announcement.

스포츠 장비 공급 업체들
컨퍼런스 등록 정보

여러분 모두 6월 20일부터 23일까지 라스베이거스에 있는 MGM 컨퍼런스 센터에서 매년 열리는 스포츠 장비 공급업체 컨퍼런스를 기대하고 있으실 거라고 생각합니다. 6월 1일부터 6월 16일까지 온라인상에서 등록하시고 등록비를 할인 받으십시오. **현장 등록은 컨퍼런스 첫 날 가능합니다.**

조기 등록:
개인: $150 *단체: $125
(신용카드 결제만 가능)

현장 등록:
개인: $180 *단체: $155
(신용카드, 현금, 수표 결제 가능)

* 단체 할인 가격은 1인에 해당하는 가격이며 같은 날 5명 이상으로 구성된 한 단체가 등록해야 합니다.

2 현장 등록은 언제 가능한가?

(A) 6월 1일
(B) 6월 16일
(C) 6월 20일
(D) 6월 23일

해설

지문 'Sports Equipment Suppliers Conference to be held at the MGM Conference Center in Las Vegas on June 20 through June 23.'에서 컨퍼런스가 6월 20일부터 23일까지 열린다고 했고, 'On-site registration is available on the first day of the conference' 현장 등록은 컨퍼런스가 시작하는 첫날에 등록할 수 있다고 했으므로, 현장 등록이 가능한 날은 (C) on June 20입니다.

광고와 발표문 관련 어휘

accommodation 숙박, 설비
accountant 회계사
advantage 장점, 이점
advertise 광고하다
allotment 특별수당
allowance 수당
amenities (오락, 문화) 시설
analyst 분석가
appliance 전기 제품
applicant 지원자 (= candidate)
application form 지원서
apply for ~에 지원하다
attorney 변호사
benefit 혜택
bilingual 2개 국어를 하는
brochure (광고용) 팜플렛, 전단지
business hours 영업 시간
candidate 지원자
certificate 자격증, 증명서
clearance sale 재고 정리 염가 판매
collection 수집물, 소장품
commercial 광고 방송
communication skills 의사 소통 기술
compatible 잘 맞는, 호환되는
competent 유능한
competitive salary 경쟁력 있는 급여
complimentary 무료의
convenient 편리한
cost-effective 비용 효율적인
coupon 쿠폰, 상품권 (= voucher)
cover letter 자기 소개서
customize 고객 맞춤으로 하다
durable 내구력 있는, 오래가는
duty 직무 (= responsibility)
engineer 기술자
estimate 견적서; 추정하다
experience 경력
experienced 경험이 있는
expert 전문가, 숙련가
expertise 전문적 기술, 전문적 지식
extension (전화의) 내선 번호; 확장
facilities 시설, 설비
feature (제품의) 특징; 특색을 이루다
flexible working time 자유 근무 시간제
fluency 유창함, 능변
full-time job 정규직
gift certificate 상품권
grand opening 대 개장
handle 다루다, 취급하다, 처리하다
handmade 손으로 만든, 수공예의
household items 가정용품
incentive 장려금
income 수입
installment 분할 납부
janitor 수위, 청소부
job description 업무 소개
job opening 일자리, 공석 (= vacancy)
launch 출시하다, (제품이) 나오다
mail order 우편 주문
manufacturer 제조업자
maternity leave 출산 휴가
medical history 병력
must 꼭 필요한 것, 꼭 필요한
newcomer 새로 온 사람
newsletter 사보, 소식지
night shift 야간 근무
on duty 근무중인
on leave 휴가중인
part-time job 시간제 근무직
patent 특허, 특허품
payment 지불(액)
payroll 급료지불 명부
pension 연금
physician 내과의사
portable 휴대용의
professional 전문의
proficiency 숙달, 능숙, 능란
proficient 숙련된, 능숙한
promotion 승진, 진급; 판매촉진
publication 출판물, 책
qualification 자격 요건, 능력
qualified 자격이 있는, 적임의
quality 훌륭한, 양질의; 양질, 고급
questionnaire 설문지
real estate 부동산 (= agency)
receipt 영수증
recruit (신입 사원, 신병을) 모집하다
reference letter 추천서
relocation company 이사 전문업체
requirement 자격 요건
researcher 연구원
resume 이력서 (= curriculum vitae)
reward 보수
round-trip ticket 왕복 탑승권
salary expectations 희망 급여
sales representatives 판매 직원
selection 품목, 제품
shift 근무 시간, 교대 근무
shift preference 원하는 근무 시간
shipping fee 배송료
sick leave 병가
skilled 숙련된, 기술이 좋은
specialist 전문가 (= expert)
specialty 전문, 전공
specialize in ~을 전문으로 하다
specification 상세, 설명
spectacular 장관의, 호화로운
state-of-the-art 최신의
subscription 구독 예약
subscribe to ~을 구독하다
supplementary food 보조 식품
temporary 임시직의
toll-free 수신자 부담의
travel agency 여행사
trustworthy 믿을만한
user-friendly 사용자가 사용하기 쉬운
versatile 용도가 많은, 만능의
wage 임금

Week 1 Week 2 Week 3 Week 4

문제 비법 공략

1 주제나 목적을 묻는 문제 비법 공략

Step 1 문제를 읽고 주제나 목적에 관한 문제인지 확인합니다.

Step 2 주제나 목적을 묻는 문제의 단서가 나오는 지문의 첫 세 문장을 주의깊게 읽습니다.

Step 3 글의 주제나 목적을 이해한 후, 이와 같은 의미로 쓰인 선택지를 정답으로 고르세요.

● 광고의 주제나 목적 혹은 대상 등을 묻는 문제 유형

What is the advertisement about? 무엇에 대한 광고인가?
What is the purpose of the advertisement? 이 광고의 목적은 무엇인가?
For whom is the advertisement intended? 누구를 대상으로 한 광고인가?

2 구체적인 정보를 묻는 문제 비법 공략

Step 1 문제를 읽고 구체적인 정보를 묻는 문제인지 확인한 뒤, 키워드를 파악하세요.

Step 2 구체적인 정보를 묻는 문제의 단서가 나오는 지문의 중간 부분을 주의깊게 읽습니다.

Step 3 지문에서 키워드를 포함하고 있는 문장 주변에서 정답을 찾습니다.

● 구체적인 정보를 묻는 문제 유형

When does the special discount apply? 언제 특별 할인이 적용되는가?
What is stated about the suggested package tours? 제시된 패키지 여행에 관해 언급된 것은 무엇인가?
How long has the company been in business? 이 회사는 몇 년 동안 사업을 해 왔는가?
What does this advertisement ask the applicant to do? 이 광고가 지원자에게 요구하는 바는 무엇인가?
Where can the product be purchased? 제품은 어디에서 구입할 수 있는가?

3 Not/True 문제 비법 공략

Step 1 문제를 읽고 Not/True에 관한 문제인지 확인합니다.

Step 2 지문의 내용과 선택지를 하나씩 대조합니다.

Step 3 지문의 내용과 일치하거나 일치하지 않는 선택지를 정답으로 선택합니다.

● Not/True 문제 유형

What is NOT mentioned in the advertisement/announcement? 광고/발표문에서 언급되지 않은 것은?
What benefits is NOT mentioned in the advertisement? 광고에 언급되지 않은 복리 후생 혜택은 무엇인가?
What is NOT a feature of the item? 이 제품의 특징이 아닌 것은 무엇인가?
What is NOT stated as an advantage of the company? 회사의 장점으로 언급되지 않은 것은 무엇인가?

4 제품의 특징을 묻는 문제 비법 공략

Step 1 문제를 읽고 제품의 특징에 관한 문제인지 확인한 뒤, 키워드를 파악하세요.

Step 2 제품의 특징을 묻는 문제의 단서가 나오는 지문의 중간 부분을 주의깊게 읽습니다.

Step 3 키워드를 정하고 키워드 주변에서 정답을 찾습니다.

● 제품의 특징을 묻는 문제 유형

What is a feature of the product? 제품의 특징은 무엇인가?

What does advertisement say about the product? 광고는 제품에 대해 뭐라고 설명하는가?

What is a strength of the product(service)? 제품(서비스)의 장점은 무엇인가?

5 지원 방법을 묻는 문제 비법 공략

Step 1 문제를 읽고 지원 방법을 묻는 문제인지 확인한 뒤, 키워드를 파악하세요.

Step 2 지원 방법을 묻는 문제의 단서가 나오는 지문의 마지막 부분을 주의깊게 읽습니다.

Step 3 문제의 키워드로 지문의 마지막 부분에서 정답을 찾습니다.

● 지원 자격, 지원 방법 및 제출서류를 묻는 문제 유형

What is a requirement for the position? 지원 자격 요건은 무엇인가?

What should people submit to apply for the position?
입사지원을 위해 사람들이 제출해야 하는 것은 무엇인가?

How can people apply for the position? 사람들은 어떻게 지원할 수 있나?

Questions 1-2 refer to the following advertisement.

Coming Soon: The Candle Shop

776 Rosewood Drive
Las Vegas, Nevada
Phone: 702-336-8421

We offer a variety of candles for any occasion. Stop by our store to enjoy fresh scents and invigorating fragrances!

Hours Open:
Monday-Friday: 8:30 A.M. to 9:00 P.M.
Saturday and Sunday: 9:00 A.M. to 4:00 P.M.

1 What is the advertisement about?

(A) A surprise party for staff members
(B) A change of prices at a restaurant
(C) An opening of a candle shop
(D) A clearance at an electronics store

2 What is stated about The Candle Shop?

(A) It isn't open on weekends.
(B) It offers samples to customers.
(C) It sells hair accessories.
(D) It has a wide selection of candles.

Words

a variety of 다양한(=various) | occasion [əkéiʒən] (특별한) 행사[의식] | stop by 잠시 들르다 | scent [sent] 향기 | invigorating [invígərèitiŋ] 기운 나게 하는; 상쾌한 | fragrance [fréigrəns] 향기, 향 | clearance [klíərəns] 재고 정리[떨이] 판매 | a selection of 다양한

Questions 3-4 refer to the following job advertisement.

JOB OPENING

National Insurance Quote, the nation's leading call center for insurance questions, is seeking qualified applicants for our local call center to inform callers of insurance options and sell our policy to those interested. Prior insurance or sales experience is not required because we will train all new employees to be able to accurately explain our program and to use our method to sell insurance policies. Call center employees receive a good hourly wage plus high commissions for every policy sold. Health insurance is also provided at minimal cost to the employee. Interested applicants should send resumes to:

Human Resources Manager, National Insurance Quote, 570 E Center Street, Salt Lake City, Utah 84042.

3 What position is being offered?

(A) Human Resources Manager
(B) Insurance Trainer
(C) Call Center Insurance Representative
(D) Insurance Agent

4 What is NOT listed as a benefit of joining the company?

(A) Good pay
(B) Extra money for selling a policy
(C) Health insurance
(D) Work from home

Words

qualified [kwάləfàid] 자격이 있는 | applicant [ǽplikənt] 지원자 | inform [infɔ́ːrm] 알리다, 통지하다 | policy [pάləsi] 보험 증권 | accurately [ǽkjurətli] 정확하게 | hourly wage 시간 당 임금 | commission [kəmíʃən] 수수료 | minimal [mínəməl] 최소한의, 극히 작은 | human resources manger 인사부장

Questions 5-8 refer to the following advertisement.

West Creek Fitness Center

Get in shape for the summer
Classes available for yoga, pilates, and zumba

If you wanted to get in shape now is the time! Exercise has proven to be effective in preventing diseases and improving overall health. — [1] —. Studies show that exercising releases beneficial hormones like endorphin, and strengthens your immune system which makes your body stronger. — [2] —. We offer personal training and various classes suitable for all genders and age groups. — [3] —. You can sign up for yoga, pilates and zumba classes for no extra charge. — [4] —. We are located on 500 North St.

Learn more about our facility at Westcreekfitness.com. Come in before March 5th to sign up for a free 1 week trial.

For more information, call 423-5777.

5 What is the purpose of the advertisement?

(A) To announce jobs for personal trainers
(B) To promote a fitness center
(C) To demonstrate the benefits of exercising
(D) To sell exercise equipment

6 What information is NOT provided in the advertisement?

(A) Benefits of exercise
(B) Classes offered at the fitness center
(C) Names of the class instructors
(D) Location of the fitness center

7 What will happen after March 5?

(A) A promotion event will end.
(B) Fitness center won't accept new members.
(C) A renovation will take place.
(D) New management will take over.

新 **8** In which of the positions marked [1], [2], [3], and [4] does the following sentence best belong?

"Our professional instructors will provide assistance for people of all levels."

(A) [1]
(B) [2]
(C) [3]
(D) [4]

Week 1 Week 2 Week 3 Week 4

Words

get in shape 좋은 몸매를 유지하다 | overall [óuvərɔ:l] 전반적인 | release [rilí:s] 방출하다; 풀어주다 | strengthen [stréŋθən] 강화하다 | immune [imjú:n] 면역성이 있는 | suitable [sú:təbl] 적합한 | for no extra charge 무료로(수수료 없이) | instructor [instrʌ́ktər] 강사 | sign up (강좌에) 등록하다

Questions 9-13 refer to the following advertisement and e-mail.

Seasons Arts & Craft Store

We are looking for candidates to fill in openings for part-time jobs.

Register Workers: Check out items quickly and efficiently. Must be available weekday evenings from 5:00 to 11:00 P.M. 15-25 hours per week.

Customer Service: Assist customers on any issues or concerns regarding their purchase. Must be available weekdays and weekends from 9:00 A.M.-3:00 P.M. 10-20 hours per week.

Stock Management: Keep track of shipments and quantity of products. Retrieve and stock items from the storage when necessary. Must be available on weekends from 7:00-11:00 P.M. 15-20 hours per week.

Display Arrangement: Display products in a neat, organizational matter. Must be available to work weekends after closing time. 10-15 hours per week.

We offer good benefits and excellent work environment. To apply for a position, please send a cover letter with your resume attached to Bruce Stevenson at bstevenson@seasonsart.com or drop your documents in person at the store.

To: Bruce Stevenson
From: Bill Andrews
Date: May 13
Subject: Job opening
Attachment: Resume.doc

Dear, Mr. Stevenson,
I am a student currently attending Smithson University, studying painting and photography. I am looking for a part-time job to work on the weekends, preferably less than twenty hours a week. I have worked at Groves bookstore as a stocking manager where I learned important organizational and social skills. I am a fast learner and work very efficiently. I have also been a customer of your store for years and was always happy with the product and service I received there. I would appreciate it if I was given the chance to speak with you about possible job opportunities at your store.

Sincerely,
Bill Andrews

9 What is stated in the advertisement?

(A) They have an excellent work environment.
(B) They value past work experiences.
(C) They close on weekends.
(D) They sell office supplies.

10 In the advertisement, the word "issue" in paragraph 3, line 1 is the closest in meaning to

(A) supply
(B) problem
(C) distribution
(D) flow

11 What is the purpose of the e-mail?

(A) To ask about closing time of the store
(B) To request availability of a product
(C) To cancel an online order
(D) To get a part-time job

12 What position is the most suitable for Mr. Andrews based on his work experience?

(A) Stock management
(B) Register worker
(C) Customer service
(D) Display arrangement

13 What is NOT mentioned about Mr. Andrews in the e-mail?

(A) He has worked at a bookstore.
(B) He is a student.
(C) He is studying management.
(D) He is a fast learner.

Words

look for ~을 찾다 | opening [óupəniŋ] 빈자리 | per week 1주일에 | keep track of 추적하다 | retrieve [ritríːv] 되찾아오다 | neat [niːt] 단정한 | cover letter 자기소개서 | resume [rizúːm] 이력서 | in person 직접 | currently [kə́ːrəntli] 현재 | preferably [préfərəbli] 가급적이면

新 Questions 14-18 refer to the following e-mail, notice, and order form.

From: Amy Johnson
To: John Smith
Subject: Delivery Company
Date: May 1

Dear Mr. Smith,

I am so glad that you have signed up for deliveries of our fresh vegetables, berries, and flowers grown here on our family-owned farm. I can promise you that you and your customers will be satisfied with the produce we provide.

Your store is in an area that is new to us, and we are looking forward to our quality produce entering a new market. Please let me know if you have a preferred courier service. Our delivery service, based in Orem, do not go out to Springville. We would be happy to work with a company that you recommend to keep the service for you possible. Thank you in advance for any suggestions you want to provide.

Sincerely,
Amy Johnson

PLAZA FARMERS MARKET

May 26

Produce from Johnson Greens Farm
Dear Customers, we would like to draw your attention to the newest additions to our produce section. You've asked for fresh, local fruits and vegetables that have just been harvested. We're bringing these to you from Johnson Green Farm, located just 30 minutes from here in Sandy.

- zucchini
- onions
- eggplants
- corn
- lettuce
- fresh herbs (basil, borage and mints)

In the fall, we will be carrying fruits from Green Orchard in Alpine. If you have any questions, please let us know.

Johnson Greens Farm Order Form
Customer: Plaza Farmers Market
Order date: May 30
Deliver date: June 3
Delivery details:
Repeat last week's order with following changes.
- No zucchini or corn needed this week.
- Add 50 eggplants
- Add two crates of lettuce to the order
[* Please send all produce in carton boxes.]
P.S. You asked that we let you know if there were not any problems with the delivery service. The delivery was on time, the driver was very polite, and the produce was in great condition.
Name : John Smith, Produce Manager
Signature : John Smith

14 Why did Ms. Johnson send the e-mail?

(A) To ask for a recommendation
(B) To promote new products
(C) To request a delivery estimate
(D) To complain about a policy change

15 Where is Plaza Farmers Market probably located?

(A) In Orem (B) In Alpine
(C) In Sandy (D) In Springville

16 In the notice, what is indicated about Johnson Greens Farm's produce?

(A) It is grown organically.
(B) It is more healthful than products from other farms.
(C) It is grown relatively near the market.
(D) It is more expensive than products from other farms.

17 What will Plaza Farmers Market probably receive on June 3?

(A) Zucchini (B) Tomatoes
(C) Corn (D) Lettuce

18 What does Mr. Smith indicate in the order form?

(A) He has a preference for how items are packaged.
(B) Zucchinis sold especially well last month.
(C) He was disappointed by the quality of the produce.
(D) The produce delivered last week was not good in condition.

광고에 자주 나오는 표현

● 공지나 홍보 관련 표현

We are looking for an individual who is qualified for ~ ~을 위해서 자격 요건을 갖춘 후보자를 찾고 있습니다.

We offer/provide a full range of services. 우리는 모든 종류의 서비스를 제공합니다.

We offer/provide fantastic tour packages. 우리는 환상적인 투어 패키지를 제공합니다.

We offer/provide paid training, great benefits, and opportunities to advance.
우리는 유급 교육, 뛰어난 복리후생, 승진의 기회를 제공합니다.

We are currently seeking a full-time marketing director. 우리는 현재 정규직 마케팅 이사를 구하고 있습니다.

● 자격요건, 혜택 그리고 할인 관련 표현

Candidates will be responsible for ~ 지원자들은 ~을 위한 업무를 담당하게 될 겁니다.

Interested people should send their résumé ~ 관심있는 사람들은 그들의 이력서를 보내야 합니다.

Other requirements include knowledge of ~ 그 밖에 ~의 지식들을 요구합니다.

The ideal candidate will have a bachelor's degree in marketing.
이상적인 후보자는 마케팅에 학사학위를 소지하고 있어야 합니다.

You can take advantage of ~ ~을 이용하실 수 있습니다.

You can get a 30% discount on ~ ~에 대해 30% 할인을 받으실 수 있습니다.

● 추가 정보 관련 표현

Please note that ~ ~라는 것을 유의하시기 바랍니다.

Don't hesitate to find out more about ~ 주저하지 마시고 ~에 대해 더 알아보세요.

If you have any questions, call ~ 질문이 있으시면 ~에 전화해 주세요.

Please be sure to ~ ~하는 것을 확실하게 해주세요.

 **3**

13 quickly [kwíkli] 빠르게

The construction project / is proceeding **quickly** / now that the cold season has ended.

proceeding: 진행하다, 나아가다 / now that: ~ 때문에

추운 날씨가 끝났기 때문에 / 건설 프로젝트는 / 빠르게 진행되고 있다.

14 completely [kəmplí:tli] 완전히, 전적으로

The company offers / customers an initial consultation / **completely** free of charge.

free of charge: 공짜로

회사는 / 고객들에게 초기 상담을 / 완전하게 공짜로 / 제공한다.

15 currently [kə́:rəntli] 현재, 지금

The Cordial Corporation / is **currently** offering discounted prices / to all first-time customers.

discounted: 할인된

코디얼 사는 / 현재 / 모든 첫 고객들에게 / 할인된 가격을 제공한다.

16 highly [háili] 매우, 아주

All employees / put their efforts / on a **highly** profitable development project.

put their efforts: put one's effort 노력하다 / profitable: 수익성 있는

모든 직원들은 / 아주 수익성 있는 개발 프로젝트에 / 그들의 노력을 쏟아 부었다.

17 thoroughly [θə́:rouli] 철저히

Please read the directions / **thoroughly** / before starting / the newly installed equipment.

새로이 설치된 장비를 / 작동하기 전에 / 설명서를 / 철저히 / 읽어주세요.

18 shortly [ʃɔ́:rtli] 곧, 얼마 안 되어

Now that / all of the machinery / has been repaired, / the factory will reopen **shortly**.

reopen: 다시 열다

모든 기계류들이 / 수리가 되었기 때문에 / 공장은 곧 다시 열 것이다.

Week 1 Week 2 Week 3 Week 4

완전절친
TOEIC 스타트 LC+RC

Week 4
Day 4

기사와 뉴스

- Sample test
- 기사와 뉴스 관련 어휘
- 문제 비법 공략
- 실전문제

★ 부사 필수 어휘 4

Day 04 기사와 뉴스(Article & News)

뉴스와 기사는 Part 7을 학습하는 토익 학습자들이 가장 어렵게 생각하는 유형입니다. 다른 유형들과는 다르게 일정한 형식이 없고, 다양한 주제의 뉴스와 기사가 출제되기 때문에 많은 어휘 실력을 요구합니다. 뉴스와 기사에 관련된 문제는 다른 대부분의 지문과 마찬가지로 주제를 묻는 문제와 세부적인 문제로 나눌 수 있습니다.

✻ 뉴스와 기사에 자주 출제되는 내용

- 회사의 합병에 관한 보도
- 회사의 구조조정
- 정부의 정책 및 공공 시스템 변경 보도
- 작가나 회사 대표 인터뷰 기사
- 신제품 개발과 출시에 관한 뉴스
- 서평, 영화평, 그리고 공연에 관련된 기사
- 물가의 인상 및 인하에 관련된 보도

✻ 뉴스와 기사의 구성

뉴스 및 기사문은 주로 두괄식으로, 서두에 주제가 나오고 그 다음에 그에 대한 세부 사항을 설명하는 경우가 많습니다. 신문기사나 뉴스는 사실에 근거한 내용으로 육하원칙에 입각해서 작성합니다. 기사문의 정답을 선택할 때 육하원칙을 염두에 두고 읽으면 답을 보다 효과적으로 찾을 수 있습니다.

주제 기사의 첫 세 문장 안에 정답이 있습니다.

세부 내용
기사의 주제 다음에 나오는 문장들은 기사의 세부 내용으로 육하원칙에 따라 쓰여집니다.

Sample test 1

Question 1 refers to the following article.

Hospitality Industry News

New York, 11 June — Western Hotels has announced that it will soon offer EAT24, a 24-hour food service featuring hot and cold foods prepared for portability. "The new program aims to offer business travelers more nutritious food options with convenience and flexibility." explained the hotel chain's vice president, James Johnson. "We hope that this amenity will be popular with our busy guests."

1 What is the purpose of the article?

(A) To release a new software program
(B) To advertise a new food service
(C) To expand hotel services into foreign countries
(D) To motivate hotel employees

Week 1 Week 2 Week 3 Week 4

Words

hospitality industry 관광산업, 숙박산업 | portability [pɔ̀:rtəbíləti] 휴대할 수 있음 | nutritious food 영양가 있는 음식 | flexibility [flèksəbíləti] 유연성, 융통성 | amenity [əménəti] 생활 편의 시설

Sample test 1 한 눈에 보기

Question 1 refers to the following article.

Hospitality Industry News

New York, 11 June — [1] Western Hotels has announced that it will soon offer EAT24, a 24-hour food service featuring hot and cold foods prepared for portability. [주제] [2] "The new program aims to offer business travelers more nutritious food options with convenience and flexibility." explained the hotel chain's vice president, James Johnson. "We hope that this amenity will be popular with our busy guests." [세부 내용]

1 What is the purpose of the article?

(A) To release a new software program
(B) To advertise a new food service
(C) To expand hotel services into foreign countries
(D) To motivate hotel employees

구문분석

1 Western Hotels has announced that it will soon offer **EAT24, a 24-hour food service featuring hot and cold foods prepared for portability**.
EAT24 뒤에 나오는 명사구(a 24-hour food service ~)는 EAT24를 설명해주고 있습니다. a 24-hour food service 뒤에 나오는 현재분사구 featuring hot and cold foods prepared for portability는 선행사 a 24-hour food service를 수식하는 형용사 역할을 합니다.

2 The new program aims to **offer** business travelers more nutritious food options with convenience and flexibility.
offer은 4형식 동사로 간접목적어는 business travelers, 직접목적어는 more nutritious food options입니다.

Sample test 1 해석

Question 1 refers to the following article.

관광산업 뉴스

6월 11일 뉴욕 – **웨스턴 호텔은 곧 휴대용으로 준비된 냉온음식을 특징으로 하는 24시간 음식 서비스인 EAT24를 제공할 것이라고 밝혔다.** "이 신규 프로그램은 출장다니는 사람들에게 보다 영양가 있는 음식을 편리성과 유연성을 곁들여 제공하는 것을 목표로 하는 프로그램이다."라고 호텔 체인점 부사장인 제임스 존슨이 말했다. "이런 편리함은 바쁜 손님들에게 인기가 있기를 바란다."

1 이 기사의 목적은 무엇인가?

(A) 새로운 소프트웨어 프로그램을 출시하기 위해서
(B) 새로운 푸드 서비스를 홍보하기 위해서
(C) 호텔 서비스를 외국으로 확대하기 위해서
(D) 호텔 직원들을 동기부여하기 위해서

해설

주제에 관련된 문제의 정답은 지문의 앞부분에 나옵니다. 지문의 첫 문장 Western Hotels has announced ~ prepared for portability, '웨스턴 호텔은 곧 휴대용으로 준비된 냉온음식을 특징으로 하는 24시간 음식 서비스인 EAT24를 제공할 것이라고 밝혔다'라는 내용이 나오므로 (B) To advertise a new food service가 정답입니다.

Sample test 2

Question 2 refers to the following article.

Chamber of Commerce Announces Summer Program

On Thursday, July 20, the Salt Lake City Chamber of Commerce will host a seminar focusing on the use of new media to advertise local businesses.

The keynote speaker will be Susan Anderson, whose career in marketing spans 20 years. She will discuss her current role as marketing director for Geneva Inc., and will suggest many ways so that local businesses can use technologies like blogs, You Tube, and social networks to promote their services.

Other speakers will include faculty of University of Utah's School of Business and members of the local business community. The event will be held at the Day's Inn Hotel, 600N State Street., and will run from 10 A.M. to 3 P.M.

2 For whom does Susan Anderson work?

(A) Geneva Inc.,
(B) The Day's Inn Hotel
(C) The Chamber of Commerce
(D) University of Utah

Words

chamber of commerce 상공회의소 | host [houst] (행사를) 주최하다 | keynote speaker 기조 연설자 | span [spæn] (어떤 일이 지속되는) 기간 | faculty [fǽkəlti] 교수단

Sample test 2 한 눈에 보기

Question 2 refers to the following article.

Chamber of Commerce Announces Summer Program

On Thursday, July 20, the Salt Lake City Chamber of Commerce will host a seminar focusing on the use of new media to advertise local businesses. [주제]

[1] The keynote speaker will be Susan Anderson, whose career in marketing spans 20 years. [2] She will discuss her current role as marketing director for Geneva Inc., and will suggest many ways so that local businesses can use technologies like blogs, You Tube, and social networks to promote their services.

Other speakers will include faculty of University of Utah's School of Business and members of the local business community. The event will be held at the Day's Inn Hotel, 600N State Street., and will run from 10 A.M. to 3 P.M. [세부 내용]

2 For whom does Susan Anderson work?

(A) Geneva Inc.,
(B) The Day's Inn Hotel
(C) The Chamber of Commerce
(D) University of Utah

구문분석

1 The keynote speaker will be Susan Anderson, **whose** career in marketing spans 20 years.
whose는 관계대명사 소유격으로 선행사는 수잔 앤더슨, 뒤에 명사 career가 있습니다.

2 She will **discuss** her current role as marketing director for Geneva Inc., ~
discuss는 목적어를 취하는 타동사로, her current role이 목적어가 되었습니다. discuss about (x)

Week 1 Week 2 Week 3 Week 4

Sample test 2 해석

Question 2 refers to the following article.

상공회의소 여름 프로그램 발표

7월 20일 목요일, 솔트 레이크 시티 상공회의소는 지역 기업을 광고하기 위해 새로운 미디어의 사용에 초점을 맞춘 세미나를 개최할 겁니다.

기조 연설자는 마케팅에 20년간의 경력을 가진 수잔 앤더슨이 될 것입니다. **그녀는 제네바 주식회사의 마케팅 이사로서 그녀의 현재의 역할을 논의하고**, 지역 기업들이 그들의 서비스를 홍보하기 위해 기술을 사용할 수 있도록 블로그, 유튜브, 그리고 사회적 네트워크와 같은 많은 방법들을 제안할 예정입니다.

다른 연사들은 유타 대학 경영학부의 교수단과 지역 비즈니스 커뮤니티 구성원들을 포함하게 될 것입니다. 이벤트는 스테이트 가 북쪽방향 600번지에 있는 Day's Inn 호텔에서 열리고 오전 10시부터 오후 3시까지 진행이 됩니다.

2 수잔 앤더슨은 누구를 위해서 일하나?

(A) 제네바 주식회사
(B) Day's Inn 호텔
(C) 상공회의소
(D) 유타 대학

해설

단순 정보 찾기 문제로 키워드 '수잔 앤더슨(Susan Anderson)'이 포함된 문장에서 정답을 찾아야 합니다. 두 번째 단락에 She will discuss her ~ for Geneva Inc.,'그녀는 제네바 주식회사의 마케팅 이사로서의 그녀의 현재의 역할을 논의하고~'라는 내용이 있으므로 (A) Geneva Inc.,가 가장 적절한 선택입니다.

기사와 뉴스 관련 어휘

acid rain 산성비
acquire 인수하다
adverse 불리한
allergy 알레르기
analysis 분석
antibiotic 항생제
assets 자산
audit 회계 감사
authorize 권한을 부여하다
bankrupt 파산한
bankruptcy 파산, 부도
boost 경기부양
budget 예산
competitor 경쟁자, 경쟁업체
conflict 충돌, 갈등, 대립
consensus 합의, 일치된 의견
conserve 보존하다
consumer goods 소비재
consumption 소비
contamination 오염
contractor 계약자, 하청업자
convenience store 편의점
corporate 회사의, 기업의
currency 통화, 유통화폐
damage 손해
depression 경기 침체
diagnosis 진단
dismissal 해고
disposal 처리, 처분, 폐기
distribution 유통, 배급, 배포
dividend 이익 배당
downsize 축소하다
downturn 경기침체
earnings 소득, 수입, 번 것
economic indicators 경기 지표
economic recovery 경기 회복
economic slowdown 경기 둔화
embassy 대사관
employer 고용주
endangered 멸종위기에 처한
environment 환경
expect 예상하다, 전망하다
expenditure 지출
export 수출
finance 재정
fire 해고시키다
fiscal year 회계 연도
flourish 번창하다, 번영하다
fluctuate 변동하다, 오르내리다
fluctuation (가격 등의) 변동, 동요
free trade agreements 자유 무역 협정
gross 총액
gross income 총수입
habitat 서식지
hazardous 위험한
hire 고용하다, 채용하다
humidity 습기
import 수입
income 수입, 소득
inflation 통화 팽창
infrastructure 사회 기반 시설
invest 투자하다
layoff 감원
legislation 입법
liability 책임, 채무
litigation 소송, 기소
lucrative 수지가 맞는
mandatory 강제의, 위임된
manufacturer 제조업자
margin 수익
market research 시장조사
market share 시장 점유율
marketability 시장성
mediation 중재
medication 투약, 약물
meet 달성하다 (=achieve)
merge 합병하다
merger 기업 합병
minutes 회의록, 의사록
monopoly 독점
natural resources 천연자원
negotiation 협상
net profit 순수익
nutrition 영양
obsolete 쓸모 없게 된, 안 쓰이는
overhead 총비용, 간접 비용의
plunge 크게 떨어지다
prescription 처방전
products 생산품, 제품
production 생산, 생산량, 생산고
productivity 생산력, 생산성
property 재산
prosperity 번창
provisions 법 조항, 규정
purify 정화하다
recession 경기 침체
recycle 재활용하다
replace 대신하다, 후임이 되다
retailer 소매업자
reveal 나타내다, 보여주다, 폭로하다
revenue 세입, 수입총액
salary raise 임금 인상
shutdown (공장 등의) 일시 폐쇄
stagnation 침체
stimulate 자극하다
stock 주식 (= share)
stockholder meeting 주주총회
strategy 전략
subsidiary 자회사
subsidy 정부 보조
summit 정상회담
surge 급등하다
surplus 잉여, 흑자
symptom 징후, 증상
thrifty 절약하는
trade balance 무역 수지
trade barrier 무역 장벽
trade deficit 무역 적자
trade surplus 무역 흑자
transaction 거래, 매매
turnout 생산고, 생산량 (= output)
unemployment rate 실업률
unstable 경기가 불안한
vaccination 백신
violate 위반하다
wildlife 야생 생물
worsen 악화시키다

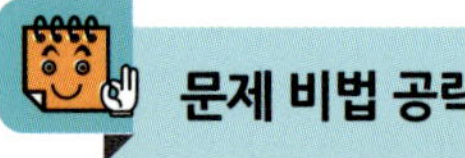

문제 비법 공략

1 주제나 목적을 묻는 문제 비법 공략

Step 1 문제를 읽고 주제나 목적에 관한 문제인지 확인합니다.

Step 2 주제나 목적을 묻는 문제의 단서가 나오는 지문의 첫 세 문장을 주의깊게 읽습니다.

Step 3 글의 주제나 목적을 이해한 후, 이와 같은 의미로 쓰인 선택지를 정답으로 고르세요.

● 주제나 목적을 묻는 문제 유형

What is the article/news (mainly) about? 이 기사/뉴스는 (주로) 무엇에 관한 것인가?
What is the main topic/idea of this article? 이 기사의 주된 주제는?
What is the purpose of the article/news? 이 기사/뉴스의 목적은 무엇인가?
What is the theme of the article/news? 이 기사/뉴스의 주제는 무엇인가?

● 주제에 사용되는 표현

A study shows(reveals) that ~ 한 연구는 ~라는 것을 보여줍니다.
The advertising company announced that ~ 광고 회사는 ~라고 발표했습니다.
Our survey concluded that ~ 우리의 조사의 결론은 ~라는 것입니다.

2 유추가 필요한 문제 비법 공략

Step 1 문제를 읽고 유추가 필요한 문제인지 확인합니다.

Step 2 유추가 필요한 문제의 단서가 주로 나오는 중간부분을 주의깊게 읽습니다.

Step 3 지문에 쓰인 사실을 토대로 유추한 후, 선택지에서 정답을 선택합니다.

● 유추가 필요한 문제 유형

Where could this article/news be found? 이 기사/뉴스는 어디에서 볼 수 있는가?
What is a possible title for this article/news? 이 기사/뉴스의 제목이 될 만한 것은?
Which of the following is the best title for the article/news?
다음 중 이 기사/뉴스의 제목으로 가장 적합한 것은?

3 구체적인 정보를 묻는 문제 비법 공략

Step 1 문제를 읽고 구체적인 정보를 묻는 문제인지 확인한 뒤, 키워드를 파악하세요.

Step 2 구체적인 정보를 묻는 문제의 단서가 주로 나오는 지문의 중간 부분을 주의깊게 읽습니다.

Step 3 지문에서 키워드를 포함하고 있는 문장 주변에서 정답을 찾습니다.

● 기사나 뉴스 관련 구체적인 정보를 묻는 문제 유형

According to the article, what will happen in the future? 기사에 따르면, 미래에 어떤 일이 일어날 것인가?
How long has the company been in business? 이 회사는 몇 년 동안 사업을 해 왔는가?
How many employees will the company dismiss? 회사는 몇 명의 직원들을 해고할 것인가?
In what field is the company engaged? 이 회사는 어떤 분야와 관련이 있는가?
What are readers advised to do? 독자들에게 무엇을 충고하는가?
What prompted a change at the company? 무엇이 회사의 변화를 촉진했는가?
When did the problem occur? 문제는 언제 발생했는가?
When is the project scheduled to begin? 프로젝트는 언제 시작될 것인가?
Why did the company recruit people who had retired? 이 회사는 왜 은퇴한 사람들을 채용하였는가?
Why do the bookstores sell coupons? 상점들이 쿠폰을 파는 이유는 무엇인가?

● 세부 내용에 사용되는 표현

Analysts point out that ~ 분석가들은 ~라고 지적한다.
There are many products that ~ ~한 제품이 많이 있습니다.
The company agree that ~ 회사는 ~하는데 동의했습니다.
A new book will be released. 새 책이 발행될 것입니다.

4 Not/True 문제 비법 공략

Step 1 문제를 읽고 Not/True에 관한 문제인지 확인합니다.

Step 2 지문의 내용과 선택지를 하나씩 대조합니다.

Step 3 지문의 내용과 일치하거나 일치하지 않는 선택지를 정답으로 선택합니다.

● Not/True 문제 유형

What is NOT stated(mentioned) in the article? 이 기사에서 언급된 것이 아닌 것은?
What is NOT reported as a goal of Delta Airlines? 델타 항공사의 목표로 언급되지 않은 것은 무엇인가?
What is mentioned as a common problem of renting a house?
주택 임대의 일반적인 문제점으로 언급된 것은 무엇인가?
What is mentioned in the passage? 기사에서 언급된 것은 무엇인가?
What is true about this article? 이 기사에 대해 맞는 것은 무엇인가?

Questions 1-2 refer to the following article.

Springville, November 7 – Jenny Oaks and Susan Patterson, managers from the Springville location of Hobby & Sporting Goods, won a national award within the company this month for sales performance. In recognition of their achievements, they were honored at an in-store celebration on November 5. In addition, the two women are being flown to Washington to attend the company's national awards recognition event. Both Oaks and Patterson have worked at the Springville store since it opened last spring. They have contributed considerably to the store's success and say they will enjoy their time in Washington.

1 What is the purpose of the article?

(A) To promote new products
(B) To reward faithful customers
(C) To recognize top sales people
(D) To honor the president of the company

2 What is suggested about Hobby & Sporting Goods?

(A) It has more than one store.
(B) It is planning to open another store in the near future.
(C) It announced a merger with another company.
(D) It will move its headquarters to Washington.

Words

sales performance 매출 실적 | in recognition of ~을 인정하기 위해 | honor [ánər] ~에게 …의 영예를 주다 | in-store 매장 내의 | contribute to ~에 기여하다 | considerably [kənsídərəbli] 상당하게

Questions 3-4 refer to the following article.

BEIJING (28 December) - Starting next year, Building Beijing magazine will be accessible on mobile devices. All contents from the print edition will be available, as well as features exclusive to the mobile application. The magazine's print edition focuses on the design, construction, technology and other elements of Beijing's infrastructure. The mobile application has been designed to take this one step further. It will allow users to take virtual tours of Beijing's most famous buildings and neighborhoods. The mobile application costs $5.00. For more information, visit www.buildingbeijingmagazine.com.

3 What is the purpose of the article?

(A) To announce a new service
(B) To announce subscription rate increase
(C) To launch a new cell phone
(D) To arrange virtual tours

4 What does the article suggest about Building Beijing magazine's mobile edition?

(A) It is very expensive.
(B) It enables users to take virtual tours of parts of Beijing.
(C) It can be used for free.
(D) It is not beneficial to subscribers.

Words

mobile devices 모바일 기기 | contents [kántentʃ] 내용물 | exclusive [iksklú:siv] 전용의, 독점적인 | print edition 인쇄본 | focus on ~에 초점을 맞추다 | infrastructure [ínfrəstrʌktʃər] 사회 기반 시설 | take one step further 한 발짝 더 나아가다

Questions 5-8 refer to the following article.

Local Business Legend Retires After Creating Area's Most Loved Stores

Frank Plimpton is a rare businessman: he knows many of his customers by name and he offers generous salaries, stock options, and vacation pay to each of the employees at his five Mary's Supermarket stores. He is a legend in this area, and his success is deserved and respected. Yesterday was his final day on the job, and after more than forty years and five satellite stores, he will finally take a vacation.

Plimpton came to Yorktown with a vision of opening his own general food store, named Mary's, after his mother, who taught him the values of kindness and generosity that he still cherishes today. His friendly demeanor and hard-working approach helped his business flourish, and in 1960 he opened a store in the neighboring town of Springfield.

Even with his success, he still stressed the importance of small, welcoming stores. Since then he has opened four more stores in the area, creating one of the only chains in the country that do not advertise. Plimpton says he would rather spend the money on his employees, and word-of-mouth is the most effective for him, since his customers value his business enough to tell their friends to go there, too.

5 What is the main purpose of the article?

(A) To encourage readers to go to Mary's
(B) To comment on the lack of similar stores
(C) To announce Mr. Plimpton's retirement
(D) To describe the growth of a food chain store

6 What did Mr. Plimpton indicate about starting his business?

(A) He wanted his stores to be small and intimate.
(B) He wanted to make money to give to his mother.
(C) He wanted to have the most popular store in the area.
(D) He wanted to achieve fame as a businessman.

7 How do most people find about Mary's Supermarket stores?

(A) By television advertising
(B) Because of convenient store locations
(C) From customer recommendations
(D) Through newspaper articles about him

新 **8** The words "stressed" in paragraph 3, line 1, is closest in meaning to

(A) overburdened
(B) worried
(C) emphasized
(D) treated

Questions 9-11 refer to the following article.

Theater Giants Merge
January 20
Anton Caria

Representatives from two of the nation's biggest theater chains have confirmed that an agreement has been reached wherein Cineplex and Movie Eight will merge to form the largest entertainment company in the world. Peter Johnson, president of Cineplex stated that the merger benefits both companies by allowing them to save millions of dollars in administrative costs. The companies will retain their own names, but approximately 600 administrative jobs will be cut as redundancies. The job cuts will come from both companies.

9 What is the purpose of this article?

(A) To report a business arrangement
(B) To discuss the entertainment industry
(C) To announce a new business executive
(D) To recommend a business to invest in

10 What has Movie Eight decided to do?

(A) Merge their company with another company
(B) Fire 500 employees
(C) Change the name of the company
(D) Invest several millions of dollars

11 Who is Peter Johnson?

(A) The president of Movie Eight
(B) The CEO of Movie Eight
(C) The journalist who writes business articles
(D) The head of a large entertainment company

Words

representative [rèprizéntətiv] 대표(단) | merge [məːrʤ] 합병 | administrative cost 행정 비용 | retain [ritéin] 보유하다 | administrative job 행정직 자리 | redundancy [ridʌ́ndənsi] 정리 해고

Questions 12-16 refer to the following article and e-mail.

Hundreds of Pyeongchang citizens have volunteered to help at the Winter Olympics. The Olympic Committee of Pyeongchang wants to make sure that visitors are favorably impressed by what they see in Pyeongchang, so they have hired consultant Ryan Graham to train volunteers to be courteous and informative. Today was the first of four training sessions held at the Pyeongchang Convention Center. At this seminar, all those involved in food service were trained in how to give excellent service. Tomorrow, those volunteers involved in transportation will be invited to attend. Two more sessions are planned next week for the remainder of the volunteers.

Graham reminded the participants that the Olympics is just like a business. "You need to remember that the customer is always right," he encouraged those in attendance. Volunteers don't get paid of course for attending, but to entice them to attend, all participants will receive gift certificates donated by city businesses, and some lucky participants will win free tickets to the most popular events.

To: Ryan Graham
From: Jiyoung Kim
Date: November 15
Subject: Training seminar

Dear Mr. Graham:

Thank you so much for your informative and entertaining presentation. I was at the first session yesterday. I'm sure the Olympic experience for visitors to our city will be better because of your help. I am also excited about the gift certificate I got to the Renaissance Plaza Restaurant.

Sincerely,
Jiyoung Kim

12 What is NOT true about the training sessions?

(A) They are led by Mr. Graham.
(B) They are intended for Olympic Committee members.
(C) They are designed to improve volunteer interaction with visitors.
(D) They are being held in the convention center.

13 In the article, the word "entice" in paragraph 2, line 3, is closest in meaning to:

(A) invite
(B) encourage
(C) force
(D) remind

14 Why did Ms. Kim write the e-mail?

(A) To ask for information about the seminar
(B) To register for a training session
(C) To offer additional advice
(D) To thank an instructor

15 What job does Ms. Kim probably have?

(A) She is a consultant.
(B) She is a volunteer working with food service.
(C) She is a volunteer working with transportation.
(D) She is a member of the International Olympic Committee.

16 Why did Ms. Kim most likely receive a gift certificate?

(A) She attended a training seminar.
(B) She participated in several seminars.
(C) She filled out a customer satisfaction survey.
(D) She treated the customers better than any other volunteer.

Words

volunteer [vɑ̀ləntíər] 자원 봉사하다; 자원 봉사자 | make sure 확실하게 하다 | courteous [kə́:rtiəs] 예의바른 | informative [infɔ́:rmətiv] 유익한 | training sessions 교육 세션 | be involved in ~와 관련된 | transportation [træ̀nspərtéiʃən] 교통수단 | remainder [riméindər] 나머지 | entertaining [èntərtéiniŋ] 즐거운

新 Questions 17-21 refer to the following article and e-mails.

Additional Improvement Project

The Lehi City council voted to explore options for additional work to be done on town facilities at its meeting on Monday. According to Mark Tenner, city clerk, the renovation of the Lehi Community Center cost much less than previously expected. Therefore, the council made a list of improvement projects that could be done with the left-over funds.
Some suggested projects include improving lighting in Nuns Park, and replacing floors in the Lehi Public Library. According to Mr. Tenner, the council will ask for ideas from the public. Interested people may voice their options at the council's meeting on Monday, 15 March at 7 P.M. or send an e-mail to the council office before 21 March. After the period of public comment, the planning committee will propose a final list for the council to discuss, and they will make a final decision by 10 April.

From: hinckley@hotmail.com
To: citycouncil@lehi.org
Date: 15 March
Subject: Additional projects

Dear Council Members:
I read that you accept suggestions for the use of leftover money from the community center renovation. Because of a scheduled appointment, I was not able to attend the council meeting, but I would like to express my support for the idea of lighting of the park. Personally I think that it will increase the usability of the Nuns park especially for winter months and it will benefit everyone.
A well-lit and renovated park will be something that we could all appreciate.
I hope you will seriously consider my proposal.

Susan Hinckley

From: sunnypatterson@hgnetwok.com
To: citycouncil@lehi.org
Date: 27 March
Subject: City projects

Dear Mr. Tenner,

I am writing to suggest replacing floors in the Lehi Public Library. I noticed that the Lehi Public Library is used by citizens of all ages. It is, for the most part, visited by adolescents and children. Therefore, I would like to suggest that the new project focus on a place more often used by Lehi's people. In April, when votes are cast, please consider this suggestion to balance the interests of all members of the Lehi public.

Sincerely,
Sunny Patterson

17 Why does the Lehi City have funds available?

(A) Its previous project cost less than expected.
(B) The city has raised funding.
(C) Its citizens have donated money.
(D) City Council has canceled a renovation project.

18 In the article, paragraph 2, line 8, the word "propose" is the closest in meaning to,

(A) produce (B) apply
(C) suggest (D) demand

19 When did Ms. Hinckley have an appointment?

(A) March 21 (B) March 27
(C) March 15 (D) April 15

20 What does Ms. Patterson mention in her e-mail about the Lehi Public Library?

(A) It is located near the train station.
(B) It is used largely by teenagers and children.
(C) Its facilities are recently renovated.
(D) It provides various programs to residents.

21 On what point would Ms. Patterson and Ms. Hinckley most likely agree?

(A) City council should extend the deadline for renovation.
(B) The city should spend as little money as possible.
(C) The chosen project should be useful to the entire community.
(D) Citizens should work together to raise money.

Questions 22-23 refer to the following news.

> Seattle (December 20) – Mike Peterson, president of CNC Electronics announced this morning that the company is preparing to market a new high-definition television starting next year. According to industry analysts, the television features a sharp image and outstanding sound quality. Market analysts believe this latest product should attract even more attention to CNC Electronics' other electronics products such as washing machines, driers and microwave ovens. They stated that the company's ability to continually improve its product line is one of the reasons for its positive sales performance.

22 What is the purpose of the news?

(A) To announce the release of the new product
(B) To recommend electronics products
(C) To compare the features of new television
(D) To publicize the merger of two companies

23 In what field is the company engaged?

(A) Stock market
(B) Electronics products
(C) Banking industry
(D) Housing market

Words

high-definition television 고선명도 텔레비전 | industry analysts 산업 분석가들 | outstanding [autstǽndiŋ] 뛰어난 | continually [kəntínjuəli] 계속적으로 | sales performance 매출 실적 | publicize [pʌbləsàiz] 알리다, 광고하다 | engage [ingéidʒ] 종사시키다, 관여하다

부사 필수 어휘 4

19 soon [su:n] 곧, 머지 않아

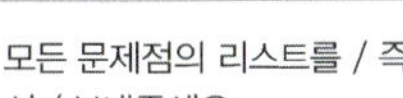

Celebrity chef, Ryan Gilmore, / will **soon** publish a new book, / *Great Neighborhood Recipes*.

Celebrity 유명 인사 / chef 주방장

유명한 주방장, 라이언 길모어는 / 새로운 책인 / *Great Neighborhood Recipes*를 곧 출간할 것이다.

20 immediately [imíːdiətli] 즉시

Please send / a list of all the problems / **immediately**.

모든 문제점의 리스트를 / 즉시 / 보내주세요.

21 so [souː] 매우, 대단히

The procedures / for submitting travel-reimbursement forms / were **so** complicated.

procedures 절차 / reimbursement 상환 / complicated 복잡한

출장비 상환 서류 제출에 대한 / 절차는 / 매우 복잡하다.

22 later [léitər] 나중에, 후에

The guest speaker / for Jakarta Foundation's symposium / will be announced / **later** this week.

자카르타 재단 학술 토론회를 위한 / 초대 연사가 / 이번 주말에 / 발표될 것이다.

23 briefly [bríːfli] 잠시, 간단히

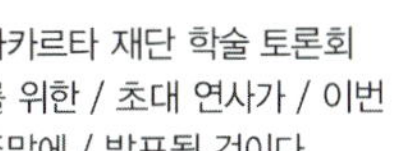

Before the conference call at 3:00, / everyone / should **briefly** review the agenda.

3시에 있는 회의 소집 전에 / 모든 사람들은 / 의제를 잠시 점검해야 한다.

24 effectively [iféktivli] 효과적으로

In order for / the assembly line / to run **effectively**, / we will need to hire / more employees.

In order for ~을 위해서

조립라인이 효과적으로 운영될 / 수 있도록 / 우리는 / 좀 더 많은 직원들을 / 고용해야 한다.

완전절친
TOEIC 스타트 LC+RC

Week 4
Day 5

기타 양식

- Sample test
- 기타 양식 관련 어휘
- 문제 비법 공략
- 실전문제

★ 부사 필수 어휘 5

Day 05 기타 양식

생활 속에 필수적으로 쓰이는 상품 구매나 서비스 이용 후 받게 되는 청구서(bill) 또는 송장(invoice)에 관련된 지문들이 있습니다. 더 나아가서 전화 메시지(telephone message), 책 서평(book review), 사용설명서(manual), 그리고 일정표(schedule) 등의 지문들도 출제됩니다. 모두 우리 실생활과 밀접하게 관련된 실용적인 영어입니다.

✻ 표와 양식의 종류

- ▶ 전화 관련 메모
- ▶ 송장 관련 서류
- ▶ 설문지 (제품, 서비스, 시설 등)
- ▶ 여행 일정 관련 양식
- ▶ 신청 관련 양식
- ▶ 문자 메세지
- ▶ 온라인 채팅

Sample test 1

Question 1 refers to the following invitation.

Attention to all Sigmund-Hall Company employees: Everyone is invited to attend a reception celebrating Abigail Morrison.

Ms. Morrison will be promoted to the position of Head of Human Resources after her dedication and hard work for Sigmund-Hall for over 20 years.

Friday, November 22
5:00-9:30 P.M.
Skyroom restaurant, located on the 5th floor of the JMA Building

Complimentary dinner will be provided.
Live performance by the Dunham Brothers Jazz Quartet*
Casual attire is encouraged.

For more information, please contact Austin Hader of the Human Resources department at 473-6625.

*quartet 4중주단

1 What is the purpose of this event?

(A) To invite employees to a wedding ceremony
(B) To celebrate a birthday party
(C) To invite employees to a reception
(D) To inform people of a funeral ceremony

Week 1 Week 2 Week 3 Week 4

Words

be invited to ~하도록 초대되다 | dedication [dèdikéiʃən] 전념, 헌신 | complimentary [kàmpləméntəri] 무료의 | casual attire 편한 복장

Sample test 1 한 눈에 보기

Question 1 refers to the following invitation.

Attention to all Sigmund-Hall Company employees: [1] Everyone is invited to attend a reception celebrating Abigail Morrison.

Ms. Morrison will be promoted to the position of Head of Human Resources after her dedication and hard work for Sigmund-Hall for over 20 years.

Friday, November 22
5:00-9:30 P.M.
Skyroom restaurant, located on the 5th floor of the JMA Building

Complimentary dinner will be provided.
Live performance by the Dunham Brothers Jazz Quartet
Casual attire is encouraged.

For more information, please contact Austin Hader of the Human Resources department at 473-6625.

1 What is the purpose of this event?

(A) To invite employees to a wedding ceremony
(B) To celebrate a birthday party
(C) To invite employees to a reception
(D) To inform people of a funeral ceremony

구문분석

1 **Everyone is** invited to attend **a reception celebrating Abigail Morrison**.
주어가 everyone이고 뒤에 단수 동사 is가 쓰였습니다(be invited to ~하기로 초대되다). celebrating Abigail Morrison은 현재분사구로 선행사 a reception(명사)을 수식하는 형용사 역할을 합니다.

Sample test 1 해석

Question 1 refers to the following invitation.

Sigmund-Hall 회사 직원들에게 알립니다: **아비가일 모리슨 씨를 축하하는 연회에 참석하도록 모든 사람을 초대합니다.**

모리슨 씨는 Sigmund-Hall을 위해 20년 이상 헌신하고 열심히 일하여 인사부서장으로 승진하게 될 것입니다.

11월 22일 금요일
오후 5:00 – 9:30까지
JMA빌딩 5층, 스카이 룸 식당

무료 저녁식사 제공됨
Dunham Brothers 재즈 4중주단 라이브 공연
편안한 복장 권함

더 많은 정보를 원하시면, 인사부서에 있는 오스틴 헤이더에게 473-6625번으로 연락하세요.

1 이 이벤트의 목적은 무엇인가?

(A) 결혼식에 직원들을 초대하기 위해
(B) 생일 파티를 기념하기 위해
(C) 연회에 직원들을 초대하기 위해
(D) 사람들에게 장례식을 알리기 위해

해설

주제나 목적은 지문의 첫 세 문장을 잘 읽어야 합니다. 첫 단락에서 Everyone is invited to attend a reception celebrating Abigail Morrison, '아비가일 모리슨 씨를 축하하는 연회에 모든 사람을 초대합니다.'라고 했으므로 정답은 (C) To invite employees to a reception 입니다.

Week 1 Week 2 Week 3 Week 4

Sample test 2

Question 2 refers to the following form.

Auto Club Card

YES! Please enroll me in your Auto Club and send me an Auto Club Card that will get me discounts on all car repairs for the introductory offer of $49.99 instead of the regular $99.99. That's a 50% savings.

Contact Information:		Payment Information:	
Name:	Emily Wong	Credit Card:	
Address:	5784 Rose Dr	Card Name:	
	Sacramento, CA 98675	Card Number:	
e-mail:	emilyw@sigma.com	Full Payment enclosed:	X
		Check Number:	231

With your subscription to the Auto Club, you are entitled to receive two free services! Choose from the list below:

Item name	Item Code	Quantity requested
Free tune-up	T43	1
Free oil change	O55	1
Free windshield wiper	W25	
Free fluid check	F34	
Free AC check	A22	

Additional comments:

I am aware that I can only have two free services, but how can I get my air conditioning checked at the same time as I get my free tune-up and oil change?

2 How much did Ms. Wong pay for her order?

(A) $9.99
(B) $49.99
(C) $50.00
(D) $99.99

Words

be entitled to ~할 자격이 있다 | tune up (엔진의) 조정 | oil change (자동차의) 엔진 오일 교환

Sample test 2 한 눈에 보기

Question 2 refers to the following form.

Auto Club Card

YES! [1] Please enroll me in your Auto Club and send me an Auto Club Card that will get me discounts on all car repairs for the introductory offer of $49.99 instead of the regular $99.99. That's a 50% savings.

Contact Information:		Payment Information:	
Name:	Emily Wong	Credit Card:	
Address:	5784 Rose Dr	Card Name:	
	Sacramento, CA 98675	Card Number:	
e-mail:	emilyw@sigma.com	Full Payment enclosed:	X
		Check Number:	231

With your subscription to the Auto Club, you are entitled to receive two free services! Choose from the list below:

Item name	Item Code	Quantity requested
Free tune-up	T43	1
Free oil change	O55	1
Free windshield wiper	W25	
Free fluid check	F34	
Free AC check	A22	

Additional comments:

I am aware that I can only have two free services, but how can I get my air conditioning checked at the same time as I get my free tune-up and oil change?

2 How much did Ms. Wong pay for her order?

(A) $9.99

(B) $49.99

(C) $50.00

(D) $99.99

구문분석

1 ~ send me **an Auto Club Card that will get me discounts on all car repairs** ~ .
주격 관계대명사 that 이하는 선행사 an Auto Club Card를 수식합니다.

Sample test 2 해석

Question 2 refers to the following form.

오토 클럽 카드

네! 저를 귀사의 오토 클럽에 등록시켜 주시고, **모든 자동차 수리비용을 일반 가격인 $99.99가 아닌 서비스 가격인 $49.99로 할인을 받을 수 있는 오토 클럽 카드를 보내주세요. 50%나 할인됩니다.**

연락 정보:		지불 정보:	
이름:	에밀리 웡	신용카드:	
주소:	5784 로즈 가	카드명:	
	새크라멘토, 캘리포니아 98675	카드 번호:	
이메일:	emilyw@sigma.com	금액 전액 동봉:	X
		수표 번호:	231

오토 클럽 구독으로 귀하는 두 가지 무료 서비스를 받을 자격이 있습니다!
아래의 목록에서 선택하여 주세요:

품명	제품 코드	요청하실 수량
무료 튜닝	T43	1
무료 오일 교환	O55	1
무료 와이퍼	W25	
무료 오일 점검	F34	
무료 에어컨 점검	A22	

추가 코멘트:
두 가지의 무료 서비스만을 받을 수 있다는 사실을 잘 알고 있지만, 무료로 차의 엔진을 조정하고 무료 오일 교환과 함께 에어컨 점검도 받을 수 있는 방법은 없나요?

2 미스 웡은 그녀의 주문을 위해서 얼마를 지불했나?

(A) 9.99 달러
(B) 49.99 달러
(C) 50.00 달러
(D) 99.99 달러

해설

구체적인 정보를 찾는 문제로 지문의 앞부분 'Please ~ That's a 50% savings'에서 '모든 자동차 수리비용을 일반 가격인 $99.99가 아닌 서비스 가격인 $49.99로 할인을 받을 수 있는 오토 클럽 카드를 보내주세요. 50%나 할인됩니다'라는 내용으로 보아 (B) $49.99가 정답입니다.

기타 양식 관련 어휘

additional cost 추가 비용
administer 관리하다, 담당하다
admission 입장, 입회
advance reservation 사전 예약
agenda 안건, 협의 사항
ambiguous 모호한, 애매한
annual 매년의
arbitration 중재, 조정
association 협회, 연합
attain 달성하다, 이루다
attendance 참가
audit 회계 감사
auditor 회계 감사원
banquet 연회
boycott 불매
call off 취소하다
cancellation 취소
caution 주의, 조심
charity 자선
commence 시작하다, 개시하다
committee 위원회
compensate 보충하다, 보상하다
conference 회의
contribute 공헌하다
convention 집회
copyright 저작권
cost-effective 비용 효율이 높은
custody 관리, 감금
departure 출발, 발차
detention 구류
detention 구류
direction 사용법, 지시
directory 주소, 성명록
diverse 다양한, 다른 종류의
donate 기증하다
dosage 1회분의 복용량
duration 계속; 지속 기간
encourage (용기를) 북돋우다
enroll 등록하다
enrollment 기재, 등록, 입학
entrance fee 입장료
execute 실행하다, 이행하다
exhibit 전시하다
familiarize 익숙하게 하다
favorable 호의적인, 유리한
fee 각종 수수료, 요금
figure 수치, 통계, 인물
forfeit 벌금, 몰수되다
foundation 재단
fundraising 기금 조성
generate 만들어내다
illegal 불법의
indict 기소하다
infringement 위배
ingredient 성분, 요소, 재료
inspire 고무하다, 격려하다
instructions 사용 설명서
itinerary 여행 스케줄, 여정
keynote speech 기조 연설
lasting 지속적인, 영구적인
lend 빌려주다
lender 대부업자
litigation 소송
make arrangements 준비하다
manual 안내서, 소책자
material 재료, 원료
nominate 지명하다
notification 통지
ordinance 법령, 규정
participant 참여자
payment method 지불 방법
permanent 영구적인, 영원한
persuasive 설득력 있는
precaution 예방 조치
preferred 선호하는
prescribe 처방하다
preside (회의 등을) 주재하다
press conference 기자회견
prolong (기간을) 연장하다
prosecutor 검사
provision 법률 조항
punishment 처벌
quit 중지하다, 사직하다
readership 독자층, 독자 수
refund 환불, 환불하다
refuse 거절하다, 거부하다
registration 등록
regular 정기적인, 규칙적인
reimburse 배상하다, 변상하다
representative 대표자
seasonal 계절적인, 정기적인
secure 안전한, 안정된, 튼튼한
seminar 세미나
session 기간
settlement 해결, 화해
state-of-the-art 최신식의
step 단계, 진척, 수단, 조치
strike 파업하다
substitution 대리, 대리인
suitable 적당한, 적절한
suspend 중지하다, 정지하다
tentative schedule 잠정적인 계획
total 합계하다, 총계하다
urgent 긴급한
validation 확인, 비준
violation 위반
voluntary 자발적인
warranty 보증, 보증서

기타 양식에 자주 쓰이는 표현

● 초대 및 안내

You are cordially invited to ~ 귀하를 정중히 ~에 초대합니다.
The company will hold a reception for ~ 회사에서 ~를 위해 환영 연회를 개최합니다.

● 일정, 청구서 및 송장

Please send the payment no later than ~ 대금을 늦어도 ~까지 보내주세요.
The total charge is ~ 총액은 ~입니다.
Here are the final updates for the convention. 여기에 컨벤션을 위한 최종 일정이 있습니다.

● 설문지 및 신청서

Please fill out this survey. 이 설문지를 작성해 주세요.
On-site registration is available for the conference. 컨퍼런스를 위한 현장 등록이 가능합니다.

● 문자메시지와 온라인 채팅

Is there anything else I can help you with? 제가 도울 일이 없겠습니까?
Could you push back our appointment? 우리 약속을 미루어 주시겠습니까?
I'd like to reschedule the meeting. 미팅 일정을 다시 정하고 싶습니다.
I wish I could help you. 제가 당신을 도울 수 있길 바랍니다.
Can you get in touch with Mr. Strong and see what's going on?
스트롱 씨에게 연락해서 무슨 일이 있는지 알아보시겠습니까?

문제 비법 공략

1 주제나 목적을 묻는 문제 비법 공략

Step 1 문제를 읽고 주제나 목적에 관한 문제인지 확인합니다.
Step 2 주제나 목적을 묻는 문제의 단서가 나오는 지문의 첫 세 문장을 주의깊게 읽습니다.
Step 3 지문에 쓰인 주제나 목적을 이해한 후, 이와 같은 의미로 쓰인 선택지를 정답으로 고릅니다.

● 주제나 목적을 묻는 문제 유형

What is the purpose of the flyer? 이 전단지의 목적은 무엇인가?
What is the purpose of this chart/form? 이 차트/양식의 목적은 무엇인가?
For whom is this form intended? 이 양식의 대상은 누구인가?

2 구체적인 정보을 묻는 문제 비법 공략

Step 1 문제를 읽고 구체적인 정보를 묻는 문제인지 확인한 뒤, 키워드를 파악하세요.

Step 2 구체적인 정보를 묻는 문제의 단서가 주로 나오는 지문의 중간 부분을 주의깊게 읽습니다.

Step 3 지문에서 키워드를 포함하고 있는 문장에서 정답을 찾습니다.

● 구체적인 정보를 묻는 문제 유형

What question is asked about the shuttle bus? 셔틀 버스에 대해 묻고 있는 질문은 무엇인가?
What will happen if the payment is late? 지불이 늦어지면 어떻게 될 것인가?
When must the bill be paid? 청구서가 언제 결제되어야 하는가?
When was this form created? 이 양식이 작성된 날짜는 언제인가?
When was this invoice written? 이 송장은 언제 쓰였는가?
Which item contributed most to the total charge? 총 비용에서 가장 많이 차지하는 것은 무엇인가?
Who will fill out this form? 누가 이 양식을 작성하게 되는가?
Who will receive this form? 이 양식을 받게 될 사람은 누구인가?

Questions 1-2 refer to the following flyer.

Attention Artists and Craftspeople!

Are you interested in a unique opportunity to showcase your talent in our area? If so, you are encouraged to apply for a chance to display your artwork at the Provo County Art Fair on July 14. Applications are available online at www.provoartfair.org, and will be reviewed by several professors from the art department of our local university. Together with your completed application document, please upload photographs of your work. The entries will aid the judges in their review process. The application deadline is June 10, and the judges' decisions will be made no later than June 30. Invited applicants will have use of a 6 x 5 meter display booth and will be expected to participate the entire day of the fair.

1 For whom is this flyer intended?

(A) Job applicants
(B) Arts instructors
(C) Photographers
(D) Artists

2 When is the deadline for submitting photographs?

(A) July 14
(B) June 10
(C) June 30
(D) July 30

Words

flyer [fláiər] (광고 · 안내용) 전단 | showcase [ʃóukeis] 보여주다 | artwork [á:rtwə:rk] 미술품 | upload [ʌplòud] 업로드하다 | entry [éntri] 출품작 | no later than 늦어도 | display booth 전시 부스

Questions 3-4 refer to the following instructions.

Sunshine Florist

We hope you enjoy your Sunshine fresh-cut flowers. If you are looking for a way to make roses stay fresh for a few more days, follow these basic steps to preserve them. First, fill a vase about two-thirds full with water at room temperature. Add the contents of the enclosed flower-food packet. Then, simply arrange the flowers in the vase and place them away from heat source or drafts. Otherwise, your bouquet may dry out quickly. With the proper care, your roses should stay looking fresh for at least 10 days.

3 What is the purpose of this instructions?

(A) To promote flowers sales
(B) To advertise the opening of a new florist
(C) To announce upcoming events
(D) To provide information about preserving flowers

4 What is stated in the instructions?

(A) Vases can be filled with salty water.
(B) Water should be replaced every two days.
(C) Roses should not be near heat sources.
(D) Roses stay fresh up to 20 days.

Week 1 Week 2 Week 3 Week 4

Words

fresh-cut 신선한 | fill A with B A를 B로 채우다 | at room temperature 상온으로 | draft [dræft] 환풍기 | bouquet [boukéi] 꽃다발, 부케 | dry out 메말라지다

Questions 5-6 refer to the following brochure.

> Our workshop is designed to give you the information you need to prepare for your retirement. This workshop will be led by experienced financial planners. We are sure that this three-hour session will help you assess the costs associated with retirement and make informed decisions about your financial future. You'll learn how to evaluate your income sources, make profitable investments, and protect your earning power. Don't miss this great opportunity. Register by calling Orem Community Services at 222-2345.

5 What is the purpose of this brochure?

(A) To announce job openings
(B) To provide information about a retirement workshop
(C) To announce the opening of the community service center
(D) To change a scheduled meeting

6 How long will the session last?

(A) 2 hours
(B) 3 hours
(C) 2 days
(D) 3 days

Words

be designed to ~하도록 만들어지다 | retirement [ritáiərmənt] 은퇴 | session [séʃən] 회의 | associated with ~와 관련된 | make an informed decision 현명한 결정을 하다 | profitable investment 수익성 있는 투자 | earning [ə́:rniŋ] 소득

Questions 7-8 refer to the following invitation.

July 30
Susan Nelson
200 Center St.
Logan, ID 84604

Dear, Ms. Nelson,

Bass Pro Shop would like to thank you for your business and invite you to a celebration. The grand opening of our new shop at 100 State Street will take place on Wednesday, August 11, from 2:00 P.M. - 6:00 P.M. We would be honored if you would join us for this festive occasion. Please reply by August, 5 to our marketing director, John Wilson at 555-332-1368.

Sincerely,
Tim Cook

7 What is the purpose of this event?

(A) To invite her to a meeting
(B) To make an offer of employment
(C) To invite her to a celebration
(D) To report about the opening of a new store

8 What is mentioned about State Street?

(A) It will be repaved.
(B) It will be closed for the celebration.
(C) The grand opening will take place on State Street.
(D) The parking lot is being built there.

Words

celebration [sèləbréiʃən] 축하행사 | grand opening 개장 | take place 개최되다, 일어나다 | festive [féstiv] 축제의, 즐거운 | occasion [əkéiʒən] (특별한) 행사 | marketing director 마케팅 이사

Questions 9-11 refer to the following information.

International Shopping Network
Frequently Asked Questions

1. How do I shop online at International Shopping Network?
ISN is available all over the world, 24 hours a day, 7 days a week. Just log on to our network at www.intlshopping.com and find whatever you need from groceries to electronics and from tools to tanktops.

2. Will International Shopping Network deliver fast?
Yes, all orders ship out within 24 hours and with supply centers on 6 continents, your order will arrive within a week. We have our own delivery fleet to ship your order fast.

3. How can I track my package after it is shipped?
You will get an e-mail as soon as we ship your items in which you will receive a tracking number. With that tracking number, you can trace where your package is at all stages of its journey by going to www.intlshopping.com/track or by calling toll free 1-800-555-1212.

4. What should I do if my package is lost?
If you don't receive your package within one week of your order, please contact a customer service representative at 1-800-555-1222. You will have the choice of canceling your order or receiving an automatic 20% discount on your order.

9 For whom is the information most likely intended?

(A) Delivery personnel
(B) Branch managers
(C) Job applicants
(D) Customers

10 What is mentioned about shipping?

(A) Orders are mailed within 24 hours.
(B) One week shipping is only offered in some areas.
(C) Shipping may take much longer in some areas.
(D) Packages may be tracked one week after the order.

11 In paragraph 3, line 3, the word "trace" is the closest in meaning to

(A) describe
(B) follow
(C) imitate
(D) draw

新 Questions 12-13 refer to the following text message chain.

> Amy Young 2:45 P.M.
> You left in such a rush. Were you able to catch the train?
>
> Neal Graham 2:45 P.M.
> No, but there's another one in 15 minutes.
>
> Amy Young 2:47 P.M.
> That's a relief. Did you send the annual report to Ms. Lopez before you left the office?
>
> Neal Graham 2:49 P.M.
> Yes, but I sent it by express mail because the fax machine wouldn't connect.
>
> Amy Young 3:02 P.M.
> That will be fine. She'll get it by tomorrow anyway.
>
> Neal Graham 3:03 P.M.
> That's what I thought.

12 Where most likely is Mr. Graham when he writes to Ms. Young?

(A) At a train station
(B) At a restaurant
(C) At a post office
(D) At his office

新 **13** At 3:03 P.M., what does Mr. Graham most likely mean when he writes, "That's what I thought"?

(A) He was able to send a fax.
(B) Express mail is a good option.
(C) A delivery will arrive on time.
(D) An invoice needed to be revised.

Questions 14-17 refer to the following schedule.

National Association of Science Teachers (NAST)
Annual Convention

Schedule for Participants

Colonial Hotel
209 Congressional Blvd
Washington D.C.

9:30 A.M.-11:00 A.M. Hotel Lobby	Registration Attendees complete on-site registration and receive a gift bag along with a list of all participating companies.
10:30 A.M.-11:30 A.M. Washington Room	Opening Address Guest speaker Dr. Horace Zimmerman will speak on the latest lab equipment and experiments being used in the classroom.
11:30 A.M.-1:30 P.M.	Lunch (see list of area restaurants)
1:30 P.M.-5:00 P.M. Exhibit Area	Company Booths Representatives from publishers and lab supply companies will display new products and ideas.
5:00 P.M.-6:00 P.M. Jefferson Room	Closing Address "Technology in the Classroom" by NAST President John Fletcher
All Day Lincoln Room	Publishing in the Sciences Advisors will help teachers learn how to publish and distribute creative classroom ideas.

14 For whom is this event most likely intended?

(A) Hotel staff
(B) Technology specialists
(C) Science teachers
(D) Science publishers

15 What is the association president scheduled to discuss?

(A) Job opportunities in science education
(B) How to use technology to teach science
(C) National government regulations in the sciences
(D) How to publish scientific procedures

16 What will be offered in the Lincoln Room?

(A) A demonstration of new products
(B) Job interviews
(C) Advice on how to publish books
(D) Late registration

17 What event will NOT take place at the hotel?

(A) Registration
(B) The opening speech
(C) Lunch
(D) Talks with exhibitors

Week 1 Week 2 Week 3 Week 4

Words

association [əsòusiéiʃən] 협회 | annual convention 연례 총회 | on-site 현장의 | registration [rèdʒistréiʃən] 등록 | opening address 개회 연설 | guest speaker 초대 연사 | lap equipment 실험실 장비 | closing address 폐회 연설 | distribute [distríbju:t] 나누어주다, 배포하다

Questions 18-19 refer to the following flyer.

Grand Opening – Kingston Copy Service

Kingston Copy Service is having its grand opening in Vancouver. We guarantee that we can satisfy all of your copying and publishing needs. Here are just a few of our standard services:

- free pickup and delivery
- fax and computer service
- 4 hour delivery on jobs smaller than 500 pages
- 24 hour service on all other jobs

Premium Service: Corporate accounts include all the above plus mail service and free binding.

Special Offer: All new clients will receive 20% discount during the grand opening. Payments can be made in cash, business check, or money order. Sorry, we do not accept credit cards.

Hurry: The grand opening only lasts for two weeks.

Telephone: 906-335-8979
e-mail: service@kingstonkopy.com

18 What is the purpose of the flyer?

(A) To advertise a business
(B) To announce changes in a schedule
(C) To promote a new product
(D) To inform clients about rate changes

19 What is NOT included in the standard service?

(A) Free binding
(B) Free pickup
(C) Free delivery
(D) 24 hour service on large jobs

Words

grand opening 신장개업 | guarantee [gæ̀rəntíː] 보장하다 | standard service 표준 서비스 | special offer 특가 판매

 5

25 expressly [iksprésli] 분명히, 명확히

The manager / **expressly** stated / that reports / should be longer than 10 pages.

관리자는 / 보고서가 / 10페이지 이상 되어야 한다고 / 분명히 언급했다.

26 perfectly [pə́:rfiktli] 완벽하게

An enhanced facility / is **perfectly** suited for your next event / such as meetings, conferences, and banquets.

enhanced 강화된
be suited for ~을 위해서 적합한

한층 강화된 시설이 / 미팅, 회의 그리고 연회와 같은 / 당신의 추후 이벤트를 위해 완벽하게 적합합니다.

27 rapidly [rǽpidli] 빠르게, 급격하게

The plant should replace / the faulty equipment / as **rapidly** as possible.

공장은 / 가능한 빨리 / 결함 있는 장비를 / 교체해야 합니다.

28 largely [lɑ́:rdʒli] 대체로, 주로

Clients of Flowers Mill Bank / have been **largely** unaffected / by the installation of the new computer system / in the customer service department.

unaffected 영향을 받지 않은

플라워스 밀 은행의 고객들은 / 고객서비스 부서의 / 새로운 컴퓨터 시스템 설치에 따른 / 영향을 대체로 받지 않았다.

29 accurately [ǽkjurətli] 정확히, 정밀하게

Mr. Ortega decided / that the projected costs / were not **accurately** estimated.

projected 예상된
estimated 견적하다, 추정하다

오르테가 씨는 / 예상된 비용이 / 정확하게 견적되지 않았다고 / 결정했다.

30 continually [kəntínjuəli] 계속적으로

To maintain Barrow Café's lead / over the competition, / employees must **continually** deliver / superior customer service.

deliver service 서비스를 제공하다
superior 우수한

배로우 카페가 / 경쟁 우위를 / 유지하기 위해서, / 직원들은 지속적으로 / 우수한 고객 서비스를 / 제공해야만 한다.

동사 활용표

A-A-A

동사원형	과거	과거분사[p.p.]
bet 돈을 걸다	bet	bet
broadcast 방송하다	broadcast	broadcast
burst 터지다	burst	burst
cost 비용이 들다	cost	cost
cut 자르다	cut	cut
hit 치다, 때리다	hit	hit
let 허용하다, 허락하다	let	let
put 놓다	put	put
set 놓다	set	set
shut 닫다	shut	shut
hurt 다치게 하다	hurt	hurt
split 분열되다, 나누다	split	split

A-A-B

동사원형	과거	과거분사[p.p.]
beat 이기다	beat	beaten

A-B-B

동사원형	과거	과거분사[p.p.]
bend 구부리다	bent	bent
bring 가져오다	brought	brought
build 짓다	built	built
buy 사다	bought	bought
catch 잡다	caught	caught
deal 거래하다	dealt	dealt
feed 먹이다	fed	fed
feel 느끼다	felt	felt
fight 싸우다	fought	fought
find 찾다	found	found
read 읽다	read	read
get 얻다, 입수하다	got	got
hang 매달다	hung	hung
have 가지다, 소유하다	had	had
hear 듣다	heard	heard
hold 들다, 갖고 있다	held	held
keep 유지하다	kept	kept

kneel 무릎을 꿇다	knelt	knelt
lay 놓다, 두다	laid	laid
lead 이끌다	led	led
lend 빌리다	lent	lent
light 불을 켜다	lit	lit
lose 잃어버리다	lost	lost
make 만들다	made	made
mean 의미하다	meant	meant
meet 만나다	met	met
pay 지불하다	paid	paid
say 말하다	said	said
seek 찾다	sought	sought
sell 팔다	sold	sold
send 보내다	sent	sent
shine 빛나다	shone	shone
shoot 쏘다	shot	shot
sit 앉다	sat	sat
sleep 잠자다	slept	slept
slide 미끄러지다	slid	slid
spend 쓰다	spent	spent
stand 서있다	stood	stood
stick 찌르다, 붙이다	stuck	stuck
strike 치다	struck	struck
sweep 쓸다, 청소하다	swept	swept
swing ~을 흔들다	swung	swung
teach 가르치다	taught	taught
tell 말하다	told	told
think 생각하다	thought	thought
understand 이해하다	understood	understood
win 승리하다	won	won

A-B-C

동사원형	과거	과거분사[p.p.]
be 있다, 존재하다	was/were	been
begin 시작하다	began	begun
bite 물다	bit	bitten
blow 불다	blew	blown
break 깨다	broke	broken
choose 선택하다	chose	chosen
do 하다	did	done

draw 그리다	drew	drawn
drink 마시다	drank	drunk
drive 운전하다	drove	driven
eat 먹다	ate	eaten
fall 떨어지다	fell	fallen
fly 날다	flew	flown
forbid 금하다	forbade	forbidden
forget 잊다	forgot	forgotten
forgive 용서하다	forgave	forgiven
freeze 얼다	froze	frozen
give 주다	gave	given
go 가다	went	gone
grow 자라다	grew	grown
hide 숨기다	hid	hidden
know 알다	knew	known
lie 누워 있다, 눕다	lay	lain
ride 타다	rode	ridden
ring 울리다	rang	rung
rise 올라가다	rose	risen
see 보다	saw	seen
shake 흔들다	shook	shaken
show 보여주다	showed	shown/showed
shrink 줄어들다	shrank	shrunk
sing 노래하다	sang	sung
sink 가라앉다	sank	sunk
speak 말하다	spoke	spoken
steal 훔치다	stole	stolen
swim 수영하다	swam	swum
take 가져가다	took	taken
tear 찢다	tore	torn
throw 던지다	threw	thrown
wake 잠이 깨다	woke	woken
wear 입다	wore	worn
write 쓰다	wrote	written

A-B-A

동사원형	과거	과거분사[p.p.]
become ~이 되다	became	become
come 오다	came	come
run 달리다	ran	run

Memo